国家示范性 高职院校建设规划教材

汽车电器设备电路与维修

第二版

索文义 主 编
王加升 张亚宁 副主编
刘玲玲 主 审

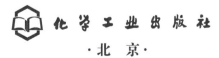

化学工业出版社

·北京·

内容简介

本书根据能力教育体系的教学要求和教育部示范性高职重点专业建设的要求编写，共分九个任务，内容包括汽车电器系统基础知识、车用蓄电池、车用交流发电机及其调节器、车用启动机、点火系统、照明系统与信号装置、汽车仪表及报警装置、辅助电器、汽车电器设备总线路。并且在此基础上，开发了相应的实训项目及故障维修实例，以提高维修人员在实际生产中的知识应用能力。为方便教学，配套电子课件。

本书可作为高职高专院校汽车专业的教材，也可作为培训机构的教材，并可供工程技术人员参考。

图书在版编目（CIP）数据

汽车电器设备电路与维修/索文义主编. —2版. —北京：化学工业出版社，2014.11（2023.3重印）
国家示范性高职院校建设规划教材
ISBN 978-7-122-21811-7

Ⅰ.①汽… Ⅱ.①索… Ⅲ.①汽车-电气设备-电路-维修-高等职业教育-教材 Ⅳ.①U472.41

中国版本图书馆CIP数据核字（2014）第210011号

责任编辑：韩庆利　　　　　　　　　　　装帧设计：史利平
责任校对：边　涛

出版发行：化学工业出版社（北京市东城区青年湖南街13号　邮政编码100011）
印　　装：北京科印技术咨询服务有限公司数码印刷分部
787mm×1092mm　1/16　印张21　字数551千字　2023年3月北京第2版第5次印刷

购书咨询：010-64518888　　　　　　　　售后服务：010-64518899
网　　址：http://www.cip.com.cn
凡购买本书，如有缺损质量问题，本社销售中心负责调换。

定　价：55.00元　　　　　　　　　　　　　　　　　　　版权所有　违者必究

前言

本书的第一版自2009年出版以来,深受广大汽车类专业师生和企业人员的青睐,随着汽车技术的不断更新和高职院校对人才培养模式、优质核心课程、实践教学基地建设工作的不断深入,教材结构和内容方面则不能满足教学要求,需要进一步优化和完善。为此,编者认真总结近几年的教学经验和反馈意见,对教材做了修订。

本书共分九个任务,内容包括汽车电器系统基础知识、车用蓄电池、车用交流发电机及其调节器、车用启动机、点火系统、照明系统与信号装置、汽车仪表及报警装置、辅助电器、汽车电器设备总线路。在此基础上,本书根据技能型紧缺人才培养方案和职业能力体系的要求,开发了相应的实训项目及故障维修实例,以提高维修人员在实际生产中的知识应用能力。

本书由兰州石化职业技术学院索文义担任主编,兰州石化职业技术学院王加升、张亚宁担任副主编,参加编写的还有兰州石化职业技术学院高馨、张维军、孙国君,徐州工业职业技术学院李永康,甘肃畜牧职业技术学院王海涛,兰州职业技术学院张瑞云。兰州交通职业技术学院刘玲玲担任主审。

在本书的编写过程中,得到了兰州石化职业技术学院汽车系伏可夫副教授、石允国副教授、杜文锁高级工程师的大力帮助和支持,在此一并表示感谢。本书在编写过程中参考了大量的国内外技术资料,得到了许多同行的大力支持,在此谨向所有参考资料的作者及关心支持本书编写的同志们表示感谢。

本书配套电子课件,可赠送给用本书作为授课教材的院校和老师,如有需要可发邮件到hqlbook@126.com 索取。

由于编者水平有限,经验不足,书中难免有疏漏和不当之处,恳请广大读者批评指正。

编　者

目 录

任务一　汽车电器系统基础知识　　1

理论知识部分　　1
　　理论知识一　汽车电器设备电路的原理、组成和特点　　1
　　理论知识二　车用导线、线束和连接器　　9
　　理论知识三　车用开关及保险装置　　13

实训项目部分　　18
　　实训项目　汽车电路中间装置的使用与维护　　18

思考题　　20

任务二　车用蓄电池　　21

理论知识部分　　21
　　理论知识一　铅酸蓄电池的作用、结构、工作原理及型号　　21
　　理论知识二　蓄电池的容量、充电方法及类型　　29
　　理论知识三　免维护蓄电池及蓄电池常见故障　　35
　　理论知识四　充电设备的组成及工作原理　　38

实训项目部分　　42
　　实训项目一　蓄电池的使用维护、常见故障的诊断与排除　　42
　　实训项目二　充电机的检修　　48

思考题　　49

任务三　车用交流发电机及其调节器　　50

理论知识部分　　50
　　理论知识一　交流发电机的作用、结构、工作原理　　50
　　理论知识二　电压调节器的作用、分类、工作过程　　59
　　理论知识三　几种形式车用交流发电机　　69
　　理论知识四　充电系统电路分析　　73
　　理论知识五　汽车电器万能试验台　　76

实训项目部分　　79
　　实训项目一　硅整流发电机、调节器的检测与维修　　79
　　实训项目二　充电系统的检测与分析　　85

充电系统故障典型案例 ·· 90
思考题 ··· 92

任务四 车用启动机 93

理论知识部分 ·· 93
理论知识一　启动机的功用、组成、工作原理·· 93
理论知识二　几种常见车型启动系统电路·· 108
理论知识三　启动系统常见故障·· 111

实训项目部分 ·· 112
实训项目一　汽车启动机的拆装与调整、性能检测及检修
（以 QD1211 型为例，见图 4-32）·· 112
实训项目二　启动机的实验及启动系统故障的检测与分析······························· 118

启动系统故障典型案例 ·· 120
思考题 ··· 121

任务五 点火系统 122

理论知识部分 ·· 122
理论知识一　点火系统的作用、组成、分类及工作原理···································· 122
理论知识二　点火系统常用部件、触点式点火系统简介···································· 124
理论知识三　电子点火系统的组成及工作过程·· 130
理论知识四　几种常见车型的电子点火系统·· 137
理论知识五　微机控制点火系统·· 141

实训项目部分 ·· 145
实训项目一　点火系统部件的主要故障与检修·· 145
实训项目二　传统点火系统故障诊断与排除·· 150
实训项目三　电子点火系统故障诊断与排除·· 154
实训项目四　点火系统故障的波形检测及诊断方法·· 158

点火系统故障典型案例 ·· 160
思考题 ··· 165

任务六 照明系统与信号装置 166

理论知识部分 ·· 166
理论知识一　汽车灯具的类型·· 166
理论知识二　前照灯·· 168
理论知识三　汽车前照灯检测仪·· 176
理论知识四　照明系统电路实例·· 180

理论知识五　转向信号灯及闪光器 181
　　　理论知识六　其他信号装置 187
　实训项目部分 192
　　　实训项目一　汽车前照灯的调整 192
　　　实训项目二　照明、转向灯信号系统的检测 195
　　　实训项目三　电喇叭的检测 197
　思考题 198

任务七　汽车仪表及报警装置 200

　理论知识部分 200
　　　理论知识一　汽车仪表组成及工作原理 200
　　　理论知识二　汽车报警装置组成及工作原理 212
　实训项目部分 218
　　　实训项目一　电流表、电热式油压表、水温表的诊断、检修与调整 218
　　　实训项目二　电热式燃油表、仪表电源稳压器的检修 220
　　　实训项目三　车速里程表的检查与调整及故障诊断与排除 220
　思考题 221

任务八　辅助电器 222

　理论知识部分 222
　　　理论知识一　刮水器及洗涤器 222
　　　理论知识二　电动门窗、电动后视镜 225
　　　理论知识三　电动座椅、中央集控门锁 229
　　　理论知识四　汽车空调简介 234
　　　理论知识五　空调系统电路分析 241
　　　理论知识六　自动空调控制原理 244
　实训项目部分 253
　　　实训项目一　电动刮水器的检查与调整及故障诊断与排除（桑塔纳2000） 253
　　　实训项目二　电动车窗、中央集控门锁的检查及故障诊断与排除
　　　　　　　　　（本田雅阁） 255
　　　实训项目三　自动空调实训 260
　　　实训项目四　自动空调故障码读取 264
　辅助电器系统故障典型案例 265
　思考题 267

任务九　汽车电器设备总线路 268

　理论知识部分 268

理论知识一　汽车电路图的分类…………………………………………………… 268
　　理论知识二　识读汽车电路图的一般要领……………………………………… 275
　　理论知识三　简单汽车电路图分析……………………………………………… 278
　　理论知识四　典型汽车电路图分析……………………………………………… 289
实训项目部分 …………………………………………………………………………… 320
　　实训项目一　横坐标式全车线路图的识读……………………………………… 320
　　实训项目二　全车线路的故障诊断与排除……………………………………… 322
思考题 …………………………………………………………………………………… 327

参考文献　　328

任务一
汽车电器系统基础知识

 理论知识部分

理论知识一 汽车电器设备电路的原理、组成和特点

汽车电器设备电路是指将半导体分立器件、集成电路和微处理器等电子元器件与汽车结合起来完成某项控制功能的电路。汽车电器设备电路虽然也是由电子元器件组合而成的，具有普通电子电路的特点，但也有其特殊性。

(1) 机电一体化结合较紧密　汽车电子技术应用在实际电路上时，多与汽车上某些相关的机械系统结合起来去完成某项功能。电器设备电路承担着处理接收到的检测信号，然后根据检测到的信号发出相关的控制指令，由继电器、开关等相关部件去控制执行系统或机构去完成某项功能。

汽车上的执行系统或机构都是由机械系统构成的。例如汽车的电子点火控制电路就是接收点火信号传感器送来的检测信号，经电子电路处理后，发出控制指令，使点火器初级线圈的电流中断，点火器次级线圈产生的高压电由分电器按点火顺序分配至各缸的火花塞，使火花塞产生的电火花点燃可燃混合气体。在这个过程中，电子点火控制电路提供的是控制信号，执行机械系统就是分电器。

(2) 电器设备电路以组件方式出现在汽车上　由于汽车的工作条件恶劣，汽车在不同等级的路面上行驶时，受到的振动、冲击较大，同时，发动机工作时的温度较高，在这种环境下工作的电器设备电路，如不采取一定的措施，往往会使电器设备电路损坏或出现工作不稳定等现象。更为严重的是，电器设备电路遇到水就会造成短路故障，而汽车是在下雨天也要正常工作的。为了解决上述问题，保证电器设备电路在汽车上能正常工作，除了严格对电器元件的质量进行检查外，还要采取措施将电子电路密封起来，以组件的方式应用。电子组件对外只留有接插件，并且要安装在通风较好的地方。例如充电系统中的电子电压调节器、点火系统中的电子点火器、电子燃油喷射控制系统中的电子控制单元，都是以组件的形式出现的。

(3) 大多数的电子组件功能单一　汽车上使用的电子电路，除极个别由大规模集成微处理器构成的组件具有多种控制功能外，大多数电子组件都用于完成某一项控制功能，电路功能相对来说比较单一。

（4）电子组件使用的元器件类型较多　在汽车电器设备电路中使用的电子元器件类型很多，既有常用的晶体三极管、晶体二极管、阻容元件，又有专用的或通用的集成电路，如常见的555时基电路就属于通用集成电路，而在点火系统中用到的L497，就属于专用点火集成电路。属于专用集成电路的还有各种微处理器，例如发动机电控ECU、制动防抱死控制ECU、巡航电子控制ECU、驱动防滑系统ECU、安全气囊电子控制ECU、电子控制式自动变速器ECU等。

（5）电子组件使用的元器件体积较小　为了便于安装和节省空间，在汽车中使用的电子组件体积都要尽量小，为了缩小体积，电子组件中所用的元器件大都是微型元件，还有的组件采用片状元件进行表面安装。例如片状集成电路、片状电阻、片状电容、片状晶体管都大量应用于汽车电子电路中。

一、汽车电器设备电路组成

汽车电器系统主要由电源、用电设备和中间装置组成。如图1-1所示为广州本田雅阁轿车点烟器系统电路。任何电器设备和电控装置要想获得电源供应，中间装置的连接必不可少。常见的连接装置有汽车线束、开关装置、保险装置、继电器、连接端子和连接器等，这些中间装置的选用和装配直接影响到用电设备的运行状况。

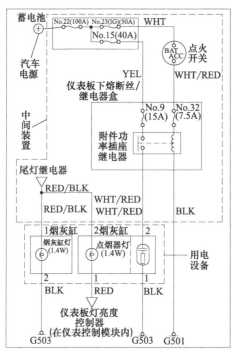

图1-1　广州本田雅阁轿车点烟器系统电路

汽车电器设备按功能可分为电源系统、启动系统、点火系统、照明与信号系统、仪表与报警系统、电子控制装置、辅助装置等部分，见图1-2。

（1）电源系统　由蓄电池、发电机、调节器及工作状况指示装置（电流表、充电指示灯）等组成，其作用是向全车用电设备提供低压直流电能。

（2）启动系统　由启动机、启动继电器、启动开关及启动保护装置组成，其作用是带动飞轮旋转使发动机曲轴达到必要的启动转速。

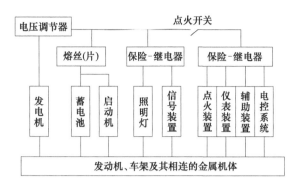

图 1-2 汽车电器设备的组成（按功能分）

（3）点火系统（仅限于汽油发动机） 由点火线圈、分电器、电子点火器、火花塞、点火开关等组成。此外，采用发动机控制单元进行点火控制时，可以不使用分电器。点火系统的作用是将低压电转变为高压电，适时可靠地点燃汽缸中的可燃混合气。

（4）照明与信号系统 由前照灯、雾灯、示廓灯、转向灯、制动灯、倒车灯、电喇叭等及其控制继电器和开关组成。照明系统的作用是确保车辆内外一定范围内合适的照度；信号系统的作用是告示行人车辆引起注意，指示行驶趋向、操纵件状态。

（5）仪表与报警系统 由仪表、传感器、各种报警指示灯及控制器组成，其作用是显示汽车运行参数及交通信息，报警运行性机械故障，以确保行驶和停车的安全性、可靠性。

（6）电子控制装置 由电控燃油喷射系统、自动变速器、制动防抱死系统、恒速控制及悬架平衡控制等组成。

（7）辅助装置 由为提高车辆安全性、舒适性、经济性等而设置的各种功能的电气装置组成。因车型不同而有所差异。一般包括风窗刮水/清洗装置、风窗除霜/防雾装置、启动预热装置、音响装置、车窗电动升降装置、电动座椅调节装置及中央电控门锁等装置组成。

二、汽车电器电路的特点

汽车电器电路是汽车的最基本电路，其特点主要有以下几个方面。

1. 电路结构实行单线制

电路结构实行单线制，就是利用汽车的发动机和底盘、车身等金属机件作为各种电器设备的共用连线，俗称搭铁，而各个用电设备到电源只需另设一根导线。汽车上任何一个电器中的电流，都是从电源的正极出发，经导线流入用电设备后，由搭铁的负极通过金属车架流回电源负极而形成回路。

电路结构实行单线制，不仅可以节省材料（铜导线），使电路简化，而且更便于安装和检修，同时也使电路的故障率大大降低。电源的负极也搭铁，就是将蓄电池的负极用导线连接到发动机或底盘等金属体上。国家标准中规定发电机和蓄电池必须以负极搭铁，目前世界各国生产的汽车也都采用负极搭铁方式。

采用负极搭铁的优点是：汽车车架和本身均不易锈蚀，汽车电器对其他无线电设备例如汽车音响和通信系统等的干扰，也比电源正极搭铁小得多。

2. 汽车电器采用双电源

在汽车上有两个电源：一是蓄电池，二是发电机。蓄电池在汽车发动机未运转时可以向有关用电设备供电，发电机则是在发动机运转到一定转速后取代蓄电池向有关用电设备供电，同时发电机也对蓄电池进行充电。两个电源互相补充可以有效地使各种用电设备在不同的情况下都能正常工作，同时也延长了蓄电池的供电时间。

汽车上蓄电池的充电、放电情况一般用电流表指示，也有的用指示灯指示。当蓄电池向外供电或发电机向蓄电池充电时，都可以从电流表上指示出来。发动机未启动或低速转动时，在仪表盘上会有指示灯点亮，一旦发动机运转带动发电机转速超过1000r/min以上时，充电指示灯就熄灭，以表示蓄电池处于充电状态。

3. 所有的用电设备都采用并联方式

各种用电设备在汽车上是以并联方式与电源连接，每个用电设备都由各自串联在其支路中的专用开关控制，互不产生干扰。

4. 汽车电器都采用低压直流电源

为了简化电器结构和保证人身安全，汽车上的电器设备都采用低压直流电源。柴油车大多采用低压24V直流供电，汽油车大都采用12V直流供电。电源来自蓄电池或发电机，两者的电压保持一致。12V直流电压由一节蓄电池或两节蓄电池并联组成，后者用于要求电流较大的情况，24V直流电压由两节12V蓄电池串联后提供。

5. 各个电器都安装保险装置

为了防止电路短路而烧坏电线束和用电设备，在各种类型的汽车上均安装有不同规格的保险装置。这些保险装置都串接在用电器的回路中。

6. 大电流开关通常加装中间继电器

汽车上使用大电流的用电器如启动机、电喇叭等工作时的电流很大，例如通过启动机的电流一般为100~600A，如果直接用开关控制它们的工作状态，往往会使控制开关因产生电弧而损坏。所以对于使用大电流用电设备的控制开关，常采用加中间继电器的方法，即通过继电器触点的断开与闭合来控制大电流用电设备的工作状态。需要说明的是，由于启动机和电喇叭的用电量大，故它们的工作电流一般不经过指示电流表。

三、网络控制电路

1. 多路传输与网络

今天的汽车电气，借鉴了计算机网络技术和现场控制技术，采用了多路传输集成控制技术。多路传输是在同一线路或通道上传输多条信息，采用串行通信、短帧结构传输，每帧有效字节为8个，传输时间短，受干扰的概率低。传输原理如图1-3所示。传输多条

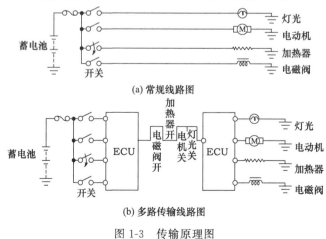

图1-3 传输原理图

信息的这条线称为数据总线,也叫现场总线,即所谓的信息高速公路。数据总线可采用双绞线、同轴电缆或光纤作为传输介质,它的通信速率可调,最高达1Mbps(此时通信距离为40m)。

为了实现信息共享,由数据总线将汽车上需共享信息的电脑(控制单元)连在一起构成汽车控制器局域网络CAN(Controller Area Network),也称为控制单元区域网络,每个汽车电脑都是网络上的一个结点,也是信息高速公路上的进口和出口。数据总线上可挂设备数量主要取决于总线驱动电路,最多可达110个。网络上的结点信息分成不同的优先级,满足了不同的实时要求。优先级的设定不是固定不变的,而是随着各种外部参数和汽车驾驶情况的变化而不断改变的。例如,发动机控制,无论点火时间控制,还是燃油喷射控制,都必须和发动机的转速同步。发动机转速较高时,控制信号的总线访问优先权提高;发动机转速较低时,控制信号的总线访问优先权相应降低。国际标准化组织(ISO)已经认可CAN作为汽车应用领域的工业标准,目前已成为汽车的标准配置。CAN应用不仅仅限于汽车工业,在其他的工业领域如过程控制,工业流水线控制,机器人等早已被广泛使用。运用CAN不仅使汽车省去许多连接导线和接头、减轻质量、节省空间、改善可靠性,而且使单一的开关信号控制变成了网络的多信号逻辑控制,使汽车智能化成为可能。目前在汽车上应用CAN数据传递有两种形式。

形式1:每项信息通过单一独立的数据线进行交换,如图1-3(b)所示。

形式2:各控制单元间的所有信息都通过两根数据线进行传递,它有如下特点。

(1)两条数据线相互缠绕,防止电磁波干扰和向外辐射,所以可靠的数据通信质量。

(2)两条数据线传递相同信号,但数值互为镜像,如图1-4所示,采用短帧结构和15位的循环冗余校验码,故有良好的容错能力。

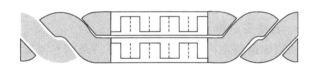

图1-4 CAN两条数据线传递数值互为镜像的相同信号

(3)通信速率可调,信息分成不同的优先级,高优先级的数据最多可在$134\mu s$内实现快速传输,故可满足不同的实时控制要求。

2. 网络结构

汽车车载网络的布线有三种基本的形式——星型布线、环型布线、线型(也称总线型)布线。星型布线如图1-5(a)所示。星型布线的图形简单,便于检查维修,但是通信只有一条通道,没有可选择的回路,ECU与ECU间的通信都要通过中心结点上的网关控制器(Cateway Controller)来协调传输速率,所以故障率较高,尤其中心结点ECU出现故障后将会造成整个系统的瘫痪。

环型布线是将各结点的ECU依次连接成圆形,使任意两个结点间的通信有两条可选择的通路。这种布线没有网关,因此保证了通信,降低了故障率,某一ECU出现故障后不会造成全部系统的瘫痪。

线型布线也称总线型布线(即CAN总线),如图1-5(b)所示。它采用"多元主控"的线性总线结构,挂接多个相同优先级和传输速率的ECU。它是由德国BOSCH公司首先制订推出的。根据实时控制的需要,可以给CAN总线设置成不同的通信速率。对于中低档

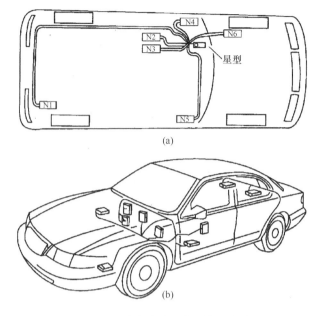

图 1-5　汽车车载网络系统的布线

车,一般分成低速总线和高速 CAN 总线,即 B-CAN 和 F-CAN。

B-CAN 通信速率不大于 125Kbps,目前常用的在 100Kbps 以内,主要用于中央门锁、自动门窗、自动空调、汽车定位等系统。

F-CAN 通信速率可达 1Mbps,目前常用的在 500Kbps 以内,主要用于汽车动力控制系统,如发动机管理系统、自动变速箱、制动防抱死等。

线型的 CAN 总线通信根据信息内容进行寻址,每一条信息被赋予一条恒定的标识符,用于表明该信息的内容(如发动机转速)。挂接在系统上的每一个单元先判别是否含有其所接受的特定标志符,并只对含有这种标志符的信息进行处理。这意味着 CAN 总线在发送数据时不需要附带相应的单元地址,而接口操作与系统结构形式无关。通信中,如果几个单元同时向总线启动传输数据,会产生总线冲突,解决的方法是利用"线与"的裁决功能。其结果是让最高优先级的信息最先存取,而且不会有时间或数据位的损失。线型的 CAN 总线有如下的优点:

(1) 如果需要增加额外信息只需要修改软件即可;
(2) 通过控制单元和辅助安全措施对传递信息持续检查,可以达到最低的故障率;
(3) 利用了很少的线路来传递多用途的数字信号;
(4) 使控制单元间实现高速数据传递;
(5) 使控制单元和控制单元插脚最小化,从而节省更多有用空间;
(6) CAN 总线符合国际标准,便于不同的控制单元进行数据交换。

如图 1-6 所示为广州本田 2003 雅阁车的网络系统控制图,汽车车载网络系统控制原理如图 1-7 所示。随着汽车电气技术的快速发展和应用,人们要求车辆有更多的功能,还要求提高车辆的操纵舒适性,因此车上所用电子部件的数目也在增多。电子部件的增多还要求各个控制单元之间能很好地进行数据传递,所以现在汽车车载网络系统一般含有两种以上的基本布线结构,如图 1-8 所示为奥迪 A8 车的网络系统控制原理图。

任务一　汽车电器系统基础知识

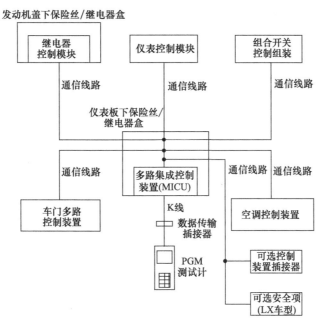

图 1-6　广州本田 2003 雅阁车的网络系统控制图

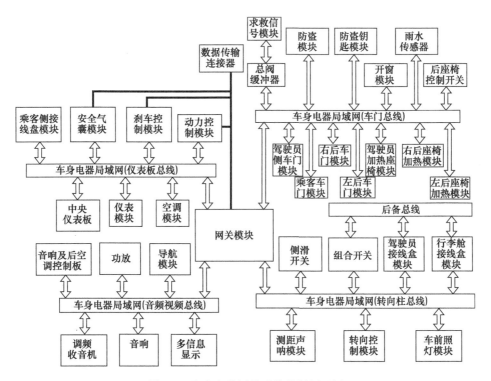

图 1-7　汽车车载网络系统控制原理图

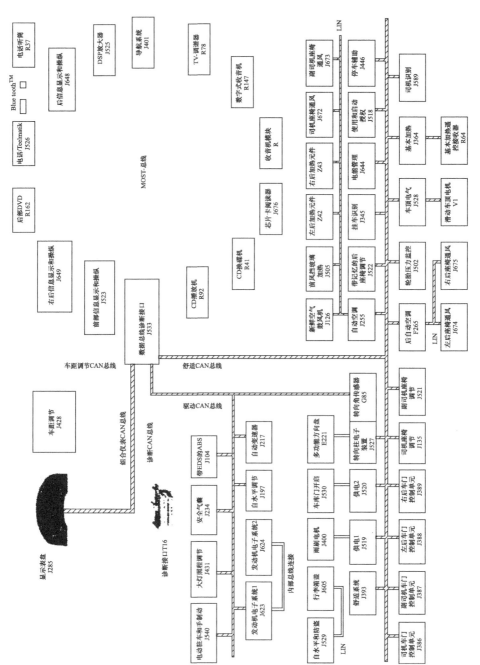

图1-8 奥迪A8车的网络系统控制原理图

理论知识二　车用导线、线束和连接器

一、导线

汽车用导线有高压导线和低压导线两种，两种均采用铜质多芯软线。

低压导线的内容如下。

（1）导线的截面积　导线截面积主要根据其工作电流选择，但是对于一些工作电流较小的电器，为保证具有一定的机械强度，汽车电器设备中导线截面积不得小于 $0.5mm^2$，标称截面积容许的负载电流见表 1-1。

表 1-1　低压导线标称截面积容许的负载电流值

导线标称截面积/mm^2	1.0	1.5	2.5	3.0	4.0	6.0	10	13
容许电流值/A	11	14	20	22	25	35	50	60

所谓标称截面积是经过换算而统一规定的线芯截面积，不是实际线芯的几何面积，也不是各股线芯几何面积之和。汽车 12V 电系主要线路导线标称截面积推荐值见表 1-2。国产汽车 12V 电系主要电路所用导线的截面积见表 1-3。

表 1-2　汽车 12V 电系主要线路导线标称截面积推荐值

标称截面积/mm^2	用　　途
0.5	尾灯、顶灯、指示灯、仪表灯、牌照灯、刮水器、时钟、燃油表、水温表、油压表等电路
0.8	转向灯、制动灯、停车灯、断电器等电路
1.0	前照灯、电喇叭（3A 以下）电路
1.5	前照灯、电喇叭（3A 以上）电路
1.5～4.0	其他 5A 以上电路
4～6	柴油车电热塞电路
6～25	电源电路
16～95	启动电路

表 1-3　国产汽车 12V 电系主要电路所用导线的截面积

电路系统名称	电线起止名称	电线截面积/mm^2
充电系统	发电机—调压器"磁场""搭铁"线	0.75～1
	发电机"电枢"—调压器"电枢"	2.5～3.0
	调压器"电枢"—电流表—启动电机	3.0～6.0
开关连接线	电流表—电源开关—各用电设备开关	2.0～3.0
启动系统	预热启动开关、预热指示器—电热塞、启动机电磁开关 启动机转换开关—启动机各控制开关导线	2.5～3.0
照明系统	前照灯远光	1.5～2.5
	前照灯近光、前小灯、后灯、转向信号灯	1.0～1.5
电喇叭	电池—喇叭—开关	0.5～1.0
仪表系统	点火开关—仪表—传感器	0.75～1.0
启动机系统	启动机电源线、蓄电池搭铁线	36、43、50、70

（2）导线颜色　随着汽车上使用的电器增多，导线数量增多，采用双色线，主色为基础色，辅色为环布导线的条色带或螺旋色带，为便于安装和检修，且标注时主色在前，辅色在后。

若以双色线为基础选用导线时，各用电系统的电源线为单色，其余为双色，其双色低压线主色的规定见表1-4，其标称截面积大于1.5mm²的导线只用单色线，但电源系统可增加使用红色为主色、辅色为白色或黑色的两种双色线，对于标称截面积小于1.5mm²的双色低压线的主、辅颜色的搭配见表1-5。

表1-4　汽车各种用电系统双色低压导线主色的规定

序　号	系　统　名　称	电线主色	代　号
1	电气装置接地线	黑	B
2	点火启动系统	白	W
3	电源系统	红	R
4	灯光信号系统（包括转向指示灯）	绿	G
5	车身内部照明系统	黄	Y
6	仪表及报警指示系统和喇叭系统	棕	Br
7	前照灯、雾灯等外部灯光照明系统	蓝	Bi
8	各种辅助电动机及电气操作系统	灰	Gr
9	收放音机、电子钟、点烟器等辅助装置系统	紫	V

表1-5　标称截面积小于1.5mm²的双色低压线的主、辅颜色的搭配

主色	辅　色						
	红(R)	黄(Y)	白(W)	黑(B)	棕(N)	绿(G)	蓝(U)
红(R)	—	○	○	○	—	○	○
黄(Y)	○	○	○	○	△	△	△
蓝(U)	○	○	○	○	△	—	—
白(W)	○	○	○	○	○	○	△
绿(G)	○	○	○	○	○	—	○
棕(N)	○	○	○	○	○	○	○
紫(P)	—	○	○	○	○	○	△
灰(S)	○	○	—	○	○	○	○

注：○—容许搭配的颜色；△—不推荐搭配的颜色。

由上述规定可看出，汽车电线的颜色，在同一电器系统中，双色线的主色应与单色线的颜色相同；一个电路中的分支线，必须按规定选配相应的辅色；辅色在导线的主色上成两条轴向对称直线分布。

按照上述这些特征，汽车电器线路图上一般都在各条导线上标有颜色字母代号，同时加注了标称截面值，但一般不标单位 mm²。

汽车电器线路导线截面及颜色标注的示意图如图1-9所示。它是某一汽车前照灯的远光和近光两条线路，分别标有1.5R和1.5Y，表示两者导线的标称截面积均为1.5mm²，但远光线为红色，近光线为黄色。

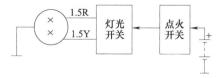

图1-9　汽车电器线路导线截面及颜色标注的示意图

中国采用德国的汽车标准比较多，德国汽车电器电路图用得较多的是白与黑两种颜色。为便于区分线路图上每根电线的颜色，也使用了一套字母代码，这套字母代码是指所加导线护套的颜色。德国和英国电器线路的色标和字母代码表见表1-6。

表1-6 德国和英国电器线路的色标和字母代码

线　路	颜　色	字 母 代 码	
		英　国	德　国
搭铁线	黑	B	SW
点火线	白	W	WS
蓄电池供电	棕	N	BK
示宽灯	红	R	RT
点火开关控制辅助电器	绿	G	GN
不受点火开关控制辅助电器	紫	P	VT
大灯	蓝	U	BL

除了导线的主色之外，有些线缆还有一条另外颜色的很细的示踪线，示踪线的颜色与该线缆的主色与电路的代码一致。示踪线标注示意图如图1-10所示，图中的两条线为U线电路的分支线路，这两个分支线路同时受主开关1的控制。

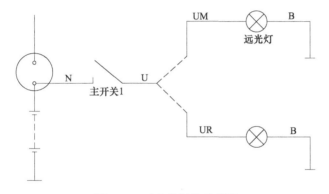

图1-10 示踪线标注示意图

（3）线路编号　线路编号也叫线路编码，没有统一的规定，一般是由生产厂家统一编定。这些编号包括元器件或零部件、插接件、导线和支路等。英国和德国的汽车上都采用了德国的DIN标准作为辨识线路的编码，DIN标准的线路辨识编码见表1-7。

表1-7 DIN标准的线路辨识编码

线 路 编 码	应 用 电 路	线 路 编 码	应 用 电 路
1	点火线圈的搭铁端	51	交流发电机的输出
4	点火系统高压输出	54	点火挡供电（有熔断器）
15	点火挡供电（无熔断器）	56	大灯
30	常火线供电	58	示宽灯/尾灯
31	搭铁	75	附加装置

二、汽车线束

为使全车线路规整、安装方便及保护导线的绝缘，汽车上的全车线路除高压线、蓄电池电缆和启动机电缆外，一般将同区域不同规格的导线用棉纱或薄聚氯乙烯带缠绕包扎成束，称为线束，如图1-11所示。

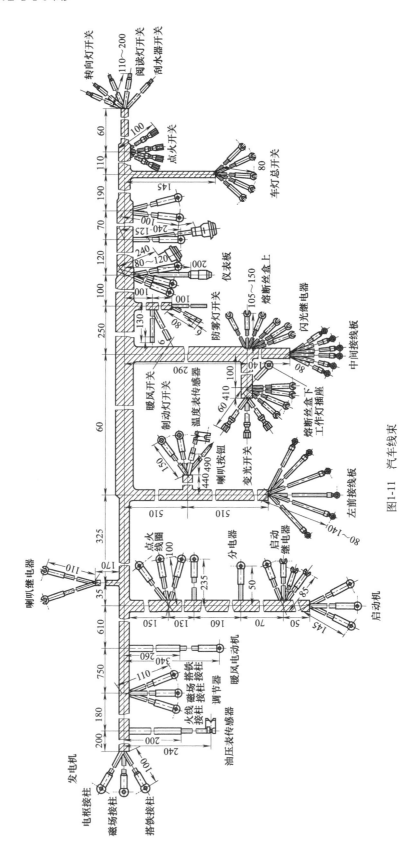

图1-11 汽车线束

(1) 线束的包扎

① 电缆半叠包扎法：涂绝缘漆，烘干，以增加电缆的强度和绝缘性能。

② 新型线束包扎法：局部塑料包扎后放入侧切口的塑料波纹管内，使其强度更高，保护作用更好，也便于查找线路故障。

(2) 线束的安装　同一种车型的线束在制造厂按车型设计制造好后，用卡簧或绊钉固定在车上的既定位置，其抽头恰好在各电器设备接线柱附近位置，安装时按线号装在其对应的接线柱上。各种车型的线束各不相同，同一车型线束按发动机、底盘和车身分多个线束。

三、连接器

连接器又叫插接器，现代汽车上使用很普遍。为防止在汽车行驶过程中脱开，均采用闭锁装置。连接器的符号和实物示意图如图 1-12 所示。连接器的拆卸方法示意图如图 1-13 所示。

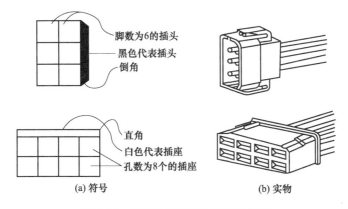

图 1-12　连接器的符号和实物示意图

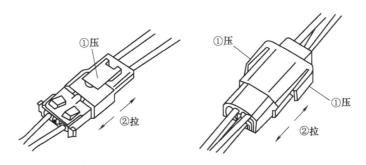

图 1-13　连接器的拆卸方法示意图

理论知识三　车用开关及保险装置

汽车电路采用了多种不同种类的电子元器件，对于像电阻器、电容器、电感线圈、变压器、晶体二极管和三极管、晶闸管、集成电路等电路元件，凡具有一定无线电基础的人都比较熟悉，况且可供阅读参考的书籍比较多，故本书就不再叙述。下面主要介绍熔断器、继电器、点火开关等轿车电子电器专用元器件。

一、熔断器

熔断器在电路中起保护作用。当电路中有超过规定的电流流过时，熔断器的熔丝通过自身发热而熔断,从而切断电路,防止电路的连接导线和用电设备烧坏,把故障限制在最小范围内。熔断器的主要元件是熔丝(片),其材料是锌、锡、铅、铜等金属的合金。常见熔断器按外形可分为熔片式、熔管式、绝缘式、缠丝式、插片式等,如图1-14所示。通常情况下,轿车上是将很多熔断器组合在一起安装在熔断器盒内,并在熔断器盒盖上注明各熔断器的名称、额定容量及位置,并用不同的颜色来区别熔断器的容量。

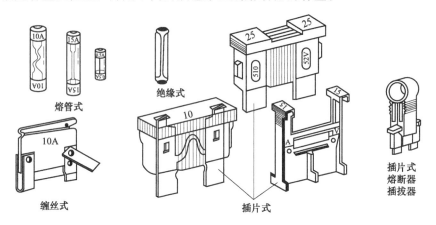

图 1-14 熔片式、熔管式、绝缘式、缠丝式、插片式熔断器示意图

一般情况下,环境温度在18～32℃,流过熔断器的电流为额定电流的1.1倍时,熔丝不熔断;达到1.35倍时,熔丝在60s内熔断;达到1.5倍时,20A以内的熔丝在15s以内熔断,30A的熔丝在30s以内熔断。若熔断器熔断,在维修时应注意以下几点。

(1) 只有在真正找到故障原因后,更换熔断器才能彻底排除故障。

(2) 更换熔断器时,要用与原规格相同的熔断器去更换,不能用铜丝等金属线代替。

(3) 熔断器支架与熔断器接触不良会产生电压降和发热现象,安装时要保证其接触良好。

二、继电器

一般情况下,轿车上使用的操纵开关的触点容量较小,不能直接控制工作电流较大的用电设备,常采用继电器来控制它的接通与断开。继电器是利用电磁原理、机电原理或其他方法,实现自动接通或断开一个或一组接点,来完成电路的开或关的功能。

由此可见,继电器是自动控制电路中常见的一种元器件,它属于开关的范畴。小型通用继电器的实物及插脚分布如图1-15所示,其工作电压有12V和24V两种,分别用于相应标称电压的汽车上。必须指出的是:这两种标称电压的继电器不能互换使用。轿车上常见的继电器有电磁继电器、干簧继电器、双金属片继电器和电子继电器等几种形式。一般来说,不同种类的继电器是不能直接互换使用的。

1. 电磁继电器

电磁继电器是应用最广泛的一种继电器,它由铁芯、线圈、衔铁、弹簧、簧片、触点等组成,如图1-16所示。其线圈套在铁芯上,弹簧拉着衔铁,使簧片3与触点4保持闭合,构成一个常闭触点;而簧片3和触点5保持断开,构成常开触点。当电磁线圈电路中的开关接通时,线圈中即有电流通过,铁芯产生电磁吸力吸动衔铁,使常闭触点4断开,而使常开触点5闭合,接通主电路;当开关断开时,线圈中无电流通过,铁芯电磁力减退,在弹簧的作用下,使常闭触点4恢复闭合,常开触点5恢复断开,于是切断所控制的主电路。

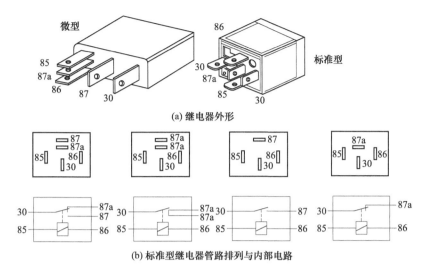

图 1-15 小型通用继电器实物及插脚分布

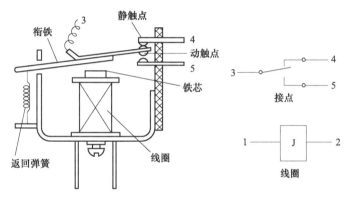

图 1-16 电磁继电器结构、原理及符号
1,2—电磁线圈的两端；3—簧片；4—常闭触点；5—常开触点

2. 干簧继电器

干簧继电器也称舌簧继电器，它的结构如图 1-17 所示。干簧继电器由线圈、干簧片及玻璃管等组成。当线圈通入电流时，就会在其内部产生磁场，而由导磁材料做成的干簧管内的干簧片即被磁化，一片为 N 极，另一片为 S 极。由于 N 极和 S 极相互吸引，两干簧片相接触，将电路导通；当线圈无电流通过时，干簧片利用本身的弹性断开电路。

干簧继电器具有灵敏度高、动作速度快、结构简单、体积小、成本低等优点，加之干簧继电器的触点是密封在保护气体（通常是氮气等）之中，因而其寿命很长。由于干簧片触点的面积较小，所以允许通过触点的电流也较小。干簧管继电器在汽车上常用作液位报警开关。

3. 双金属片继电器

如图 1-18 所示为利用双金属片构成的温度继电器的结构图。其工作原理是：用两种热膨胀系数显著不同的金属片叠合在一起构成双金属片，当温度变化时，利用两片金属片变形率不同，即可构成反映温度或热量变化的热继电器。当继电器的电阻丝通入电流时，便对双金属片进行加热，由于它的上层金属片膨胀系数大，伸长快，变形大，所以让整个双金属片向下弯曲，结果使原来闭合的触点变为断开，原来断开的触点转为闭合，从而实现其开或关的功能。

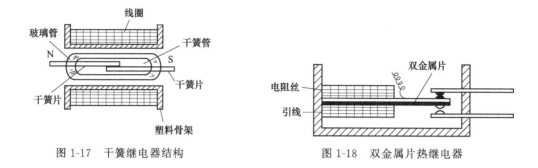

图 1-17 干簧继电器结构　　　　图 1-18 双金属片热继电器

图 1-19 所示为采用双金属片式热继电器构成的汽车水温表传感器结构示意图。

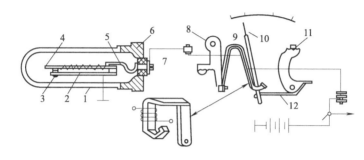

图 1-19 汽车水温传感器

1—壳体；2—电热线圈；3—固定触点；4—双金属片；5—接触片；6—胶木绝缘套；
7—接线柱；8—调整齿圈；9—金属片；10—指针；11—调节齿扇；12—弹簧片

4. 电子继电器

电子继电器与其他继电器相比，具有以下优点。

（1）寿命长　用晶体三极管或可控硅代替机械触点，使用时不会出现触点火花或电弧，也不存在机械触点的磨损、烧蚀等问题，所以其寿命较长。

（2）动作迅速　它的动作时间可达 $10^{-7}\sim10^{-8}$ s，而其他继电器最快只能达到 10^{-4} s。

（3）灵敏度高　电磁继电器的驱动功率一般为 10^{-2} W，干簧继电器驱动功率为 $10^{-3}\sim10^{-5}$ W，而电子继电器只需 $10^{-3}\sim10^{-8}$ W 即可动作，所以它的应用范围很宽。

（4）体积小，质量小　电子继电器的不足之处是它的接触电阻较大，另外电子继电器的电路较复杂，使用维护需要一定的电子技术基础。如图 1-20 所示为一种晶体管继电器。图中 VT_3 为光敏三极管，用来完成光-电转换功能，其被控对象是电磁铁线圈。

当没有光线照射时，三极管 VT_3 截止，VT_1 饱和导通，VT_2 截止，电磁线圈中无电流

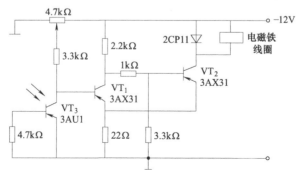

图 1-20 晶体管继电器

通过,继电器不动作;当有光线照射三极管 VT_3 时,VT_1 截止,VT_2 导通,于是电磁线圈中有电流通过,继电器动作执行开关功能。通过调节 4.7kΩ 电位器,可调整 VT_1 的基极电流,从而调整继电器的灵敏度。与电磁铁线圈所并联的二极管的作用是续流,用于保护三极管 VT_2 使 VT_2 在截止时不会因自感所产生的高反压而被击穿。

三、点火开关

点火开关在电路图中的表示方法有多种,常见的有结构图表示法、表格表示法和图形符号表示法三种,如图 1-21 所示。下面以点火开关为例,介绍主电路中开关的表示方法。

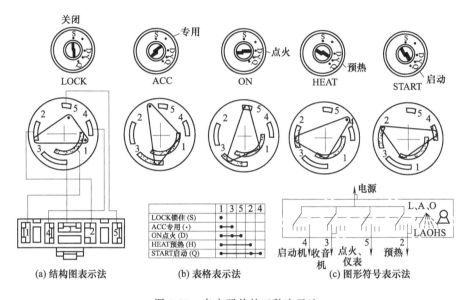

图 1-21 点火开关的三种表示法

点火开关的功能主要有:锁住转向盘转轴(LOCK 挡)、接通点火仪表指示灯(ON 或 IC 挡)、启动(ST 或 START 挡)、为附件供电(ACC 挡,主要是收放机专用),如果用于柴油车则增加发动机预热功能(HAET 挡)。

需要说明的是,在启动、预热挡,由于消耗电流很大,开关不宜接通过久。这两挡不能自行定位,在操作时必须用手克服弹簧力,扳住钥匙,否则一松手就弹回点火挡。其他各个挡位均可自行定位。

各厂家生产的点火开关不完全一样,常用点火开关的图形和功能说明见表 1-8。捷达、桑塔纳、奥迪等轿车的点火开关在发动机工作时还具有防止误动作启动的功能。

表 1-8 常用点火开关的图形和功能说明

图　　形	功　能　说　明
(图)	点火开关(4 挡) 锁止转向盘 0—OFF 或(S);附件(收音机)1—ACC 或(A);点火、仪表 2—IG 或(M);启动 3—START 或(D)
(图)	点火开关(3 挡) 锁止 0—OFF 或 STOP;工作 1—ON 或 MAR;启动 2—ST 或 AVV

图 形	功 能 说 明
(柴油车电源开关图)	柴油车电源开关 0—OFF 断开；1—ON 接通；2—START 启动；3—ACC 附件；4—PREHEAT 预热
(点火开关图)	点火开关(5 挡) O—LOOK 锁定转向盘；1—OFF 断开；2—ACC 附件；3—ON 通；4—START 启动

实训项目部分

实训项目 汽车电路中间装置的使用与维护

一、目的

(1) 掌握导线维修的操作步骤。
(2) 掌握汽车开关、保险、继电器等中间部件的检测。
(3) 掌握汽车插接器的拆装与检测。

二、实训器材

汽车线束、开关、熔断器、继电器、插接器、焊接工具、万用表等。

三、实训内容

(1) 导线维修 大多数制造商推荐所有导线应用焊接方式进行维修。维修导线时，重要的是要使用如下的正确操作：

① 从每一根需要维修绞接的导线去掉 12.7mm (1/2in) 的绝缘层；
② 准备一根热缩套管置于导线一侧，要确保管子足够长以覆盖并封住整个修理区；
③ 将导线的多股线相互搭叠放在插接器夹内（见图 1-22）；
④ 用压接工具将插接器夹和导线卷缩在一起（见图 1-23）；
⑤ 用锡焊丝将连接处焊接在一起（见图 1-24）；
⑥ 热缩管的连接用喷枪加热并使连接点处于热缩管的中央位置，加热连接处直到管子紧紧封住并使焊液从管子两端流出（见图 1-25）。

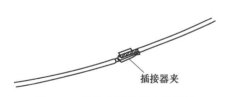

图 1-22 导线在插接器内的搭叠

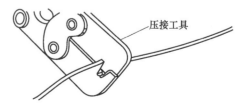

图 1-23 插接器夹和导线的压接

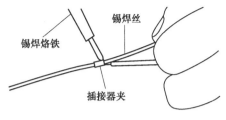

图 1-24　导线的焊接

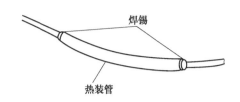

图 1-25　热缩管的使用

注意：千万不要使用酸性焊锡丝焊接。

(2) 开关的检测　将开关拨到相应的位置，用万用表电阻挡检测对应的端子间电阻，接触电阻不能超出范围。

(3) 保险的检查　可用观察法检查，也可用万用表电阻挡测量熔断器是否熔断（见图 1-26）。

(4) 继电器检测

① 开路检测。采用万用表测阻法，以如图 1-27 所示的继电器为例，用万用表 R×1000 挡检查：如果 1 端—2 端通，3 端—4 端通，3 端—5 端电阻∞，则正常，否则有问题。

② 加电检测。在 1 端和 2 端之间加 12V 电压，3 端—4 端不通，3 端—5 端通，为正常。

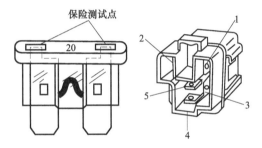

图 1-26　熔断器的检查

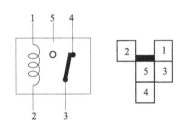

图 1-27　继电器的检查

(5) 插接器的拆装与检测

拆卸：

① 断开蓄电池；

② 从其配对的另一半元件上断开插接器；

③ 压下黄色接头上的锁止凸舌，以松开端子（见图 1-28）；

④ 用专用工具压端子并将导线从插接器上拆下（见图 1-29）；

⑤ 修理或更换端子。

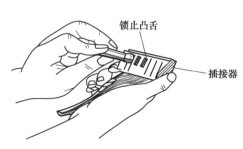

图 1-28　压下锁止凸舌

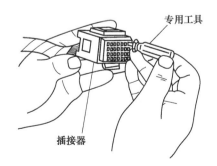

图 1-29　从插接器上拆下导线

安装：
① 使锁止凸舌复位；
② 将拆下的导线插入修理插头原来的插孔中；
③ 重复插入插接器上的每根导线，确保所有导线都插入正确的插孔中；另外，插接器引出线的识别参见相关电路图；
④ 在重新组装插接器时，锁止凸舌必须放到锁定位置，以防端子脱出；
⑤ 将插接器连接到其配对的元件中；
⑥ 连接蓄电池并测试所有受影响的系统。

检测：在检查线路的电压或导通情况时，不必脱开连接器，只用万用表两探针插入连接器尾部的线孔内进行检查即可。

思考题

1. 汽车用导线有哪些种类？
2. 高压导线有何特点？
3. 安装汽车线束应该注意哪些事项？
4. 怎样插拔插接器？
5. 熔断器有哪些类型？插片式熔断器的颜色和额定电流之间有怎样的对应关系？
6. 易熔线检查和维修时的注意事项有哪些？
7. 继电器有哪些基本类型？
8. 车载网络有哪几种接线形式？各有什么特点？
9. CAN数据传输有哪些形式？

任务二 车用蓄电池

理论知识部分

理论知识一 铅酸蓄电池的作用、结构、工作原理及型号

一、铅蓄电池的作用

蓄电池是汽车上的两个电源之一，是一种将化学能转变为电能的装置，属于可逆的直流电源。用于汽车上的蓄电池，必须满足启动发动机的需要，即在 5～10s 的短时间内，提供汽车启动机足够大的电流。汽油机启动电流为 200～600A，有的柴油机启动电流达 1000A。

由于使用电解液不同，启动型蓄电池分为酸性和碱性蓄电池。铅酸蓄电池结构简单，价格低廉，易于满足大量生产的汽车的需要；同时其内阻小，启动性能好，能在短时间内提供启动机所需要的大电流，因此在汽车上得到广泛应用。

在汽车上，蓄电池与发电机并联，共同向用电设备供电。在发动机正常工作时，用电设备所需电能主要由发电机供给。蓄电池的功用为：

（1）发动机启动时，向启动机和点火系供电；

（2）发电机不发电或电压较低时向用电设备供电；

（3）当用电设备同时接入较多，发电机超载时，协助发电机供电；

（4）发电机端电压高于蓄电池电动势时，将发电机的电能转变为化学能储存起来（即充电）。

此外，蓄电池还相当于一个容量很大的电容器，在发电机转速和用电负载发生较大变化时，可保持汽车电网电压的相对稳定。同时，还可吸收电网中随时出现的瞬间过电压，以保护用电设备尤其是电子元器件不被损坏，这一点对装有大量电子系统的现代新型汽车是非常重要的。发动机绝不允许脱开蓄电池运转。

二、铅蓄电池的构造

铅蓄电池是在盛有稀硫酸的容器中插入两组极板而构成的电能储存器，它由极板、隔板、外壳、电解液等部分组成。容器分为 3 格或 6 格，每格里装有电解液，正负极板组浸入电解液中成为单格电池。每个单格电池的标称电压为 2V，3 格串联起来成为 6V 蓄电池，6

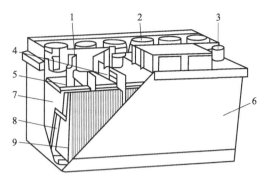

图 2-1 铅蓄电池的结构
1—负极柱；2—加液孔盖；3—正极柱；
4—穿壁连接；5—汇流条；6—外壳；
7—负极板；8—隔板；9—正极板

格串联起来成为 12V 蓄电池。铅蓄电池的构造见图 2-1。

1. 极板

极板是蓄电池的核心部件，蓄电池充、放电的过程主要是依靠极板上的活性物质与电解液进行的，由它接受充入的电能和向外释放电能。极板分正极板和负极板两种，均由栅架和活性物质组成。正极板上的活性物质是二氧化铅，呈棕红色；负极板上的活性物质是海绵状纯铅，呈青灰色。正、负极板上的活性物质分别填充在铅锑合金铸成的栅架上。铅锑合金中，铅占 94%，锑占 6%。加入少量的锑是为了提高栅架的机械强度并改善浇注性能。但是，铅锑合金耐电化学腐蚀性能较差，在要求高倍率放电和为了提高能量传输效率而采用薄形极板时，高锑含量板栅的使用寿命势必降低。因此，采用低锑合金就十分重要了，目前板栅含锑量为 2%～3%。在板栅合金中加入 0.1%～0.2% 的砷，可以减缓腐蚀速度，提高硬度与机械强度，增强其抗变形能力，延长蓄电池的使用寿命。目前国内外已使用铅锑砷合金作板栅。

正极板活性物质脱落和板栅腐蚀是决定蓄电池使用寿命的主要原因。出于对使用期限的考虑，正极板栅要厚一些，负极板栅厚度一般为正极板栅厚度的 70%～80%。国产蓄电池负极板厚度为 1.6～1.8mm，也有薄至 1.2～1.4mm 的；正极板厚度为 2.2～2.4mm，也有薄至 1.6～1.8mm 的。薄形极板的使用能改善汽车的启动性能，提高蓄电池的比能。

为了增大蓄电池的容量，一般将多片正极板（4～13 片）和多片负极板（5～14 片）分别并联，用横板焊接，组成正、负极板组。安装时，将正负极板组相互嵌合，中间插入隔板，就成了单格电池。在每个单格电池中，负极板的数量总是比正极板要多一片。如 6-Q-105 型蓄电池，每单格中正极板为 7 片，负极板为 8 片，正极板都处在负极板之间，最外面 2 片都是负极板。正极板活性物质较疏松，机械强度低，这样把正极板夹在负极板中间，可使其两侧放电均匀，在工作时不易因活性物质膨胀而翘曲，不易造成活性物质脱落。

国产汽车启动用铅酸蓄电池主要有两大类，即干封式蓄电池和干荷电式蓄电池。干荷电式蓄电池与普通干封式蓄电池的区别在于：其极板组在干燥状态下能够较长时间地保存制造过程中所得到的电荷。干荷电式蓄电池之所以具有干荷电性能，主要是负极板的制造工艺不同。干荷电式蓄电池在 2 年的保存期中，如果需要交付使用，只需在使用之前加入符合规定密度的电解液就可以了。例如，对于干荷电式蓄电池 6-QA-60，只需加入密度为 1.280g/cm³（25℃时）的电解液，调整液面高度高出极板组 15mm 左右，不需要进行初充电就可以投入使用。对于保存期超过 2 年的干荷电式蓄电池，因为其极板上有部分活性物质被氧化，使用之前应进行补充充电。

2. 隔板

为了减少蓄电池内部尺寸，降低蓄电池的内阻，蓄电池内部正负极板应尽可能靠近。但为了避免相互接触而短路，正负极板之间要用绝缘的隔板隔开。隔板材料应具有多孔性结构，以便电解液自由渗透，而且化学性能应稳定，具有良好的耐酸性和抗氧化性。常见的隔板材料有木材、微孔橡胶、微孔塑料、玻璃纤维纸浆和玻璃丝棉等几类。

隔板为一厚度小于 1mm 的长方形薄片，其长和宽均比极板略大一点。成形隔板的一面有特制的沟槽。安装时，应将带沟槽的一面竖直朝向正极板。

3. 电解液

铅酸蓄电池的电解液由密度为 1.84g/cm³ 的纯硫酸和蒸馏水按一定比例配制而成，密度一般在 1.24～1.31g/cm³，使用时根据当地最低气温或制造厂的要求进行选择，见表 2-1。密度大，可减少结冰的危险并提高蓄电池的容量，但密度过大则黏度增加，反而会降低蓄电池的容量，缩短使用寿命。电解液的纯度是影响蓄电池性能和使用寿命的重要因素，一般工业用硫酸和普通水中，因含有铁、铜等有害杂质，绝对不能加入到蓄电池中去，否则容易自行放电，并且容易损坏极板。因此，蓄电池电解液要用规定的蓄电池专用硫酸和蒸馏水配制。

表 2-1 不同气温下的电解液密度

使用地区最低温度/℃	冬季/(g/cm³)	夏季/(g/cm³)
<-40	1.31	1.27
-40～-30	1.29	1.25
-30～-20	1.28	1.25
-20～0	1.27	1.24
>0	1.24	1.24

4. 壳体

蓄电池外壳为一整体式结构的容器，极板、隔板和电解液均装入外壳内。蓄电池电压一般有 6V 和 12V 两种规格，因此，外壳内由间壁分成 3 个或 6 个互不相通的单格。例如，12V 蓄电池内分成 6 个单格，由 5 个单格壁将容器分为互不相通的 6 个小容器。各个单格底部做有垫角，其突起的肋条用以搁置极板组，使其下方有足够的空间作为沉淀槽，容纳脱落的活性物质，以免堆积起来使正负极板相接触而造成短路。外壳应耐酸、耐热、耐寒、抗震动，并具有足够的机械强度。壳体的材料多采用硬质橡胶、聚丙烯塑料制成，为整体式结构。由于蓄电池各单格为串联连接，因此不同极性的极桩用铅连接条连接起来，采用穿壁对焊式连接，如图 2-2 所示。

加注孔盖用橡胶或塑料制成，旋在蓄电池盖的加注孔内。加注孔盖上有通气孔，下端有特制的隔板，其作用是将通气孔与单格上面的空间部分地隔开，以防汽车颠簸时，电解液从通气孔溅出。

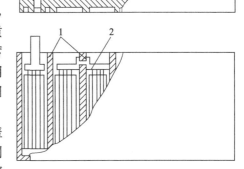

图 2-2 单格电池之间的穿壁焊示意图
1—间壁；2—连接条

加注孔盖上的通气孔应经常保持畅通，使蓄电池内部的 H_2 与 O_2 排出以防蓄电池过早损坏或爆炸。若在孔盖上安装一个过滤器，还可以避免水蒸气逸出，减少水的消耗。

三、铅蓄电池的工作原理

根据双极硫酸盐化理论，蓄电池中参与化学反应的物质，正极板上是 PbO_2，负极板上是 Pb，电解液是 H_2SO_4 的水溶液。蓄电池放电时，正极板上的 PbO_2 和负极板上的 Pb 都变成 $PbSO_4$，电解液中的 H_2SO_4 减少，密度下降。蓄电池充电时，则按相反的方向变化，正极板上的 $PbSO_4$ 恢复成 PbO_2，负极板上的 $PbSO_4$ 恢复成 Pb，电解液中的 H_2SO_4 增加，密度增大。

1. 蓄电池电动势的建立

极板浸入电解液后，由于少量的活性物质溶解于电解液，产生了电极电位，并且由于正负极板的电极电位不同而形成了蓄电池的电动势。

在正极板处，少量的 PbO_2 溶入电解液中，与水生成 $Pb(OH)_4$，再分离成四价铅离子和氢氧根离子，即

$$PbO_2 + 2H_2O \longrightarrow Pb(OH)_4$$
$$Pb(OH)_4 \longrightarrow Pb^{4+} + 4OH^-$$

其中，溶液中的 Pb^{4+} 有沉附于极板的倾向，使极板呈正电位，同时由于正、负电荷的吸引，极板上 Pb^{4+} 有与溶液中 OH^- 结合，生成 $Pb(OH)_4$ 的倾向，当两者达到动态平衡时，正极板的电极电位约为 $+2.0V$。

同理，在负极板处，金属铅受两方面的作用，一方面它有溶解于电解液的倾向，因而极板表面上有少量 Pb^{2+} 进入电解液，使极板带负电；另一方面，由于正、负电荷的吸引，Pb^{2+} 有沉附于极板表面的倾向。当两者达到动态平衡时，极板的电极电位约为 $-0.1V$。

因此，一个充足电的蓄电池，在静止状态下的电动势 E_0 约为 2.1V。

实际测定的结果是 $E_0 = 2.044V$。

2. 蓄电池的放电过程

如果将蓄电池与外电路的负荷接通，例如接亮汽车前照灯，蓄电池与前照灯就组成了完整的电路。当电路中产生电流时，电子 e 从负极板经过外电路的负荷流往正极板，使正极板的电位下降，从而破坏了原有的平衡状态。流到正极板的电子 e 与 Pb^{4+} 结合，变成二价离子 Pb^{2+}，Pb^{2+} 与 SO_4^{2-} 化合，生成 $PbSO_4$ 而沉附在正极板上，即

$$Pb^{4+} + 2e \longrightarrow Pb^{2+}$$
$$Pb^{2+} + SO_4^{2-} \longrightarrow PbSO_4$$

在负极板处，Pb^{2+} 与电解液中的 SO_4^{2-} 化合也生成 $PbSO_4$，沉附在负极板上，而极板上的金属铅继续溶解，生成 Pb^{2+}，留下电子 2e。

在外部电路的电流继续流通时，蓄电池正极板上的 PbO_2 和负极板上的 Pb 将不断转变为 $PbSO_4$，电解液中的 H_2SO_4 逐渐减少，而 H_2O 逐渐增多，电解液密度下降。铅蓄电池的放电过程见图 2-3。

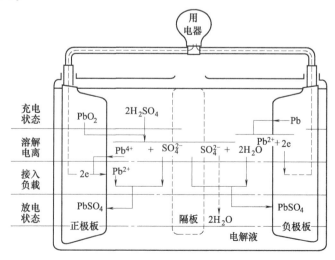

图 2-3 铅蓄电池的放电过程

从理论上讲，蓄电池的这种放电过程将进行到极板上的所有活性物质全部转变为$PbSO_4$为止，而实际上不可能达到这种情况，因为电解液不能渗透到极板活性物质最内层中去。在使用中所谓放完电的蓄电池，极板上的活性物质材料实际上只有20%~30%转变成了$PbSO_4$。因此，采用薄型极板，增加多孔性，提高极板活性物质的利用率是蓄电池工业的发展方向。我国已经有一些厂家生产薄型极板蓄电池。

3. 蓄电池的充电过程

充电时蓄电池的正负两极接通直流电源，当电源电压高于蓄电池的电动势时，在电源力的作用下，电流将以相反的方向通过蓄电池，即由蓄电池的正极流入，从蓄电池的负极流出，也就是电子由正极板经外电路流往负极板。这时正负极板发生的化学反应正好与放电过程相反，其化学反应过程见图2-4。

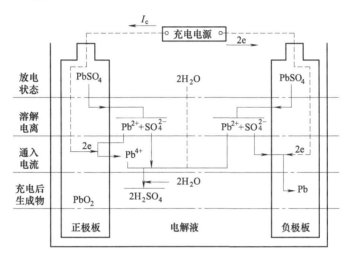

图2-4 铅蓄电池的充电过程

在正极板处，有少量的$PbSO_4$溶于电解液中，产生Pb^{2+}和SO_4^{2-}，Pb^{2+}在电源力作用下失去两个电子变成Pb^{4+}，它又和电解液中解析出来的OH^-结合，生成$Pb(OH)_4$，$Pb(OH)_4$再分解成为PbO_2和H_2O，而SO_4^{2-}与电解液中的H^+化合生成H_2SO_4。正极板上的总反应为

$$PbSO_4 - 2e + 2H_2O + SO_4^{2-} \longrightarrow PbO_2 + 2H_2SO_4$$

在负极板处，也有少量的$PbSO_4$溶于电解液中，产生Pb^{2+}和SO_4^{2-}，Pb^{2+}在电源力的作用下获得两个电子变成金属Pb，沉附在极板上，而SO_4^{2-}则与电解液中的H^+化合生成H_2SO_4。负极板上的总反应为

$$PbSO_4 + 2e + 2H^+ \longrightarrow Pb + H_2SO_4$$

由此可见，在充电过程中，正负极板上的$PbSO_4$将逐渐恢复为PbO_2和Pb，电解液中的硫酸（H_2SO_4）成分逐渐增多，水（H_2O）逐渐减少。

充电期间，电解液密度将升到最大值，并且引起水的分解。其反应式为

$$2H_2SO_4 \rightleftharpoons 4H^+ + SO_4^{2-}$$

负极上的反应为

$$4H^+ + 4e \longrightarrow 2H_2$$

正极上的反应为

$$2SO_4^{2-} - 4e + 2H_2O \longrightarrow 2H_2SO_4 + O_2 \uparrow$$

蓄电池的总反应为

$$H_2SO_4 + 2H_2O \longrightarrow H_2SO_4 + 2H_2 \uparrow + O_2 \uparrow$$

因此，实际上分解的是 H_2O，即

$$2H_2O \longrightarrow 2H_2 \uparrow + O_2 \uparrow$$

由蓄电池充放电时的化学反应过程，可以得出如下几点结论。

① 蓄电池在放电时，电解液中的硫酸将逐渐减少，而水将逐渐增多，电解液密度下降；蓄电池在充电时，电解液中的硫酸将逐渐增多，而水将逐渐减少，电解液密度增加。因此，可以通过测量电解液密度的方法来判断蓄电池的充放电程度。在蓄电池的充放电过程中，极板的活性物质是处在化合和分解的运动之中，略去中间的化学反应，这一运动的过程可以表示为

$$PbO_2 + Pb + 2H_2SO_4 \rightleftharpoons 2PbSO_4 + 2H_2O$$

② 在充放电时，电解液密度发生变化，主要是由于正极板的活性物质发生化学反应的结果，因此要求正极板处的电解液流动性要好。所以在装配蓄电池时，应将隔板有沟槽的一面对着正极板，以便电解液流通。

③ 蓄电池放电终了时，极板上尚余有 70%~80% 的活性物质没有起作用。因此，要减轻铅蓄电池的质量，提高供电能力，应该充分提高极板活性物质的利用率，在结构上提高极板的多孔性，减少极板的厚度。

4. 蓄电池的工作特性

蓄电池的工作特性主要包括蓄电池的电动势、内阻以及充放电特性。

（1）静止电动势　静止电动势指蓄电池静止状态下（不充电也不放电），正负极板间的电位差（即开路电压），用 E_j 表示。其值取决于电解液的密度和温度。

$$E_j = 0.85 + \rho_{25℃}$$

（注：静止电动势不等于电池的电动势）

式中　$\rho_{25℃}$——25℃ 时的电解液密度。

实测所得电解液相对密度应按下式换算成 25℃ 时的相对密度

$$\rho_{25℃} = \rho_t + \beta(t - 25)$$

式中　ρ_t——实际测得的电解液密度；

　　　t——实际测得的电解液温度；

　　　β——密度温度系数，$\beta = 0.00075$，即每温升 1℃，相对密度将下降 0.00075。

汽车用蓄电池的电解液相对密度在充电时增高，放电时下降，一般在 1.12~1.30 之间波动，因此，蓄电池的静止电动势也相应地变化在 1.97~2.15V 之间。

（2）内阻　蓄电池的内阻大小反映了蓄电池的带负载能力。在相同条件下，内阻越小，输出电流越大，带负载能力越强，能满足启动的需要。包括极板内阻、隔板内阻、电解液电阻、链条和极柱电阻。电解液电阻与电解液密度和温度有关。

极板电阻在完全充电状态下是很小的，但随着蓄电池放电程度的增加，覆盖在极板表面的 $PbSO_4$ 增多，极板电阻会随之增大。

隔板电阻主要取决于隔板的材料、厚度及多孔性，在常用的隔板中，微孔塑料隔板的电阻较小。

电解液的电阻与电解液的温度和密度有关。温度降低时会因电解液的黏度增大，渗透能

力下降而引起电阻增加。而电解液的密度过高或过低时,均会导致电阻增大。密度过高时,由于黏度增加,致使渗透能力下降,引起电阻增加;密度过低时,又会引起电解液中的 H^+ 和 SO_4^{2-} 数下降,致使扩散能力下降,引起电阻增加。当密度为 1.208g/cm^3（25℃）时,电阻值相对较小。

总之,铅蓄电池的内阻是很小的,如美国标准 SAEJ546 明确规定,12V 蓄电池在标准负荷时的内阻为 0.014Ω。因此,铅蓄电池可以获得较大的输出电流,以适应启动需要。

(3) 蓄电池的充放电特性

① 蓄电池的放电特性。

蓄电池的放电特性是指恒流放电时,蓄电池端电压 U_f、电动势 E 和电解液密度 $\rho_{25℃}$ 随放电时间变化的规律。完全充足电的蓄电池以 20h 放电率恒流放电的特性曲线见图 2-5。放电时,由于蓄电池内阻 R_0 的影响,蓄电池端电压 U_f 低于其电动势 E,即

$$U_f = E - I_f R_0$$

式中 I_f——放电电流。

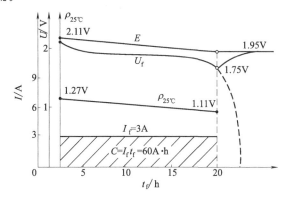

图 2-5　20h 放电率恒流放电的特性曲线

放电开始时,蓄电池端电压 U_f 从 2.1V 迅速下降,这是放电之初极板孔隙内的 H_2SO_4 迅速消耗,密度迅速下降的缘故。随着极板孔隙外的电解液向极板孔隙内渗透速率加快,当其渗透速度与化学反应速度达到相对平衡时,极板孔隙内的电解液密度的变化速率趋于一致,端电压将随整个容器内的电解液密度降低而缓慢下降到 1.85V。随后端电压又迅速降低到 1.75V,此时应立即停止放电,并称此电压值为单格电池的终止电压。若继续放电,端电压会急剧下降,这是因为放电终了时,化学反应深入到极板的内层,并且放电过程中生成的 $PbSO_4$ 较原来的活性物质的体积大且积聚在孔隙内,使孔隙变小,电解液渗透困难,由此造成极板孔隙内电解液密度迅速下降,端电压随之急剧下降。继续放电则为过放电。过度放电对蓄电池极为有害,极板孔隙中生成粗结晶硫酸铅,充电时不易还原,即造成极板硫化,严重影响蓄电池的寿命,并导致蓄电池的容量下降。

放电停止后,由于电解液渗透的结果,使孔隙内外的电解液密度趋于一致,蓄电池单格电池电动势会回升至 1.95V。

由于恒流放电,故单位时间内所消耗的 H_2SO_4 的数量保持一致,因此,电解液的密度 $\rho_{25℃}$ 呈线性变化。一般来说,电解液密度每下降 0.04g/cm^3,蓄电池放电量大约为额定容量的 25%。由此可见,蓄电池放电终了的特征如下:

a. 单格电池电压下降至放电终止电压,以 20h 放电率放电,单格电池电压降至 1.75V;

b. 电解液密度下降至最小的许可值,大约为 1.11g/cm^3。

此外,放电所允许的终止电压与放电电流的大小有关,放电电流越大,放电的时间越

短，允许的放电终止电压也越低。

② 蓄电池的充电特性。

蓄电池的充电特性是指以恒电流充电时，蓄电池充电电压 U_c、电动势 E 及电解液密度 $\rho_{25℃}$ 等随充电时间变化的规律。蓄电池以 20h 充电率恒流充电的特性曲线见图 2-6。

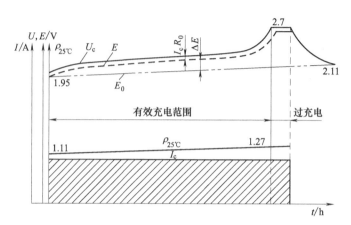

图 2-6 蓄电池以 20h 充电率恒流充电的特性曲线

由于充电电源必须克服蓄电池内阻 R_0 的电压降，因此，充电电压 U_c 要高于蓄电池的电动势 E，即

$$U_c = E + I_c R_0$$

式中 I_c——充电电流。

充电开始时，蓄电池电压迅速上升，这是在极板孔隙内发生化学反应所致，生成的 H_2SO_4 使得极板孔隙内的电解液的密度迅速上升，故端电压随之迅速上升。随着极板孔隙内的电解液向外扩散的速度加快，当孔隙内 H_2SO_4 生成速度与扩散速度相对平衡时，蓄电池的端电压不再迅速上升，而随整个容器内电解液密度缓慢上升而逐步提高。当蓄电池单格电池电压达到 2.3~2.4V 时，极板上 $PbSO_4$ 已基本被还原成活性物质，这时充电接近终了。继续通电，电解液中的水开始分解，产生氢气和氧气，并以气泡的形式释放出来，电解液呈"沸腾"状态。由于氢气生成的速度较水解速度慢，故在负极板处积聚了较多的氢离子 H^+，使极板相对电解液产生了附加电位（约 0.33V），导致单格电池的充电电压高达 2.7V 左右。

从理论上讲，当单格电池电压升至 2.7V 时，应终止充电，否则将造成过充电。过充电将产生若干气体并在极板孔隙内造成压力，会加速极板物质脱落，所以应避免长时间过充电。但在实际使用中，往往在达到最高电压后仍继续充电 2~3h，以保证蓄电池完全充电。

充电停止后，附加电位消失，孔隙内电解液密度迅速下降，且与整个容器内电解液密度趋于一致，因而单格电池电压又迅速降至 2.1V 左右。

由于恒流充电，电解液的密度 $\rho_{25℃}$ 随充电时间变化线性上升，当单格电池电压达到 2.4V 时，其值达到最大。

可见，蓄电池充电终了的特征是：

a. 蓄电池的端电压上升至最大值（单个电池电压为 2.7V），且 2h 内不再变化；

b. 电解液的密度上升至最大值，且 2h 内基本不变；

c. 蓄电池剧烈地放出大量气泡，电解液沸腾；

5. 蓄电池的型号

国产铅蓄电池的型号分为三段,其排列及其含义如下:

1	2	3
串联的单格电池	电池类型　电池特征	额定容量　特殊性能

第1部分表示串联的单格电池数,用阿拉伯数字组成,其标准电压是这个数字的2倍。

第2部分表示蓄电池的类型和特征,用汉语拼音字母表示。其中前一部分字母表示蓄电池的类型,如"Q"表示启动用铅蓄电池。后一部分为蓄电池的特征代号,如"A"表示干荷电式,"B"表示薄型极板。具有两种特征时按顺序将两个代号并列标志,各代号具体含义见表2-2。

表 2-2　铅蓄电池特征代号

特征代号	蓄电池特征	特征代号	蓄电池特征	特征代号	蓄电池特征
A	干荷电	J	胶体电解液	D	带液式
H	湿荷电	M	密封式	Y	液密式
W	免维护	B	半密封式	Q	气密式
S	少维护	F	防酸式	I	激活式

第3部分表示蓄电池的额定容量,我国目前规定采用20h放电率的容量安培小时数(A·h)。

此外,有的蓄电池在额定容量后面用一个字母表示其具有的特殊性能,如:Q—高启动率;S—塑料槽;D—低温启动性能好。

例如,CA1170P2K2柴油车用型号为6-AW-100S的蓄电池,是由6个单格串联而成,标准电压为12V,额定容量100A·h的干荷电式免维护蓄电池,它采用了塑料整体式外壳,薄型极板,使用时只需加入规定密度的电解液,静止0.5h,就可以投入使用。

理论知识二　蓄电池的容量、充电方法及类型

一、蓄电池的容量

蓄电池的容量标志着蓄电池对外供电的能力,是蓄电池的主要性能参数。在规定的放电条件下,完全充足电的蓄电池,在允许的放电范围内所输出的电量称为蓄电池的容量,用 C 表示。即

$$C = I_f t_f$$

式中　C——蓄电池的容量,A·h;
　　　I_f——放电电流,A;
　　　t_f——放电时间,h。

蓄电池的容量与放电电流的大小以及电解液的温度有关。蓄电池出厂时规定的额定容量是在一定的放电电流、一定的终止电压和一定的电解液温度下测得的。

1. 额定容量

额定容量是检验蓄电池质量的重要指标之一。GB/T 5008.1—1991标准规定,以20h放电率的放电电流在电解液初始温度为 $(25\pm5)℃$,密度为 $(1.28\pm0.01)g/cm^3$ $(25℃)$

的条件下，连续放电到规定的单格终止电压 1.75V，蓄电池所输出的电量，称为蓄电池的额定容量，记为 C_{20}。

例如，6-QA-105 型蓄电池，在电解液初始温度为 25℃ 时，以 5.25A 的放电电流持续放电 20h，单格电压降到 1.75V，其额定容量 $C_{20}=5.25×20A·h=105A·h$。

2. 额定储备容量

额定储备容量是国际上通用的另一种蓄电池容量表示方法。它是指充足电的蓄电池在电解液温度为 25℃ 条件下，以 25A 电流放电到单格终止电压 1.75V 时所能维持的时间。符号为 C_m，单位为 min。

3. 启动容量

启动容量表示蓄电池在发动机电力启动时的供电能力，用倍率和持续时间表示。启动容量有两种规定：常温启动容量和低温启动容量。

（1）**常温启动容量** 常温启动容量为电解液初始温度 25℃ 时，以 5min 放电率的电流放电，放电 5min 至单格电池电压降至 1.5V 时所输出的电量。5min 放电率的电流在数值上约为其额定容量的 3 倍。例如，对于 6-Q-100 型蓄电池，$C_{20}=100A·h$，在电解液初始温度为 25℃ 时，以 $3C_{20}A=3×100A=300A$ 的电流放电 5min，单格电池电压降至 1.5V，蓄电池端电压降至 $1.5×6V=9V$，其启动容量为 $(300×5/60)A·h=25A·h$。

（2）**低温启动容量** 低温启动容量为电解液初始温度 -18℃ 时，以 5min 放电率的电流放电，放电 2.5min 至单格电池电压降至 1V 时所输出的电量。

二、影响蓄电池容量的因素

蓄电池的容量与极板的结构、放电电流、电解液的温度、电解液的密度、电解液的纯度等因素有关。

1. 极板的结构

蓄电池极板的表面积（指活性物质的真实表面积）越大，极板片数越多，参加反应的活性物质就越多，容量就越大。另外，极板越薄，活性物质的多孔性越好，则电解液向极板内部的渗透越容易，活性物质利用率就越高，输出容量也就越大。

2. 放电电流

放电电流越大，蓄电池的容量就越低。因为放电电流越大，单位时间所消耗的硫酸越多，极板孔隙内由于硫酸消耗较快造成孔隙内电解液密度下降越快。故大电流放电时，极板表面活性物质的孔隙极易被生成的硫酸铅堵塞，使孔隙内实际参加化学反应的活性物质的数量下降。因此随着放电电流的增加，蓄电池的容量会减小。蓄电池相对容量与放电电流的关系如图 2-7 所示。

由于发动机启动时属于大电流放电，如果长时间接通启动机，就会使蓄电池的端电压急速下降至终止电压，输出容量减少，且使蓄电池过早损坏。因此，在启动时应注意：一次启动时间不应超过 5s；连续两次启动应间隔 15s 以上，使电解液充分渗透到极板孔隙内层，以提高极板孔隙内活性物质的利用率和再次启动的端电压，延长蓄电池的使用寿命。

3. 电解液的温度

电解液温度较低时，电解液的黏度增大，致使渗透能力下降，造成容量降低，如图 2-8 所示。此外，温度越低，电解液的溶解度与电离度也越低，加剧了容量的下降。温度每下降 1℃，容量下降约为 1%（小电流放电）或 2%（大电流放电）。因此，适当提高蓄电池的温度（<40℃），将有利于提高蓄电池的容量及启动性能。所以，在寒冷地区冬季启动汽车时，由于低温和大电流放电，蓄电池端电压下降较多，容易造成启动困难，故应安装蓄电池保温装置。

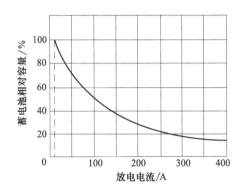
图 2-7 蓄电池相对容量与放电电流的关系

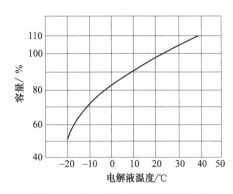
图 2-8 电解液温度与容量的关系

4. 电解液的密度

适当增加电解液的密度,可减小内阻,有利于提高电解液的渗透能力,使蓄电池的容量增加。但密度较高时,由于电解液的黏度增加使内阻增加,引起渗透能力降低从而导致容量下降。此外,电解液密度较高时,易造成极板硫化而导致容量下降。蓄电池容量与电解液密度的关系如图 2-9 所示。

实践证明,电解液密度偏低,有利于提高放电电流和容量以及延长蓄电池的使用寿命,冬季在不使电解液结冰的前提下,也应尽可能采用稍低密度的电解液。

5. 电解液的纯度

电解液的纯度对蓄电池的容量有很大影响,因此电解液应用化学纯硫酸和蒸馏水配制。电解液中的一些有害杂质腐蚀栅架,沉附于极板上的杂质形成局部电池产生自放电。如电解液中含有 1‰ 的铁,

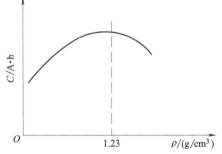
图 2-9 蓄电池容量与电解液密度的关系

蓄电池在一昼夜内就会放完电。所以使用纯度不好的电解液明显减小蓄电池的容量,缩短电池的使用寿命。

三、蓄电池的充电

无论是启用的新蓄电池和修复的蓄电池,还是装在车上使用的蓄电池以及存放的蓄电池,都必须对其进行充电,这是关系到电池容量及寿命的问题。

1. 充电设备

蓄电池是直流电源,必须用直流电源对其进行充电。充电时,充电电源的正极接蓄电池的正极,充电电源的负极接蓄电池的负极。

汽车上的充电设备是由发动机驱动的交流发电机。车下充电多采用硅整流充电机、晶闸管整流充电机和智能充电机等。

2. 充电方法

蓄电池的充电方法主要有恒压充电、恒流充电和脉冲快速充电三种。

(1)恒压充电 恒压充电是指充电过程中充电电源电压保持恒定的充电方法。在汽车上,蓄电池采用的就是这种充电方法。恒压充电的接线方法见图 2-10。

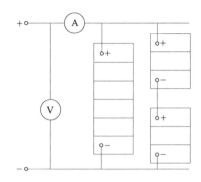

图 2-10 恒压充电的接线方法

恒压充电时,根据 $I_c=(U-E)/R$ 可知,随着蓄电池电动势 E 的增加,充电电流 I_c 逐渐减小。如果充电电压调节适当,则在充满电时充电电流为零,这就是充电终了。

恒压充电时,被充蓄电池与充电电源并联连接,每条支路上单格电池的数目均应相等,同时还要选择合适的充电电压。若充电电压过高,将导致过充电,极板弯曲,活性物质脱落,温升过高;充电电压过低,将导致蓄电池不能充足电。一般单格电池充电电压选为 2.5V。

在恒压充电初期,充电电流较大,4~5h 内即可达到额定容量的 90%~95%,因而充电时间较短,而且不需要照管和调整充电电流,适用于补充充电。由于充电电流不可调节,因此恒压充电不适用于初充电和去硫化充电。

(2) 恒流充电 恒流充电是指充电过程中充电电流保持恒定的充电方法,广泛用于初充电、补充充电和去硫化充电等。恒流充电的接线方法见图 2-11。

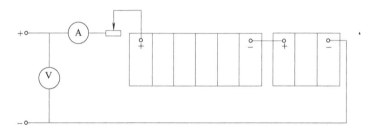

图 2-11 恒流充电的接线方法

恒流充电时,被充蓄电池采用串联连接。每个单格电池充足电时需 2.7V,故串联的单格电池的数目=充电机的额定电压/2.7(个)。充电电流应按小容量的蓄电池选择,待其充足后应及时摘出,再继续给大容量电池充电。

为缩短充电时间,充电过程通常分为两个阶段。第一阶段采用较大的充电电流,使蓄电池的容量得到迅速恢复。当蓄电池电量基本充足,单格电池电压达到 2.4V,开始电解水产生气泡时,转入第二阶段,将充电电流减小一半,直到电解液密度和蓄电池端电压达到最大值且在 2~3h 内不再上升,蓄电池内部剧烈冒出气泡时为止。

恒流充电的适应性强,可任意选择和调整充电电流的大小,有利于保持蓄电池的技术性能和延长使用寿命;其缺点是充电时间长,要经常调节充电电流。

(3) 脉冲快速充电 早在 20 世纪 50 年代,国外已开始研究快速充电技术。近年来我国开发出系列快速充电机以满足市场需求。采用快速充电,新蓄电池初充电不超过 5h,补充充电只需 0.5~1.5h,大大缩短了充电时间,提高了效率。目前采用的快速充电方法有脉冲快速充电法和大电流递减充电法。

快速充电具有充电时间短、空气污染小、省电节能的优点,因此一般在蓄电池集中、充电频繁的场合或应急部门使用快速充电。但其输出容量较低,能量转换效率也较低,不能将蓄电池完全充足,且对蓄电池的寿命有不利的影响。因此,在正常情况下,应按蓄电池生产厂提供的规定电流值进行初充电或补充充电,在特殊情况下才采用快速充电。

脉冲快速充电必须用脉冲快速充电机进行。脉冲快速充电的过程是:先用 0.8~1 倍额定容量的大电流进行恒流充电,使蓄电池在短时间内充至额定容量的 50%~60%。当单格电池电压升至 2.4V，开始冒气泡时，由充电机的控制电路自动控制，开始脉冲快速充电：首先停止充电 25ms（称为前停充），接着放电或反向充电，使蓄电池反向通过一个较大的脉冲电流（脉冲深度一般为充电电流的 1.5~3 倍，脉冲宽度为 150~1000μs），然后再停止充电 40ms（称为后停充），以后的过程为正脉冲充电→前停充→负脉冲瞬间放电→后停充→正脉冲充电……此过程循环进行，直至充足电。

3. 充电种类

（1）初充电 新蓄电池或修复后的蓄电池在使用之前的首次充电称为初充电，它的目的在于恢复蓄电池存放期间，极板上部分活性物质缓慢硫化和自放电而失去的电量。因此，初充电对蓄电池的使用性能极为重要。初充电的特点是充电电流小，充电时间长。其操作步骤如下。

① 按蓄电池制造厂的规定和本地区的气温条件，加注一定密度的电解液（加注前，电解液温度不得超过 30℃），放置 4~6h，使极板浸透，并调整液面高度至规定值。

② 将蓄电池的正、负极分别与充电机的正、负极相连。

③ 采用两阶段恒流充电法充电时，第一阶段充电电流为额定容量的 1/15，待电解液中有气泡冒出、单格电池电压达 2.4V 时转入第二阶段，将电流减小一半，直至蓄电池充足电为止。

充电过程中应注意测量电解液的温度，当温度超过 40℃时应将电流减半，如温度继续上升达 45℃时应停止充电，待冷却至 35℃以下时再充电。

④ 充好电的蓄电池应检查电解液的密度，如不符合规定，应用蒸馏水或 1.4g/cm³ 的稀硫酸进行调整，并调整液面高度至规定值。调整后再充电 2h，直到电解液密度符合规定为止。

不同型号铅蓄电池的初充电电流值见表 2-3。

表 2-3 不同型号铅蓄电池的初充电电流值

蓄电池型号	额定容量 C_{20}/A·h	额定电压/V	初 充 电				补 充 充 电			
			第一阶段		第二阶段		第一阶段		第二阶段	
			电流/A	时间/h	电流/A	时间/h	电流/A	时间/h	电流/A	时间/h
3-Q-75	75	6	5	25~35	2.5	20~30	7.5	10~12	3.75	3~5
3-Q-90	90		6		3		9		4.5	
3-Q-105	105		7		3.5		10.5		5.25	
3-Q-120	120		8		4		12		6	
3-Q-135	135		9		4.5		13.5		6.75	
3-Q-150	150		10		5		15		7.5	
6-Q-60	60	12	4	25~35	2	20~30	6	10~12	3	3~5
6-Q-75	75		5		2.5		7.5		3.75	
6-Q-90	90		6		3		9		4.5	
6-Q-105	105		7		3.5		10.5		5.25	
6-Q-120	120		8		4		12		6	

（2）补充充电 蓄电池在汽车上使用时，经常有充电不足的现象发生，城区公共汽车等短距离运营的车辆更为突出。应根据需要进行补充充电，一般每个月进行一次。

如果电解液密度下降到 1.150g/cm³ 以下，或单格电池电压下降到 1.75V 以下，或冬季放电超过 25%，夏季放电超过 50%，或前照灯灯光比平时暗淡，或启动无力，则必须进行补充充电。

补充充电可采用定流充电，也可采用定压充电。若采用定流充电方法，其充电过程与初充电相似，但充电电流可以略大一些。第一阶段的充电电流为额定容量的 1/10，充电至单格电池电压达到 2.4V 时电流减半，直至充足。

若采用定压充电，其充电方法如下：
① 将蓄电池与充电电源连接；
② 将电压调至规定值，观察充电电流，如果电流超过 $0.3C_{20}$，应适当降低电压，待蓄电池电动势升高后再将电压调至规定值；
③ 充电电流在连续 2h 内变化不大于 0.1A，且电解液密度无明显变化，则可以认为充电结束。

(3) 间歇过充电　间歇过充电是为了避免使用中的铅蓄电池极板硫化的一种预防性充电，汽车用铅蓄电池应每隔三个月进行一次。

充电方法是：先按补充充电的方法将蓄电池充足电，停歇 1h 后再以减半的充电电流值进行过充电至沸腾，再停歇 1h 后重新接入充电，如此反复，直到蓄电池刚接入充电时立即沸腾为止。

(4) 循环锻炼充电　循环锻炼充电是铅蓄电池为防止极板钝化而进行的保养性充电。铅蓄电池使用中常处于部分放电的状况，参加化学反应的活性物质有限，为避免活性物质长期不工作而收缩，应每隔三个月进行一次循环锻炼充电。

充电方法是：先按照补充充电或间歇过充电的方法将铅蓄电池充足电，再用 20h 放电率的电流连续放电至单格电池电压降为 1.75V 为止。其容量降低不得大于额定容量的 10%，否则应进行充、放电循环，直至容量达到额定容量的 90% 为止方可使用。

(5) 去硫化充电　去硫化充电是消除铅蓄电池极板轻度硫化的一种排除故障性充电。充电方法和步骤如下。
① 将铅蓄电池按 20h 放电率放电至单格电池电压降至 1.75V 为止。
② 倒出电解液，用蒸馏水反复冲洗几次，然后加入蒸馏水至规定的液面高度，用初充电第二阶段充电电流进行充电。当电解液密度增大到 $1.15g/cm^3$ 时再将电解液倒出，加入蒸馏水，继续充电，反复多次，直至电解液密度不再上升为止。
③ 换用正常密度的电解液，按初充电的方法将蓄电池充足电。
④ 用 20h 放电率放电，检查容量，若其输出容量可达额定容量的 80% 以上，则可装车使用，若达不到，应更换蓄电池或进行修理。

(6) 均衡充电　蓄电池在使用过程中，由于制造、使用等因素，会出现各单体电池的端电压、电解液密度、容量等的差异，采用均衡充电的方法可消除这种差异。具体方法是：先用正常的充电方法进行充电，待蓄电池端电压稳定后，停充 1h，改用 20h 放电率电流值进行充电，充 2h 停 1h，反复三次，直到蓄电池各单体一开始充电立即剧烈地产生气泡为止，最后调整各单体电池的电解液密度即可。

(7) 蓄电池充电注意事项　蓄电池充电时有许多安全注意事项，应该严格遵守。
① 严格遵守各种充电方法的充电规范。
② 将充电机与蓄电池连接时，要注意极性，正对正，负对负，以免损坏蓄电池。
③ 在充电机工作时，不要连接或脱开充电机引线。
④ 在充电过程中，要注意各个单格电池电压和电解液密度，及时判断充电程度和技术状况。

⑤ 在充电过程中，要注意各个单格电池的升温，以免温度过高，影响蓄电池的使用性能。

⑥ 室内充电时，打开蓄电池加液孔盖，使气体顺利逸出，以免发生事故。

⑦ 充电室要安装通风设备，严禁在蓄电池附近产生电火花、明火和吸烟。

⑧ 充电时，导线必须连接可靠。

理论知识三　免维护蓄电池及蓄电池常见故障

一、免维护铅蓄电池

所谓免维护蓄电池，是指在规定的使用条件下，使用期间不需要进行维护的蓄电池。对于车用铅蓄电池来讲，也就是使用期间不需经常添加蒸馏水的蓄电池。

免维护铅蓄电池又称 MF 蓄电池，现在被越来越广泛地使用，其构造见图 2-12。与普通铅蓄电池相比在构造与使用特性上具有很多特点。

1. 免维护铅蓄电池的结构特点

（1）栅架材料采用铅钙合金，既提高了栅架的机械强度，又减少了蓄电池的耗水量和自放电。

（2）采用了袋式微孔聚氯乙烯隔板，将正极板装在隔板袋内，既可避免正极板上的活性物质脱落，又能防止极板短路。因此壳体底部不需要凸起的肋条，降低了极板组的高度，增大了极板上方的容积，使电解液储存量增多。

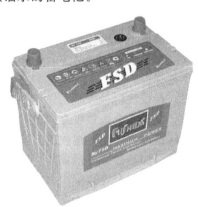

图 2-12　免维护铅蓄电池的外形结构

（3）蓄电池内部安装有电解液密度计（俗称电眼），如图 2-13 所示，可自动显示蓄电池的存电状态和电解液液面的高低。如果密度计的观察窗呈绿色，表明蓄电池存电充足，可正常使用；若显示深绿色或黑色，表明蓄电池存电不足，需补充充电；若显示浅黄色，表明蓄电池已接近报废。

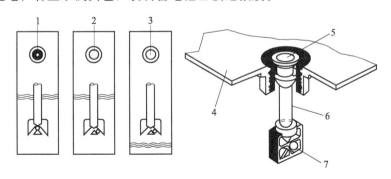

图 2-13　免维护蓄电池内装式电解液密度计

1—绿色（充电程度为65%或更高）；2—黑色（充电程度低于65%）；3—浅黄色（蓄电池有故障）；
4—蓄电池盖；5—观察窗；6—光学的荷电状况指示器；7—绿色小球

（4）通气孔采用新型安全通气装置和气体收集器。这样的通气孔既可避免蓄电池内的硫酸气与外部火花直接接触发生爆炸，又可借助催化剂钯，帮助排出的氢离子与氧离子结合成水再回到电池中去，减少了水的消耗，因而可以使用三、四年不必补加蒸馏水。这种通气装置还可以使蓄电池顶部和接线柱保持清洁,减少接线端头的腐蚀,保证接线牢固可靠。

(5) 单格电池间的极板组的连接条,采用穿壁式贯通连接,可减少内阻。

2. 免维护铅蓄电池的使用特性

(1) 使用中不需要加水　普通蓄电池在接近完全充电时,由于过充电而造成水的分解,会析出氢气和氧气,使电解液液面降低,而且充电终了的充电速率越大,耗水量就越多。免维护蓄电池与普通蓄电池相比较,在同时使用 18 个月后,前者的过充电电流为 52mA,而后者达 110mA;而且前者充电电流仅为后者的 1/20,因而析气量减少了 95%,耗水量也大大减少。

此外,由于免维护蓄电池采用袋式隔板将极板完全包住,并且极板都是直接安放在蓄电池的底板上。这样,不仅储液量增加,而且耗水量也大大减少,因此免维护蓄电池在使用中不需要加水。

(2) 自放电少,寿命长　普通蓄电池由于极板栅架采用铅锑合金,在放电过程中,锑要从栅架内转移到正、负极板的活性物质以及电解液中去,因而增加了自放电,缩短了使用寿命。正常情况下蓄电池使用寿命为 2 年。免维护蓄电池极板栅架采用铅钙合金,由于板栅中没有锑,使自放电大为减少,延长了使用寿命。免维护蓄电池的正常使用寿命为 4 年,比普通蓄电池提高一倍。

(3) 接线柱腐蚀较小　普通蓄电池中,由于析出的酸气聚集在蓄电池顶部,不仅会腐蚀接线柱,还会在电极极桩之间形成短路电流。免维护蓄电池因为有新型安全通气装置,不仅能将酸气保留在单格电池内部,而且能够预防火花或火焰进入蓄电池;不但可以减少或避免由外部原因引起的蓄电池爆炸,而且能够保持蓄电池盖顶部的干燥,从而减少了接线柱的腐蚀,保证电气线路连接牢固可靠。

(4) 启动性能好　免维护蓄电池由于单格电池之间采用了穿壁式连接,缩短了电路的连接长度,减小了内阻,可以使连接条上的功率损失减少 80%,放电电压提高 0.15~0.4V。因此与普通蓄电池相比具有较好的启动性能。

3. 免维护蓄电池的维护

为了使免维护蓄电池,尤其是少维护蓄电池处于良好的工作状况,应定期进行少量的维护工作。

一般每年或汽车每行驶 30000km,应检查电解液液面高度,并测量电解液相对密度和开路电压。液面下降时应按厂家要求注入蒸馏水。经常保持蓄电池的清洁和干燥。最好每半年进行一次补充充电以保持蓄电池的容量,不至于产生深度过放电而影响蓄电池的使用寿命。

二、蓄电池常见故障

蓄电池在使用中所出现的故障,除材料和制造工艺方面的原因外,在很多情况下是由于维护和使用不当而造成的。蓄电池的外部故障有壳体或盖子出现裂纹、封口胶干裂、接线松脱、接触不良或极桩腐蚀等。内部故障有极板硫化、活性物质脱落、极板短路、自行放电、极板拱曲等。下面简单分析几种常见的故障现象和原因以及排除方法。

1. 外部故障

(1) 容器破裂　启动蓄电池容器多由硬橡胶或塑料制成,其性质硬、脆。造成破裂的原因有蓄电池固定螺母旋得过紧、行车剧烈振动、外物击伤、蓄电池温度过高和电解液结冰等。检查判断时可根据电池电解液液面高度以及电池底部的潮湿情况来判断容器是否有裂纹存在,容器的裂纹一般在其上口近四角处。蓄电池容器裂纹轻者可修补,重者应更换。

（2）封口胶干裂　封口胶因质量低劣或受到撞击容易造成破裂，封口胶破裂后，电解液从裂缝中渗出，与杂质或脏物混合会使蓄电池外表沟通形成短路，引起自行放电。封口胶轻微裂缝可清洁干燥后，用喷灯喷裂纹处烤热熔封。严重者可把封口胶清除干净，重新封口。

（3）链条烧断　造成链条烧断的原因多为链条有缺陷，启动机连线搭铁以及蓄电池正负极短路等。发现链条烧断，对外装链条式蓄电池，可重新浇制链条，对穿壁式跨接蓄电池，可报废处理。

（4）电桩螺栓和螺母腐蚀　蓄电池的电桩螺栓和接线端已腐蚀产生污物，可用竹片将污物刮去，用抹布蘸有5%的碱溶液擦去残余的污物和酸液，再用水清洗干净，然后在电桩及接线端表面涂以凡士林油层保护。严重的腐蚀，应更换电桩接线螺母及螺栓。

（5）蓄电池爆炸　蓄电池充电后期，电解液中水分解为氢气和氧气。由于氢气可以燃烧，氧气可以助燃，如果气体不及时逸出，且与明火接触即迅速燃烧，从而引起爆炸。所以为了防止电池产生爆炸事故，必须使蓄电池加液孔螺塞的通气孔保持通畅，严禁蓄电池周围有明火，蓄电池内部连接处的焊接要可靠，以免松动引起火花。

2. 内部故障

（1）极板硫化　蓄电池长期处于放电状态或者充电不足状态下，会在极板上逐渐生成一层白色的粗晶粒的硫酸铅，正常充电时，不能转化为PbO_2和Pb，称为硫酸铅硬化，简称硫化。这种粗晶粒的硫酸铅，堵塞极板孔隙，使电解液渗入困难，容量降低，且硫化层导电性差，内阻显著增大，启动性能和充电性能下降。蓄电池硫化主要表现在：极板上有白色的霜状物；蓄电池容量明显下降。用高率放电叉检查时，单格电压明显降低；充电时单格电压迅速升高到2.8V左右，但电解液密度上升不明显，且过早出现沸腾现象。

硫化的原因主要如下。

① 充电不足的蓄电池长期放置时，当温度升高时，极板上一部分硫酸铅溶于电解液中；在温度下降时，溶解度随之减小，部分硫酸铅再结晶成粗大颗粒的硫酸铅附在极板上，使之硫化。

② 电池内液面过低，极板上部与空气接触而氧化（主要是负极板）。在汽车行驶过程中，由于电解液上下波动与极板氧化部分接触，也会生成粗晶粒的硫酸铅，使极板上部硫化。

③ 电解液密度过大或不纯，气温变化大都能使极板硫化。补救办法：当硫化不严重时，可采用去硫充电法进行充电。当硫化严重时，应予以报废。实践表明，用快速充电机充电，对于消除硫化有显著效果。

极板硫化的处理方法如下。

轻度极板硫化的蓄电池，可用2~3A的小电流长时间充电，即过充电，或用全放、全充的充放电循环的方法使活性物质还原。硫化严重的蓄电池，可用去硫充电的方法消除硫化。

（2）自行放电　充足电的蓄电池，在放置不用时，电能自行消耗而逐渐失去电量的现象，称为自行放电。对于充足电的蓄电池，如果每昼夜容量下降不大于2%，就是正常的自放电，超过2%就是有故障了。

自行放电的原因主要如下。

① 电解液不纯，杂质与极板之间以及沉附于极板上的不同杂质之间形成电位差，通过电解液产生局部放电。

② 电池溢出的电解液堆积在盖板上，使正负极桩形成通路。

③ 极板活性物质脱落，下部沉淀物过多使极板短路。

④ 蓄电池长期放置不用，硫酸下沉，下部密度比上部大，极板上下部发生电位差引起自行放电等。发生自放电故障后，应倒出电解液，取出极板组，抽出隔板，再用蒸馏水冲洗极板和隔板，然后重新组装，加入新的电解液重新充电。

（3）极板短路 隔板损坏、极板拱曲变形或活性物质大量脱落，沉积在容器底部都会造成极板短路。极板短路的外部特征是，充电时电解液温度迅速增高，而电压和密度上升很慢，充电末期气泡很少，而且用高率放电叉测试时，单格电池电压很低或者为零。对于有短路的蓄电池必须解体，查明原因并进行故障排除。

（4）活性物质脱落 活性物质脱落，主要是指正极板上活性物质的脱落，这是蓄电池早期损坏的主要原因之一。它使蓄电池容量下降，严重时导致极板短路，在充电时电解液中会有褐色物质从电池底部浮起。

充电中，如果正极板形成致密的 PbO_2 层则不易脱落。而 PbO_2 层是在 $PbSO_4$ 表面形成的，实验证明，致密的 PbO_2 层是在疏松的 $PbSO_4$ 表面上形成的。所以 PbO_2 脱落的主要原因是放电而不是充电。实验证明，降低电解液密度，减小放电电流以及提高电解液温度，都有利于形成疏松的 $PbSO_4$ 层，因而有利于防止活性物质脱落。反之，若采用高密度电解液，或者是低温大电流放电，都容易形成致密的 $PbSO_4$ 层，加速活性物质脱落。负极板上活性物质脱落的主要原因是大电流过充电，产生大量的氢气和氧气，当氢气从负极板的孔隙向外冲出时，会使活性物质脱落。汽车行驶中的颠簸振动，也会加速活性物质的脱落。沉淀物少时，可以消除后继续使用，沉淀物多时，应更换新极板。

（5）极板拱曲 蓄电池极板拱曲是由于充电或放电电流过大时，极板活性物质的体积变化不一致而引起的。

理论知识四　充电设备的组成及工作原理

一、常用充电设备

对蓄电池充电必须用直流电源。发电厂供应的是交流电，必须将交流电整流为直流电才能进行充电。常用的充电设备由交流电源和各种整流器组成。其中整流器有固体整流器（硒整流器、氧化铜整流器和硅整流器）、充气管整流器和水银整流器等。

二、硅整流充电机

目前使用较多的有 GCA 系列硅整流设备，这种变换交流电为直流电的整流设备，专供汽车运输部门、修理厂或修配站及蓄电池充电站作为蓄电池补充电能用的直流电源。

1. 硅整流充电机的优点

（1）属固体，没有旋转件和易碎件，操作简单，维护方便。
（2）整流效率高，一般可达 98%～99.5%，高于其他整流设备。
（3）许可工作温度高，最高可达 140℃。
（4）体积小，重量轻。
（5）硅整流器抗老化性强，寿命长。

2. 硅整流充电机工作原理

它是采用单相桥式或三相桥式整流线路，通过调节调压器或调压开关可得到不同的直流输出电压，过载保护由熔断器或过电流继电器担任，过电压保护由电阻电容担任。

3. 硅整流充电机的使用条件

（1）海拔高度不超过 1000m。
（2）周围介质温度不高于＋40℃，不低于－10℃。
（3）空气相对湿度不大于 85%。
（4）没有导电及易爆炸尘埃，没有腐蚀金属和破坏绝缘的气体及蒸气的场所。
（5）没有剧烈振动和冲击的场所。
（6）安装于室内，应通风良好。

4. 硅整流充电机的型号

硅整流充电机的型号由 5 个部分组成：

1	2	3	4	5
元件种类代号	用途代号	冷却方式代号	额定整流电流/A	额定整流电压/V

第 1 部分是元件种类代号，硅元件用"G"表示，晶闸管（可控硅）元件用"KG"表示。
第 2 部分是用途代号，"C"表示充电用。
第 3 部分是冷却方式代号，用"A"表示自然冷却，"S"表示水冷，"F"表示强制冷却，"J"表示油冷。
第 4 部分用数字表示额定整流电流值（A）。
第 5 部分用数字表示额定整流电压值（V）。

例如，GCA-15/36 表示硅整流自然冷却式充电机，额定电流为 15A，额定电压为 36V。

硅整流充电机型号、规格见表 2-4。选用时充电机功率一定要与实际需要相匹配，使晶闸管（可控硅）在较大的导通角下工作，以减少波形数值，可使充电电路导线截面积减少，并防止出现异常发热现象。

表 2-4 硅整流充电机型号、规格

型 号	交流输入		电流输出		外形尺寸/mm		
	相 数	额定电压/V	电压/V	电流/A	长	宽	高
GCA-15/36	1	220	0～36	15	390	370	580
GCA-15/72	1	220	0～72	15	390	370	580
GCA-25/72	3	380	0～72	25	800	480	570
GCA-30/72	1	220	0～72	30	530	580	1150
GCA-30/110	3	380	0～110	30	650	720	1200
GCA-60/72	3	380	0～72	60	600	980	1670
GCA-60/110	3	380	0～110	60	600	980	1670
KGCA-15/36	1	220	0～36 6～36	15	570	304	400
KGCA-10/72	1	220	0～72	10	—		
KGCA-15/72	1	220	0～72	15	570	304	—
KGCA-15/90	1	220	0～90	15	350	350	
KGCA-30/36	1	220	0～36 6～36	30	570	304	—
KGCA-30/72	1	220	0～72 10～72	30	620	324	—

三、快速充电机

用常规的充电完成一次初充电需 60~70h，补充充电需 20h 左右，由于充电的时间长，给使用带来很大不便。但是，单纯加大充电电流来缩短充电时间是行不通的，因为这样不仅使充电时蓄电池达不到额定容量，反而会使蓄电池升温快，产生大量气泡，造成活性物质脱落而影响其寿命。快速脉冲充电机采用自动控制电路对蓄电池进行正反向脉冲充电，可提高充电效率，新电池充电一般不超过 5h，旧电池补充充电只需 0.5~1.5h，具体过程如图 2-14 所示。

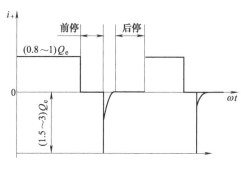

图 2-14 快速充电电流波形

1. 脉冲快速充电机的优点

脉冲快速充电机的优点是：充电时间短，空气污染小，省电节能等。因此在电池集中，充电频繁或应急使用部门，其优点更显突出。

2. 脉冲快速充电

充电初期采用大电流，使电池在较短时间内达到额定容量的 60% 左右，当单格电压上升到 2.4V，电解液开始分解冒出气泡时，由于控制电路作用，停止大电流充电。

脉冲期，先停充 24~40ms，接着再放电或反充，使蓄电池反向通过一个较大的脉冲电流（脉冲宽度为 1.50~1000μs，脉冲深度为 $1.5Q_e$~$3Q_e$），以消除浓差极化和极板孔隙形成的气泡，然后停放 25ms。

最后按脉冲期循环充电直到充足。

3. 使用注意事项

下列铅蓄电池不能进行快速脉冲充电：
(1) 未经使用过的新蓄电池；
(2) 液面高度不正确的蓄电池；
(3) 各单格电解液密度不均匀的蓄电池，各单格电压差大于 0.2V；
(4) 电解液浑浊并带褐色；
(5) 极板硫化；
(6) 充电时电解液温度超过 50℃ 的蓄电池。

蓄电池快速脉冲充电前，应先检查电解液的相对密度，并根据其全充电状态时的密度值计算蓄电池的剩余容量，以确定初充电时间，并将充电设备上的定时器调到相应时间上。多数快速充电机设备都装有温度传感器，将其插入蓄电池加液孔中，当电解液温度超过 50℃ 时设备会自动停充。根据相对密度，确定快速充电时间可查表 2-5。图 2-15 及表 2-6 示出了国产 KGCQA 系列晶闸管（可控硅）快速充电设备的外形及参数。

表 2-5 快速充电时间与电解液相对密度的关系

电解液相对密度 /(g/cm³)	剩余容量 (Q_e)/%	补充期时间 /min	电解液相对密度 /(g/cm³)	剩余容量 (Q_e)/%	补充期时间 /min
全充电时相对密度 1.260	100	0	1.175~1.200	50	30
高于 1.225	75 以上	用 α 电流充电	1.150~1.175	50	45
1.200~1.225	50	15	低于 1.150	25 以下	60

(a) 可控硅整流充电机

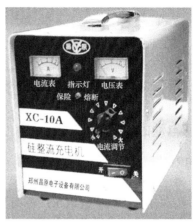
(b) 硅整流充电机

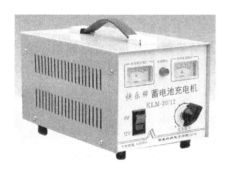
(c) 脉冲快速充电机

(d) 智能充电机

图 2-15　KGCQA 型快速充电机

表 2-6　KGCQA 型快速充电机型号、规格

型　号	交 流 输 入		额定直流输出		逆变换额定直流值		外形尺寸/mm
	电压/V	电流/A	电压/V	电流/A	电压/V	电流/A	长×宽×高
KGCQA150/9-8	380	7	18	150	—	—	800×500×500
KGCQA150/36		12	36	150	—	—	
KGCQA150/36		23	72	200	61	100	800×600×1800
KGCQA200/90		32	90	200	76	100	
KGCQA200/110		38	110	200	93	100	
KGCQA200/160		57	165	200	140	100	
KGCQA500/48		33	48	400	140	250	
KGCQA500/165		110	165	400	140	250	

实训项目部分

实训项目一　蓄电池的使用维护、常见故障的诊断与排除

一、蓄电池的使用维护

1. 蓄电池的储存

（1）新蓄电池的储存　未启用的新蓄电池，其加液孔盖上的通气孔均已封闭，不要捅破。储存方法和储存时间应均以出厂说明为准。

保管蓄电池时应注意以下几点：

① 应存放在室温为 5～30℃，干燥、清洁及通风的地方；

② 不要受阳光直射，离热源（暖气片、火炉）距离不小于 2m；

③ 避免与任何液体和有害气体接触；

④ 不得倒置或卧放，不得叠放，不得承受重压，相邻蓄电池之间应相距 10cm 以上；

⑤ 新蓄电池的存放时间不得超过两年（自出厂之日算起）。

（2）暂时不用的铅蓄电池的储存　对暂时不用的铅蓄电池，可采用湿储存法，即先将蓄电池充足电，再将电解液密度调至 $1.24～1.28g/cm^3$，液面调至规定高度，然后将加液孔盖上的通气孔密封。存放条件与新蓄电池相同，存放期不得超过半年，期间应定期检查，如容量降低 25%，应立即补充充电，交付使用前也应先充足电。

（3）长期停用的铅蓄电池的储存　停用期长（超过 1 年）的铅蓄电池，应采用干储存法，即先将充足电的铅蓄电池以 20h 放电率放完电，然后倒出电解液，用蒸馏水反复冲洗多次，直到水中无酸性，晾干后旋紧加液孔盖，并将通气孔密封后储存，存放条件与新蓄电池相同。重新启用时，以新蓄电池对待。

2. 启用新蓄电池

普通铅蓄电池启用时，首先擦净外表面，旋开加液孔盖，疏通通气孔，注入新电解液，静置 4～6h 后，调节液面高度到规定值，按初充电规范进行充电后即可使用。

干荷电铅蓄电池在规定存放期（一般为两年）内，启用时可直接加入规定密度的电解液，静置 20～30min 后，校准液面高度即可使用。若超期存放或保管不当损失部分容量，应在加注电解液后经补充充电方可使用。

3. 蓄电池的拆装

（1）拆装、移动蓄电池时，应轻搬轻放，严禁在地上拖拽。

（2）安装前应检查待用蓄电池型号是否和本车型相符，电解液密度和高度是否符合规定。

（3）安装时必须将蓄电池固定在托架上，塞好防振垫，以免汽车行驶时蓄电池在框架中振动。

（4）极柱上应涂上凡士林或润滑油，以防腐防锈。极柱卡子应紧固，与极柱之间要接触良好。

（5）蓄电池搭铁极性必须与发电机一致，不得接错。

（6）接线时先接正极后接负极，拆线时相反，以防金属工具搭铁，造成蓄电池短路。

4. 蓄电池的维护

实践证明，只有正确使用与维护蓄电池，才能保证蓄电池经常处于完好的工作状态并延长其使用寿命。在日常使用中，应注意做好如下工作。

（1）定期检查蓄电池安装是否牢固，线夹与极桩的连接是否牢固，并及时清除线夹和极桩上的氧化物。在其表面涂上凡士林或黄油可防止氧化。

清洗蓄电池时，最好从车上拆下蓄电池，用苏打水溶液冲洗整个壳体，如图 2-16 所示，然后用清水冲洗蓄电池并用纸巾擦干。对蓄电池托架，可先用腻子刀刮净厚腐蚀物，然后用苏打水溶液清洗托架，如图 2-17 所示，之后用水冲洗并使之干燥。托架干燥后，涂上防腐漆。

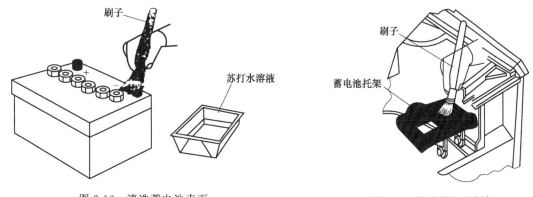

图 2-16　清洗蓄电池表面　　　　　　　图 2-17　清洗蓄电池托架

对极柱和电缆卡子，可先用苏打水溶液清洗，再用专用清洁工具进行清洁，如图 2-18 所示。清洗后，在电缆卡子上涂上凡士林或润滑油防止腐蚀。

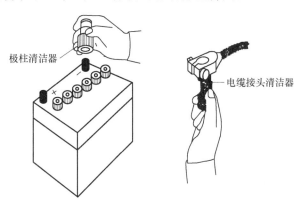

图 2-18　清洁蓄电池极柱和电缆卡子

注意：清洗蓄电池之前，要拧紧加液孔盖，防止苏打水进入蓄电池内部。

（2）经常检查蓄电池表面是否清洁，应及时清除灰尘、油污、电解液等脏物。加液孔盖通气小孔应保持畅通。

（3）定期检查电解液的液面高度，液面一般应高出极板 10～15mm，液面过低时应及时补充蒸馏水。除非确知液面降低是由于电解液溅出所致，否则一般不允许加注硫酸溶液。

（4）汽车每行驶 1000km 或夏季行驶 5～6 天，冬季行驶 10～15 天后，应用密度计或高率放电计检查一次蓄电池的放电程度，当冬季放电超过 25%，夏季放电超过 50% 时，应及时将蓄电池从车上拆下进行补充充电。

(5) 根据季节和地区的变化及时调整电解液的密度。冬季可加入适量的密度为 1.40g/cm³ 的电解液，以调高电解液的密度（一般比夏季高 0.02～0.04g/cm³ 为宜）。

(6) 冬季向蓄电池内补加蒸馏水时，必须在蓄电池充电前进行，以免水和电解液混合不均而引起结冰。

(7) 冬季蓄电池应经常保持在充足电的状态，以防电解液密度降低而结冰，引起外壳破裂、极板弯曲和活性物质脱落等故障。蓄电池电解液密度、放电程度和冰点温度的关系见表 2-7。

表 2-7　蓄电池电解液密度、放电程度和冰点温度的关系

放电程度	充足电		放电 25%		放电 50%		放电 75%		放电 100%	
	密度/(g/cm³)25℃	冰点温度/℃	密度/(g/cm³)25℃	冰点温度/℃	密度/(g/cm³)25℃	冰点温度/℃	密度/(g/cm³)25℃	冰点温度/℃	密度/(g/cm³)25℃	冰点温度/℃
电解液的密度和冰点温度	1.31	−66	1.27	−58	1.23	−36	1.19	−22	1.15	−14
	1.29	−70	1.25	−50	1.21	−28	1.17	−18	1.13	−10
	1.28	−69	1.24	−42	1.20	−25	1.16	−16	1.12	−9
	1.27	−58	1.23	−36	1.19	−22	1.15	−14	1.11	−8
	1.25	−50	1.21	−28	1.17	−18	1.13	−10	1.09	−6
	1.24	−42	1.20	−25	1.16	−16	1.12	−9	1.08	−5

(8) 千万不要把工具放在蓄电池上。它们可能会同时触及两个极桩，使蓄电池短路而引起事故。

二、蓄电池技术状况的检查

蓄电池技术状况的检测包括：蓄电池电解液液面高度的检查、蓄电池端电压的检测、蓄电池放电程度的检查及电解液密度的测量。

1. 蓄电池电解液液面高度的检查

必须定期的检查电解液的高度，如有必要必须添加蒸馏水。

蓄电池的壳体为透明或半透明材料制成的，在上面有正常液位范围标记。电解液的液位必须在该范围之内。

在黑壳体的蓄电池中，电解液液体必须保持在隔板上 10～15mm（见图 2-19），即保持足够高以没过各电解槽中的极板。

2. 蓄电池端电压的检测

(1) 用高率放电计测量单格电池的端电压　高率放电计如图 2-20 所示，测量时按以下步骤进行。

① 放电叉的两触针紧压在蓄电池单格的正负极桩上。

② 测量 5s，观察放电计的电压，记录电压值。

③ 分别测得 6 个单格的电压。此时蓄电池是在大电流放电情况下的端电压，各单格的端电压应在 1.5V 以上，且能稳定 5s。

a. 如果各单格的电压低于 1.5V，但 5s 内尚能稳定者则为放电过多应及时进行充电恢复。

b. 单格电压低于 1.5V 且 5s 内电压迅速下降，则表示有故障。

c. 某单格无电压指示，说明内部有短路、断路或严重硫化故障。

用高率放电计测量放电程度见表 2-8。

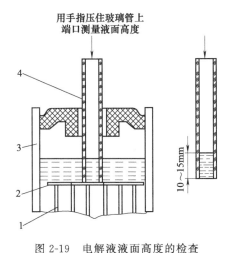

图 2-19 电解液液面高度的检查

1—极板；2—极板防护片；3—容器壁；4—玻璃管

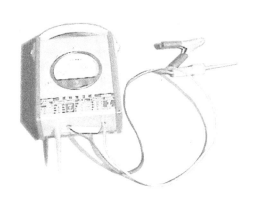

图 2-20 高率放电计

表 2-8 用高率放电计测量放电程度

用高率放电计(100A)测得的单格电压/V	蓄电池的放电程度/%
1.7~1.8	0
1.6~1.7	25
1.5~1.6	50
1.4~1.5	75
1.3~1.4	100

（2）用高率放电计检测放电程度　测 12V 电池，蓄电池充满电，密度在 1.24g/cm³，接入时间 10~15s。

① 电压能保持在 10.5~11.6V 以上，存电量为充足，蓄电池无故障。

② 电压能保持在 9.6~10.5V，存电量为不足，蓄电池无故障。

③ 电压降到 9.6V 以下，存电量严重不足或蓄电池有故障。

蓄电池电压与放电程度对照见表 2-9。

表 2-9 蓄电池电压与放电程度对照

蓄电池开路端电压/V	≥12.6	12.4	12.2	12.0	≤11.7
高率放电计检测蓄电池电压/V	11.6~10.6	9.6~10.6			≤9.6
高率放电计(100A)检测单格电压/V	1.7~1.8	1.6~1.7	1.5~1.6	1.4~1.5	1.3~1.4
放电程度/%	0	25	50	75	100

（3）用万用表测量蓄电池的端电压

① 将万用表置直流 10V 挡。

② 将万用表的正表笔接蓄电池单格的正极端，负表笔接负极端。

③ 读出指示电压值，2V 为正常值。

④ 电压值低于 1.7V，表明蓄电池已放电，需进行保养充电。

3. 放电程度的检查方法

电解液密度与放电程度的关系是：密度每下降 0.01g/cm³ 相当于蓄电池放电 6%，当判定蓄电池在夏季放电超过50%，冬季放电超过25%时不宜再使用，应及时进行充电，否则会使蓄电池早期损坏。放电程度可通过用密度计（见图2-21）测量电解液密度来估算和用高率放电计测量单格电池电压来判定放电程度。

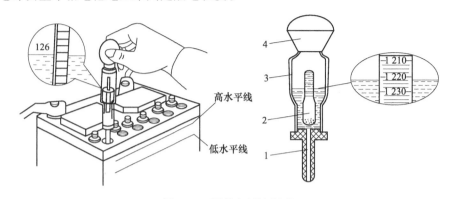

图2-21　测量电解液密度
1—吸嘴；2—密度计；3—玻璃管；4—橡皮球

三、蓄电池常见故障的诊断与排除

1. 蓄电池非正常自行放电

蓄电池自行放电是指充足电的蓄电池，在没有使用的情况下逐渐失去电量。正常的自行放电，是由于蓄电池本身结构因素所致，例如，充足电的蓄电池放置3天不用，平均每昼夜自行放电量不超过其额定容量的1%，否则应属于故障性（非正常）自行放电。

（1）故障现象　充足电或前一天使用良好的蓄电池，第二天使用时电压明显降低很多或几乎没有电，从而使启动机不转、电喇叭不响、车灯不亮。

（2）故障诊断与排除

① 首先应检查蓄电池外部是否清洁，尤其是蓄电池盖上有无电解液或污物堆积，然后检查连接线有无搭铁、短路处。检查时，可关断电源闸刀，拆下蓄电池上的一根电池粗导线，再用一根细导线与它相接，然后在拆下粗导线的那个蓄电池极桩上刮火。若有火花，应逐段检查有关导线，找出搭铁、短路之处；若无火花，则说明故障出在蓄电池内部。

② 蓄电池内部自行放电故障的排除，若自行放电是由于电解液杂质太多所致，可把原电解液全部倒出，用蒸馏水灌注清洗，更换新配制的电解液后再进行充、放电。

③ 若少数单格电池自行放电严重，而电解液杂质又未超过规定，则可将蓄电池解体修复，或更换新的蓄电池。

2. 蓄电池存电量不足

（1）故障现象及原因　启动机运转无力，电喇叭声响低弱，车灯灯光暗淡。

① 新蓄电池充电不足，或因储存过久而未能及时补充充电。

② 机车发动困难，经常长时间使用启动机，造成大电流放电而使蓄电池极板损坏。

③ 蓄电池因电解液渗漏没及时加稀硫酸进行调整，只加蒸馏水，造成电解液密度下降，低于规定值。

④ 电解液液面经常过低，或经常用稀硫酸代替蒸馏水注入电池内，造成电解液密度过高，而使极板硫化。

⑤ 发电机电压调节器的限额电压值调整不当，偏低使蓄电池经常处于充电不足状态，

偏高使充电电流过大，导致蓄电池极板上的活性物质脱落。

(2) 故障诊断与排除　可用高率放电计和密度计以测量单格电池的电压和密度来判断蓄电池的存电量。

① 若测得单格电池电压在 1.75V 以上，并且在 5s 内保持不变，如电解液密度在 1.240～1.265g/cm³ 时，此单格电池的存电量良好，容量正常。

② 若测得单格电池电压在 1.5V 以下，并且保持 5s 内不变，且电解液相对密度值下降，说明单格电池容量不足，应给予充电，在充电过程中应检查调整电解液的相对密度和液面高度。

③ 若在蓄电池的充电过程中，电解液很快就呈"沸腾"状，用万用表测量端电压上升很快，可判断此电池是因硫化而容量不足。

④ 若测得其单格电池电压在 1.5V，但 5s 内迅速下降，或各单格电池电压的电压差大于 0.1V，表明蓄电池内部有短路，硫化及活性物质脱落等故障，应解体修理。

⑤ 检查发电机电压调节器的限额电压值，如偏高或偏低都应予调整，以免造成新的故障。

3. 蓄电池电解液损耗过快

(1) 故障现象　电解液损耗超过正常情况，需要频繁加注蒸馏水予以补充。

(2) 故障原因

① 蓄电池外壳破裂，或封口胶破裂损坏，导致电解液渗漏流失。

② 蓄电池极板硫化或短路。

③ 发电机电压调节器限额电压值偏高或调整失灵，造成蓄电池充电电流过大或过充电，加速电解液水分的消耗。

(3) 故障诊断及排除　首先应检查蓄电池外壳有无裂纹，若有裂纹，必须倒出电解液，抽出极板组，修补和更换外壳。若是封口胶破裂，轻微破裂的可用烙铁将封口烫合，消除裂缝，如果封口胶破裂严重，应全部除掉重新封口。

然后检查、调整电压调节器的限额电压值，使之达到规定范围，消除过充电或充电电流过大的情况。

若外壳完好无缺，封口胶无裂纹，充电电流属正常值，则是由于极板硫化和短路造成，如硫化严重，蓄电池要更换。如硫化轻微，可用去硫充电法来修复，如发现短路故障应解体修理。

4. 蓄电池充不进电

(1) 故障现象　在汽车运行中，电流表指针很快回到零，指示不充电，或蓄电池温度过高，且长时间行车时电流表仍指在＋5A 以上。

(2) 故障原因

① 蓄电池疲劳损伤，使用时间过长。

② 蓄电池内部短路。

③ 蓄电池极板上活性物质脱落，而使其容量减小。

④ 蓄电池极板硫化或负极板硬化。

(3) 故障诊断及排除　对上述故障，要根据其故障现象和蓄电池使用的情况综合分析作出判断。若蓄电池使用 1 年以上而充不进电，一般为蓄电池劳损、衰竭，应更换新蓄电池；若温度偏高，且行车很长时间电流表仍指在＋5A 以上，可用高率放电计检测，如果测得某单格电池电压低于 1.5V，说明此格内有短路故障，应拆开检修；若电解液非常浑浊，一般为极板上的活性物质已大部脱落，基本失去了工作能力，应换用新蓄电池；若使用 1～2 次启动机，再启动时启动机运转无力，说明该蓄电池"浮电"，大多由于极板硫化或负极板硬化所致，应对蓄电池进行恢复性充电。

实训项目二　充电机的检修

充电机有多种形式，在此以 GCA 型硅整流充电机和 KGCA-15/90 型晶闸管充电机为例说明其维护和检修方法。

1. 充电机的日常使用和维护要点

（1）充电机与交流电源、蓄电池各连接部分的桩极接头必须接触良好。

（2）充电机平时应保持清洁、干燥，经常清除灰尘和污垢。

（3）充电机使用中，充电电流不能大于其额定值，蓄电池与充电机的极性不能接错。

（4）充电完毕，应先把充电机的电位调到最小，再切断交流电源，最后断开直流电源。

（5）充电机与待充的蓄电池应分开放置在两个工作间内，以防止充电时产生的气体对充电机电子元件的腐蚀。

2. GCA 型硅充电机的检修

（1）充电机的电路见图 2-22，充电机的故障现象有两方面：其一是插上电源，无直流电压输出，其原因是充电机内部断路或接触不良；其二是插上交流电源，有直流输出电压，但接上蓄电池，电流调不大，或有冒烟发臭现象，其故障原因多为充电机内部短路，或整流二极管击穿所致。

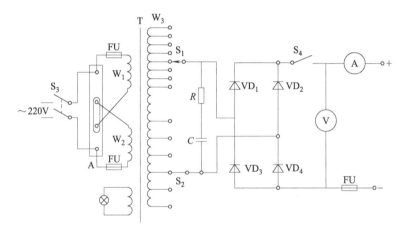

图 2-22　GCA 型硅整流充电机的电路

（2）发现充电机有故障，必须切断电源，分析故障原因，首先观察一下熔丝是否烧断，变压器是否过热，线圈是否有烧焦的痕迹。

（3）用万用电表 R×1 挡测量变压器一次侧和二次侧绕组各线头，一次侧绕组电阻一般为几欧到几十欧，二次侧绕组的阻值极小，都在 1Ω 以下，再用万用电表测量各线圈与铁芯、壳体之间阻值（不应搭铁）。然后断开整流部分，接上电源，测量一下变压器各挡的空载电压，当 S_1S_2 越向中间调，电压越低；反之，越向上下两边调，电压越高。

（4）若变压器正常，则用万用表测量硅二极管。可把各二极管接线拆下，用万用表 R×1 挡，分别对各管进行测量。正向阻值应为 8～10Ω，反向阻值在 10kΩ 以上，则管子为良好，若发现有管子损坏，应更换相同型号的二极管，如一时没有同型号二极管，可选用工作电压、电流略大于原管的其他型号的二极管代替使用。

3. KGCA-15/90 型晶闸管充电机检修

（1）充电机电路原理图见图 2-23，变压器的检修方法与 GCA 型硅整流充电机相同。

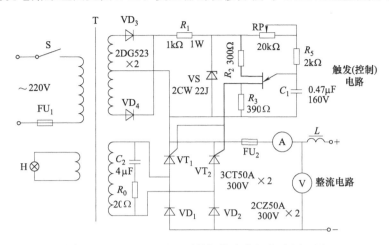

图 2-23　KGCA-15/90 型晶闸管充电机电路原理图

（2）如果变压器性能良好，可用万用表直流低压挡测量一下电阻 R_3 两端的电压，这一电压为晶闸管工作时控制极的触发电压，若该电压为零或电压过小，可调整电位器 RP_4，若调节 RP_4 不起作用，则为触发控制电路损坏（在控制电路工作正常的情况下，其触发电压应在 0.5~3V 之间，不大于 3V。如这一电压过低，不能触发晶闸管导通；反之，过高将会损坏晶闸管元件）。

（3）若 R_3 两端电压在正常范围内，那么应检查晶闸管整流电路，可把 VT_1、VT_2 和 VD_1、VD_2 断开后分别进行测量，VD_1、VD_2 的检查方法同普通二极管。晶闸管的测量与检查，可用万用表 R×1 挡，测量其阳极-阴极间正反向值，正反向电阻都应很大（指针都应不动）。否则说明元件已有短路或性能不好。控制极与阴极间是一个 PN 结，判断原则同晶体二极管。晶闸管的触发导通检验，可在控制极和阴极间正向接上一节 5 号干电池，然后它的阳极和阴极间应正向导通，阻值很小，撤去触发电压，管子仍然导通为性能良好。

（4）更换晶闸管，应选用与原件相同的型号，如没有同型号可选用各参数均优于原管而型号又相近的晶闸管代替使用。

通过以上的检修步骤，可排除充电机内的故障，使充电机正常工作。

思考题 ▶▶

1. 蓄电池的功用有哪些？
2. 蓄电池由哪些部分组成？
3. 简述蓄电池的工作原理，并写出其化学反应方程式。
4. 什么是蓄电池的容量？影响蓄电池容量的因素有哪些？
5. 何为初充电？何为补充充电？
6. 简述蓄电池极板硫化的故障现象、原因及排除方法。

任务三 车用交流发电机及其调节器

理论知识部分

理论知识一 交流发电机的作用、结构、工作原理

一、交流发电机的作用与分类

交流发电机是汽车电系的主要电源，由汽车发动机驱动，与电压调节器互相配合工作，在正常工作时，对除启动机以外的所有用电设备供电，并向蓄电池充电。汽车发电机有交流发电机和直流发电机两种。汽车用交流发电机是随着半导体整流技术的出现而发展起来的，目前主要有硅整流交流发电机、感应子式交流发电机等几种，其中以硅整流交流发电机的应用最为普遍，已取代了传统的直流发电机。

汽车用交流发电机的分类如下。

1. 按总体结构分

（1）普通交流发电机　其应用最为普遍，如东风 EQ1090（EQ140）型载货汽车用 JF132 型交流发电机。

（2）整体式交流发电机　即内装电子调节器的交流发电机，如一汽奥迪、上海桑塔纳等轿车用 JFZ1813Z 型交流发电机。

（3）带泵交流发电机　即带真空制动助力泵的交流发电机，如 JFB1712 型交流发电机。

（4）无刷交流发电机　即无电刷、滑环结构的交流发电机。如福建仙游电机厂生产的 JFW14X 型交流发电机。

（5）永磁交流发电机　即转子磁极采用永磁材料的交流发电机。

2. 按磁场绕组搭铁方式分

（1）内搭铁式　即磁场绕组的一端与发电机壳相连接，如东风 EQ1090 车用的 JF132 型交流发电机。

（2）外搭铁式　即磁场绕组的一端经调节器后搭铁，如解放 CA1091 型车用的 JF152D、JF1522A 型交流发电机。

3. 按装用的二极管数量分

（1）六管交流发电机　其整流器由 6 只硅二极管组成，如东风 EQ1090 车用的 JF132 型

交流发电机、解放 CA1091 型车用的 JF152D、JF1522A 型交流发电机。

(2) 八管交流发电机　指具有两个中性点二极管的交流发电机，其整流器总成共有 8 只二极管，如天津夏利 TJ7100、TJ7100U 微型轿车所用的 JFZ1542 型交流发电机。

(3) 九管交流发电机　指具有三个磁场二极管的交流发电机，其整流器总成共有 9 只二极管，如北京 BJ1022 型轻型载重车用的 JFZ141 型交流发电机。

(4) 十一管交流发电机　指具有中性点二极管和磁场二极管的交流发电机，其整流器总成共有 11 只二极管，如上海桑塔纳等轿车用 JFZ1813Z 型交流发电机。

二、交流发电机的构造

汽车用交流发电机，多采用三相同步交流发电机，由 6 只二极管构成三相桥式全波整流器。各国生产的交流发电机都大同小异，主要由定子、转子、电刷、整流二极管、前后端盖、风扇及带轮等组成。有的还将调节器与发电机装在一起。转子用来建立磁场。定子中产生的交变电动势，经过二极管整流器整流后输出直流电。JF132 型交流发电机的组件见图 3-1。

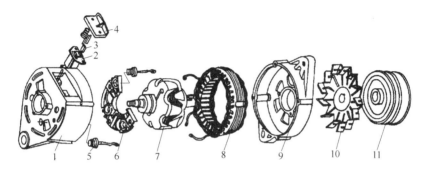

图 3-1　JF132 型交流发电机的组件

1—后端盖；2—电刷架；3—电刷；4—电刷弹簧压盖；5—硅二极管；
6—元件板；7—转子；8—定子；9—前端盖；10—风扇；11—V 形带

1. 转子

转子是三相同步交流发电机的旋转磁场部分，它主要由两块爪极、磁场绕组、滑环及轴等组成，见图 3-2。

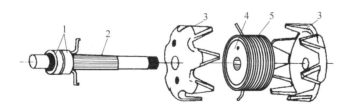

图 3-2　交流发电机的转子

1—滑环；2—转子轴；3—爪极；4—磁轭；5—励磁绕组

转轴用优质钢车削而成，中部有压花，一端有半圆键槽和螺纹。

导磁用的磁轭用软磁材料的低碳钢制成，压装在转轴的中部。

磁场绕组用高强度漆包铜线制成，套装在磁轭上，两个线头分别穿过一块磁极的小孔与两个滑环焊固。

磁极为爪形，又称鸟嘴形，用低碳钢板冲压或用精密铸造浇制而成。

滑环由导电性能优良的铜制成，两个滑环之间及与转轴之间均用云母绝缘。

两块爪极被压装在转轴上，且内腔装有磁轭，其上绕有磁场绕组。绕组两端的引线分别焊在与轴绝缘的两个滑环上。两个电刷装在端盖绝缘的电刷架内，通过弹簧力使其与滑环保持接触。当发电机工作时，两电刷与直流电源连通，可为磁场绕组提供定向电流并产生轴向磁通，使两块爪极被分别磁化为N极和S极，从而形成犬牙交错的磁极对并沿圆周方向均匀分布。磁极对数为4~7对。国产发电机大多采用6对磁极。爪极凸缘的外形像鸟嘴，这种形状可以使定子感应的交流电动势近似于正弦波形。转子每转一周，定子的每相电路上就能产生周波个数等于磁极对数的交流电动势。转子磁场的磁力线分布与磁场电路原理如图3-3所示。

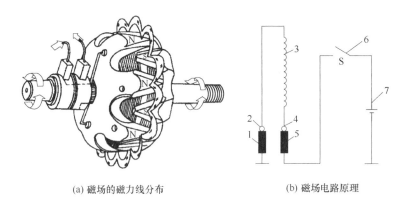

(a) 磁场的磁力线分布　　　(b) 磁场电路原理

图3-3　转子磁场的磁力线分布与磁场电路原理

1,5—电刷；2,4—滑环；3—励磁绕组；6—点火开关；7—蓄电池

2. 定子

定子又称电枢，是交流发电机产生和输出交流电的部件，由定子铁芯和定子绕组组成。定子铁芯由相互绝缘的内圆带槽的环状硅钢片叠制而成，硅钢片厚度为0.5~1mm。定子槽内置有三相对称绕组，绕组用的是高强度漆包线，三相绕组连接方法大多数为Y形（星形），也有用△形（三角形）连接的。如图3-4所示。

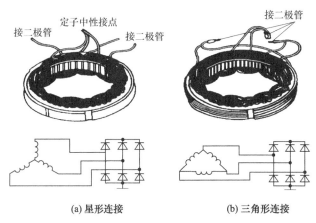

(a) 星形连接　　　(b) 三角形连接

图3-4　定子绕组的连接方式

为使三相绕组中产生大小相等、相位差120°的对称电动势，三相绕组的绕法应遵循以下原则。

(1) 每相绕组的线圈个数、每个线圈的匝数和节距都必须完全相等。

以 JF11 型发电机为例,磁极对数为 6 对,定子总槽数为 36,每相绕组占有的槽数为 36/3＝12,并且采用单层集中绕法,即每个槽内放置一个有效边(1 个线圈 2 个有效边,分别放在 2 个定子槽内)。因此,每相绕组都由 6 个线圈串联而成,每个线圈有 13 匝,则每相绕组共有 6×13＝78 匝。

每个线圈的两个有效边之间所间隔的定子槽数叫做线圈节距,相邻两异性磁极中心线之间的槽数称为极距。即

$$线圈节距＝极距＝\frac{定子铁芯总槽数}{2×磁极对数}＝\frac{36}{12}＝3(槽)$$

(2) 三相绕组的起端 A、B、C(或末端 X、Y、Z)在定子槽内的排列,必须相隔 120°电角度。

转子旋转时,磁极的磁场不断和定子中的导体作相对运动,在定子绕组中产生交流电动势。每转过一对磁极,定子导体中的感应电动势就变化一个周期,即 360°电角度。每个磁极在定子圆周上占有槽数为 36/12＝3 槽,即 180°电角度,所以 2 个相邻的槽的中分线之间为 180°/3＝60°电角度。为了使三相绕组各个起端之间相隔 120°电角度,即线圈的节距为 3,各起端之间的距离则应为 2＋3n 个槽(n＝0,1,2,3…),即 2,5,8,11…个槽均可。图 3-5 所示为三相定子绕组展开图。A、B、C 三个首端依次放入 1、9、17 三个槽中,而末端 X、Y、Z 则相应地放入 34、6、14 三个槽内,这时三相绕组之间的电位差仍为 120°电角度。

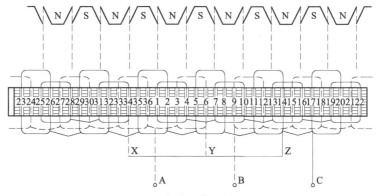

图 3-5 三相定子绕组的展开图

3. 整流器

整流器的作用是将三相交流电变为直流向外输出,它由元件板和硅二极管组成。

交流发电机的整流器大多由 6 个硅二极管组成。近年来又生产了九管发电机,增加了 3 个小功率的磁场二极管。二极管的安装见图 3-6。外壳为正极、中心引线为负极的二极管,称为负极管,管壳底上注有黑色标记;壳体为负极,中心线为正极的二极管,称为正极管,管壳底上有红色标记。

安装二极管的散热板称为整流板(也称元件板),通常用合金制成以利散热。现代汽车用交流发电机都有两块整流板,安装三只正极管子的整流板(装在外侧)称为正整流板,安装三只负极管子的整流板(装在内侧)称为负整流板。两块板子绝缘地安装在一起,它与后端盖用尼龙或其他绝缘材料制成的垫片隔开且固定在后端盖上。

安装在正整流板上并与之绝缘的三个接线柱分别固装有正、负极管子的引线和来自三相绕组某一相的端头。与正整流板连接在一起的螺栓引至后端盖外部作为发电机的电源输出端,并标记为"B"("＋"、"A"或"电枢")。

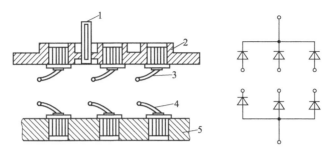

图 3-6 硅整流二极管的安装
1—火线接线柱；2—元件板；3—正极管子；4—负极管子；5—后端盖

4. 端盖与电刷总成

端盖包括驱动端盖、整流端盖以及安装在其上的轴承、轴承盖等零部件。端盖由铝合金制成。因为铝合金为非导磁材料，可减少漏磁并具有轻便、散热性能良好等优点。为了提高轴承孔的机械强度，增加其耐磨性，在有的发电机端盖的轴承座内镶有钢套。

后端盖装有电刷架。两个电刷分别装在电刷架的孔内，借弹簧压力与滑环保持接触。目前国产交流发电机的电刷架有两种结构形式：一种电刷架可直接从发电机外部进行拆装，见图 3-7（a）；另一种则不能直接在发电机外部进行拆装，见图 3-7（b）。若需要更换电刷，必须将发电机拆开。

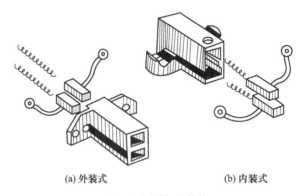

(a) 外装式　　　(b) 内装式

图 3-7　电刷架的结构

提示：电刷的高度低于 7mm 时应更换，更换时注意电刷的规格型号要求一致。

交流发电机有内、外搭铁之分（见图 3-8），故电刷引线的接法也有所不同。对于内搭铁的交流发电机，磁场绕组直接通过交流发电机的外壳搭铁，故其中一根引线接至后端盖上的磁场接线柱"F"（或"磁场"），另一根则直接与发电机外壳上的搭铁接线柱"—"（或

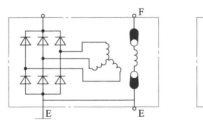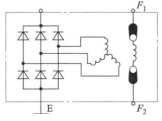

(a) 内搭铁式　　　　　　(b) 外搭铁式

图 3-8　交流发电机的搭铁形式

"搭铁")连接。而外搭铁交流发电机的磁场绕组必须通过电压调节器后（交流发电机的外部）再搭铁，故电刷引线必须分别与发电机后端盖"F$^+$"（或"F1"）和"F$^-$"（或"F2"）接线柱相连。

发电机前端装有带轮，由发动机带轮驱动。在带轮后面装有风扇，靠风扇的离心作用给发电机强制通风。前后端盖用3~4个螺栓与定子紧固在一起。

5. 国产交流发电机的型号

根据中华人民共和国行业标准QC/T73-93《汽车电器设备产品型号编制方法》的规定，汽车交流发电机的型号如下：

第1部分为产品代号。交流发电机的产品代号有JF、JFZ、JFB、JFW四种，分别表示交流发电机、整体式交流发电机、带泵交流发电机和无刷交流发电机。

第2部分为电压等级代号。用1位阿拉伯数字表示，1—12V；2—24V；6—6V。

第3部分为电流等级代号，见表3-1。

表3-1 电流等级代号

电流等级代号	1	2	3	4	5	6	7	8	9
电流/A	≤19	20~29	30~39	40~49	50~59	60~69	70~79	80~89	≥90

第4部分为设计序号。按产品的先后顺序，用阿拉伯数字表示。

第5部分为变型代号。交流发电机以调整臂的位置作为变型代号。从驱动端看，Y—右边；Z—左边；无—中间。

例如：桑塔纳、奥迪100型轿车所使用的JFZ1913Z型交流发电机，其含义为电压等级为12V、输出电流大于90A、第13次设计、调整臂位于左边的整体式交流发电机。

三、交流发电机的工作原理

1. 交流电动势的产生

交流发电机的工作原理见图3-9。

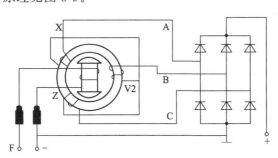

图3-9 交流发电机工作原理

交流发电机定子的三相绕组按一定的规律排列在发电机的定子槽内，依次相差120°电角度。

当磁场绕组接通直流电源时即被激励，转子的爪极被磁化为N极和S极。其磁力线由N极出发，穿过转子与定子之间很小的气隙进入定子铁芯，最后又通过气隙回到相邻的S极。

当转子旋转时，由于定子绕组与磁力线有相对的切割运动，所以在三相绕组中产生频率相同、幅值相等、相位相差 120°的正弦电动势 e_A、e_B、e_C，见图 3-10（a），其波形见图 3-10（b）。

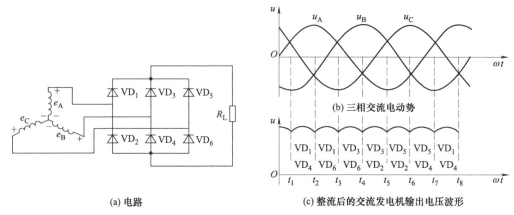

图 3-10 三相桥式整流电路中的电压、电流波形

三相绕组中所产生的感应电动势可用下列方程式表示：

$$e_A = E_m \sin\omega t = \sqrt{2} E_\Phi \sin\omega t$$

$$e_B = E_m \sin(\omega t - 120°) = \sqrt{2} E_\Phi \sin(\omega t - 120°)$$

$$e_C = E_m \sin(\omega t - 240°) = \sqrt{2} E_\Phi \sin(\omega t - 240°)$$

式中 E_m——相电动势的最大值；

E_Φ——相电动势的有效值；

ω——电角速度，$\omega = 2\pi f$。

发电机每相绕组所产生的电动势的有效值为

$$E_\Phi = 4.44 K f N \Phi \text{(V)}$$

式中 K——定子绕组系数，一般小于 1；

f——感应电动势的频率，Hz，$f = Pn/60$；

P——磁极对数；

n——转速，r/min；

N——每相绕组的匝数，匝；

Φ——磁极的磁通，Wb。

上式表明，使用中的交流发电机，其交变电动势的有效值取决于转速和转子的磁通量，这一性质将直接决定着交流发电机的输出电压值。

2. 整流原理

（1）六管交流发电机的整流原理 六管交流发电机的整流装置实际是一个由 6 只硅整流二极管组成的三相桥式整流电路［见图 3-10（a）］。3 个二极管 VD_1、VD_3、VD_5 组成共阴极组接法，3 个二极管 VD_2、VD_4、VD_6 组成共阳极组接法。每个时刻有 2 个二极管同时导通，其中一个在共阴极组，另一个在共阳极组，同时导通的两个管子总是将发电机的电压加在负荷两端［见图 3-10（c）］。

当 $t=0$ 时，C 相电位最高，而 B 相电位最低，所对应的二极管 VD_5、VD_4 均处于正向导通。电流从绕组 C 出发，经 $VD_5 \rightarrow$ 负载 $R_L \rightarrow VD_4 \rightarrow$ 绕组 B 构成回路。由于二极管的内阻很小，因而此时发电机的输出电压可视为 B、C 绕阻之间的线电压。

在 $t_1 \sim t_2$ 时间内，A 相的电位最高，而 B 相电位最低，故对应 VD_1、VD_4 处于正向导通。同理，交流发动机的输出电压可视为 A、B 绕阻之间的线电压。

在 $t_2 \sim t_3$ 时间内，A 相电位最高，而 C 相电位最低，故 VD_1、VD_6 处于正向导通。同理，交流发动机的输出电压可视为 A、C 绕阻之间的线电压。

依次类推，周而复始，在负载上便可获得一个比较平稳的直流脉动电压。交流发动机输出电压的平均值为
$$U = 2.34 U_\Phi$$
式中　U——输出直流电压平均值，V；

U_Φ——发电机相电压有效值，V。

（2）九管式交流发电机的整流原理　九管式交流发电机的特点是除了常用的 6 个二极管外，又增加了 3 个小功率的二极管，专门用来供给磁场电流，故又称为磁场二极管。采用磁场二极管后，可以省去继电器，利用充电指示灯即可指示发电机的发电情况。九管交流发电机充电系统电路图见图 3-11。

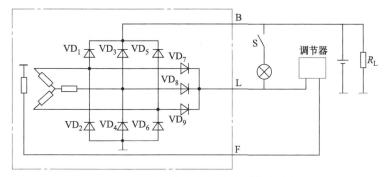

图 3-11　九管交流发电机充电系统电路图

发电机工作时，定子三相绕组产生的三相交流电动势，经 $VD_1 \sim VD_6$ 6 个二极管组成的三相桥式整流电路整流后，输出直流电压 U_B 向蓄电池充电和向用电设备供电。发电机的磁场电流由 3 个磁场二极管 VD_7、VD_8、VD_9 和 3 个共阳极组二极管 VD_2、VD_4、VD_6 组成的三相桥式整流电路整流后的直流电压供给。

发电机工作时，充电指示灯由蓄电池端电压与磁场二极管输出端 L 的电压 U_L 的差值所控制。随着发电机转速升高，U_L 增高，指示灯亮度减弱。当发电机电压达到蓄电池充电电压时，发电机开始自励，此时指示灯因两端的电位相等而熄灭，表示发电机已经正常工作。当发电机转速降低或发电机有故障时，U_L 降低，指示灯发亮。这样利用充电指示灯不仅可以在停车后发亮提醒驾驶员及时关断电源开关，又可以指示发电机的工作情况，同时还省去了结构复杂的继电器。

（3）八管交流发电机的工作原理　有的交流发电机除具有组成三相桥式整流电路的 6 个二极管外，还具有两个中性点二极管，其接线柱的记号为"N"。中性点对发电机外壳（即搭铁）之间的电压 U_N 是通过 3 个负极管三相半波整流得到的直流电压，所以 $U_N = (1/2)U$。中性点电压一般用来控制各种继电器如磁场继电器、充电指示灯继电器等。

有的交流发电机还利用中性点的输出提高发电机的输出功率，见图 3-12。

当交流发电机输出电流时，中性点的电压含有交流成分，即中性点三次谐波电压，且幅值随发电机的转速而变化，见图 3-13。

如果发电机高速旋转，当中性点电压的瞬时值高于输出电压（平均电压 14V）时，从中性点输出的电流见图 3-12（a），其输出电路为：定子绕组→中性点二极管 VD_7→负载（包括蓄电池）→负极管→定子绕组。当中性点电压瞬时值低于搭铁电位时，流过中性点二极管

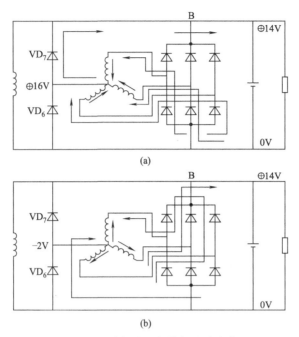

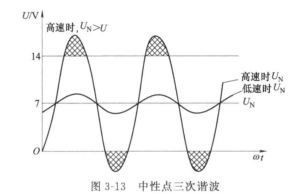

图 3-12 中性点二极管的电流流向

图 3-13 中性点三次谐波

VD_8 的电流见图 3-12（b），其输出电路为：定子绕组→正极管→"B"接线柱→负载（包括蓄电池）→中性点二极管 VD_8→定子绕组。

实验证明，加装中性点二极管后，在发电机转速超过 2000r/min 时，其输出功率可提高 11%～15%。

（4）十一管交流发电机的工作原理 十一管交流发电机的整流器总成由 6 只整流二极管、3 只磁场二极管和 2 只中性点二极管组成，其线路图见图 3-14。桑塔纳、捷达、红旗、奥迪 100 轿车等均装有此类交流整流发电机。十一管交流发电机兼有八管与九管交流发电机的特点和作用。

3. 励磁方式

汽车用交流发电机的励磁方法与一般工业用交流发电机不同。在无外接直流电源的情况下，也可利用磁极的剩磁自励发电，但由于交流发电机转子的剩磁较弱，发电机只有在较高转速时，才能自励发电，因而不能满足汽车用电的要求。为了使交流发电机在低速运转时的输出电压满足汽车上用电的要求，在发电机开始发电时，采用他励方式，即由蓄电池提供励磁电流，增强磁场，使电压随发电机转速很快上升。这就是交流发电机低速充电性能好的主

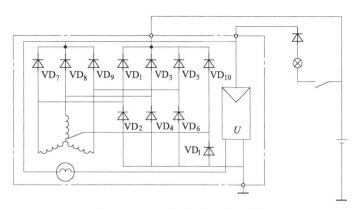

图 3-14 十一管交流发电机的线路

要原因。当发电机输出电压高于蓄电池电压,一般发电机的转速达到 1000r/min 左右时,励磁电流便由发电机自身供给,这种励磁方式称为自励。

由此可见,汽车交流发电机在输出电压建立前后分别采用他励和自励两种不同的励磁方式。

理论知识二　电压调节器的作用、分类、工作过程

交流发电机的硅二极管具有单向导电特性,有阻止反向电流的作用,所以不需另设逆电流截流继电器。另外,交流发电机具有自动限制最大电流的能力,不需要电流限制继电器。但交流发电机当转子转速及负载在很大范围内变化时,均可引起发电机的输出电压发生较大变化,因而不能满足用电设备的工作需要。基于上述原因,为了保证用电设备正常工作,防止蓄电池过充电,交流发电机必须配用电压调节器,使其输出电压保持稳定。

电压调节器的功用是当发电机转速变化时,自动调节发电机输出电压,使之保持恒定。

电压调节器调节发电机电压的基本原理是:当发电机转速变化时,自动改变发电机励磁电流,使其输出电压保持恒定。

交流发电机电压调节器按工作原理可分为触点式电压调节器和电子式电压调节器(简称电子调节器)两大类。

电子调节器按所匹配的交流发电机搭铁类型可分内搭铁型调节器和外搭铁型调节器两种。适用于内搭铁型交流发电机的电子调节器称为内搭铁型电子调节器,适用于外搭铁型交流发电机的电子调节器称为外搭铁型电子调节器。

一、触点式电压调节器

触点式电压调节器又称振动式电压调节器。触点式电压调节器应用较早,我国 20 世纪 90 年代以前生产的交流发电机大多数配用这种调节器。触点式电压调节器有双级式和单级式之分,其基本原理都是通过改变触点闭合或断开的时间长短来改变励磁电流的大小。触点式电压调节器的缺点是,电压调节精度低,触点易产生火花,对无线电干扰大,可靠性差,寿命短,现已被淘汰。但为了使读者更加直观地了解电压调节器的工作过程,下面以 FT61 型双级触点式电压调节器为例来介绍触点式电压调节器的构造与工作原理,见图 3-15。

1. 双级触点式电压调节器的构造

双级触点式调节器与单级式的区别在于多装了一对高速触点,而且高速触点是搭铁的。不同厂家生产的双级触点式调节器的具体结构虽然不同,但都具有两对触点,常闭的为低速触点,常开的为高速触点。活动触点在两个静触点的中间,可以进行两级电压调节。调节器

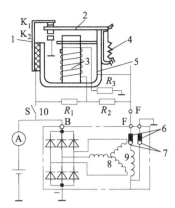

图 3-15 FT61型双级触点式电压调节器原理电路

1—静触点支架；2—衔铁；3—磁化线圈；4—弹簧；5—磁轭；6—电刷；7—滑环；8—三相定子绕组；9—磁场绕组；10—点火开关；R_1—加速电阻（1Ω）；R_2—调节电阻（8.5Ω）；R_3—补偿电阻（13Ω）；K_1—低速触点；K_2—高速触点

对外部只有火线和磁场两个接线柱。

2. 双级触点式电压调节器的工作原理

交流发电机每相电压 $U_\Phi = 4.44KfN\Phi$，而发电机经整流后输出的直流电压 $U = 2.34U_\Phi$，所以得

$$U = 2.34 \times 4.44KfN\Phi$$

因此，交流发电机端电压的高低，取决于转子的转速和磁极磁通。要保持电压 U 恒定，在转速 n 升高时，相应减弱磁通 Φ，这可以通过减少励磁电流来实现；在转速 n 降低时，相应增强磁通 Φ，这可以通过增大励磁电流来实现。

（1）发动机启动并闭合点火开关时，发电机转速很低，其端电压低于蓄电池端电压，调节器低速触点闭合，由蓄电池向发电机提供他励励磁电流。此时的励磁电路为：蓄电池正极→电流表→点火开关→调节器火线接线柱S→低速触点K_1→衔铁→调节器磁场接线柱F→发电机励磁绕组→搭铁→蓄电池负极。这种情况下，用电设备均由蓄电池供电，电流表指向"—"的一侧，调节器不工作。

（2）当发电机转速升高，其端电压略高于蓄电池的端电压但低于14V时，调节器低速触点仍闭合，发电机由他励转入自励而正常发电。励磁电路基本不变，只是蓄电池被发电机取代。从此开始，所有用电设备均由发电机供电，同时，发电机向蓄电池作补充充电。电流表指向"+"的一侧，调节器处于准备工作状态，工作电路为：发电机正极→点火开关→调节器火线接线柱S→R_1→R_3→搭铁→发电机负极。

（3）当发动机升至较高转速，发电机的电压达到第一级调压值时，调节器线圈中的铁芯电磁力克服弹簧力，使低速触点K_1打开，但尚不能使高速触点K_2闭合。因为励磁电路中串入了R_1和R_2，而R_2阻值比R_1大得多，使励磁电流减小，端电压下降，低速触点又闭合；低速触点K_1重新闭合后，切去电阻（R_1+R_2），使励磁电流再次增大，端电压再次升高，低速触点再次打开。如此循环下去，在低速触点不断开合振动下实现第一级电压的调节工作。一级调压的励磁电路为：发电机正极→点火开关→调节器火线接线柱S→R_1→R_2→调节器磁场接线柱F→发电机励磁绕组→搭铁→发电机负极。

（4）发动机高速运转时，发电机的电压将超过第一级调压值，达到第二级调压值，调节器线圈中的铁芯电磁力远大于弹簧力，使高速触点K_2闭合，立即将励磁电路短接搭铁。于是励磁电流急速减小，电压下降，高速触点打开；高速触点打开之后，励磁电路又被接通，励磁电流又增大，电压又上升，高速触点又闭合。如此循环下去，在高速触点不断开合振动下实现第二级电压的调节工作。二级调压高速触点闭合时的励磁电路短接回路为：搭铁→高速触点 K_2→衔铁→磁轭→调节器磁场接线柱 F→发电机励磁绕组→搭铁。

（5）发动机停转时，断开点火开关，发电机不发电，调节器恢复到不工作状态，即低速触点 K_1 常闭，高速触点 K_2 常开，电流表指针回到零位。

3. 调节器的性能

双级触点式调节器能调控两级电压，适合于高速旋转的交流发电机匹配使用。在汽车正常行驶中，调节器一般多工作在第二级电压调节状态。

双级触点式调节器的优点是：在设计制造时对所配电阻值作了合理的选择，触点火花小，触点开合频率有所改善，灵敏度较高，调压质量符合使用要求。其缺点是：

① 触点间隙太小，仅 0.2~0.3mm，不便于保养和检查调整；

② 第一级调节电压与第二级调节电压相差仅 0.5~1V，在低速触点过渡到高速触点工作时，出现失调区，对充电性能有一定影响；

③ 触点断开时仍有电火花产生，对无线电有一定干扰；

④ 在脏污情况下会导致触点烧结故障。

二、电子式电压调节器

随着电子技术的发展，目前交流发电机几乎全部采用电子调节器。其优点是：电压调节精度高，且不产生火花，还具有质量小、体积小、寿命长、可靠性高、电波干扰小等优点。

电子调节器有晶体管调节器和集成电路调节器两种。

晶体管调节器即分立元件式调节器，是由分立电子元件组成的调节器，如解放 CA1091 型载货汽车用 JFT106 型电子调节器和东风 EQ1090 型载货汽车用 JFT149 型电子调节器。

集成电路调节器即利用集成电路（IC）组成的调节器，目前大多数汽车（如捷达、桑塔纳、天津夏利、奥迪轿车等）都采用了集成电路调节器。

（一）调节器基本电路

外搭铁型电子电压调节器的基本电路，由信号监测电路、信号放大与控制电路、功率放大电路和保护电路四部分组成，如图 3-16 所示。

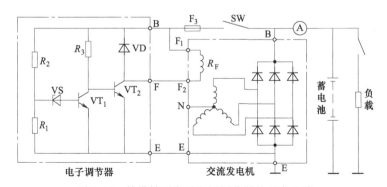

图 3-16 外搭铁型电子电压调节器的基本电路

电阻 R_1、R_2 和稳压管 VS 构成信号监测电路，电阻 R_1、R_2 串联在交流发电机输出端子"B"和搭铁端子"E"之间，构成分压器，直接监测发电机输出电压 U 的变化。R_1 上的分压

$$U_{R1}=\frac{R_1}{R_1+R_2}U$$

由此可见，发电机电压 U 升高时，分压电阻 R_1 上的分压值 U_{R1} 升高，反之，当发电机电压 U 下降时，分压值 U_{R1} 下降。

稳压二极管 VS 一端连接三极管 VT_1 的基极，另一端接在分压电阻 R_1、R_2 之间，VS 与三极管 VT_1 的发射极串联后再与分压电阻 R_1 并联，从而监测发电机电压的变化，并控制三极管 VT_1 的导通与截止。

三极管 VT_1 和电阻构成信号放大与控制电路，其作用是将电压监测电路输入的信号进行放大处理后，控制功率三极管 VT_2 导通与截止。电阻 R_3 既是三极管 VT_1 的负载电阻，又是功率三极管 VT_2 的偏流电阻。三极管 VT_1 为小功率三极管，接在大功率三极管 VT_2 的前一级，起功率放大作用，也称为前级放大电路。

功率三极管 VT_2 通常采用达林顿三极管构成功率放大电路，VT_2 为大功率三极管，串联在励磁绕组与搭铁端之间，这是外搭铁型调节器的显著特点。励磁绕组的电阻是 VT_2 的负载电阻。VT_2 导通时，励磁电路接通，有励磁电流；VT_2 截止时，励磁电流被切断。因此，通过控制三极管的导通与截止，就可以改变励磁电流使发电机输出电压稳定。

续流二极管 VD 构成保护电路，其功用是防止励磁绕组产生的自感电动势击穿三极管而造成损坏。

（二）电子电压调节器工作原理

电子电压调节器利用三极管的开关特性，将大功率三极管作为一只开关串联在发电机的励磁电路中，根据发电机输出电压的高低，控制三极管导通与截止来调节发电机的励磁电流，使发电机输出电压稳定在一定范围内。发电机电子电压调节器工作过程如下。

（1）接通点火开关 SW，发电机电压 U 低于蓄电池电压时，蓄电池电压经过点火开关 SW 加在分压电阻 R_1、R_2 两端。由于发电机电压低于调节电压上限值，稳压管 VS 处于截止状态，VT_1 基极无电流流过，也处于截止状态。此时，蓄电池经点火开关、电阻向三极管 VT_2 提供基极电流，VT_2 导通并接通励磁电流，其电路为：蓄电池正极→电流表→点火开关→熔断器→发电机端子→发电机磁场绕组→发电机磁场端子→调节器磁场端子→三极管→调节器搭铁端子→发电机搭铁端子→发电机负极管→蓄电池负极。此时，随着发电机转动，其电压也将随之上升。

（2）当发电机电压上升到高于蓄电池电压但还低于调节电压上限 U_2 时，发电机处于自励状态。（励磁电流由发电机自己提供）

当发电机电压高于蓄电池电压但还低于调节电压上限 U_2 时，VS 与 VT_1 仍截止，VT_2 保持导通。此时励磁电路为：

发电机定子绕组→正极管→发电机输出端子"B"→点火开关 SW→熔断器 F_3→发电机端子"F_1"→发电机励磁绕组 R_F→发电机端子"F_2"→调节器磁场端子"F"→三极管 VT_2→调节器搭铁端子"E"→发电机搭铁端子"E"→发电机负极管→发电机定子绕组

（3）当发电机电压随转速升高到调节电压上限 U_2 时，VS、VT_1 导通，VT_2 截止，励磁电流切断，发电机电压降低。

当发电机电压升高到调节电压上限 U_2 时，此时 VS 导通，它的发射极几乎被短路，流过电阻 R_3 的电流经 VT_1 集电极和发射极构成回路，VT_2 因无基极电流而截止，励磁电流被切断，磁通迅速减小，发电机电压迅速下降。

（4）当发电机电压降低到调节电压下限 U_1 时，VS 截止，VT_1 随之截止，VT_1 集电极电位升高，发电机又经 R_3 向 VT_2 提供基极电流，使 VT_2 导通，励磁电流接通，发电机电压又重新升高。当发电机电压再次升高到调节电压上限 U_2 时，调节器重复（3）、（4）工作过程，将发电机电压控制在某一平均值不变。

当由 VT_2 导通转为截止的瞬间，励磁绕组产生的自感电动势经二极管 VD 构成放电回路，防止三极管 VT_2 击穿损坏。由于放电电流流经 VD，所以 VD 称为续流二极管。

因此，电子调节器的基本工作原理是利用串联在发电机励磁电路中大功率三极管的导通与截止（开关特性）来控制磁场电路的通、断，调节磁场电流的大小，使发电机的输出电压稳定在规定值范围内。

电子式电压调节器又分为内搭铁式调节器和外搭铁式调节器，如图 3-17 所示。

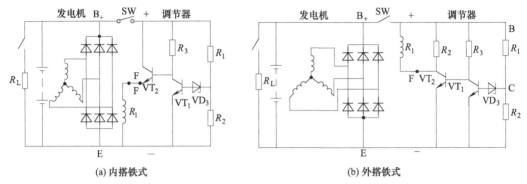

图 3-17 电子式电压调节器的搭铁形式

内搭铁式调节器的特点为：第二级开关电路中的三极管 VT_2 串联在调节器的"＋"与"F"之间。

外搭铁式调节器的特点为：第二级开关电路中的三极管 VT_2 串联在调节器的"F"与"－"之间。内搭铁式调节器只能配用内搭铁式发电机，外搭铁式调节器只能配用外搭铁式发电机，两者不可随意互换。

（三）晶体管电压调节器

目前，国内外生产的晶体管调节器一般都是由 2～4 个三极管、1～2 个稳压管和一些电阻、电容、二极管等组成，再由印制电路板连接成电路，然后用轻而薄的铝合金外壳将其封闭。调节器对外伸出有"＋"（或"S"、"点火"）、"F"（或"磁场"）、E（或"搭铁"、"－"）等字样的接线柱或引出线，分别与交流发电机等连接构成整个汽车电气装置的充电系统。

1. JFT106 型晶体管电压调节器

JFT106 型晶体管电压调节器属于负极外搭铁式电压调节器，它可与 14V、750W 的九管交流发电机配套，也可与 14V 功率小于 1000W 的负极外搭铁式六管交流发电机配套。CA1091 型汽车用 JFT106 型晶体管电压调节器的电路原理图见图 3-18。该调节器共有"＋"、"F"和"－"三个接线柱，其中"＋"接线柱与发电机的"F_2"接线柱连接后经熔断器接至点火开关，"F"接线柱与发电机的"F_1"接线柱连接，"－"接线柱搭铁，不能接错。具体连接见图 3-19。

该调节器由电压敏感电路和二级开关电路组成。

R_1、R_2、R_3 和稳压管 VD_1 构成了电压敏感电路。其中 R_1、R_2、R_3 为分压器，将交流发电机的端电压进行分压后反向加在稳压管 VD_1 的两端；稳压管 VD_1 为稳压元件，随时

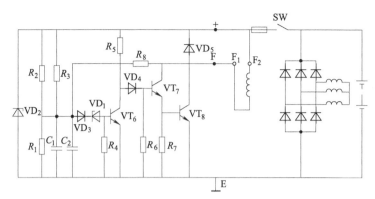

图 3-18　CA1091 型汽车用 JFT106 型晶体管电压调节器的电路原理图

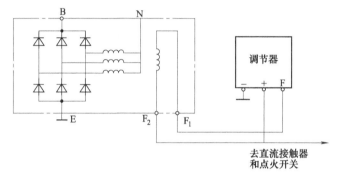

图 3-19　CA1091 型汽车晶体管电压调节器的接线图

感受着发电机端电压的变化。当交流发电机的端电压在稳压管 VD_1 上的分压低于稳压管 VD_1 的稳压值时,VD_1 稳压管截止;当交流发电机的端电压在稳压管 VD_1 上的分压高于稳压管 VD_1 的稳定电压时,稳压管 VD_1 导通。可见,电压敏感电路可以非常灵敏地感受出交流发电机端电压的变化,起到控制开关电路的作用。

晶体三极管 VT_6、VT_7、VT_8 组成复合大功率二级开关电路,利用其开关特性控制磁场电路的接通或断开。

(1) 启动发动机并闭合点火开关时,蓄电池通过分压器将电压加在稳压管 VD_1 两端,由于此电压低于稳压管 VD_1 的稳定电压值,VD_1 截止,使 VT_6 截止,VT_7、VT_8 导通,这时蓄电池经大功率三极管 VT_8 供给励磁电流,使发电机处于他励状态,建立电动势。

(2) 发动机带动发电机,转速逐渐升高。当发电机端电压高于蓄电池端电压时,发电机便由他励转为自励的正常发电工作。由于此时转速尚低,输出电压未达到调节电压值,VT_6 仍然截止,VT_7、VT_8 仍然导通,因此发电机的端电压可以随转速和自励电流的增大而升高,逐渐提高输出电压。

(3) 当转速升至一定值使输出电压达到调压值时,经分压器加至稳压管 VD_1 两端的反向电压达到稳定电压值,VD_1 反向击穿导通,使 VT_6 导通,VT_7、VT_8 截止,断开了励磁电路,发电机端电压便下降。当发电机端电压下降到调压值以下时,经分压器加至稳压管 VD_1 两端的反向电压又低于稳定电压值,使 VT_6 又截止,VT_7、VT_8 又导通,又一次接通了励磁电路,发电机端电压又上升。如此循环下去,就能自动调控发电机的端电压恒定在调压值上。

图 3-18 中晶体管调节器其他一些电子元件的作用如下:

电阻 R_4、R_5、R_6、R_7 为晶体管的偏置电阻。

稳压管 VD_2 起到过电压保护作用，利用稳压管的稳压特性，可对发电机负载突然减小或蓄电池接线突然断开时，发电机所产生的正向瞬变过电压起保护作用，并可以利用其正向导通特性，对开关断开时电路中可能产生的反向瞬变过电压起保护作用。

二极管 VD_3 接在电压敏感电路中的稳压管 VD_1 之前，以保证稳压管安全可靠地工作。当发电机端电压很高时，它能限制稳压管 VD_1 电流不致过大而烧坏；当发电机端电压降低时，它又能迅速截止，保证稳压管 VD_1 可靠截止。

二极管 VD_4 接在 VT_6 集电极与 VT_7 基极之间，提供一个 0.7V 左右的阀电压，使 VT_7 导通时迅速导通，截止时可靠截止。

二极管 VD_5 反向并联于发电机励磁绕组两端，起续流作用，防止 VT_8 截止时磁场绕组中的瞬时自感电动势击穿 VT_8，保护三极管 VT_8。

反馈电阻 R_8 具有提高灵敏度、改善调压质量的作用。

电容器 C_1、C_2 能适当降低晶体管的开关频率。

2. JFT201 型晶体管调节器

该晶体管调节器线路图见图 3-20。由电阻 R_2、R_3、R_4 组成分压器，当接通点火开关时，蓄电池端电压较低，经分压器分压后不能击穿稳压管 VD_1，三极管 VT_1 截止，VT_2 导通，蓄电池向发电机励磁绕组提供励磁电流。

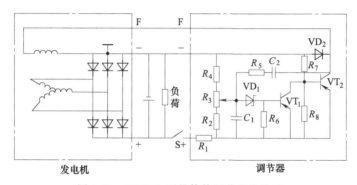

图 3-20 JFT201 型晶体管调节器线路图

当发电机端电压高于蓄电池端电压时，发电机由他励转为自励而正常发电工作。在发电机端电压略高于电压调节值时，稳压管 VD_1 击穿导通，三极管 VT_1 导通，VT_2 截止，切断了发电机励磁电路，使发电机端电压下降。当发电机端电压下降到低于调整值时，分压器分得的电压低于 VD_1 稳定电压值，稳压管 VD_1 和三极管 VT_1 又截止，VT_2 又导通，又一次接通发电机励磁电路，使发电机端电压又升高。如此循环下去，发电机电压便被稳定在调整范围之内。

图 3-20 中晶体管调节器其他一些电子元件的作用如下：

二极管 VD_2 与发电机励磁绕组并联，起续流作用。当三极管 VT_2 突然由导通转换为截止时，VD_2 与励磁绕组构成回路，保护 VT_2 集电极不被励磁绕组产生的自感电动势反向击穿。

电位器 R_3 可以改变加在稳压管 VD_1 上的分压比，实现所需要的电压值。

电阻 R_1 起稳压作用，可以减小负载变化对发电机输出电压的影响。因为当发电机负荷增大时，由于定子绕组压降增大及电枢反应增大，发电机的端电压也有所下降。增设 R_1 后，随着发电机端电压的下降，分压器两端的电压也降低，使 VD_1 两端的反向电压也减小，这就相对延长了 VT_1 管的截止时间与 VT_2 管的导通时间，使励磁电流有所增加，从而有效地补偿了发电机因内阻压降和电枢反应的增加而造成的电压降落，改善了发电机的负载特性，故 R_1 又称为稳压电阻。

电容器 C_1 并联在电位器 R_3 滑动触点下部与 R_2 的两端,可以降低三极管 VT_1 的开关频率、减少三极管的功率损耗。

电阻 R_5 和电容 C_2 组成正反馈电路,以提高晶体管调节器的灵敏度,改善电压波形。当 VT_2 趋向截止时,集电极电压下降,通过电阻 R_5 和电容 C_2 正反馈给稳压管 VD_1,使其左端电位降低,VT_1 基极电流增大而迅速导通,VT_2 可靠截止,发电机励磁电流迅速下降。因此,电阻 R_5 和电容 C_2 正反馈电路加快了 VT_2 管的截止速度,使调节电压更加稳定,同时也减少了 VT_2 管的过度损耗。

(四) 集成电路电压调节器

集成电路电压调节器即 IC 调节器,其基本工作原理与晶体管电压调节器完全一样,也是利用晶体管的特性组成开关电路,以控制发电机的磁场电流来达到稳定发电机输出电压的目的。也有内搭铁和外搭铁之分,而且以外搭铁使用较多。所不同的是,在集成电路电压调节器上,所有的晶体管都不再用外壳,而是把二极管、三极管的管芯都集成在一块基片上,这样就实现了调节器的小型化,故可直接将其装在发电机内部或壳体上构成整体式发电机,这样可省去调节器与发电机间的连线,减少线路损耗,提高调节精度(可达±0.3V),耐高温,耐振,防潮,防尘性能好,寿命长。

例如,夏利轿车采用的集成电路调节器外形如图 3-21 所示。它安装在发电机内,接线柱"B"、"F"、"P"、"E"装配时用螺钉直接与发电机上相应接线柱相连接,插孔"IG"、"L"通过对应的插接器与充电系统的充电指示灯、点火开关、蓄电池相连。

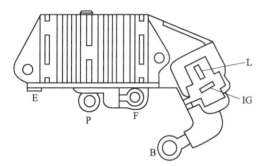

图 3-21 夏利轿车采用的集成电路调节器外形

集成电路调节器按结构可分为全集成电路式和混合集成电路式。目前国内外生产的集成电路调节器的结构大多采用混合式,即由混合电路加集成电路组成,并没有完全集成化。一般由一个集成块、一个三极管、一个稳压管、一个续流二极管和几个电阻等部分构成。引出线有 3 根和 4 根两种。例如,上海桑塔纳轿车采用的发电机调节器应用了混合电路加集成电路技术,集成电路和保护电阻共同贴在一块陶瓷基片上,封装在一个金属盒中,并和电刷架连成一体,便于安装和维修。

1. 集成电路电压调节器的电压检测方法

集成电路调节器采用的电压取样方法分为蓄电池电压检测法和发电机电压检测法两种。蓄电池电压检测法:检测点"P"测量的是蓄电池端的电压变化,其值与蓄电池端电压成正比。发电机电压检测法:检测点"P"测量的是发电机励磁二极管输出电压变化,即发电机端的电压变化,其值与发电机端电压成正比。

(1) 蓄电池电压检测法。蓄电池电压检测法的线路见图 3-22。加在分压器 R_1、R_2 上的电压为蓄电池端电压,由于通过检测点 P 加到稳压管 VD_1 上的反向电压与蓄电池端电压成正比,所以该线路称为蓄电池电压检测法线路。

(2) 发电机电压检测法。发电机电压检测法的线路见图 3-23。加在分压器 R_1、R_2 上的电压是磁场二极管输出端 L 的电压 U_L,而硅整流发电机输出端 B 的电压为 U_B,由于 $U_L = U_B$,因此,调节器检测点 P 的电压加到稳压管 VD_1 两端的反向电压 U_P 与发电机的端电压 U_B 成正比,所以该线路称为发电机电压检测法线路。

上述两种基本电路中,如果采用发电机电压检测法线路,发电机的引出线可以少一根,不足

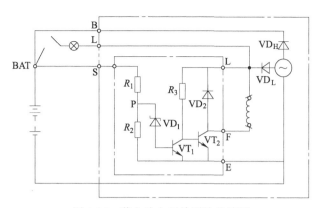

图 3-22 蓄电池电压检测法线路图

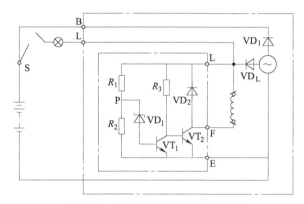

图 3-23 发电机电压检测法线路图

之处在于，当图 3-23 中 B 点到蓄电池正极之间的电压降较大时，蓄电池的充电电压将会偏低，使蓄电池充电不足。因此，一般大功率发电机要采用蓄电池电压检测法线路的调节器。

在采用图 3-22 所示的蓄电池电压检测法线路时，当 B 点与蓄电池正极之间或 S 点与蓄电池正极之间断线时，由于不能检测出发电机的端电压，发电机电压将会失控。为了克服这一不足，线路上应采取一定的措施。图 3-24 所示为实际采用的蓄电池电压检测法的线路。在这个线路中，在调节器的分压器与发电机 B 端之间增加了一个电阻 R_6 和一个二极管 VD_2，这样，当 B 与蓄电池正极之间或 S 与蓄电池正极之间出现断线时，由于 R_6 的存在，仍能检测出发电机的端电压 U_B，使调节器正常工作，可以防止发电机电压过高的现象。

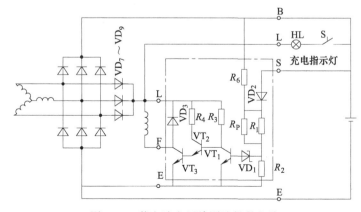

图 3-24 蓄电池电压检测法补救电路

2. JFT151型电压调节器

国产 JFT151 型电压调节器为薄膜混合集成电路调节器,其外形尺寸为 38mm×34mm×10.5mm,安装在 JF132E 型和 JF15 型交流发电机的外壳上。其线路图见图3-25。

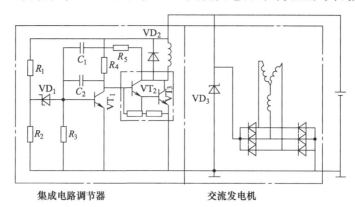

图 3-25　JFT151型集成电路调节器线路图

在该调节器电路中,由分立元件 R_1、R_2 组成分压器,稳压管 VD_1 从分压器上获得比较电压。当发电机电压低于规定值时,稳压管 VD_1 和三极管 VT_1 截止,在 R_4 偏置下集成电路 VT_2 导通,此时发电机磁场绕组中有励磁电流通过,使发电机端电压升高。当发电机端电压高于规定值时,稳压管 VD_1 击穿导通,VT_1 导通,VT_2 截止,切断了发电机的磁场电路,使发电机端电压下降。当发电机端电压下降到低于规定值时,VD_1 和 VT_1 又截止,VT_2 和磁场电路又接通,发电机端电压又升高。如此循环下去,使发电机端电压保持稳定。

图 3-25 中其他电子元件的作用如下:

分流电阻 R_3 接在三极管 VT_1 的基极与发射极之间,可提高 VT_1 的耐压。

电阻 R_5、电容 C_1 组成正反馈电路,可以加速 VT_2 的翻转,并减小 VT_2 的过度损耗。

电容器 C_2 并联在 VT_1 集电极与基极之间,组成电压负反馈,可降低开关频率,进一步减小 VT_1 的管耗。

续流二极管 VD_2 反向并联在发电机励磁绕组两端,保护 VT_2。

稳压管 VD_3 与电源并联,起过电压保护作用。

3. 具有保护功能的集成电路电压调节器

夏利汽车发电机内装集成电路调节器,其充电系统电路见图3-26。该发电机调节器是由一块单片集成电路和晶体管等元件组成的混合集成电路调节器,装于发电机内部,构成整体式交流发电机。

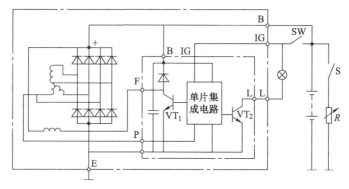

图 3-26　夏利轿车用整体式交流发电机电路原理图

该调节器的工作过程如下:

点火开关接通且发电机未转动时,蓄电池端电压经接线柱"IG"输入单片集成电路,使三极管VT_1、VT_2均有基极电流流过,于是VT_1、VT_2同时导通。VT_1导通时,发电机由蓄电池进行他励,磁场绕组中有电流流过,电流流向为:蓄电池正极→接线柱"B"→磁场绕组→VT_1→搭铁→蓄电池负极;导通时,充电指示灯亮,表示发电机不发电。发电机运转后,其端电压高于蓄电池电动势而小于调节电压时,VT_1仍导通,但发电机由他励转为自励,并向蓄电池充电。同时,由于P点电压输入单片集成电路使VT_2截止,故充电指示灯会熄灭,表示发电机工作正常。

当发电机电压随转速升高而到调节电压时,单片集成电路检测出该电压,于是VT_1由导通变为截止,磁场绕组中电流中断,发电机电压下降。当电压下降到略低于调节电压时,单片集成电路使VT_1又导通,如此反复,发电机输出电压将被控制在调节电压范围内。

磁场电路断路时,P点电压信号异常,单片集成电路检测到后,控制VT_2导通,点亮充电指示灯,以示异常。

当发电机的输出端"B"断线时,发电机无输出,导致"IG"点电位降低。当单片集成电路检测到"IG"点电位低于13V时,令VT_2导通,点亮充电指示灯,同时可根据P点电位将发电机端电压控制在13.3~16.3V。

理论知识三　几种形式车用交流发电机

一、无刷交流发电机

前述交流发电机用电刷和集电环使励磁绕组构成回路,不可避免产生机械磨损而引起故障。无刷交流发电机提高了发电机工作的可靠性和使用寿命,维修保养方便,下面介绍几种这类发电机。

1. 感应子式无刷交流发电机

这种发电机的定子铁芯内圆上开有四个大槽和12个小槽,四个大槽将12个小槽均分为四个部分,每部分为三个小槽。在四个大槽中,绕放四个磁场绕组,在小槽中绕放电枢绕组,如图3-27所示。转子由凸齿状冲片铆成。

当磁场绕组中有直流电流通过时,其周围产生磁场,转子被磁化。由于转子凸齿在旋转时和定子铁芯相对位置不断变化,使得定子上的电枢绕组产生大小和方向不断变化的感应电动势。将各电枢绕组产生的电动势按相加原则串联起来,再经整流器整流后便得到直流电。

由于发电机工作时在电枢绕组中产生的是单相交流电,所以其整流器是由二个硅二极管组成的单相全波整流器。

2. 爪极式无刷交流发电机

这种发电机的结构与普通交流发电机大致相同。图3-28所示为国产JFW14X型爪极式无刷交流发电机的外形和分解图,其磁场绕组是静止不动的,因此,磁场绕组的两端引出线可以直接引出,省去了电刷和集电环,爪极在磁场绕组的外围旋转。

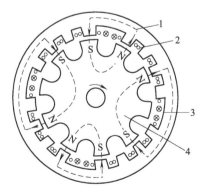

图3-27　感应子式无刷交流发电机
1—定子;2—电枢绕组;
3—磁场绕组;4—转子

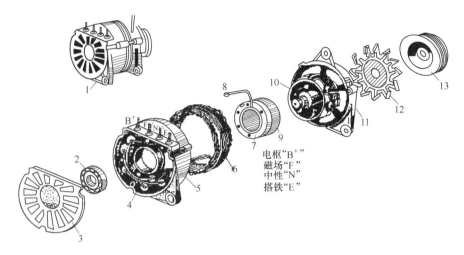

图 3-28　国产 JFW14X 型爪极式无刷交流发电机的外形和分解图
1—外形；2—后轴承；3—防护罩；4—元件板及硅二极管组；5—磁场绕组支架及后轴承支架；
6—定子总成；7—磁轭；8—磁场绕组接头；9—磁场绕组；10—爪极及转子轴总成；
11—前端盖；12—风扇叶；13—传动带轮

爪极式无刷交流发电机的结构原理和磁路如图 3-29 所示。其特点是磁场绕组 7 通过一个磁轭托架 2 固定在后端盖 3 上。两个爪极中只有一个爪极直接固定在发电机转子轴上，另一个爪极 4 则用非导磁连接环 6 固定在前述爪极上。当转子轴旋转时，一个爪极就带动另一个爪极一起在定子内转动。

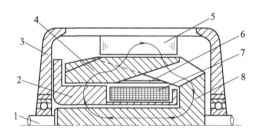

图 3-29　爪极式无刷交流发电机的结构原理及磁路
1—转子轴；2—磁轭托架；3—后端盖；4—爪极；5—定子铁芯；
6—非导磁连接环；7—磁场绕组；8—转子磁轭

当磁场绕组中有直流电通过时，其磁路是：左边爪极的磁极 N→主气隙→定子铁芯 5→主气隙→右边爪极的磁极 S→转子磁轭 8→附加气隙→磁轭托架 2→附加气隙。

转子旋转时，爪极形成的 N 极和 S 极的磁力线在定子绕组内交替通过，定子槽中的三相绕组就感应出交变电动势，在回路中形成三相交流电，经整流后变为直流电。

这种交流发电机两个爪极之间连接制造工艺较困难。此外，由于磁路中增加了两个附加间隙，故在输出相同功率的情况下，其励磁绕组的励磁电流必须增大。

3. 永磁式无刷交流发电机

永磁式无刷交流发电机是用永久磁铁作为转子磁极，旋转时产生旋转磁场的。它不仅去掉了电刷和集电环，而且不需要磁场绕组和爪极，因此，结构更加简单可靠，使用寿命长。这种发电机除转子外，其他部分的结构与普通交流发电机相同。

转子的材料使用了第四代超强永磁材料钕铁硼永磁材料。因此，转子磁极采用瓦片形结构，用环氧树脂粘在导磁轭上，磁极之间呈鸽尾型，用胶填充。

由于转子采用永磁结构，工作时所产生的旋转磁通是不可调的，所以在定子绕组中产生的三相交流感应电动势将随发电机转速变化。因此，为了保证该发电机在不同转速下输出电压的稳定，采用了电压调节器和三相半控桥式整流电路，其电路原理图如图 3-30 所示。

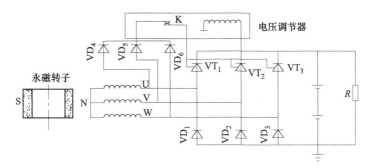

图 3-30　永磁式无刷交流发电机整流电路及电压控制原理

三只共阳极硅二极管 VD_1、VD_2、VD_3 与三只共阴极晶闸管 VT_1、VT_2、VT_3 组成三相半控桥式整流电路。另外由硅整流二极管 $VD_1 \sim VD_6$ 组成三相全波整流电路，为可控硅控制极提供触发电压，与电压调节器的一个触点相接，另一个触点则与晶闸管的控制极相连，电压调节器触点控制线圈并联在三相半控桥的输出端，其电压控制原理如下。

当交流发电机转速较低时，电压调节器触点 K 闭合，晶闸管的控制极获得正向触发电压而导通，当转速达到一额定值后，整流桥可向蓄电池和负载提供三相全波整流电压。随着发电机转速的进一步提高，整流输出电压也增大。当整流输出电压超过额定电压值某一数值时，电压调节器触点 K 断开，晶闸管失去正向触发电压而截止，输出电压下降。输出电压下降到低于额定值某一数值时，电压调节器线圈电流减小使 K 又闭合，三个晶闸管重新被触发导通，使发电机输出电压又回升。如此反复，使发电机输出电压在规定的范围内波动。

永磁交流发电机具有以下优点：
（1）体积小、重量轻、结构简单、维护方便、使用寿命长；
（2）由于传动比大，所以低速充电性好；
（3）比功率大，可节约大量金属材料；
（4）无励磁损耗，效率可提高 10% 以上；
（5）在电压控制器中，由于控制极只有约 10mA 的电流通过触点，触点使用寿命长；
（6）由于永磁体的磁导率接近空气的磁导率，使电枢反应的磁阻增大，因而电压波形稳定。

4. 带有励磁机的无刷交流发电机

图 3-31 所示为德国波许公司生产的带有励磁机的无刷交流发电机的结构。它是在一台爪极式三相交流发电机上增加了一部专门为其励磁的小型硅整流发电机，称为励磁机，其特点是磁场绕组固定，而三相电枢绕组是转动的。当发电机转动时，三相电枢绕组中便感应出三相交流电，在发电机内部经二极管整流后变为直流电、供给爪极式三相交流发电机的磁场绕组励磁发电。

这种无刷交流发电机的优点是磁路中无附加气隙，因而漏磁少，输出功率大，缺点是结构复杂。

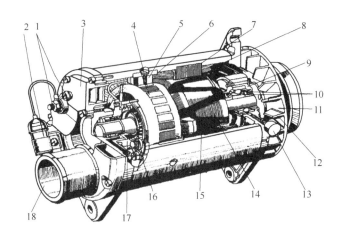

图 3-31 带有励磁机的无刷交流发电机

1—接线柱；2—控制电容；3—晶体管调节器；4—转子部分；5—磁极；6,15—磁场绕组；7—定子铁芯；
8—定子绕组；9—驱动端盖；10—油封；11—风扇；12—油道；13—油环；
14—爪极式转子；16—二极管；17—散热板；18—进风口

二、带泵交流发电机

带泵交流发电机，其发电机部分与交流发电机完全一样，只是其转子轴较长并从后端盖中心伸出，伸出部分有外花键与真空泵转子的内花键相连接。当发电机旋转时，真空泵随之一同旋转，其外形如图 3-32 所示。

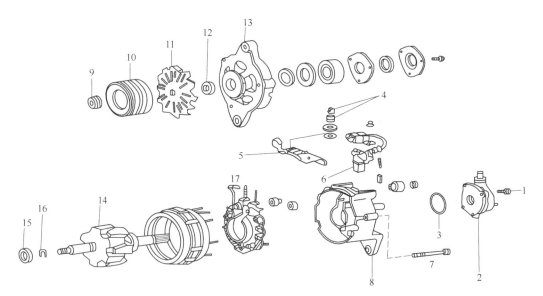

图 3-32 带泵交流发电机结构图

1—螺栓；2—真空泵；3—O形环；4—接柱及垫圈；5—电刷固定罩；6—电刷架；7—连接螺栓；8—整流端盖；
9—固定螺母；10—传动带轮；11—风扇；12,15—垫圈；13—驱动端盖；
14—转子；16—锁环；17—整流器架

带泵交流发电机主要用于需要真空来源的柴油车，而汽油车可以从汽油机进气歧管处取得真空。真空主要用于真空助力制动系统及其他需要真空的系统上。

理论知识四　充电系统电路分析

一、外装调节器式电源系统的电路分析

采用外装调节器的交流发电机的磁场线圈搭铁方式有两种：一种是磁场线圈直接在发电机内部搭铁，如 EQ1092、NJ1061、BJ2020 型汽车；另一种是磁场线圈不在发电机内部搭铁，而是通过调节器搭铁，如解放 CA1092 型汽车。

1. 发电机磁场线圈内搭铁电源系统的电路分析

图 3-33 所示为 NJ1061 型汽车电源系统电路。

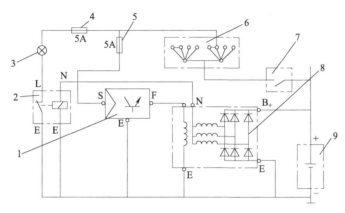

图 3-33　NJ1061 型汽车电源系统电路图
1—电压调节器；2—充电指示灯继电器；3—充电指示灯；4,5—熔断器；
6—点火开关；7—电源保护开关；8—交流发电机；9—蓄电池

当点火开关旋至点火挡，发动机未启动时，充电指示灯点亮，显示发电机不发电。发电机励磁电路为：蓄电池正极→电源保护开关→点火开关→熔断器 5→调节器的"S"接线柱→调节器的"F"接线柱→磁场绕组→发电机磁场的"E"接线柱搭铁→蓄电池负极。

当发动机运转后，发电机正常发电，发电机中性点电压控制充电指示灯继电器的触点断开，切断充电指示灯电路，充电指示灯熄灭，表明发电机工作正常。

当发动机在高于怠速运转时，充电指示灯点亮，说明发电机出现了不发电故障。可能故障原因有：

① V 型带松动打滑；

② 线路故障，充电系统电路中连接导线断裂、脱落等；

③ 发电机故障，可能是硅二极管短路、断路，定子绕组或磁场绕组有短路、断路故障，电刷在电刷架内卡住等；

④ 电压调节器有故障，在故障诊断时，首先检查 V 型带是否过松打滑，各部分导线连接是否牢靠，发电机接线是否正确，如正常，则在调节器上用导线将"S"和"F"两接线柱短接，并启动发动机，保持怠速（中速以下）状态运转，如果充电指示灯熄灭，说明电压调节器有故障。

2. 磁场线圈外搭铁发电机电源系统的电路分析

图 3-34 所示为 CA1092 型汽车电源系统电路。

发电机励磁电路为：蓄电池正极→30A 熔断器→电流表→点火开关→5A 熔断器→磁场绕组→调节器的 F 接线柱→调节器的 E 接线柱搭铁→蓄电池负极。

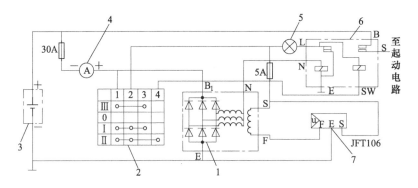

图 3-34 CA1092型汽车电源系统电路图
1—交流发电机；2—点火开关；3—蓄电池；4—电流表；5—充电指示灯；
6—组合继电器；7—电压调节器

当发动机运转后，发电机正常发电，发电机中性点电压控制组合继电器的常闭触点断开，切断充电指示灯电路，充电指示灯熄灭，表明发电机工作正常。

二、整体式交流发电机电源系统的电路分析

整体式交流发电机将电压调节器安装在发电机内部，其电源系统电路多采用充电指示灯代替电流表。为了使发电机正常发电，也由点火开关控制输入他励电流，但其数值大小受充电指示灯的限制。由于指示灯泡（或发光二极管）电流过小，可以将指示灯与适当电阻并联，此方案多见于德国大众车系和日本尼桑车系。

图 3-35 所示为捷达轿车电源系统电路。

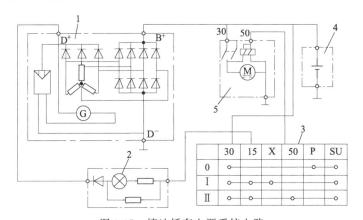

图 3-35 捷达轿车电源系统电路
1—发电机及调节器；2—充电指示灯；3—点火开关；4—蓄电池；5—启动机

发电机的工作电路：点火开关处于点火挡（Ⅰ挡）时，发电机励磁电路的工作电流由蓄电池正极经点火开关触点 30 与 15 到充电指示灯，再经发电机 D^+ 励磁绕组、电压调节器到蓄电池负极，形成回路。此时充电指示灯亮，并在发电机的转子铁芯中产生磁场，发电机处于他励状态。发动机启动后，在曲轴带轮的带动下，转子旋转，于是在发电机定子的三相绕组中产生交流电，然后通过硅二极管整流后在 B^+ 和 D^+ 端输出直流电。发电机发电后，励磁电流由发电机自身提供，进入自励状态，同时由于 D^+ 点电位升高后，充电指示灯的两端电位比较接近，此时，充电指示灯应熄灭。如果在行车过程中充电指示灯点亮，说明发电机没有发电，应及时进行检修。

三、计算机控制调压电路

现在，越来越多的汽车上采用的分立式电压调节器已经被淘汰，取而代之的是将电压调节器电路接在汽车上的电子控制模块或组件中，计算机控制调压电路如图 3-36 所示。其中模块式计算机用于控制通过转子中磁场绕组的电流。

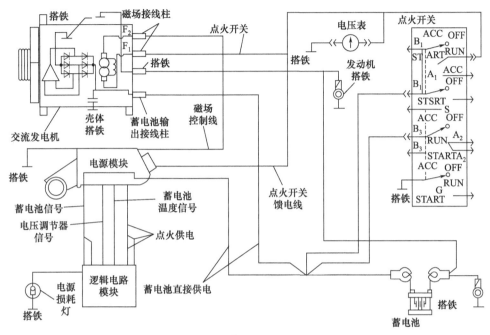

图 3-36　计算机控制调压电路

这种系统不是利用类似可变电阻的作用来控制通过转子的磁场绕组中的电流，而是由计算机以每秒 400 个脉冲的固定频率向磁场提供电流脉冲，通过改变占空比，得到正确的励磁电流平均值，从而使发电机发出适当的输出电压。

图 3-37 为计算机控制调压电路原理图，计算机工作时，可使发电机励磁电路间歇性地搭铁，以保持发电机的电压在规定值范围内。

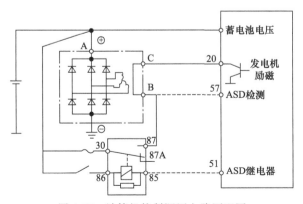

图 3-37　计算机控制调压电路原理图

发电机正常工作时励磁电路为：发电机"＋"→继电器→发电机磁场接线柱 B→励磁绕组→磁场接线柱 C→ECU 发电机励磁接线柱 20→三极管→搭铁→发电机"－"。在继电器触点闭合时，只要计算机控制三极管导通构成发电机磁场接地，就能接通励磁电路。三极管截止，则切断励磁电路。

如果计算机检测到发电机的输出电压低于规定电压值，它会使励磁电路接地的相对时间增长，即三极管的相对导通率增大，平均励磁电流增大，形成较强的磁场，提高发电机的电压或增大发电机的输出功率。如果计算机检测到发电机的输出电压高于规定电压值，它就会使励磁电路接地的相对时间缩短，即三极管的相对导通率减小，平均励磁电流减小，形成较弱的磁场，减小发电机的电压。

这类系统的显著特点就是能根据车辆的需求和环境温度的变化而改变输出电压，更为重要的是，这种系统能发挥计算机的诊断能力，用于诊断充电系统中低输出电压或高输出电压之类的故障。

理论知识五　汽车电器万能试验台

汽车电器万能试验台是对汽车电器设备进行检查、调整和试验的电器设备。试验台的型号较多，但它们的基本结构及功能基本相同。下面以青岛第一仪器厂生产的 TQD-2 型汽车万能试验台为例，简介其结构和使用。

图 3-38 为 TQD-2 型汽车万能试验台结构简图。

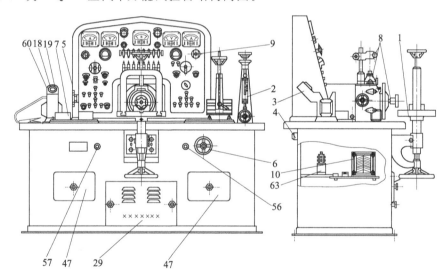

图 3-38　TQD-2 型汽车万能试验台结构

1—升降龙门夹具；2—启动机夹具；3—电枢感应仪；4—交流电源插座；5—电容测试装置；6—变阻器；7—真空表；
8—调速电动机；9—点火线圈；10—充电变压器；18—10A 交流电流表；19—感应仪指示灯；29—直流电源；
47—抽屉；56—启动机用大电流磁力开关控制按钮；57—充电用大电流磁力开关控制按钮；
60—电枢感应仪电源开关；63—启动继电器磁力开关

一、基本结构

试验台由工作台、仪表板、内部线路和附件等组成。

1. 工作台

工作台是试验台的基础件，台上安装有仪表板、调速电动机、升降龙门夹具、启动机夹具、制动试验测矩弹簧秤、电枢感应仪等。

（1）调速电动机　调速电动机为无级广调单相交流整流子推斥式电动机，作为动力源带动被试分电器、发电机，通过调速手柄的顺逆转动，可对电动机进行调速控制和正反转控制。调速电动机主轴与位于其后方的转速传感器相连，转速可通过仪表板上的转速表读出。调速电动机的额定输出功率与定子绕组的连接方式及转子转速相对应，见表3-2。

表 3-2　试验台额定输出功率值

定子绕组接法	串 联	并 联		
转子转速/(r/min)	1000	1500	3000	4000
额定功率/kW	0.45	1.1	1.7	1.4

（2）升降龙门夹具　升降龙门夹具由升降台板、升降丝杆、滑块及夹紧丝杆等机件组成。可用于夹紧被试发电机、磁电机等。台板可上下调节，以便使发动机和调速电动机轴线安装重合，调节完毕后，用固定手轮旋紧。

（3）启动机制动器　制动器由启动机夹具及制动试验测矩弹簧秤组成。夹具可滑动并有固定手把，启动机可用夹块、丝杆夹紧。弹簧秤连杆上的夹块用来在进行制动试验时，将启动机驱动小齿轮夹紧。

（4）电枢感应仪　由铁芯、线圈、交流电流表及测试棒、试振钢片组成。将被试电枢放在铁芯开口上，接通交流电源，被试电枢闭合线圈就会有交变感应电流产生。感应电流产生交变磁场使置于其上的钢片产生振动，感应电流大小可从电流表示出。通过观察钢片的振动和电流表的读数，便可判断电枢绕组有无短路、断路故障。

（5）分电器夹具及点火提前角刻度盘　分电器夹具位于调速电动机上方，用来固定被试分电器。当分电器转速或真空度变化时，点火时间的变化量可由装在调速电动机前端的刻度盘读出。

（6）真空泵手轮　转动手轮，可使工作台内部的真空泵产生一定的真空度（其数值可在仪表板上的真空表显示出），用来检验分电器真空点火提前装置的性能。

（7）可变电阻器手轮　可变电阻器手轮位于台身左下方，转动手轮可调得最大阻值为2.38Ω，它既可用来充当发电机试验时的负载，也可用来调整向蓄电池充电时充电电流的大小。

（8）启动机试验按钮　用来接通启动继电器磁化线圈的电流。

（9）抽屉　用来放置试验台附件、工具及有关技术资料和试验数据。

2. 附件

有供驱动发电机用的套筒、分电器支架连接头，供连接线路用的插销、插头、连线及测试表棒。为避免连接失误，连接件均标有标号，常用试验台附件见表3-3。

表 3-3　TQD-2型试验台常用附件

代号	名　称	数量	规格/m	代号	名　称	数量	规格/m
F1	启动机接线	1	0.7	F9	电枢、电池连线	2	1.1
F2	直流电源插销	5	—	F10	硅整流发电机与调节器连线	1	0.6
F3	六角套筒10件	10	0.01～0.032	F12	分电器高压线	1	0.8
F4	电枢、磁场接线	1	2	F13	三针放电器高压线	6	0.8
F5	中插销	2	—	F14	点火提前角刻度盘高压线	1	1
F6	测试表棒	2	—	F15	磁电机高压头至火花针高压线	2	1.3
F7	断路短路试线	2	1.2	F17	充电导线	2	1.7
F8	调节器连线	1	1			—	—

二、汽车电气万能试验台的功能

1. 向蓄电池充电

可对试验台内部及外部蓄电池进行定压充电，其工作范围为：

额定直流输出电压——6V、12V、24V；

额定充电电流——2～14A。

2. 发电机测试

可对发电机进行空载及负载试验，测试范围为：

交流电压——0～15V；

直流电流——0～±50A；

直流电压——0～50V。

3. 启动机测试

可对启动机进行空载及制动试验，测试范围为：

直流电压——0～50V；

最大制动转矩——50.8N·m；

最大制动电流——1000A。

4. 电枢感应仪

可对启动机电枢绕组进行搭铁、短路、断路故障的测试，测试范围为：

交流感应电流——0～10A。

5. 分电器检验

可检查分电器发火强度、发火均匀性及点火提前角；也可检查点火线圈的发火强度。

调速范围：(0±5000)r/min。

点火提前角：360°均分刻度盘。

真空度：101kPa。

三针放电间隙：0～15mm。

6. 电容器检验

可检查电喇叭、断电器及抗干扰用电容器的短路、断路及漏电故障，并可测量出电容器的容量，测试范围为0～0.5μF。

7. 低压试灯及电流、电压表

除可组成各种试验电路实现上述功能外，还可单独使用，用来检查开关、熔断器、导线及线圈的通断状态；测量电路的电流及电压值。

三、汽车电气万能试验台的使用注意事项

（1）用前应熟悉试验台结构和线路原理，熟悉调速系统及各操作机构的用途和使用方法。

（2）试验台工作环境温度不得高于40℃，不得低于-10℃，空气相对湿度不得大于80%。

（3）试验前，应打开后门，将电源插销 F_2 从接线板下端插入，如图3-39所示。较长时间不用时，应拔出插销 F_2。

（4）调速电动机转速开关与转速表量程开关挡位应相对应，以免损坏转速表。

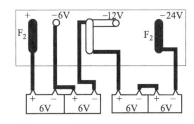

图3-39 试验台直流电源的连接

(5) 使用可变电阻手轮时，应确保阻值由大慢慢变小。手轮旋向，在"充电"时和用作"负载"时方向相反，应特别注意。

(6) 做发电机试验时，发电机一定要与调速电动机主轴同心安装，可靠夹紧。

(7) 电器设备做负载试验前，应先做空转试验，空转试验合格后才允许进行负载试验。

(8) 启动机进行全制动试验时，试验器两侧不得站人，以防击伤。

(9) 高压放电试验时，不得触及三针放电装置的下火花针及分度盘。

(10) 试验时，不得将被试电器、工具、附件等堆放在台上，充磁试验时尤其应注意。

(11) 试验结束后，应及时切断交、直流电源。

四、电气万能试验台的维护

(1) 经常及时对各摩擦面、滑动面与传动机构等进行润滑。

(2) 调速电动机的维护按调速电动机使用说明书规定进行。

(3) 必须保持试验台部分清洁，特别是表盘，仅防表面爬电。

(4) 所有测量仪表，如电流表、电压表、转速表等均应定期校验。

(5) 充磁器开关、启动机制动开关等大电流开关，工作时电弧烧损较严重，应经常检查或修理。为保证良好接触，触点接触面应不少于75%。

(6) 更换熔断器应符合原规定，严禁用短接线或大容量熔断器替代。熔断器规格见表3-4。

表3-4 TQD-2型试验台熔断器规格

熔断器名称	类 型	规 格	熔断器名称	类 型	规 格
交流电源	瓷心式	10A/380V	电容测试器	玻璃管式	0.5A/220V
充电器电源	瓷心式	15A/380V	电容表	玻璃管式	0.1A/220V

(7) 三针放电器使用30~40h后，应修复尖角，标准为30°±1°。主副电极由镍丝制成，主电极长为20mm，直径为2.5mm，辅助电极长为10mm，直径为1.5mm，电极与套之间间隙为0.05~0.1mm。

(8) 检查、维护、修理试验台时，必须断开交、直流电源，不准带电操作。

实训项目部分

实训项目一 硅整流发电机、调节器的检测与维修

一、硅整流发电机的不解体检测方法

汽车发电机和调节器、蓄电池是汽车电源系的主要组成部分。在车辆行驶中，驾驶员可根据车上电流表以及充电指示灯（发电机警报灯）情况，来发现电源系故障，加以诊断并及时排除。下面简要介绍硅整流发电机的不解体检测技术。

1. 就车检查

(1) 传动带松紧度检查 检查时，应在发电机传动带轮和风扇传动带轮中间，用30~50N的力按下传动带，传动带挠度应为10~15mm，过松易使发电机转速减小，输出电压降低，发动机水温过高；过紧易使传动带早期损坏，加速发电机轴承的磨损。

（2）励磁线路检查　先将电源开关接通，用钢带试触发电机皮带轮，应有较强磁力，否则说明磁场电路有故障。应先查看保险丝是否熔断，如未熔断，可将磁场"+"接线柱接线拆下，（万用表用直流电压挡，）接红表笔一端，万用表黑表笔搭铁，应指示电压，如无电压，表示磁场外电路不通，接着再用红表笔分别触及电源开关接柱、火线接柱等处。如果触及某处有电压，而触及下一处又无电压，则表示这两处之间不通电。

如果磁场外电路没有故障，用万用表电阻挡，两表笔分别接在两磁场接线柱上，电阻应为 3～6Ω，否则说明有故障。

（3）B 接线柱电流及电压测试　如励磁电路完好，对 B 接线柱进行电流测试。

① 熄火、拆下蓄电池搭铁线，从硅整流发电机的"电枢"（B^+）接线柱上拆下原有引线，将 0～40A 电流表串接在拆下的引线接头与"电枢"（B^+）接线柱之间，并将电压表正极接"电枢"接线柱，负极搭铁。

② 关闭所有电器开关。

③ 装复蓄电池搭铁线，启动发动机，使发电机在略高于额定负荷转速下工作，这时电流表读数应小于 10A。

④ 接通主要用电设备，使电流表示数大于 20A，此时电压表示数应大于蓄电池电压。

⑤ 熄火，先拆去蓄电池搭铁线，除去电压表、电流表，重新装复发电机"电枢"线和电池搭铁线。

若电压值超过电压规定上限，一般为调节器故障；若电压远低于电压下限，电流过小，应检查发电机个别二极管或个别电枢绕组是否有损坏等故障。

也可以接好励磁线路，把电枢线拆下悬空，用仪表灯泡的火线（搭铁端不动）接电枢接柱，接着启动发动机，逐渐提高转速，若灯泡始终不亮，说明发电机有故障不发电，应解体检修。

2. 车下检测

车下检测首先用手转动皮带轮，应转动自如，无扫膛及异响等机械故障。

（1）各接线柱间阻值测量　在发电机不解体时，用万用表测量各接线柱间的电阻值，可初步判断发电机是否有故障。如表 3-5 所示为 JF132 型发电机各接线柱之间阻值及故障现象分析。

表 3-5　JF132 型发电机各接线柱之间阻值及故障现象分析

万用表型号	"F"与"E"接线柱	"B"与"E"接线柱		"B"与"F"接线柱	
		正向	反向	正向	反向
108 型	6～8Ω	40～50Ω	>10kΩ	50～60Ω	>10kΩ
故障现象与原因	①阻值大于标准值，则电刷与滑环接触不良 ②阻值小于标准值，则磁场绕组短路 ③阻值为∞，则磁场绕组断路 ④阻值为零，则"F"接线柱搭铁或两只滑环短路	①正向阻值小于标准值，则二极管短路 ②正、反向阻值均为零，则"B"接线柱搭铁或正、负极管至少有一只短路 ③正向阻值大于标准值，则二极管断路		①正向阻值小于标准值，则二极管短路 ②正、反向阻值等于"F"与"E"间的标准值，则"B"接线柱搭铁或正、负极管至少有一只短路 ③正向阻值为∞，则磁场绕组断路	

若硅整流发电机有中性抽头（N）接线柱，用万用表 R×1 挡，测"N"与"+"以及"N"与"-"之间的正反向电阻值，可进一步判断故障所在处是正极管还是负极管部分。

（2）简单手动试验　用 12V 直流电源给发电机磁场线圈励磁，另外将电压表正、负表笔分别接到电枢和搭铁线上，用手尽量高速转动发电机皮带轮，并观察电压表。正常的发电机电压应达到 3～5V（12V 电系）及 5～8V（24V 电系），然后用 1m 左右尼龙绳绕在皮带轮上，将发电机夹持在虎钳上，用力拉动绳子使皮带轮旋转，空载电压可达 10~12V（12V 电系）或 20V 以上（24V 电系）。

（3）试验台动态试验　利用电气万能试验台做发电机空载和负荷试验，可进一步检查硅整流发电机的工作性能。做 6 管发电机空载和负荷试验线路如图 3-40 所示，当测试 9 管、11 管发电机时线路如图 3-41 所示。

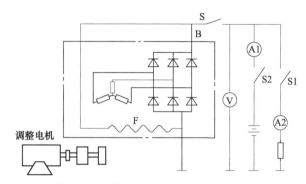

图 3-40　利用电气万能试验台做 6 管发电机空载和负荷试验

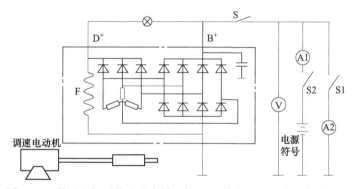

图 3-41　利用电气万能试验台做 9 管、11 管发电机空载和负荷试验

用调速电动机带动发电机，当开关 S 与 S2 闭合后，由蓄电池供给激磁电流，此时电流表指示放电。启动调速电动机，并逐渐提高转速，当发电机与蓄电池电压相等时，电流表的示数应为零。断开开关 S2，发电机变为自励，再逐渐提高转速，记下达到额定电压值时的转速。再继续提高转速并使 S1 闭合，记下发电机输出电压和输出电流为额定值时的转速，最后将所测值与规定值进行比较，即可判断发电机工作性能是否良好。

（4）示波器检测法　利用示波器观察发电机输出电压的波形。发电机工作时，波形具有一定的规律性，如图 3-42 所示。发电机出现故障时，其输出电压的波形将会发生变化。因此，将其输出电压的波形与正常波形比较，即可根据波形的变化判断发电机的故障。

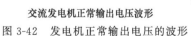

交流发电机正常输出电压波形

图 3-42　发电机正常输出电压的波形

二、硅整流发电机的解体检测方法

首先将发电机表面清理干净，旋下两端盖之间的拉紧螺栓，取出外装式电刷盒。然后，拆下后端盖轴承小护盖，用挤压或轻击的方法，分离转子、定子、后端盖，取出后轴承。用同样方法将前端盖从转子轴上取下，拿出前轴承。最后依次解体各总成。除绝缘部件外，所有零件均用汽油或煤油清洗干净，擦干待修。

1. 二极管的检查

在不拆卸发电机的情况下，用万用表的黑表棒接触后端盖，红表棒接触发电机"电枢"（B^+）接线柱，并以 R×1 挡测其电阻值。若示值在 40~50Ω 以上，可认为无故障；若示值在 10Ω 左右，说明有失效的硅整流二极管，须拆检；示值为 0，则说明有不同极性的二极管击穿，已形成回路，须拆检。

拆下发电机后端盖和元件板，逐一检查每个二极管。首先将每个二极管的中心引线从接线柱上拆下或焊下，然后用 500 型万用表的 R×1 挡位测二极管的电阻值，即将一支表棒接触后端盖或元件板；另一支表棒接触硅二极管的中心引线，如图 3-43 所示，读出表的示值，然后交换万用表表棒再测，若二次测量值一次大（大于 10kΩ），一次小（8~10Ω），说明二极管性能良好。若两次均测得在 1kΩ 以上，说明此管子已断路；若两次示值均很低，说明此管已被击穿。断路和被击穿的二极管均需换新。应该注意，当使用不同型号的万用表时，检查出的二极管正向电阻值有所区别，见表 3-6。

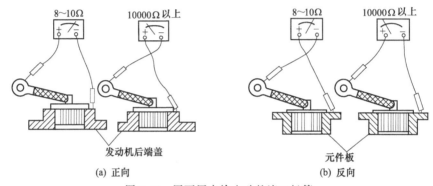

图 3-43 用万用表检查硅整流二极管

表 3-6 二极管正向阻值

万用表型号	MF500	MF7	MF18	MF10	MF30	MF14	MF12
二极管正向阻值/Ω	8~10	8~8.5	9	10.5~11.5	19~20	40~50	115~120

在更换二极管时，必须识别二极管的正负极性，如无标志可用万用表判断二极管极性。

2. 转子的检查

(1) 转子绕组搭铁故障检查　在单相 220V 火线上串入一照明用 25W 白炽灯，线端接上一支表棒，地线上也接上一支表棒形成交流试灯，用两表棒分别接触集电环和转子轴，如图 3-44 所示，灯不应发红或发亮，否则说明线圈或引出线有搭铁故障。

用万用表 R×1k 挡测量两集电环与轴之间的电阻值，表针应不动指示无穷大。

(2) 转子绕组的断路与短路检查　用万用表 R×1 挡测两集电环之间电阻值，如图 3-45 所示，一般 12V 的硅整流发电机转子绕组电阻约为 3.5~6Ω，24V 的硅整流发电机转子绕组电阻约为 15~21Ω。若阻值小于规定值，说明线圈短路；若阻值无穷大，则线圈断路。

(3) 集电环的检查　集电环工作表面应平整，表面粗糙度 Ra 不大于 $3.2\mu m$，无明显烧蚀或磨损沟槽。电刷与集电环配合位置正常，如发现接触位置偏移，甚至造成电刷与集电环跨接的现象，装复时应加以调整，两集电环间隙处应无积物，防止造成短路。集电环厚度不少于 2mm，电刷磨损超过原高度 1/2 以上，应予以更换。

(4) 转子轴的检查　转子轴的检查主要检查其弯曲程度和轴颈磨损情况，如图 3-46 所示，转子轴的摆差可在车床上或专用夹具上用百分表检验，轴外圆与集电环对轴线的径向跳动公差不应大于 0.1mm。转子轴前轴颈与轴承内孔配合为 -0.004~$+0.030$mm，后轴颈与轴承内孔配合为+0.006~+0.045mm。转子轴颈与传动带轮内孔配合为+0.006~+0.100mm。

3. 定子的检查

（1）搭铁故障检查　将定子放置在垫有胶板的工作台面上，使三相绕组接线端（首端）朝上并保持其与铁芯不接触，如图3-47所示。

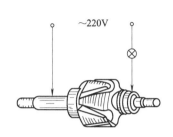

图3-44　磁场绕组的搭铁检查

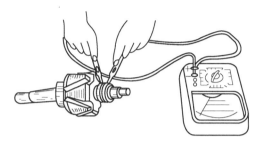

图3-45　用万用表测量磁场绕组的电阻值

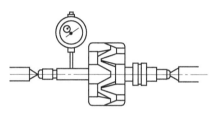

图3-46　转子轴的检查

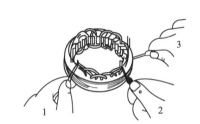

图3-47　电枢绕组的测量
1和2连接—测绕组短断路；1和3连接—测绕组搭铁

用220V试灯一端接铁芯，一端分别接三个接线端，凡是灯亮，表明绕组有搭铁故障。

用万用表R×1k挡两表棒分别测试铁芯和接线端，表针应指示无穷大，否则有搭铁故障。若发现搭铁故障可将三相绕组末端（中性抽头）焊开，重复上述试验，以确定在哪一相搭铁。

（2）短、断路故障　用万用表R×1挡测量定子绕组三个线头，两两相测，阻值为1Ω以下为正常，指针不动，说明有断路，阻值特别小为短路。

4. 其他零件失效检查

（1）发电机各接线柱绝缘检查，用万用表或220V试灯测量后端盖上中性抽头接线柱、电枢接线柱、磁场接线柱与后端盖的绝缘情况，发现搭铁故障应拆检。

（2）前后端盖、风扇、传动带轮等应无裂损。

（3）检查电刷磨损量，电刷表面不得有油污，且在电刷架中应活动自如。

（4）轴承外径与前后端盖孔配合分别为-0.008~+0.04mm、0~+0.050mm。轴承轴向和径向间隙均不应大于0.20mm，滚珠和滚道上不允许有斑点，轴承无转动异响、不发卡，轴承油封损坏应更换。

三、电压调节器的检测与维修

（一）电压调节器的使用注意事项

（1）调节器与交流发电机的搭铁形式必须一致。内搭铁型调节器只能与内搭铁型发电机配合使用，外搭铁型调节器只能与外搭铁型发电机配合使用；否则，发电机无磁场电流而不能输出电压。

(2) 调节器与交流发电机的电压等级必须一致，否则充电系统不能正常工作。

(3) 调节器的调节电压不能过高或过低，避免损坏用电设备或引起蓄电池充电不足。

（二）电压调节器的维护

1. 晶体管电压调节器的检查

对晶体管电压调节器进行检查前，应先了解调节器的电路特点及搭铁极性，再确定相应的测试方法。

（1）静态测阻法 使用万用表 R×100 挡测量晶体管调节器各接线柱之间的静态电阻，可大致判断调节器的性能状况。为了提高精度，应采用灵敏度高（即内阻较大）的万用表。

表 3-7 为 JFT 系列晶体管调节器各接线柱之间的电阻值（供参考）。

表 3-7　JFT 系列晶体管调节器各接线柱之间的电阻值

项　目	"S"与"F"之间		"S"与"E"之间		"F"与"E"之间	
	正向/kΩ	反向/kΩ	正向/kΩ	反向/kΩ	正向/kΩ	反向/kΩ
JFT141 JFT141B	50～750	5～7.5	1.～1.6	3.5～4	55～600	3.0～4.0
JFT241 JFT242B	50～700	5～5.5	1.6～1.8	3～3.3	550～600	4.3～5.0
FT106 FT107	1500～2000	3～4	1.4～1.6	1.4～1.6	1400～1600	3.0～4.0
JFF206 JFT207	1300～1500	223	1.5～2.0	1.5～2.0	1300～1500	4.0～6.0
JFT126	4600～5000	7.5～8	3.0	30	550	6.5～7.0

（2）整体性能判断 内搭铁式晶体管电压调节器的测试。将可调直流电源与调节器按图 3-48 所示的线路接好，再逐渐提高电源电压。当电压达到 6V 左右时，指示灯点亮。继续提高电源电压，当电压达到 13.5～14.5V 时，指示灯应熄灭，此时电压即为调节器的调节电压。若灯不亮或发电机电压超过规定值后，灯仍不熄灭，则调节器有故障。

外搭铁式晶体管电压调节器的测试。外搭铁交流发电机工作时，磁场绕组通过调节器搭铁，具体测试线路连接见图 3-49。由于其测试方法与内搭铁式晶体管电压调节器的测试方法完全相同，因此不再赘述。

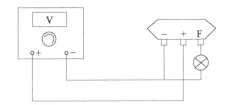 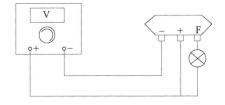

图 3-48　内搭铁式晶体管电压调节器的测试　　图 3-49　外搭铁式晶体管电压调节器的测试

2. 集成电路电压调节器的检查

在检查集成电路电压调节器之前，必须弄清楚集成电路电压调节器引出线的根数以及接线方法，以防将电源极性接错。否则加上测试电压以后，调节器会瞬时短路而损坏。有条件的应使用集成电路检查仪测试集成电路调节器。一般情况下可以按下述方法测试集成电路电压调节器。

（1）3引线集成电路电压调节器的测试 3引线集成电路电压调节器采用发电机电压检测法。测试电路见图3-50。3根引线要连接正确。

图中 R 为一个 $3\sim 5\Omega$ 的电阻，可变直流电源 G 的调节范围为 $0\sim 30V$。按图连好线以后，逐渐增加直流电源电压，该直流电压值由电压表 V_2 指示。当 V_2 指示值小于调节器调节电压值时，V_1 电压表上的电压值应在 $0.6\sim 1V$ 的范围内；当 V_2 指示值大于调节器调节电压值时，V_1 表上的电压值应为 V_2 的值。调节时，注意 V_1 调节电压值不能超过30V。调节器的调节电压值：14V 系列的为 $14\sim 25V$，28V 系列的为 $28\sim 30V$。

（2）4引线集成电路电压调节器的测试 4引线集成电路电压调节器采用蓄电池电压检测法。测试电路见图3-51。

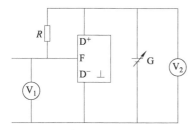

图 3-50 3引线集成电路电压调节器的测试

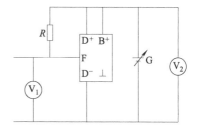

图 3-51 4引线集成电路电压调节器的测试

图中元件参数与3引线集成电路电压调节器的测试电路中的元件参数相同，测试方法也相同。V_2 小于调节电压值时，V_1 读数为 $0.6\sim 1V$；V_2 大于调节电压值时，V_1 读数与 V_2 一致。

要指出的是，图中调节器的引出线字母符号多为国外生产厂家采用，对应到实际接线，"B^+"与发电机输出端引线相连，"D^+"与点火开关引出线相连，"D^-"相当于搭铁线，"F"与发电机磁场绕组相连。

在上述两种测试中，如果电压表的读数不符合上述规定范围，说明集成电路调节器内部存在故障，这时必须更换调节器。

实训项目二 充电系统的检测与分析

一、不充电故障的检测与分析

1. 故障现象

发动机以中速以上速度运转时，电流表指示不充电，充电指示灯不熄灭，电压表指示11V 以下，运行中汽车上的蓄电池长期亏电。

如果该汽车没有电流表或电压表，仅有充电指示灯且指示灯属继电器控制时，应该用自备的 $30\sim 50A$ 车用电流表进行验证。测量时可将其串在总熔断器或易熔线插接处或硅整流发电机"电枢"、"电池"正极接线柱上。

2. 原因分析

（1）发电机传动带太松或沾油打滑。

（2）发电机励磁线路不通。

（3）发电机不能发电：

① 硅二极管击穿、短路、断路；

② 定子绕组断路或搭铁；

③ 电刷卡滞或与集电环接触不良；
④ 转子绕组断路、集电环与线头脱焊。
(4) 调节器不能闭合
① 触点烧蚀、脏污、弹簧弹力过软、气隙过小；
② 晶体管式调压器的稳压管及小功率三极管短路，大功率三极管断路；
③ 调节器的搭铁方式与发电机不配套。

3. 故障诊断步骤

(1) 检查发电机传动带紧度，清除油污。
(2) 清洁发电机各接线柱，检查导线是否松脱，检查线路熔断器是否烧断。
(3) 接通点火开关，用锯条或旋具靠近发电机后轴承盖或传动带轮处，探测转子电磁吸力，若有明显吸力，说明励磁回路正常，故障在电枢回路；若无吸力或吸力微弱，说明励磁回路有断路、接触不良或局部短路。
(4) 若有明显吸力，说明励磁回路正常，可用试灯一端搭铁，另一端接触发电机"电枢"（B⁺）接线柱。灯亮，表明蓄电池到发电机电枢接线柱连线通，不充电故障在发电机内的电枢回路上，即二极管、三相绕组、元件板等出现故障。若灯不亮，表明蓄电池到发电机"电枢"（B⁺）线路有故障，应用试灯逐段检查连线的断路点。
(5) 若无明显吸力，根据该发电机励磁绕组的内外搭铁方式，做"全励磁"试验，如图3-52所示，内搭铁发电机可短接发电机"电枢"（B⁺）、"磁场"（F）接线柱；外搭铁式发电机可将"电枢"（B⁺）、"磁场"（F_1）短接，同时将"F_2"与"E"短接。

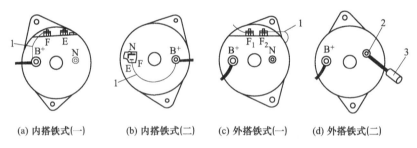

(a) 内搭铁式(一)　(b) 内搭铁式(二)　(c) 外搭铁式(一)　(d) 外搭铁式(二)

图 3-52　全励磁试验
1—短接线；2—测试孔；3—旋具

若在"全励磁"时，重新探测磁力，磁力变强，说明发电机内部励磁电路正常，故障是外励磁电路断路；若"全励磁"时磁力仍不增强，说明故障在发电机内部，应检查电刷、励磁绕组等。

(6) 外励磁电路故障的诊断，先检查发电机励磁电路熔断器有无烧断、接触不良，然后再用试灯依次检查外励磁连线和调节器、磁场继电器等有否断路或接触不良的地方。

二、充电电流过小的检测与分析

1. 故障现象

在蓄电池亏电的情况下，发动机各种转速时的充电电流都小。或者蓄电池经常存电不足，照明灯光暗淡，电喇叭声音小，启动机运转缓慢无力。

2. 原因分析

(1) 充电线路接触不良，接触电阻大。
(2) 风扇传动带打滑，发电机转速过低。

（3）个别二极管损坏。
（4）集电环脏污，电刷与集电环接触不良，导致励磁电流过小。
（5）发电机定子绕组连接不良，有短路或断路故障；转子绕组局部短路，转子与定子刮碰或气隙不当。
（6）调节器故障。

3. 故障诊断步骤

若蓄电池存电足，调节器性能优良，蓄电池充电电流很小，甚至小到零均属正常。此时可按几下电喇叭，打开前照灯，如充电电流仍然很小时，说明充电系有充电电流过小故障。

（1）检查传动带是否过松，传动带是否有油污打滑，清洁发电机接线柱，查看接线是否牢固。

（2）拆下发电机电枢和磁场接线柱上导线，用试灯的两根导线分别接发电机电枢和磁场接线柱，启动发动机，逐步提高转速，查看试灯亮度。若试灯发红。且不随转速升高而增加亮度或亮度增加不明显，则为发电机内部有故障，应拆检发电机。若试灯亮度能随转速增加而增强较大，则说明发电机良好，故障在调节器。调节器的检查方法可按发电机不充电故障所述方法检查。

在有条件的情况下，在发电机中速运转时检查调节器的额定电流值和电压值，进行故障判断则更为准确。

（3）通过上述检查均良好，则应进行调节器限压值的检查调整，看限压值是否过低。

三、充电电流过大的检测与分析

1. 故障现象

（1）在蓄电池不亏电的情况下，电流表指示充电电流仍在 10A 以上。汽车白天行驶 2～3h。电流表始终指示大于 5A 充电电流。

（2）蓄电池的电解液消耗过快，经常需要添加。

（3）照明灯泡、分电断电器触点经常烧毁。

（4）点火线圈和发电机有过热现象。

2. 原因分析

（1）电压调节器限压值调整过高。

（2）双级式调压器低速触点烧结或高速触点脏污、接触不良、搭铁电阻增加，使励磁绕组不能及时短路。

（3）发电机绝缘电刷或正电刷与元件板短路。

（4）磁化线圈或温度补偿电阻烧断。

（5）晶体管调节器的大功率三极管集电结和发射结之间漏电过大，不能有效截止。

3. 故障诊断步骤

以双级式电压调节器电路为例加以说明。

（1）用万用表直流电压挡检测发电机电压，正表笔触及发电机电枢接线柱，负表笔搭铁，逐步提高发电机转速，检测电压是否过高。若电压偏低、充电电流很大，应对蓄电池进行检查，判断其是否严重亏电或内部短路。

（2）如电压过高，则拆下调节器磁场接线柱接线，逐步提高发动机转速并观察电流表。如仍然指示充电，即为发电机正电刷与元件板短路；如若不充电，则为调节器故障。

（3）拆下电压调节器盖，用纸片插在第二级触点（高速触点）之间，以防短路，然后用手按压活动触点，如按压不下，则为第一级触点（低速触点）烧结；能按压下，并且在压下后充电电流有所下降，则为调节器弹簧拉力过大或气隙过大；若无磁力，则为磁化线圈或温度补偿电阻烧断。

（4）取出纸片，检查第二级触点（高速触点）是否烧蚀或接触是否正常。按压活动触点至第二级触点（高速触点）闭合时，发电机电压应下降，充电电流应迅速减小。

四、充电电流不稳的检测与分析

1. 故障现象

发电机在怠速以上运转时，时而充电，时而不充电，电流表指针不断地摆动。

2. 原因分析

（1）风扇传动带打滑。

（2）充电系线路连接导线接触不良。

（3）发电机转子或定子线圈有局部断路或短路故障；集电环脏污或电刷与集电环接触不良，电刷弹簧弹力太弱。

（4）调节器触点烧蚀或脏污，触点臂弹簧过软。

3. 故障诊断

（1）首先排除传动带过松打滑和导线接触不良等影响因素。

（2）电流表指针在怠速以上各种转速下都不稳定。说明调节器电压控制不稳定。用手轻按活动触点的尾部，若指针变稳定，则为弹簧或气隙调整不当。若指针仍不稳定，可用旋具或导线短接第一级触点（低速触点），若转速稳定则为触点烧蚀或脏污，若仍转速不稳定，可进一步检查发电机内部，主要查看各连接线、集电环与电刷的接触是否良好、硅二极管是否正常。

（3）电流表指针仅在高速时不稳定，说明调节器高速触点接触不良，应检查其有无烧蚀、脏污或接触不良。

（4）电流表指针仅在某一转速范围内不稳，说明电压调节器气隙调整不当。

五、发电机工作中有异响的检测与分析

1. 故障现象

发电机在运转过程中有不正常噪声。

2. 原因分析

（1）风扇传动带过紧、过松。

（2）发电机轴承损坏被卡住或松旷缺油，轴承钢球保护架脱落及轴承走外圆。

（3）发电机转子与定子相碰，俗称"扫膛"。

（4）电刷磨损过大或电刷与集电环接触角度偏斜，电刷在电刷架内倾斜摆动。

（5）发电机总装时部件不到位，使机体倾斜或发电机电枢轴弯曲。

（6）发电机传动带盘与轴松旷，使传动带盘与散热片碰撞。

3. 诊断与排除

（1）检查风扇传动带松紧度。

（2）检视发电机传动带轮与发电机是否安装松旷。

（3）用手触摸发电机外壳和轴承部位，是否烫手或有振动感，若烫手说明定子和转子相碰或轴承损坏。借助听诊器或旋具倾听发电机轴承部位，声音涩脆、不规则，说明轴承缺油或滚柱已损坏。

（4）拆下电刷，检查其磨损和接触情况。

(5) 拆检发电机，检查其内部机件配合和润滑是否良好。如果发电机噪声细小而均匀，应检查硅二极管和磁场线圈是否短路或断路。

六、充电指示灯电路的检测与分析

一般充电指示灯电路有两种类型：一类指示灯受继电器控制；另一类受九管激磁二极管直接控制，如图 3-53 所示。

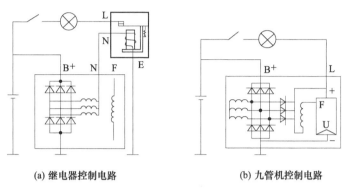

(a) 继电器控制电路　　　　(b) 九管机控制电路

图 3-53　充电指示灯电路

1. 继电器控制式充电指示灯电路的检测与分析

（1）指示灯在汽车行驶时，时亮时灭，可按充电不稳故障检查方法检查，若充电稳定，应检查充电指示灯继电器至发电机中性接线柱（N）引线之间是否接触不良，有关插接器是否松动。

（2）指示灯不熄灭，先按不充电故障检查方法检查，若充电正常，可用试灯一端接发电机电枢（B^+）接线柱；另一端接发电机"N"接线柱。若试灯微亮，充电指示灯熄灭，应拆检发电机的中性接线柱是否断路；若试灯不亮，说明中性抽头到指示灯继电器线圈间有断路；若试灯微亮，充电指示灯未熄灭，应拆检指示灯继电器，看弹簧是否过硬，触点是否烧结或脏污；若试灯明亮，表明有负极管被击穿。

（3）充电指示灯不会亮，接通点火开关，观察机油压力报警灯、燃油表等是否正常。若异常，说明仪表公共线路有问题，应检查仪表熔断器及线路。若仪表线路正常，可将继电器 L、E 两接柱短接，若指示灯发亮，表明继电器不能闭合。应恢复线路，拆下发电机中性接线柱连线，灯亮了，说明发电机有正极管击穿，若仍不亮，说明继电器触点脏污或常开不能闭合。

将继电器 L、E 接线柱短接时，灯仍不会亮，应检查灯泡灯丝是否烧断，灯泡两端连接线是否断路。

2. 九管机式充电指示灯电路的检测与分析

不同结构的九管硅整流发电机，其故障表现亦有不同，诊断方法也有所不同。

（1）充电指示灯不亮　接通点火开关，如充电指示灯不亮，则表明励磁回路断路，应检查充电指示灯是否烧坏，调节器是否断路；也可能是点火开关坏、连接线路断、蓄电池无电、磁场绕组断路等原因造成。

（2）充电指示灯能熄灭　只要发电机 B^+ 与 D^+ 达到充电电压值并形成等电位状态，充电指示灯就会熄灭，这时充电指示灯线路一般为正常，但充电电流不一定正常。当发电机三相桥式整流器中三只负极管中任意一只断路时，等效于定子一相断路，在发电机转速稍高时，B^+ 与 D^+ 电位才相等，这时发电机有充电电流过小故障，应及时拆检发电机内二极管和三相绕组。

当调压器调压值偏高或调压器失控时，发动机启动后充电指示灯也熄灭，但发电机工况已不正常，这时可根据电池逸出的硫酸蒸气、灯泡易烧等现象，判断过充电的原因。

(3) 充电指示灯常亮　若发动机启动后指示灯亮度正常，表明电路有不充电故障，原因：

① 发电机或调节器故障；

② 线路有短路；

③ 继电器盒故障；

④ 发电机皮带断裂。

若发动机发动后指示灯不会熄灭呈暗淡状态，说明 B^+ 与 D^+ 间存在电压降，应检查发电机定子是否有单相搭铁、正二极管是否有一只短路或励磁二极管有 1～2 只短路、断路；若充电指示灯发出较强光，说明 B^+ 与 D^+ 压降大，应检查正二极管是否断路。因为正极管 1～2 只断路，发电机处于三相不平衡运转状态，输出波形严重畸变，并且影响调压器工作，致使 V_{D^+} 高于 V_{B^+}，使充电指示灯发出强光。

充电系统故障典型案例

捷达轿车发电机故障分析与排除

故障现象：一辆捷达轿车换用新发电机后，近来充电量不如以往，发动机中速以上运转时，灯光暗淡，电喇叭声音小，蓄电池存电不足而使启动机运转缓慢。

故障诊断：首先关闭点火开关，拆下发电机 B^+ 端子上的导线，在 B^+ 端子和该导线之间串接一块电流表，打开点火开关，启动发动机，逐渐提高发动机转速，结果发现，就是在高速下，也只有 5A 充电电流（此时蓄电池存电不足）。说明为充电电流过小故障。

故障排除：

① 先检查发电机 V 带松紧度：因为传动带过松易使发电机转速减小。检查时，用 30～50N 的力，按下皮带中间，传动带挠度应为 10～15mm。经检查发电机皮带松紧度适宜。发电机固定情况和线路的连接状况正常。

② 检查电压调节器：捷达轿车的电压调节器采用的是内装混合式晶体管电压调节器，它是一个带有保护电阻的陶瓷基片和一个封装在密封壳内的集成电路。功率晶体三极管和续流二极管直接焊到金属基板上，以保证良好的散热。该电压调节器可在不拆卸发电机的情况下，单独进行拆下检查。经检查与发电机连接情况良好，搭铁可靠。检查电压调节器工作，可用通电检测法。具体检查方法：将蓄电池与电压调节器、试灯接成回路，当接 12V 蓄电池时，试灯亮；当接 16～18V 的直流电源时，试灯熄灭。说明电压调节器工作正常。

③ 检查激磁绕组：用万用表电阻挡，两表笔各自接触在转子两滑环上，激磁绕组阻值在规定范围内；然后一支表笔接触在滑环上，另一支表笔接触在发电机外壳上，经检测，无搭铁故障，激磁绕组正常。

④ 检查滑环和电刷长度是否正常：经检查，滑环表面清洁，电刷长度在规定范围内，电刷弹簧弹力也正常。说明故障在发电机内部。

⑤ 对发电机的故障诊断必须熟悉发电机的结构和电源部分的电路图，如图 3-54 所示。30 号线的含义是：蓄电池正极通过线束插头 Y/3 将正电源引入中央继电器内，30 号线

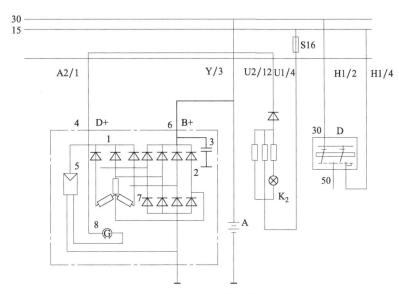

图 3-54 充电系统电路图

D—点火开关；A—蓄电池；K_2—发电机警报灯；1—激磁二极管；2—输出整流二极管；3—防干扰电容；4—D^+ 端子；5—电压调节器；6—B^+ 端子；7—定子绕组；8—电压调节器电压感受器件

再由中央继电器从相应插脚引出供全车使用。15 号线的含义是：中央继电器内 30 号线通过线束插头 H1/2 给点火开关供电，当点火开关打到 1 挡或 2 挡时给 15 号线接正电源，再通过线束插头 H1/4 供给中央继电器盒内 15 号线，以后再由中央继电器从相应插脚引出供全车使用。

捷达轿车采用的是内装电压调节器式 11 管硅整流交流发电机，主要由三相同步交流发电机（定子、转子、前后端盖、风扇及带轮等组成）与碳刷支架连成一体的集成电路电压调节器和硅二极管整流器（8 个功率二极管和 3 个磁场二极管）等组成。为提高发电机的输出功率，捷达轿车发电机将作星形连接的三相定子绕组中的中性点电压引出，并加装了 2 只中性点整流二极管，便构成了 11 管交流发电机。

该车充电系电路的特点是：硅整流发电机除 8 只硅二极管进行输出整流外，还增加了 3 只小功率硅二极管，专门用来供给激磁电流，这样可以提高发电机的电压调节精度。由于采用磁场二极管，充电指示灯直接串入点火开关和激磁输入端，仅用简单的充电指示灯即可以指示发电机发电情况，少装了一只充电指示灯继电器。这种发电机充分利用中性点电压（既有直流分量，又有交流分量），而交流分量是随着发电机的转速变化的。当转速大于 3000r/min 时，该中性点的交流电压会高出直流输出电压，此时中性点所接二极管工作，将其交流分量整流输出，从而增大了发电机的输出电流。

根据上述故障的特点，仔细检查发电机，发电机中性线连接良好，未发现中性线断脱。定子绕组连接良好，无短路或断路故障。转子运转正常，转子与定子无刮碰现象。检查硅二极管，阻值在正常范围内，无击穿、短路和断路故障。那么问题出在哪里呢？经反复检查，是由于爪极和磁轭之间有间隙，将转子放到压力机上压了一下，消除了间隙。装复发电机试验，发电量正常了。

故障分析：转子上爪极和磁轭之间的气隙越大，磁阻越大，磁通越弱，必然会导致发电量下降。所以在发现充电电流小时，不能光在电路上找故障，还应考虑到磁路的影响，这一点在维修时容易忽略，应引起注意。

思考题

1. 简述交流发电机的组成及作用。
2. 交流发电机的中性点输出有何功用?
3. 简述交流发电机的工作原理。
4. 如何判断交流发电机的搭铁类型?
5. 如何测试晶体管电压调节器的性能?
6. 如何对发电机不发电故障进行诊断?
7. 交流发电机与电压调节器在使用中应注意哪些事项?
8. 怎样检查硅二极管的性能?
9. 简述计算机控制调压电路发电机正常工作时励磁电路。

任务四 车用启动机

理论知识部分

理论知识一　启动机的功用、组成、工作原理

一、启动系统的功用与组成

发动机在燃料供给系统、点火系统（汽油机）、汽缸压力正常的情况下，设法使曲轴转速达到一定值即可被启动。启动系统的功用就是通过转动曲轴启动发动机，发动机启动之后，启动系统便立即停止工作。

电力启动系统一般由蓄电池、启动机、启动继电器、点火开关等组成，见图4-1。启动机安装在汽车发动机飞轮壳前端的座孔上。

二、启动机的组成与类型

1. 启动机的组成

启动机由直流电动机、传动机构和操纵机构（控制装置）三部分组成，见图4-2。

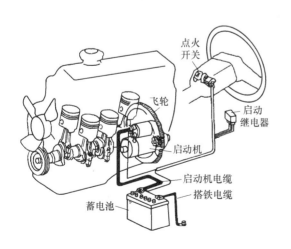

图 4-1　启动机在发动机上的安装

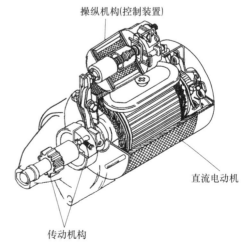

图 4-2　启动机构造

(1) 直流电动机　作用是将蓄电池输入的电能转换为机械能，产生电磁转矩。

(2) 传动机构　又称启动机离合器、啮合器。传动机构的作用是在发动机启动时使启动机轴上的小齿轮啮入飞轮齿圈，将启动机的转矩传递给发动机曲轴；在发动机启动后又能使启动机小齿轮与飞轮齿圈自动脱开。

(3) 操纵机构（控制装置）　操纵机构的作用是用来接通和断开电动机与蓄电池之间的电路。对于传统点火系统，启动机工作时操纵机构还能短接点火线圈的附加电阻，以增加启动时的点火能量。

2. 启动机的类型

(1) 按电动机磁场产生方式分类

① 励磁式启动机。励磁式启动机一般采用串励式直流电动机，各型号的结构相差不大。

② 永磁式启动机。永磁式启动机以永磁材料为磁极，由于电动机中无磁极绕组，故可使启动机结构简化，体积和质量都可相应减小。

(2) 按操纵机构分类

① 直接操纵式启动机。直接操纵式启动机是由脚踏或手拉杠杆联动机构直接控制启动机的主电路开关来接通或切断主电路，也称机械式启动机。这种方式虽然结构简单、工作可靠，但由于要求启动机、蓄电池靠近驾驶室，而受安装布局的限制，并且操作不便，已很少采用。

② 电磁操纵式启动机。电磁操纵式启动机是由按钮或点火开关控制继电器，再由继电器控制启动机的主开关来接通或切断主电路，也称电磁控制式启动机。这种方式可实现远距离控制，操作方便，在现代汽车上广泛采用。

(3) 按传动机构的啮合方式分类

① 惯性啮合式启动机。启动机旋转时，其啮合小齿轮靠惯性力自动啮入飞轮齿圈；启动后，小齿轮又借惯性力自动与飞轮齿圈脱离。这种啮合机构结构简单，但不能传递较大的转矩，而且可靠性较差，已很少采用。

② 强制啮合式启动机。强制啮合式启动机是靠人力或电磁力拉动杠杆强制小齿轮啮入飞轮齿圈的，这种啮合机构结构简单、动作可靠、操作方便，仍被现代汽车所采用。

③ 电枢移动式启动机。电枢移动式启动机是靠启动机磁极磁通的吸力，使电枢沿轴向移动而使小齿轮啮入气轮齿圈的，启动后再由回位弹簧使电枢回位，让驱动齿轮退出飞轮齿圈。这种啮合机构多用于大功率的柴油发动机上。

④ 齿轮移动式启动机。它是由电磁开关推动安装在电枢轴孔内的啮合杆，而使小齿轮啮入飞轮齿圈的。

⑤ 减速式启动机。减速式启动机是靠电磁吸力推动单向离合器，使小齿轮啮入飞轮齿圈的。减速启动机的结构特点是在电枢和驱动齿轮之间装有一级减速齿轮（一般转速比为3～4），它的优点是：可采用小型高速低转矩的电动机，使启动机的体积减小、质量约减少35%，并便于安装；提高了启动机的启动转矩，有利于发动机的启动；电枢轴较短，不易弯曲；减速齿轮的结构简单、效率高，保证了良好的机械性能。

三、直流电动机

串励式直流电动机是启动机最主要的组成部件，它的工作原理和特性决定了启动机的工作原理和特性。

1. 串励式直流电动机的构造

串励直流电动机主要由电枢、磁极、电刷架与电刷等主要部件构成。

(1) 电枢　电枢是直流电动机的旋转部分,包括电枢轴、换向器、电枢铁芯、电枢绕组,见图 4-3。为了获得足够的转矩,通过电枢绕组的电流一般为 200～600A,因此电枢绕组采用较粗的矩形裸铜线绕制成成型绕组。

电枢绕组的常见故障有匝间短路、断路或搭铁等。可用万用表检查电枢绕组是否搭铁,检查方法见图 4-4。换向片和云母片叠压成换向器,电枢绕组各线圈的端头均焊接在换向器片上,通过换向器和电刷将蓄电池的电流引进来。换向器故障多为表面烧蚀、云母片突出等。轻微烧蚀用"00"号砂纸打磨即可,严重烧蚀或失圆(径向圆跳动>0.05mm)时应精加工,但加工后换向器铜片厚度不得少于 2mm。云母片如果高于钢片也应车削修整,但云母片是否割低要看具体的启动机。一般进口小汽车用启动机云母片低于钢片,检修时,若换向器铜片间槽的深度小于 0.2mm,就需用锯片将云母片割低至规定的深度。

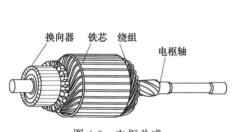

图 4-3　电枢总成

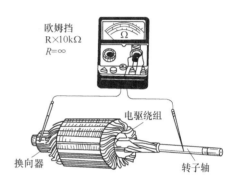

图 4-4　电枢绕组搭铁检查

(2) 磁极　磁极是电动机的定子部分,它由固定在机壳上的磁极(定子)铁芯和磁场绕组组成,见图 4-5。磁极一般是 4 个,两对磁极相对交错安装在电动机定子内壳上,定子与转子铁芯形成的磁路见图 4-6,低碳钢板制成的机壳也是磁路的一部分。4 个励磁线圈有的是互相串联后再与电枢绕组串联,有的是每 2 个分别串联再并联后而与电枢绕组串联,见图 4-7。

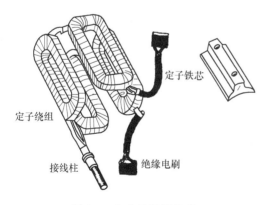

图 4-5　电动机定子总成

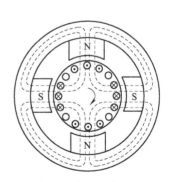

图 4-6　电动机的磁路

启动机内部接线见图 4-8,励磁绕组一端接在外壳的绝缘接线柱上,另一端与两个非搭铁电刷相连,当启动开关接通时,启动机的电路为:

蓄电池正极→接线柱 1→励磁绕组 4→非搭铁电刷 6→电枢绕组→搭铁电刷 5→搭铁→蓄电池负极。

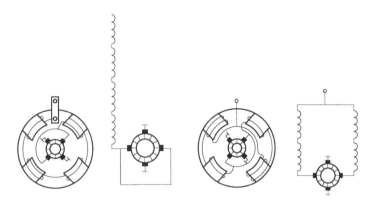

(a) 四励磁绕组串联　　(b) 励磁绕组两两串联后并联

图 4-7　励磁绕组的接法

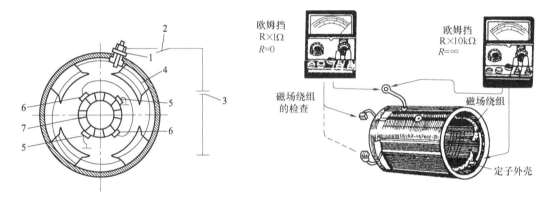

图 4-8　启动机内部接线图
1—接线柱；2—启动开关；3—蓄电池；4—励磁绕组；
5—搭铁电刷；6—非搭铁电刷；7—换向器

图 4-9　电动机定子检查

励磁绕组的常见故障有接头脱焊、绕组短路、断路或搭铁等。接头松脱故障，解体后可直接看到，绕组搭铁与否可用万用表的欧姆挡测量绕组端子与外壳之间的电阻。电动机定子检查见图 4-9。

（3）电刷架与电刷　电刷架一般为框式结构，其中正极刷架与端盖绝缘地固装，负极刷架直接搭铁，见图 4-10。电刷置于电刷架中，电刷由铜粉与石墨粉压制而成，呈棕红色。刷架上装有弹性较好的盘形弹簧。电刷的高度一般不应低于标准的 2/3，电刷的接触面积不应少于 75%，并且要求电刷在电刷架内无卡滞现象，否则需进行修磨或更换。用万用表的欧姆挡或试灯法可检查绝缘电刷架的绝缘性。最后用弹簧秤测电刷弹簧的弹力，若不符合要求应予以更换或修理。

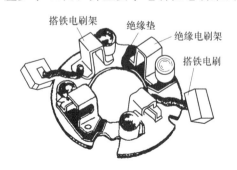

图 4-10　电刷架与电刷

2. 串励式直流电动机的工作原理

（1）电磁转矩的产生　它是根据带电导体在磁场中受到电磁力作用的这一原理而制成的。其工作原理如图 4-11 所示。电动机工作时，电流通过电刷和换向片流入电枢绕组。如图 4-11（a）所示，换向片 A 与正电刷接触，换向片 B 与负电刷接触，绕组中的电流从 a→d，根据左手定则判定绕组匝边

ab、cd 均受到电磁力 F 的作用,由此产生逆时针方向的电磁转矩 M 使电枢转动;当电枢转动至换向片 A 与负电刷接触,换向片 B 与正电刷接触时,电流改由 d→a,见图 4-11(b),但电磁转矩的方向仍保持不变,使电枢按逆时针方向继续转动。

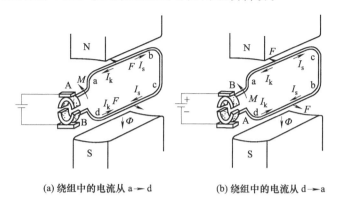

(a) 绕组中的电流从 a→d   (b) 绕组中的电流从 d→a

图 4-11 直流电动机的工作原理

由此可见,直流电动机的换向器可将电源提供的直流电转换成电枢绕组所需的交流电,以保证电枢所产生的电磁力矩的方向保持不变,使其产生定向转动。但实际的直流电动机为了产生足够大且能保持转速稳定的电磁力矩,其电枢上绕有很多组线圈,换向器的铜片也随其相应增加。

(2) 直流电动机转矩自动调节原理 根据上述原理分析,电枢在电磁转矩 M 作用下产生转动,由于绕组在转动同时切割磁感线而产生感应电动势,并根据右手定则判定其方向与电枢电流 I_s 的方向相反,故称反电动势 E_f。反电动势 E_f 与磁极的磁通 Φ 和电枢的转速 n 成正比,即

$$E_f = C_e \Phi n$$

式中 C_e——电机的结构常数。

由此可推出电枢回路的电压平衡方程式,即

$$U = E_f + I_s R_s$$

式中 R_s 为电枢回路电阻,其中包括电枢绕组的电阻和电刷与换向器的接触电阻,在直流电动机刚接通电源的瞬间,电枢转速 n 为 0,电枢反电动势也为 0,此时,电枢绕组中的电流达到最大值,即 $I_s = U/R_s$,将相应产生最大电磁转矩,即 M_{max},若此时的电磁转矩大于电动机的阻力矩 M_z,电枢就开始加速转动起来。随着电枢转速的上升,E_f 增大 I_s 下降,电磁转矩 M 也就随之下降。当 M 下降至与 M_z 相平衡($M = M_z$)时,电枢就以此转速运转。如果直流电动机在工作过程中负载发生变化,就会出现如下的变化:

工作负载增大时,$M < M_z \rightarrow n \downarrow \rightarrow E_f \uparrow \rightarrow I_s \uparrow \rightarrow M \uparrow \rightarrow M = M_z$,达到新的稳定;

工作负载减小时,$M > M_z \rightarrow n \uparrow \rightarrow E_f \downarrow \rightarrow I_s \downarrow \rightarrow M \downarrow \rightarrow M = M_z$,达到新的稳定。

可见,当负载变化时,电动机能通过转速、电流和转矩的自动变化来满足负载的需要,使之能在新的转速下稳定工作。因此直流电动机具有自动调节转矩功能。

3. 启动机的工作特性

启动机的转矩、转速、功率与电流的关系称为启动机的特性曲线。启动机的特性取决于直流电动机的特性,而串励式直流电动机特性的特点是启动转矩大,机械特性软。

(1) 转矩特性 对于串励式直流电动机其磁场电流 I_J 与电枢电流 I_s 相同,并且磁极未饱和时,磁通必与电枢电流成正比,即 $\Phi = C_1 I_s$。所以,串励式直流电动机的转矩可表示为

$$M = C_m I_s \Phi = C_1 C_m I_s^2$$

可见，在磁极未饱和的情况下，串励式直流电动机的电磁转矩 M 与电枢电流 I_s 的平方成正比。

由直流电动机的转矩特性（见图 4-12）可知，只有在磁场饱和后，串励式直流电动机的电磁转矩才与电枢电流成正比。而当电枢电流相同时，串励电动机产生的电磁转矩要比并励电动机大得多，这是启动机采用串励式直流电动机的原因之一。

（2）机械特性　串励式直流电动机转速 n 与电枢电流 I_s 的关系式为

$$n = \frac{U - I_s(R_s + R_f)}{C_1 \Phi}$$

相比而言，串励电动机在磁极未饱和时，由于 Φ 不为常数，当 I_s 增加，即电磁转矩增大，由于 Φ 与 $I_s(R_s + R_J)$ 同时随之增加，因此，电枢转速 n 随 $I_s(M)$ 的增大下降较快，故具有较软的机械特性，见图 4-13。

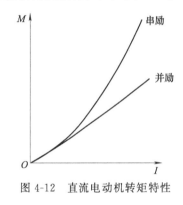

图 4-12　直流电动机转矩特性

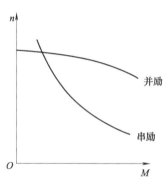

图 4-13　直流电动机机械特性

从机械特性同样看出，串励式直流电动机具有轻载转速高、重载转速低的特点。重载转速低，可以保证电动机在启动时（重载）不会超出允许功率而烧毁，使启动安全可靠。这是启动机采用串励式直流电动机的又一原因。但由于其轻载或空载时转速很高，容易造成"飞散"事故，故对于功率较大的串励式直流电动机，不允许在轻载或空载下运行。

（3）功率特性　启动机功率由电动机电枢转矩 M 和电枢的转速 n 来确定，即

$$P = \frac{Mn}{9550}$$

由转矩特性、机械特性及上式可得到启动机特性曲线，见图 4-14。

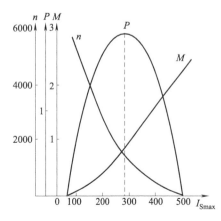

图 4-14　启动机特性曲线

在完全制动状态（$n=0$）和空载（$M=0$）时，启动机的功率等于零，电枢电流接近制动电流的一半时，电动机输出功率最大。由于启动机启动时间很短，启动机可以最大功率运转，因此将其最大功率作为额定功率。

启动机功率必须保证发动机能够迅速可靠启动，若功率不够将会增加启动次数，缩短蓄电池的寿命，增加燃料消耗与低温下发动机零件的磨损。启动发动机所必需的功率，取决于发动机的最低启动转速和启动阻力矩，即

$$P = \frac{M_q n_q}{9550}$$

式中 M_q——发动机的启动阻力矩,N·m;
  　　n_q——发动机最低启动转速,r/min。

发动机的启动阻力矩是指在最低启动转速时的发动机的阻力矩,由摩擦阻力矩、压缩损失力矩、驱动发动机附件的阻力矩三部分组成。

讨论：影响发动机启动阻力矩的因素有哪些？

一般汽油机最低启动转速是 50～70r/min,柴油机是 100～200r/min。

启动机所需功率一般为

汽油机　　　　　　$P=(0.184\sim0.21)L(\text{kW})$

柴油机　　　　　　$P=(0.736\sim1.05)L(\text{kW})$

式中 L——发动机的排量。

在实际使用中,影响启动机功率的因素主要有以下几种。

① 接触电阻和导线电阻的影响。电刷与换向器接触不良、电刷弹簧张力减弱以及导线与蓄电池接线柱连接不牢,都会使电阻增加；导线过长以及导线截面积过小也会造成较大的电压降,由于启动机工作时电流特别大,这些都会使启动机功率减小。因此必须保证电刷与换向器接触良好,导线接头牢固,并尽可能缩短蓄电池接至启动机的导线以及蓄电池搭铁线的长度,选用截面积足够大的导线,以保证启动机的正常工作。

② 蓄电池容量的影响。蓄电池容量越小,其内阻越大,内阻上的电压降也越大,因而供给启动机的电压降低,也会使启动机功率减小。

③ 温度的影响。当温度降低时,由于蓄电池电解液密度增大,内阻增加,会使蓄电池容量和端电压急剧下降,启动机功率将会显著降低。

四、启动机的传动机构

启动机的传动机构是启动机的主要组成部件,它包括离合器和拨叉两个部分。离合器的作用是将电动机的电磁转矩传递给发动机使之启动,同时又能在发动机启动后自动打滑,保护启动机不致飞散损坏。传动机构中的离合器分为滚柱式离合器、摩擦片式离合器、弹簧式离合器几种。而拨叉的作用是使离合器做轴向移动,将驱动齿轮啮入和脱离飞轮齿圈。

发动机启动时,按下按钮或启动开关,线圈通电产生电磁力将铁芯吸入,于是带动拨叉转动,由拨叉头推出离合器,使驱动齿轮啮入飞轮齿圈。发动机启动后,只要松开按钮或开关,线圈即断电,电磁力消失,在回位弹簧的作用下,铁芯退出,拨叉返回,拨叉头将打滑工况下的离合器拨回,驱动齿轮脱离飞轮齿圈。

讨论：发动机启动后,如果启动机驱动齿轮与飞轮齿圈不能脱开的话,将会出现什么后果？

1. 滚柱式离合器

滚柱式离合器是目前国内外汽车启动机中使用最多的一种,解放牌汽车、东风牌汽车、北京牌吉普车等均使用滚柱式离合器。滚柱式离合器的构造见图 4-15。其中,驱动齿轮采用 40 号中碳钢经加工淬火而成,与外壳连成一体。外壳内装有十字块和 4 套滚柱及弹簧,十字块与花键套筒固定连接,壳底与外壳相互折合密封。花键套筒的外面装有缓冲弹簧及衬圈,末端固装着拨环与卡圈。整个离合器总成利用花键套筒套在启动机轴的花键部位上,可以做轴向移动和随轴移动。

滚柱式离合器的工作原理如下：在图 4-16（a）中,发动机启动时,经拨叉将离合器沿花键推出,驱动齿轮啮入发动机飞轮齿圈。由于十字块处于主动状态,随电动机电枢一起旋转,促使 4 套滚柱进入槽的窄端,将花键套筒与外壳挤紧,于是电动机电枢的转

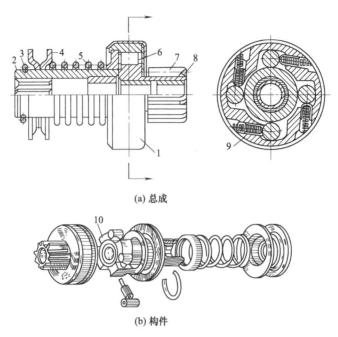

图 4-15 滚柱式离合器的构造

1—外壳；2—花键套筒；3—卡圈；4—拨环；5,9—弹簧；6—滚柱；
7—驱动齿轮；8—铜衬套；10—十字块

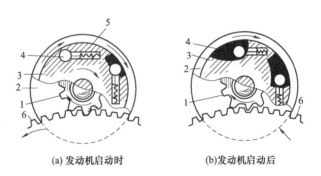

图 4-16 滚柱式离合器的工作原理
1—驱动齿轮；2—外壳；3—十字块；4—滚柱；5—弹簧；6—飞轮齿圈

矩就可由十字块经滚柱离合器外壳传给驱动齿轮，从而达到驱动发动机飞轮齿圈旋转、启动发动机运转的目的。在图 4-16（b）中，发动机启动后，飞轮齿圈的转速高于驱动齿轮，十字块处于被动状态，促使滚柱进入槽的宽端而自由滚动，只有驱动齿轮随飞轮齿圈作高速旋转，启动机转速并不升高，在这种离合器打滑的状态下，可以防止电枢超速飞散的危险。启动完毕，由于拨叉回位弹簧的作用，经拨环使离合器退回，驱动齿轮完全脱离飞轮齿圈。

这种滚柱式离合器具有结构简单、坚固耐用、体积小、质量轻、工作可靠等优点，因此得到广泛采用。其不足之处是不能用于大功率启动机上。

2. 摩擦片式离合器

该离合器的驱动齿轮与外接合鼓做成一个整体，见图 4-17。在外接合鼓的内壁有 4 道轴向槽沟，钢质被动摩擦片利用外围 4 个齿插装其中。在花键套筒的一端表面也有 3 条螺旋花

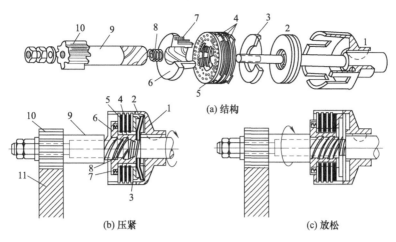

图 4-17 摩擦片式离合器
1—外接合鼓；2—弹性圈；3—压环；4—主动片；5—被动片；6—内接合鼓；
7—小弹簧；8—减震弹簧；9—齿轮柄；10—驱动齿轮；11—飞轮

键，其上套着内接合毂。内接合鼓的表面也有 4 条轴向槽沟，用钢或青铜制造的主动摩擦片利用内圆 4 个齿套装在沟槽内。主动摩擦片和被动摩擦片彼此相间地排列组装。内接合鼓的外面装有缓冲弹簧，端部固装着拨环。

离合器总成在启动机不工作时，主、被动摩擦片之间处于放松无摩擦力状态。发动机启动时，通过拨叉推动拨环使内接合毂沿 3 条螺旋花键向外移动，主动和被动摩擦片相互压紧，具有摩擦力。当驱动齿轮啮入飞轮齿圈时，就能利用启动机转矩驱动曲轴旋转发动机启动后，驱动齿轮被飞轮齿圈带动作高速旋转，在惯性力和拨叉返回的作用下，内接合毂沿 3 条螺旋花键向内移动，于是主动摩擦片和被动摩擦片之间的摩擦力消失而打滑，防止了电枢超速飞散的危险。

摩擦片式离合器具有传递大转矩、防止超载损坏启动机的优点，多用在大功率启动机上。但由于摩擦片容易磨损而影响启动性能，需要经常检查、调整或更换摩擦片。此外，这种离合器结构比较复杂，耗用材料较多，加工费时，而且不便于维修。

3. 弹簧式离合器

弹簧式离合器的主动套筒套装在电枢轴的花键上，见图 4-18。小齿轮套筒套在电枢轴的光滑部分上，在小齿轮套筒与主动套筒外圆上装有驱动弹簧，驱动弹簧内径略大于两套筒的外径。启动发动机时，传动叉拨动滑环，并压缩弹簧，推动离合器移向飞轮齿圈一端，使小齿轮啮入飞轮齿圈。电枢旋转时带动主动套筒，在摩擦力的作用下，驱动弹簧被扭紧，将两个套筒抱死，启动机转矩便由此传给飞轮。启动机启动后，驱动小齿轮和飞轮齿圈的主动与从动关系改变，啮合器因驱动弹簧被放松而打滑，从而使电枢轴避免了超速运转的危险。

弹簧式离合器具有结构简单、制造工艺简单、成本低等优点，但由于驱动弹簧所需圈数较多，使其轴向尺寸增大。

单向离合器常见的故障是打滑。滚柱式离合器的检查见图 4-19，用手握住外座圈，转动驱动齿轮，正转时应转动自如；反转时不能转动，否则就说明离合器有故障。对于摩擦片式单向离合器，如果转矩偏小，可以通过调整压环前的垫圈厚度使其达到要求。

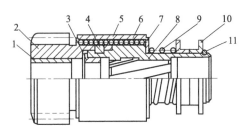
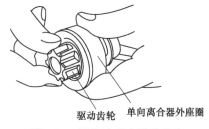

图 4-18 弹簧式离合器　　　　图 4-19 滚柱式离合器的检查

1—衬套；2—驱动齿轮；3—挡圈；4—月形圈；
5—扭力弹簧；6—护套；7—垫圈；8—传动套筒；
9—缓冲弹簧；10—移动衬套；11—卡簧

五、启动机的操纵机构

启动机的电磁开关与电磁式拨叉合装在一起，利用衔铁控制，分为直接控制式电磁开关和带启动继电器控制的电磁开关。

1. 直接控制式电磁开关

直接控制式电磁开关电磁控制强制啮合式启动机采用电磁控制电路。在电路中采用启动机的电磁开关作为控制电路的一部分。在各种控制电路中，电磁开关的作用和工作原理都是相同的，图 4-20 是基本的电磁控制电路。

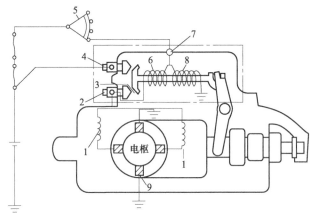

图 4-20 启动机控制电路

1—励磁线圈；2—"C"端子；3—旁通接柱；4—"30"端子；5—点火开关；
6—吸引线圈；7—"50"端子；8—保持线圈；9—电刷

启动时，点火钥匙打到"ST"位，电流由蓄电池正极→"50"端子 7→吸引线圈 6→导电片→"C"端子 2→启动机励磁绕组→电枢→搭铁→蓄电池负极，启动机慢慢转动，同时电流由电磁开关"50"端子 7 经保持线圈 8，回到蓄电池负极。吸引线圈与保持线圈产生同方向的电磁力，在电磁力作用下，铁芯压缩回位弹簧，向左移动，带动拨叉，使驱动小齿轮与发动机飞轮啮合，电磁开关内的接触盘此时将"C"端子与"30"端子、旁通接柱相继接通，电流由蓄电池正极＋→"30"端子 4→接触盘→"C"端子 2→启动机励磁绕组→电枢→搭铁→蓄电池负极，启动机主电路接通，启动机电枢产生电磁转矩，此时吸引线圈 6 被短路，保持线圈 8 的电磁力使驱动小齿轮与飞轮保持啮合，保证发动机启动着车。启动后，发动机飞轮转速超过启动机电枢时，单向离合器切断飞轮与小齿轮之间的动力传递，保护启动机。松开点火钥匙"50"端子断电，由于机械惯性，短时间内接触盘仍将"30"端子4与"C"端子2接通,蓄电池电流经接触盘→吸引线圈6→保持线圈8→搭铁→蓄电池负极,吸引线圈与保持线圈产生相反方向的电磁力,接触盘接触不牢,在回位弹簧的作用下,铁芯迅速回位,接触盘与"C"、"30"端子分开,启动主电路被断开,启动完毕。

图中旁通接柱接点火线圈附加电阻接柱(启动开关接柱),由于启动机工作时电流很大,为保证点火系统火花能量,电磁开关上的旁通接柱是在启动时将附加电阻短路的。目前,汽车较多采用电子点火,点火系统已不再设置附加电阻,在这种类型的车上,启动机电磁开关也没有旁通接柱。

2. 带启动继电器控制的电磁开关

QD124型启动机采用带启动继电器控制的电磁开关,其控制电路见图4-21。

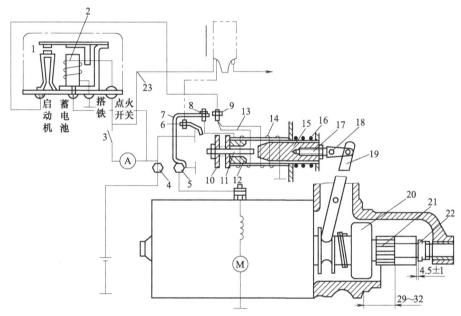

图4-21 QD124型启动机控制电路

1—启动继电器触点;2—启动继电器线圈;3—点火开关;4,5—主接线柱;6—辅助接线柱;7—导电片;8—吸引线圈接线柱;9—电磁开关接线柱;10—接触盘;11—活动杆;12—固定铁芯;13—吸引线圈;14—保持线圈;15—电磁铁芯;16—回位弹簧;17—螺杆;18—连接头;19—拨叉;20—滚柱式离合器;21—驱动齿轮;22—止推摞母;23—点火线圈附加电阻线

发动机启动时,将点火开关钥匙旋至启动挡位,启动继电器通电后,吸下可动臂使触点闭合,接通了电磁开关线圈电路,启动机投入工作,发动机启动后,只需松开点火开关钥匙,点火开关自动转回到点火工作挡位,启动继电器线圈断电触点打开,电磁开关也随即断开,启动机停止工作。

利用启动继电器控制电磁开关,能减小通过点火开关启动触点的电流,避免烧蚀触点,延长使用寿命。有些汽车上的启动继电器在改进控制电路以后,还能起到自动停止启动机工作及安全保护的作用。

六、新型启动机

近年来,在汽车上广泛采用体积小、转速高、转矩大的新型启动机。这类新型启动机主要有活动磁极式启动机、减速启动机和永磁启动机等。

(一) 活动磁极式启动机

活动磁极式启动机与普通启动机的主要区别是它的4个磁极中有1个是活动的。这个活动磁极兼作电磁铁，其绕组兼作吸引线圈与保持线圈构成电磁开关。这种启动机的结构及控制电路如图4-22所示。

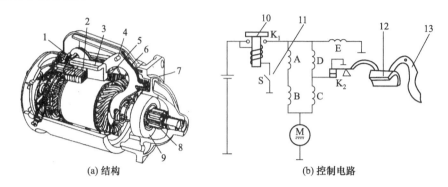

图 4-22 活动磁极式启动机结构及控制电路

1—接铁触点；2—驱动线圈；3—活动磁极；4—拨叉轴；5—保持线圈；6—拨叉；7—复位弹簧；
8—主动小齿轮；9—单向离合器；10—启动继电器；11—点火开关；12—活动磁极；13—拨叉；
A，B，C—固定励磁绕组；D—活动磁极励磁绕组（兼作电磁开关吸引线圈）；
E—保持线圈；K_1—启动继电器常开触点；K_2—搭铁触点

活动磁极式启动机工作过程如下：

(1) 打开点火开关S，启动继电器线圈通电，触点K_1闭合，接通了启动电路，一方面电流经励磁绕组（吸引线圈）D、搭铁触点K_2和保持线圈并联接地，产生电磁力，吸引活动磁极向下运动，拨叉逆时针摆动，推动单向离合器向右运动，使驱动小齿轮与发动机飞轮齿环啮合；另一方面，励磁绕组A、B及电枢绕组（励磁绕组C与电枢绕组并联）通电，使启动机驱动小齿轮在电枢缓慢转动下柔和地啮入飞轮齿环。

(2) 驱动小齿轮与飞轮齿环啮合后，拨叉左端将电磁开关触点K_2打开。于是励磁绕组A、B、C、D和电枢绕组形成4级串励式直流电动机标准电路，产生强大的电磁转矩，启动发动机。

(3) 发动机启动后，断开点火开关，启动继电器线圈断电，触点K_1打开，启动机断电，拨叉复位，启动机停止工作。

(二) 减速启动机

1. 减速启动机的结构特点

所谓减速启动机就是在启动机电枢和驱动齿轮之间增加了一套减速齿轮，一般减速比为3～5，因此可将启动机的工作转速设计得较高，然后通过减速机构使驱动齿轮的转速降低并使转矩增加。

根据电动机原理可知，若电磁功率不变，当转速增加时，则电动机的电枢直径、电枢铁芯长度可以减小。因此装用减速齿轮后，可采用小型、高速、低转矩的电动机，从而使启动机的质量与体积可减少30%～35%。这不仅提高了启动性能，而且使蓄电池的负担也有所减轻。其缺点是机械零件增加，结构及生产工艺均比传统启动机复杂。

减速启动机的减速装置有3种类型，即外啮合式、内啮合式和行星齿轮传动式（同轴式），如图4-23所示。

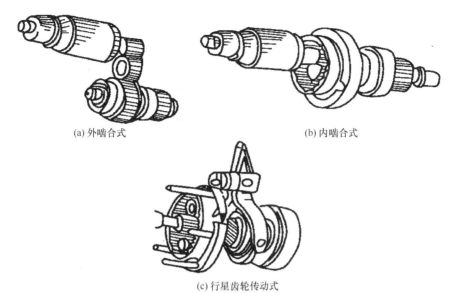

(a) 外啮合式　　(b) 内啮合式

(c) 行星齿轮传动式

图 4-23　减速启动机的减速装置

如图 4-24 所示为减速启动机，减速齿轮组的主动小齿轮与电枢轴直接连接，减速齿轮与单向离合器直接连接。这种结构其减速比通常为 3.5∶1，由于有了减速齿轮可以使启动机在较小的启动工作电流下让启动机有较大的扭矩，从而可以做到用较小容量的蓄电池顺利启动启动机。

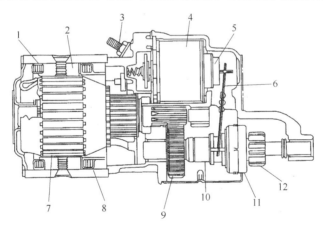

图 4-24　减速启动机

1—磁场绕组；2—磁极；3—蓄电池接线柱；4—电磁线圈；5—柱塞；6—拨叉；7—电枢；
8—外壳；9—减速齿轮；10—齿轮轴；11—单向离合器；12—主动小齿轮

2. 减速增扭原理

减速启动机采用的是高速、小型、低转矩直流电动机，其转速可达 1500~2000r/min，通过减速装置降低电动机转速使输出转矩增大。减速装置输出轴上的转矩 M 为电枢轴输入减速装置转矩 M_i 的 3~5 倍，即电动机的输出功率经过减速装置减速增扭之后，转速降低了 3~5 倍，转矩增大了 3~5 倍，从而使减速启动机起到减速增扭的作用。

（三）永磁启动机

1. 永磁启动机的结构特点

随着稀土永磁材料的出现，近年来出现了一种以永磁材料作为磁极的启动机，称为永磁启动机,它省去了传统启动机中的励磁绕组。启动机的结构简化,体积、质量也随之相应减小。

适合于启动机的永磁材料有永磁铁氧体、钛铁硼永磁、稀土钛铁硼永磁等。钛铁硼永磁矫顽力较高,磁能积最大可达 $302kJ/m^3$,它是永磁铁氧体的 12 倍。

将普通型启动机的电磁场用永久磁铁作为磁极就可制成永磁启动机。条形永久磁铁可用冷粘接法粘在启动机外壳内壁上,粘接剂可用厌氧胶或环氧型胶,也有的用片弹簧均匀地涂装在启动机外壳内表面上。这种启动机的结构如图 4-25 所示。

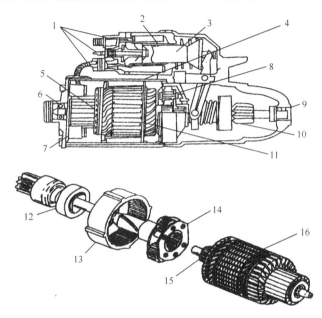

图 4-25　永磁减速式启动机

1—惰性气体保护焊接头;2—镀铬拉杆;3—永磁磁极;4—拨叉;5—整流器;6—滚珠轴承;
7—电刷;8—行星齿轮减速装置;9—滚柱轴承;10—单向离合器;11—平衡电枢;
12—驱动圈;13—固定内齿圈;14—行星齿轮架;15—小齿轮;16—电枢

永磁启动机相对于普通启动机体积明显减小,它适合于安装在空间较小的车辆上。永磁启动机的另一个特点是在电枢的前端装有行星齿轮减速器,使电枢难于以较高的转速转动,并提高启动机的转矩。

2. 德国博世公司生产的 12VDW1.4 型永磁减速式启动机主要特点

① 电动机采用永磁磁场,6 块永久磁极用弹性保持片固定于外壳内表面,且通过弹性片上的孔和外壳内壁的凸起定位。由于取掉了磁场绕组,减小了电感,与同功率的普通启动机相比,具有更高的启动性能。电枢轴的支撑采用滑动轴承。

② 传动机构采用滚柱式单向离合器,其结构、工作过程与普通启动机相同。

③ 齿轮减速装置采用行星齿轮减速装置,该装置中设有 3 个行星齿轮、一个太阳轮(电枢轴齿轮)及一个固定的内齿圈,其结构如图 4-26 所示,啮合关系如图 4-27 所示。

行星齿轮支架是一个具有一定厚度的圆盘,圆盘和驱动齿轮轴制成一体。3 个行星齿轮连同齿轮轴一起压装在圆盘上,行星齿轮在轴上可以灵活转动。驱动齿轮轴一端制有螺旋键齿,与离合器传动导管内的螺旋键槽配合。

太阳轮制有 11 个齿压装在电枢轴上,并保持与 3 个行星齿轮同时啮合。内齿圈用塑料铸塑而成,制有 37 个齿,3 个行星齿轮在其上滚动。太阳轮为主动齿轮,其齿数 Z 为 11 个,内齿圈齿数 $z_。$ 为 37 个。该永磁减速式启动机的控制装置如图 4-28 所示。

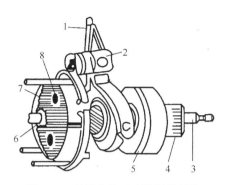

图 4-26 行星齿轮减速装置的结构
1—移动叉；2—支架；3—驱动齿轮轴；
4—驱动齿轮；5—滚柱式单向离合器；
6—太阳轮；7—内齿圈；8—行星齿轮

图 4-27 行星齿轮减速装置的啮合关系
1—太阳轮；2~4—行星轮；
5—行星架；6—内齿圈

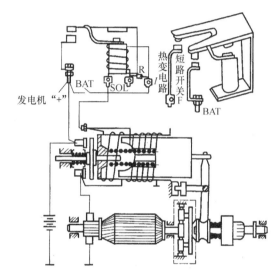

图 4-28 12VDW1.4型永磁减速式启动机的控制装置示意图

电磁铁机构控制电动机电路的接通和切断，并通过拨叉操纵驱动齿轮上曲轴飞轮的啮合与分离。拨叉及支架由塑料制成，以减轻质量。启动继电器设置两对触点：其中，一对触点控制吸引线圈和保持线圈的电流通路；另一对触点在启动机工作中，短路点火系低压电流通路中的附加电阻，以增大初级绕组的电流值。启动机不工作时，启动继电器两对触点均张开，接触盘和触点断开，驱动齿轮与飞轮齿环分离。

启动发动机时，接通启动开关，启动继电器线圈通电，触点闭合，吸引线圈和保持线圈中有电流流过，电磁力吸动衔铁左移，接触盘与触点接通，启动机电路接通，与此同时，拨叉操纵驱动齿轮与飞轮齿环啮合。电枢轴产生的力矩经电枢轴齿轮（太阳轮）→行星齿轮及支架→驱动齿轮轴→滚柱式单向离合器→驱动齿轮→飞轮，从而带动曲轴旋转，使发动机启动。发动机启动后，及时放松启动开关，启动继电器线圈断电，触点断开，吸引线圈和保持线圈中无电流流过，吸力消失，衔铁在复位弹簧张力作用下回位，接触盘也在复位弹簧张力作用下与触点分离，电动机停止工作。衔铁回位的同时又操纵拨叉带动驱动齿轮与飞轮分离，启动机停止工作。

七、启动机的型号

根据中华人民共和国行业标准 QC/T 73—93《汽车电器设备产品型号编制方法》规定，启动机的型号如下：

第 1 部分为产品代号：启动机的产品代号 QD、QDJ、QDY 分别表示启动机、减速启动机及永磁启动机。

第 2 部分为电压等级代号：1 表示 12V；2 表示 24V；3 表示 6V。

第 3 部分为功率等级代号：其含义见表 4-1。

第 4 部分为设计序号。

第 5 部分为变形代号。

表 4-1　功率等级代号的含义

功率等级代号	1	2	3	4	5	6	7	8	9
功率/kW	0～1	1～2	2～3	3～4	4～5	5～6	6～7	7～8	8～9

例如：QD124 表示额定电压为 12V、功率为 1～2kW、第 4 次设计的启动机。

理论知识二　几种常见车型启动系统电路

一、典型启动机控制电路

目前，大多数启动系控制电路安装启动继电器。安装启动继电器的目的是减小通过点火开关的电流，防止点火开关烧损。启动继电器有四个接线柱分别标有启动机、电池、搭铁和点火开关，点火开关与搭铁接线柱之间是继电器的电磁线圈，启动机和电池接柱之间是继电器的触点。接线时，点火开关接柱接点火开关的启动挡，电池接柱接电源，搭铁接线柱直接搭铁，启动机接线柱接启动机电磁开关上启动机接柱，如图 4-29 所示。

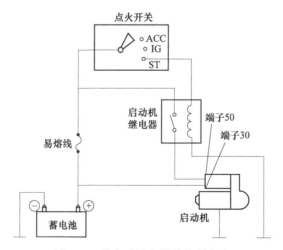

图 4-29　带启动继电器的控制电路

发动机启动时，将点火开关启动挡接通，继电器的电磁线圈通电，使触点闭合，电源的电流便经继电器的触点通往启动机电磁开关的启动机接线柱。电磁开关通电后，便控制启动机进入工作状态。从电路中可以看出，启动期间流经点火开关启动挡和继电器线圈的电流较小，大电流经过继电器开关流入启动机，保护了点火开关。启动过程的工作原理如前所述，此处不再重复。

二、上海帕萨特 B5 启动系电路

图 4-30 所示为上海帕萨特 B5 启动系电路图，启动电路的工作情况是：将点火开关拨至启动挡位，电磁开关的吸引线圈和保持线圈电路接通，其电路是：

蓄电池正极→点火开关→启动机接线柱 50→保持线圈→搭铁→蓄电池负极；

蓄电池正极→点火开关→启动机接线柱 50→吸引线圈→励磁线圈→电枢→搭铁→蓄电池负极。吸引线圈和保持线圈通过电流后，使铁芯产生吸力，吸动衔铁前移，接通电动机主电路使电枢通电旋转，产生的电磁转矩经传动机构、驱动齿轮传给曲轴飞轮，启动发动机。发动机启动后，点火开关退出启动挡位，吸引线圈、保持线圈电路切断，吸力消失，衔铁回放，启动机停止工作。

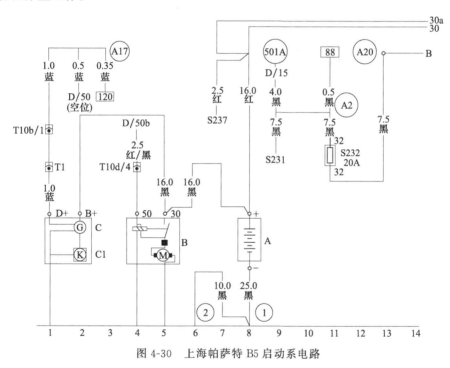

图 4-30 上海帕萨特 B5 启动系电路

三、别克君威 2.5GL 启动机控制电路

别克君威 2.5GL 启动机控制电路如图 4-31 所示。启动电路的工作情况是：当点火开关转到"启动"位置时，12V 电压从点火开关的"启动"挡→驾驶室内熔断器盒的 A3、A4 熔断器→机罩下附件导线接线盒之 D_9 端子→动力系统控制模块（PCM）插头 C_2-23 端子，作为启动信号。PCM 收到此信号后，其 C_2-76 端子接地，位于机罩下附件导线接线盒内的启动继电器闭合工作。图中的"曲轴继电器"即为启动继电器，继电器线圈供电来自点火开关，继电器工作时，则 12V 电源经"曲轴易熔线 40A"→"启动继电器触点"→自动变速器 P/N 开关的"P"挡或"N"挡→启动机电磁吸力开关，启动机工作。

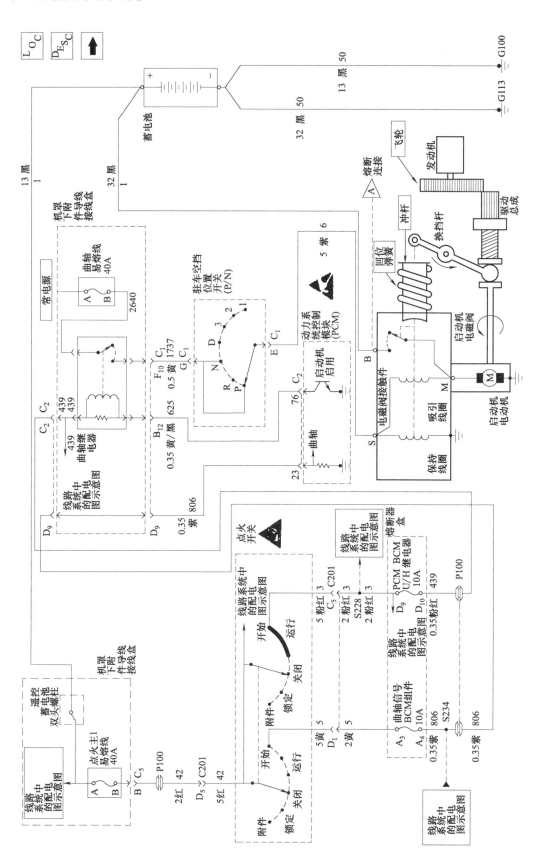

图4-31 别克君威2.5GL启动机控制电路

在以下情况，PCM 收到启动信号后并不接通启动机：
① 发动机启动 5s 后；
② 启动机连续工作 15s；
③ 防盗口令不正确。

理论知识三　启动系统常见故障

一、启动机不转

1. 故障现象与故障原因

启动时，启动机不转动，无动作迹象，可能故障如下（以有启动继电器的启动系为例）。

（1）电源故障　蓄电池严重亏电或极板硫化、短路等，蓄电池极桩与线夹接触不良，启动电路导线连接处松动而接触不良等。

（2）启动机故障　换向器与电刷接触不良，激磁绕组或电枢绕组有断路或短路，绝缘电刷搭铁，电磁开关线圈断路、短路、搭铁或其触点烧蚀而接触不良等。

（3）启动继电器故障　启动继电器线圈断路、短路、搭铁或其触点接触不良。

（4）点火开关故障　点火开关接线松动或内部接触不良。

（5）启动系线路故障　启动线路中有断路、导线接触不良或松脱等。

2. 故障诊断方法

（1）检查电源　按喇叭或开大灯，如果喇叭声音小或嘶哑，灯光比平时暗淡，说明电源有问题。应先检查蓄电池极桩与线夹及启动电路导线接头处是否有松动，触摸导线连接处是否发热。若某连接处松动或发热，则说明该处接触不良。如果线路连接无问题，则应对蓄电池进行检查。

（2）检查启动机　如果判断电源无问题，用旋具将启动机电磁开关上连接蓄电池和电动机导电片的接线柱短接，如果启动机不转，则说明是电动机内部有故障，应拆检启动机，如果启动机空转正常，则进行后面的步骤检查。

（3）检查电磁开关　用旋具将电磁开关上连接启动继电器的接线柱与连接蓄电池的接线柱短接，若启动机不转，则说明启动机电磁开关有故障，应拆检电磁开关；如果启动机运转正常，则说明故障在启动继电器或有关的线路上。

（4）检查启动继电器　用旋具将启动继电器上的"电池"和"启动机"两接线柱短接，若启动机转动，则说明启动继电器内部有故障，否则应再做下一步检查。

（5）检查点火开关及线路　将启动继电器的"电池"与点火开关用导线直接相连，若启动机能正常运转，则说明故障在启动继电器至点火开关的线路中，可对其进行检修。

二、启动机运转无力

1. 故障现象与故障原因

启动时，启动机转速明显偏低甚至于停转，可能有如下故障。

（1）电源故障　蓄电池亏电或极板硫化短路，启动电源导线连接处接触不良等。

（2）启动机故障　换向器与电刷接触不良，电磁开关接触盘和触点接触不良，电动机激磁绕组或电枢绕组有局部短路等。

2. 故障诊断方法

如果出现启动机运转无力，首先检查启动机电源，如果启动机电源无问题，则应拆检启动机。首先检查电磁开关接触盘、换向器与电刷的接触情况,其次检查激磁绕组和电枢绕组。

三、启动机空转

1. 故障现象

接通启动开关后,只有启动机快速旋转而发动机曲轴不转。这种症状表明启动机电路畅通,故障在于启动机的传动装置和飞轮齿圈等处。

2. 诊断方法

① 若在启动机空转的同时伴有齿轮的撞击声,则表明飞轮齿圈牙齿或启动机小齿轮牙齿磨损严重或已损坏,致使不能正确地啮合。

② 启动机传动装置故障有单向啮合器弹簧损坏,单向啮合器滚子磨损严重,单向啮合器套管的花键槽锈蚀。这些故障会阻碍小齿轮的正常移动,造成不能与飞轮齿圈准确啮合等。

③ 有的启动机传动装置采用一级行星齿轮减速装置,其结构紧凑,传动比大,效率高。但使用中常会出现载荷过大而烧毁卡死。有的采用摩擦片式离合器,若压紧弹簧损坏,花键锈蚀、卡滞和摩擦离合器打滑,也会造成启动机空转。

实训项目部分

实训项目一 汽车启动机的拆装与调整、性能检测及检修
(以 QD1211 型为例,见图 4-32)

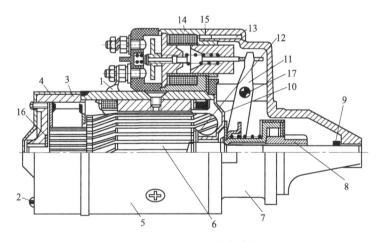

图 4-32 QD1211 型启动机

1—连接片;2—罩盖螺钉;3—后端盖;4—罩盖;5—定子总成;6—电枢总成;7—驱动端盖;8—单向离合器;9—限位挡圈;10—中盖;11—拨叉;12,15,16—调整片;13—开关螺钉;14—电磁开关;17—拨叉螺钉

一、解体前,从发动机上拆下启动机时应注意问题

拆启动机前应首先切断点火开关,拆下蓄电池搭铁电缆。

将从启动机上拆下的导线做好标记。启动机解体前应清洁外部油污和灰尘，然后按以下步骤进行解体：

① 拆掉电磁开关与机壳上电动机接线柱间连接片，松开罩盖螺钉 2，拿下罩盖 4；

② 用专用弹簧钩，钩起电刷弹簧，并将电刷从刷架中取出；

③ 旋出连接驱动端盖与后盖上的两个长螺栓，使后端盖与定子、中盖完全解体、分离；

④ 旋出驱动端盖上固定拨叉螺钉 17，取出转子和拨叉，拆除限位挡圈 9，使单向离合器与转子分离；

⑤ 拧松开关螺钉 13，把电磁开关从驱动端盖上取下。

装复可按上述相反的顺序进行，但应注意：

① 在电枢的前、中、后轴颈衬套内表面涂抹少量润滑脂；

② 用调整片 12、16 调整转子的轴向间隙，使其不大于 0.6mm；

③ 用调整片 15 调整电磁开关动铁芯的行程位置，保证单向离合器的驱动齿轮与飞轮齿圈完全啮合。

二、启动机的检修

启动机解体后，应对各组成部分逐项进行检查，必要时进行修理或更换。

1. 电枢的检查

（1）换向器的检查修理

① 目测外观，表面不应有烧蚀。轻微烧蚀用"00"号砂纸打磨，严重时应车削。

② 换向器失圆度检查，如图 4-33 所示，把电枢总成架在两块 V 形铁上，使轴线水平，转动电枢轴，用千分表测量偏心。换向器与电枢轴的不同心度不应超过规定值，不符合规定值，应在车床上修整。

③ 换向片间切槽深度检查，换向片切槽深度应为 0.7～0.9mm，清除切槽内的异物，槽深仍小于规定值，可用锯条刮削。

④ 换向器直径的检查，用游标卡尺测换向器的外径，若直径小于出厂规定的最小值，则应更换换向器。

（2）电枢轴的检查修理

① 轴颈与衬套的配合间隙检查，用游标卡尺测轴颈外径与衬套内径，配合间隙应为 0.035～0.077mm，间隙过大应更换衬套，并重新装配。

② 电枢轴弯曲度的检查，如图 4-34 所示为用千分表检查电枢轴，电枢对其轴线的径向圆跳动应不大于 0.15mm，否则应予校正。

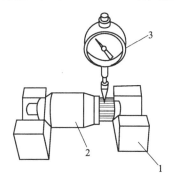

图 4-33 换向器失圆度的检查
1—V 形铁；2—电枢；3—千分表

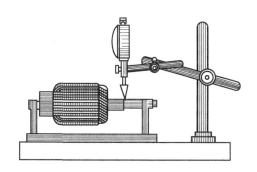

图 4-34 检查启动机电枢轴

(3) 电枢绕组的检查

① 电枢绕组断路的检查，将万用表置于欧姆挡，测换向器换向片间电阻，应有一定电阻值，电阻值为无限大说明断路，应修理或更换。

② 电枢绕组短路的检查，如图 4-35 所示，把电枢放在电枢检验器上，接通电源，将锯片放在电枢上转动电枢，若锯片振动表明电枢绕组短路，应修理或更换。

③ 电枢绕组搭铁的检查，将万用表置于欧姆挡，两表笔分别接换向器和铁芯，电阻应为无限大，否则表明电枢绕组搭铁，应修理或更换。

(4) 电枢绕组的修理　电枢绕组的断路故障大多出现在与换向片的焊接处，将脱焊点重新焊牢即可。电枢绕组的搭铁故障，多出现在铁芯槽两端槽口锐棱处，通过整形，补修绝缘层的办法来消除。

铁芯槽内线圈匝间短路，应拆出重新绝缘。图 4-36 为启动机电枢的铁芯槽型，对于闭式和半闭式槽型，需加工成开式后再撬出线圈。修理步骤如下。

图 4-35　电枢绕组短路的检查

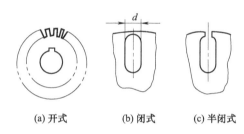

(a) 开式　　(b) 闭式　　(c) 半闭式

图 4-36　启动机电枢的铁芯槽型

① 拆除线圈。对于闭式和半闭式槽型的电枢，先在电枢外圆柱表面车出两至三条槽，然后在铣床上，将所有铁芯槽加工成开式。在从铁芯槽内撬出线圈之前，先给换向片和转子槽按图 4-37 所示编号。

将焊在换向片尾端的线圈端头撬脱，拆除各铁芯槽的面线，再撬出底线，尽量保持各线圈弯曲部分的形状不变，同时在底线边上做好标志，标明片号、槽号。

② 线圈整形。将拆出的线圈两边校直，矫正变形，用锉刀、砂纸将两个端头打光。

③ 嵌入线圈。先将铁芯槽清理干净，在槽内衬入绝缘纸，纸的长度比槽每端长 5mm，纸边应与铁芯外圆柱面平齐，如图 4-38 所示。在线圈的弯曲部（与两端头相反的一边）套好绝缘管，管长应等于铁芯槽外部分的长度。在底线边的端头也套好绝缘管，使超出铁芯槽部分不致搭铁，端部只留嵌入换向器嵌线槽部分的长度。按拆除线圈时所编的号，如图 4-37

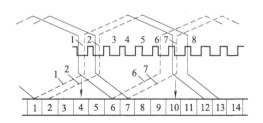

图 4-37　换向片和转子槽的编号

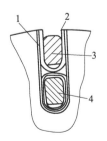

图 4-38　电枢线圈的绝缘方法
1—U 形绝缘纸；2—面线绝缘纸；3—面线；4—底线

所示，从一号槽开始嵌线，将一号槽底线包上 U 形绝缘纸，嵌入一号铁芯槽底，检查底线端头是否与其相应的换向片尾部对正，并为换向片嵌线槽留出嵌入线端头，如此依次在各槽内嵌入底线，最后嵌入面线。

2. 磁场绕组的检查

（1）磁场绕组短路与断路的检查　以单格蓄电池为电源，正极接启动机接线柱，负极接正电刷（见图 4-39），用旋具接通电源后，迅速检查各磁极磁力，磁力弱的为匝间短路，各磁极均无磁力为断路。将万用表置于欧姆挡，测接线柱与正电刷之间的电阻，阻值为无限大的也为断路。

（2）磁场绕组搭铁的检查　将万用表置于欧姆挡，如图 4-40 所示，测磁场绕组与壳体间的电阻，其值应为无限大，否则应更换或重绕。

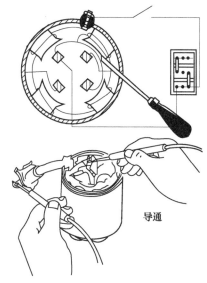

图 4-39　磁场绕组短路与断路检查

（3）磁场绕组的修理　磁场绕组的断路大多发生在线圈与引线的焊接处，只要重新将引线焊牢即可。

磁场绕组的搭铁短路也只限于线圈的表面，只要拆下磁极，再从磁极上拆下线圈，找出破线点，包上绝缘带并涂漆，待漆晾干后即可装复使用。

磁场绕组的匝间短路一般都是因线圈过热，将绝缘层烧焦所致。修理时先剥下包扎在外面的绝缘布，然后再检查夹在铜带之间的绝缘层，若某段纸层已烧焦，此处即为短路点。

如果仅在局部烧焦，可将其刮除，插入绝缘纸，如图 4-41 所示；如果烧焦面积大，可将线圈放在水中加热，然后刮除烧焦的绝缘层，重新绕制。

图 4-40　磁场绕组搭铁的检查

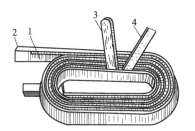

图 4-41　磁场绕组短路故障的修理
1,4—绝缘纸带；2—扁铜带；3—刀片

3. 电刷、电刷弹簧及刷架的检查

（1）外观检查

① 电刷在刷架中应活动自如，不应有卡滞现象，否则应调整或更换。

② 电刷与换向器的接触面积不应低于 80%，否则应研配或更换。

③ 电刷架无歪斜、松旷现象，否则应更换。

（2）电刷长度的测量　用游标卡尺测电刷长度，应符合标准，一般不应小于 10mm，否则应更换。

（3）电刷弹簧张力的测量　用弹簧秤测电刷弹簧张力，如图 4-42 所示，应符合标准值，张力过弱应更换。

4. 单向离合器的检查

（1）驱动齿轮的检查　如图 4-43 所示，用游标卡尺测量驱动齿轮，两相邻的齿总厚度不小于 11.5mm，齿长应不小于 16mm，如有缺损、裂痕应更换。

图 4-42　电刷弹簧张力的测量

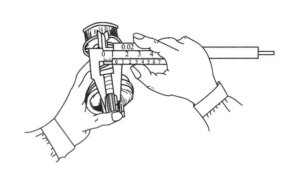

图 4-43　测量启动机驱动齿轮

（2）检查单向离合器能承受的扭矩　如图 4-44 所示，将单向离合器 2 装夹在台虎钳 3 上，用扭力扳手 1 测离合器所能承受的扭矩，滚柱式离合器应能承受 25.5N·m 的扭力而不打滑，否则应更换单向离合器。

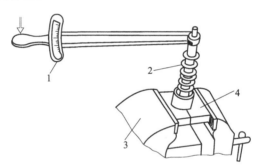

图 4-44　单向离合器扭力检测
1—扭力扳手；2—单向离合器；3—台虎钳；4—夹板

（3）单向传递力矩作用的检查　一手握住单向离合器，另一只手转动驱动齿轮，齿轮应在一个方向可以自由转动，另一个方向不能转，反向也能转动，表明单向离合器损坏，应更换。

5. 电磁开关的检查

（1）触点、接触盘的检查　目测触点、接触盘，平面应清洁，无烧损。轻微烧损可用细砂纸打磨，严重时可换面使用。

（2）吸引线圈的检查　如图 4-45 所示，从启动机电磁开关接电动机接线柱 2 上，拆下接电动机的导线，并将接线柱 2 和启动机外壳接蓄电池负极，电磁开关接启动开关接线柱 3，再接蓄电池正极。电路接通时，驱动齿轮被迅速推到工作位置，表明吸引线圈正常，否则为吸引线圈故障，应更换或重绕。

（3）保持线圈的检查　如图 4-46 所示，拆下接线柱 2 上的蓄电池负极接线，驱动齿轮保持推出后的位置，表明保持线圈正常，否则保持线圈有故障，应更换或重绕。

（4）电磁开关回位弹簧的检查　如图 4-47 所示，断开接线柱 3 上的导线，驱动齿轮迅速退回，表明电磁开关回位弹簧良好，否则为弹簧损坏，应予更换。

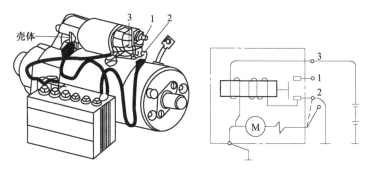

图 4-45 吸引线圈的检查

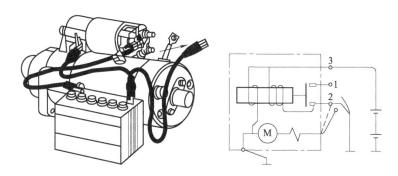

图 4-46 保持线圈的检查

1—电磁开关接蓄电池接线柱；2—接启动机接线柱；3—接启动开关接线柱

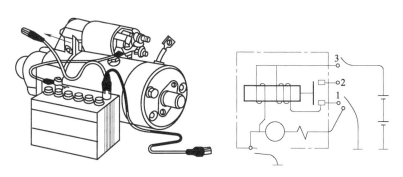

图 4-47 电磁开关回位弹簧的检查

1—电磁开关接蓄电池接线柱；2—接启动机接线柱；3—接启动开关接线柱

（5）电磁开关线圈的绕制

① 拆下线圈部分和开关部分的固定螺钉，用电烙铁将线圈线头处烫下，将以上两大部分分解。

② 用专用工具将线圈前端盖衔铁处拆开，并取出线圈。

③ 拆下漆包线时应将线圈固定在绕线机上，这样，圈数可以从读数盘中读出。

④ 拆下漆包线后，取出绕线轮辘，用纱布将油污擦净。

⑤ 将绕线轴辘安装在专用工具内，然后一起安装在绕线机上。

⑥ 用外径千分尺测漆包线直径。

⑦ 把青壳纸裁成和线圈转辘大小一样的尺寸，在线圈转辘上将青壳纸缠绕两层。

⑧ 绕线时应将保持线圈先绕，绕完后，如保持线圈的末端不在绕线转辘的顶端，可用绝缘纸或用纱带将其垫平，再绕吸引线圈。

⑨ 线圈绕完后，用专用工具将其安装在电磁开关内，进行测试，活动铁芯露出端盖的 1/3。

（6）电磁开关的测试

① 保持线圈的测试，直流电源的正极接保持线圈的一端，负极接另一端，此时活动铁芯应被吸入。

② 吸引线圈的测试方法同保持线圈一样。

③ 吸引线圈、保持线圈同时测试，直流电源的正极同时接保持线圈和吸引线圈紧挨着的两根线头；直流电源的负极接另外紧挨着的两根线头，此时活动铁芯被吸入。如不能吸入，是因电流方向相反，造成磁场方向相反，将任意一只线圈的两线头对调即可。

实训项目二　启动机的实验及启动系统故障的检测与分析

一、目标

（1）通过启动机的性能试验验证启动机的性能。
（2）掌握应用电气万能试验台进行启动机性能试验的方法。
（3）学习汽车电路图的识读技巧。
（4）学习在汽车上检测启动系电路的方法。
（5）了解启动机的电流走向。
（6）了解启动机不工作的故障部位。
（7）掌握启动机的结构和工作原理。
（8）熟练排除启动机不工作的故障。

二、仪器与工具

启动机、工具（扳手、旋具）、电气万能试验台、试验轿车一台、万用表、启动线路试验台（或相关零、部件）。

三、内容

1. 启动机的试验

启动机修复后，必须进行下列两种试验，如不符合要求，应重新检查和修理。

（1）空载试验　测量启动机的空载电流和空载转速并与标准值比较，以判断启动机内部有无电路和机械故障。其试验方法如下：将启动机夹在虎钳上，按图 4-48 接线，接通启动机电路（每次试验不要超 1min，以免启动机过热），启动机应运转均匀，电刷下无火花。记下电流表、电压表读数，并用转速表测量启动机转速，其值应符合表 4-2 的规定。若电流大于标准值，而转速低于标准值，表明启动机装配过紧或电枢绕组和磁场绕组内有短路或搭铁故障。若电流和转速都小于标准值，则表明启动机线路中有接触不良的地方（如电刷弹簧压力不足，换向器与电刷接触不良等）。

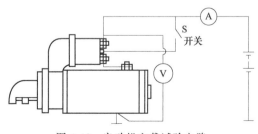

图 4-48　启动机空载试验电路

表 4-2 启动机的空载特性和全制动特性

型号	规格		空载特性		全制动特性			电刷		驱动齿数		适用车型
	额定电压/V	额定功率/kW	电流/A ≤	转速/(r/min) ≥	电压/V	电流/A ≤	转矩不/(N·m) ≥	牌号	弹簧压力/N	齿数	齿轮行程/mm	
QD124A	12	1.85	95	5000	8	600	24	TS-2		9	20	解放 EQ1091
QD124H	12	1.47	90	5000	8	650	29.4		2~15	11		解放 CA1091
QD124F	12	1.47	90	5000	8	650	29.4		8-13	11		东风 EQ1090
QD1225	12	1.1	100	6000	7	480	13	TS-4		9		上海 桑塔纳
QD142A	12	3	90	5000	7	650	25		12~15	9		南京 依维柯
CB-23	12	0.7	55	5000	9.6	350	85			8		天津 夏利

(2) 全制动试验 全制动试验应在空载试验的基础上进行，空载试验不合格的启动机不应进行全制动试验。全制动试验的目的是测量启动机在完全制动时所消耗的电流（制动电流）和制动力矩，以判断启动机主电路是否正常，并检查单向离合器是否打滑。其试验方法如下。

将启动机夹持在试验台上，使杠杆的一端夹住启动机驱动齿轮的 3 个齿，电路连接与空转试验相同（见图 4-49）。按下开关（必须按紧，不得松开），启动机通电，呈现制动状态，观察单向离合器是否打滑并迅速记下电流表、电压表及弹簧秤的读数，其值应符合表 4-2 的规定。

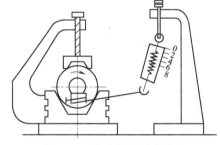

图 4-49 启动机全制动试验

若制动力矩小于标准值而电流大于标准值，则表明磁场绕组或电枢绕组中有短路和搭铁故障；若力矩和电流都小于标准值，表明线路中接触电阻过大；若驱动齿轮锁止而电枢轴有缓慢转动，则说明单向离合器有打滑现象。

全制动试验应注意：每次试验通电时间不要超过 5s，以免损坏启动机及蓄电池；试验过程中，工作人员应避开弹簧秤夹具，防止发生人身事故。

2. 启动系电路检测

(1) 根据汽车电路图分析启动系电路。
(2) 检查启动机控制线路，主要检测线路的通断情况。
(3) 检查启动机供电线路，重点检测线路各结点的电压降情况，各结点连接处的电压降不得大于 0.2V。
(4) 连接启动系电路。

3. 启动系故障诊断

(1) 启动发动机的同时，接通前大灯或喇叭，观察灯光亮度和喇叭声响是否正常，如变弱，则检查蓄电池是否亏电和线路连接是否松动；
(2) 短接启动机电磁开关与蓄电池正极接线柱，观察启动机运转情况，如运转正常，则检查点火开关；

（3）短接启动机开关接线柱，观察启动机运转情况，如运转正常，则检查启动机电磁开关；

（4）从车上拆下启动机，然后拆下启动机电刷，检查启动机电刷和换向器表面状况，换向器表面应无烧蚀现象，电刷在电刷架内应活动自如，无卡滞现象，电刷与换向器的接触面积不应小于 4/5，电刷长度不应小于新电刷的 2/3；

（5）以上检测都正常，若启动机不转，则故障为励磁线圈断路；

（6）若启动机转动无力，则故障为励磁线圈短路；

（7）若外部电路接触火花很大，则故障为励磁线圈或电刷架搭铁；

（8）若有运转不均匀的现象，则故障为励磁线圈和电枢线圈短路；

（9）若输出扭矩小，则故障还可能为电刷接地不良；

（10）确认并排除故障后，将启动机装回发动机；

（11）再次启动发动机，发动机能正常启动，确认系统正常无故障。

 ## 启动系统故障典型案例

例1 一辆 CA1091 型汽车，用启动机启动发动机时，点火开关转到启动挡后，能听到吸动触点的"咔嗒"声，但启动机无反应。造成这种故障的原因有：蓄电池电量不够；组合继电器触点接触不良；电磁开关保持线圈断路。

故障检查：开始判断为启动机磁力开关保持线圈断路，但更换电磁开关后故障依旧。后又怀疑蓄电池存电不足，换上新蓄电池启动机仍无反应。于是用导线连接启动机开关接柱，启动机即运转正常；再用导线连接火线接柱和保持线圈接柱，发动机便能正常启动。据此，判断为组合继电器电源接柱与启动接柱之间断路。经进一步检查，发现点火开关转到启动挡后，组合继电器常闭触点上的衔铁虽能被吸动，但触点并没有闭合。

故障排除：按技术标准调整两触点间的间隙后，用启动机一次启动成功，故障即告排除。

故障分析：组合继电器经长时间使用后，由于触点反复烧蚀、打磨，两触点的间隙会逐渐增大，因此应适时进行调整，才能保证其工作正常。该车正是由于没有及时对此间隙进行调整，用启动机启动发动机时虽能听到触点被吸动的声音，但由于触点间隙过大，实际上触点并未闭合，启动机便无反应，亦即无法用启动机启动发动机。

例2 夏利 TJ7100U 型轿车，启动机运转无力，发动机不能启动。

分析与检修：点火开关置于启动挡，启动机运转无力，不能启动发动机，但充电指示灯亮，造成启动机运转无力有两个原因：一是蓄电池电量不够；二是启动机各部件短路或断路。

打开前照灯，按喇叭，声音正常，表明蓄电池线路畅通，电量充足。将点火开关置于启动挡，打开前照灯，灯光略暗，表明启动机有故障。拆检启动机，用万用表分别检查各部件。

（1）检查磁场绕组。用万用表电阻挡（R×1）测量磁场绕组与机壳间电阻，结果电阻为无穷大，说明无搭铁处。用万用表电阻挡（R×1）测量三组绕组端头电阻，两组端头电阻为 0，证明绕组无断路处。继续用万用表电阻挡测量接线柱与机壳之间电阻，结果为无穷大，表明接线柱与机壳绝缘性能良好。由以上检测结果可断定磁场绕组（定子）无故障。

（2）检查电刷与换向器接触情况，良好。检查电磁开关，良好。检查单向离合器、电枢轴承及回位弹簧，均无机械故障，技术性能良好。

（3）检查电枢（转子），进行搭铁和断路检查。将万用表调至 R×1 挡，将一支表笔放在换向器片上，另一支表笔放在电枢轴上，表针指示为无穷大，说明未搭铁。将两支表笔分别与同一匝线圈与换向器连接的两端相连，若表针指示无穷大，则表示存在断路处，实测表针指为零，无断路处。

（4）匝间短路检查。将待检查转子放在短路测试仪上，接通电源，将薄铁片或锯条放在电枢铁芯上，慢慢地转动电枢，若铁片发出颤抖声，说明该处电枢槽内存在短路。实测结果表明：该电枢存在匝间短路。更换电枢，试车，故障排除。

电枢匝间短路故障的隐蔽性强，较难用简易方法判断，须认真按此法查找。电枢匝间短路将使启动时的电流加大，启动机无力，发动机难以启动。

思考题 ▶▶

1. 启动机由哪些部分组成？各组成部分的作用是什么？
2. 启动机的电动机为何采用直流串励式电动机？
3. 启动机是如何分类的？
4. 启动机单向离合器有哪几种？试述滚柱式单向离合器的工作原理。
5. 试述启动机的工作过程。
6. 复合继电器为何对启动机具有保护功能？
7. 启动机不转的故障可能是哪些原因引起的？怎样诊断与排除？
8. 启动机修复后，一般需进行哪些试验？根据所测数据，如何判断其技术状况？
9. 常见的启动系控制电路有哪几种？画出典型电路。

任务五 点火系统

理论知识部分

理论知识一　点火系统的作用、组成、分类及工作原理

一、点火系统的作用

由于汽油自燃温度高，难以被压燃，因此汽油发动机设置了点火系，采用电火花点燃可燃混合气。

汽车点火系统的作用是将汽车电源供给的低压电转变为高压电，并按照发动机的做功顺序与点火时间的要求适时、准确地配送给各缸的火花塞，在其间隙处产生电火花，点燃汽缸内的可燃混合气。

二、点火系统的分类

汽车点火系统按其组成和产生高压电的方式不同可分为传统点火系统、电子点火系统和计算机控制点火系统三种类型。

（1）传统点火系统　是指初级电路的通断由断电器触点控制的点火系。传统点火系统：结构简单，成本低廉，但故障率高，高速性能差，已逐步淘汰。

（2）电子点火系统　是指初级电路的通断由晶体管控制的点火系，也称"晶体管点火系"或"半导体点火系"。电子点火系具有高速性能好、点火时间精确、结构简单、质量轻、体积小等优点。它已经逐渐取代传统点火系。

（3）计算机控制点火系统　是指计算机根据各种传感器输入的信号，经过数学运算和逻辑判断，控制初级电流通断的点火系。计算机控制点火系是最先进的点火系，应用越来越广泛。

三、点火系统组成

1. 传统点火系统的组成（见图 5-1）

（1）电源。

（2）点火线圈。

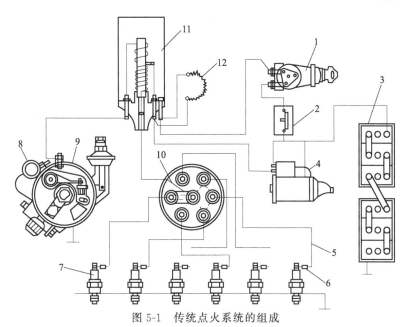

图 5-1 传统点火系统的组成

1—点火开关；2—电流表；3—蓄电池；4—启动机；5—高压导线；6—高压阻尼电阻；
7—火花塞；8—电容器；9—断电器；10—配电器；11—点火线圈；12—附加电阻

(3) 分电器：断电器；配电器；电容器；点火提前机构。
(4) 火花塞。
(5) 点火开关。

2. 电子点火系统组成

(1) 电源　蓄电池或者是发电机，供给点火系统的低压电能，标准电压一般是 12V。
(2) 点火线圈　将 12V 的低压电变成 15～20kV 的高压电。
(3) 分电器
① 信号发生器：产生与发动机曲轴位置、转角对应的点火控制信号。
② 配电器：将点火线圈产生的高压电，按照发动机的工作顺序送至各缸的火花塞。
③ 点火提前机构：随发电机转速、负荷和汽油辛烷值的变化改变点火提前角。
(4) 点火器　将信号发生器产生的信号放大，最后控制大功率三极管的导通与截止，达到控制点火线圈初级电流通断的目的。
(5) 火花塞　将高压电引入燃烧室产生电火花，点燃混合气。
(6) 点火开关　控制点火系统初级电路，还可以控制仪表电路和启动继电器电路等。
(7) 附加电阻　改善点火性能和启动性能。

四、点火系工作原理

1. 传统点火系统工作原理

发动机工作时，断电器凸轮和分电器轴在发动机凸轮轴的驱使下连续旋转，断电器触点循环开闭，点火线圈不断产生高压电，配电器按点火顺序循环向各缸火花塞输送高电压，产生电火花点燃混合气，保证发动机正常工作。如要发动机停止工作，只需断开点火开关，切断低压电路即可。

2. 电子点火系统工作原理（见图 5-2）

普通电子点火系由信号发生器产生触发或控制点火的信号，经过点火器内部的放大电

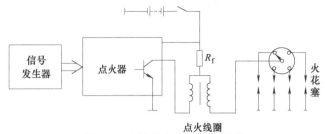

图 5-2 电子点火系统工作原理

路,最后控制大功率三极管的导通与截止,来控制点火线圈初级电流的通断,当初级电流被切断时,次级绕组中产生高压,通过配电器送达各缸的火花塞上,点燃可燃混合气。

理论知识二 点火系统常用部件、触点式点火系统简介

一、点火系统常用部件

(一) 分电器(见图 5-3)

1. 分电器的结构及工作原理

分电器形式很多,但结构和工作原理基本相同,都由信号发生器、配电器、点火提前装置组成。

(1) 信号发生器 信号发生器的作用是产生信号电压,输出给点火控制器,通过点火控制器来控制点火系统的工作。信号发生器按其工作原理不同可分为磁感应式、霍尔式、光电式、电磁振荡式。常用的为前两种。

(2) 配电器 配电器装于信号发生器的上部,由分电器盖、分火头组成,见图 5-4。其作用是将高压电按点火顺序分配至火花塞。

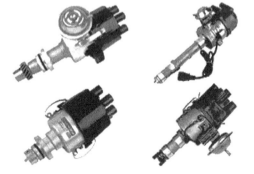

图 5-3 分电器

图 5-4 配电器

分电器盖由胶木粉在钢模中热压而成,装于分电器顶端,用两弹性夹卡固。分火头套装在分电器轴的顶端随轴一起旋转,其上有金属导电片。分电器盖的中间有高压线座孔,其内装有带弹簧的炭柱,压在分火头的导电片上。分电器盖的四周有与发动机汽缸数相等的旁电极通至盖上的金属套座孔,以安插分缸高压线。分火头旋转时,导电片在距离旁电极 0.2~0.8mm 间隙处越过,当信号发生器产生点火信号时,高电压自导电片跳至与其相对的旁电极,在经分缸高压线送至火花塞。

高压线有中央高压线和分缸高压线两种。一般为耐压绝缘包层的铜芯线或全塑高压阻尼

线。常为竖直排列，也有水平布置，可避免折损，缩短长度，抗高电压，延长寿命。

（3）离心提前机构　其作用是在转速变化时，利用离心力自动使信号发生器提前产生点火信号来调节点火提前角。其结构见图5-5。在分电器轴上固定有托板，两个重块分别套在托板的柱销上，重块的另一端由弹簧拉向轴心。信号发生器的转子与拨板一起套在分电器轴上，拨板的两端有长形孔，套于离心块的销钉上。

点火提前角无需调整时，离心提前机构处于不工作位置，两离心块在拉簧作用下抱向轴心。当发动机转速升高时，两离心块在离心力作用下向外甩开，离心块上的销钉拨动拨板和信号发生器转子，顺着分电器轴的旋转方向相对于轴转动一个角度，提前产生点火信号，点火提前角增大。转速越高，离心块离心力越大，点火提前角越大。反之，转速降低，点火提前角减小。

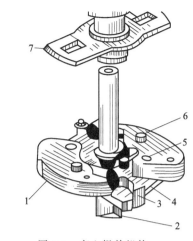

图5-5　离心提前机构
1—离心块；2—分电器轴；3—弹簧及支架；
4—托板；5—柱销；6—销钉；7—拨板

（4）真空提前机构　其作用是在发动机负荷变化时，自动调节点火提前角。装于分电器壳体一侧。其结构见图5-6。在外壳内固定有弹性金属片制成的膜片，膜片中心一侧与拉杆固连，另一侧压有弹簧。拉杆由壳底座孔中伸出，与底板相连，拉动底板带着信号发生器的定子相对于轴产生角位移。

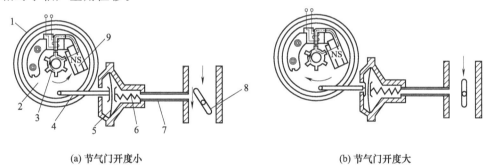

(a) 节气门开度小　　　　　　　　　　(b) 节气门开度大

图5-6　真空提前机构工作原理
1—分电器壳体；2—底板；3—信号转子；4—拉杆；5—膜片；6—弹簧；
7—真空连接杆；8—节气门；9—永久磁铁

当发动机负荷较小时，节气门开度也小，节气门下方及管道的真空度增大，真空吸力吸引膜片压缩弹簧而拱曲，通过拉杆拉动底板带着信号发生器的定子逆着分电器轴旋转方向转动一定角度，提前产生点火信号，于是点火提前角增大。负荷越小，节气门开度也越小，真空度越高，点火提前角越大，反之，负荷变大则点火提前角减小。

2. 分电器的型号

根据《汽车电气产品型号编制方法》（QC/T73—1993）规定，分电器型号为：

1	2	3	4	5

（1）产品代号：FD代表有触点分电器，FDW代表无触点分电器
（2）缸数代号（见表5-1）

表 5-1　缸数代号

代号	2	4	6	8	9
缸数	2	4	6	8	8 以上

(3) 结构代号（见表 5-2）

表 5-2　结构代号

代号	1	2	3	4	5	7
结构	无离心	无真空	拉偏心	拉同心	拉外壳	特殊结构

(4) 设计序号。

(5) 变形代号。

（二）点火线圈

点火线圈的作用是将电源的低压电转变为高压电。其外形见图 5-7。

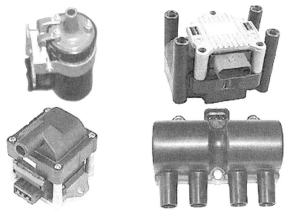

图 5-7　点火线圈外形

点火线圈按冷却方式不同分为沥青式、油浸式和气冷式。按有无附加电阻可分为带附加电阻型和不带附加电阻型。按接线柱的多少可分为两接柱式和三接柱式。按铁芯形状不同可分为开磁路式和闭磁路式。按功能差异分为普通型和高能型。

(1) 开磁路点火线圈　传统的开磁路点火线圈的基本结构见图 5-8，主要由铁芯、绕组、胶木盖、瓷杯等组成。其铁芯用 0.3~0.5mm 厚的硅钢片叠成，铁芯上绕有初级绕组和次级绕组。次级绕组居内，通常用直径为 0.06~0.10mm 的漆包线绕 11000~26000 匝；初级绕组居外，通常用 0.5~1.0mm 的漆包线绕 230~370 匝。次级绕组的一端连接在盖子上的高压插孔中的弹簧片上，另一端与初级绕组的一端相连；初级绕组的两端则分别连接在盖子上的低压接线柱上。绕组与外壳之间装有导磁钢套并填满沥青或变压器油，以减少漏磁、加强绝缘性并防止潮气侵入。

三接柱点火线圈壳体外部装有一附加电阻，附加电阻两端连至胶木盖的"开关＋"和"开关"接柱。其作用是改善点火性能。两接柱点火线圈无附加电阻，在点火开关与点火线圈"＋"接柱间，连入一根附加电阻线。

附加电阻也称热敏电阻，它由低碳钢丝、镍铬丝或纯镍丝制成，具有温度升高时电阻迅速增大、温度降低时电阻迅速减小的特点。发动机工作时，利用附加电阻这一特点自动调节初级电流，可以改善点火系的工作特性。

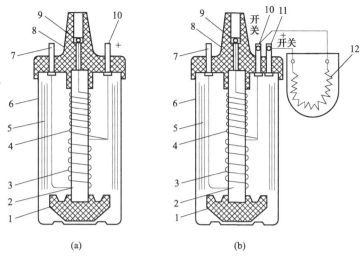

图 5-8 开磁路点火线圈结构示意图

1—瓷杯；2—铁芯；3—初级绕组；4—次级绕组；5—钢片；6—外壳；7—"-"接柱；
8—胶木盖；9—高压线插座；10—"+"或"开关"接柱；11—"开关+"接柱；12—附加电阻

当发动机低速工作时，初级电流增长时间长、电流大，附加电阻受热阻值增大，避免了初级电流过大，防止点火线圈过热；当发动机高速工作时，初级电流增长时间短，电流小，附加电阻温度较低，可使初级电流下降少些，保证了发动机在高速工作时点火系统能供给较强的高压电而不至断火。所以转速变化时，附加电阻较好地解决了高速断火和低速点火线圈过热的矛盾，改善了点火性能。

当发动机启动时，由于蓄电池的端电压会急剧下降，致使初级电流减小，点火线圈不能供给足够的高电压和点火能量。为了克服这一影响，在启动时将附加电阻短路，以增大初级电流，提高次级电压和火花能量，从而改善了发动机的启动性能。

（2）闭磁路点火线圈　闭磁路点火线圈的结构见图 5-9。

传统的开磁路点火线圈中，次级绕组在铁芯中的磁通通过导磁钢套构成回路，磁力线的上、下部分从空气中通过，磁路的磁阻大，磁通损失大，转换效率低（约 60%）；闭磁路点火线圈的铁芯是"日"字形或"口"字形，铁芯内绕有初级绕组，在初级绕组外面绕有次级绕组，其铁芯构成闭合磁路，磁路中只设有一个微小的气隙（为了减少磁滞现象），其磁路图见图 5-10。闭磁路点火线圈漏磁少，磁阻小，能量损失小，变换效率高，可使点火线圈小型化。

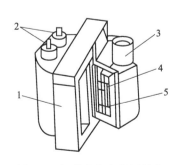

图 5-9　闭磁路点火线圈结构

1—"日"字形铁芯；2—初级绕组接柱；3—高压接柱；
4—初级绕组；5—次级绕组

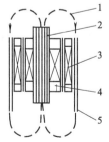

(a) 开磁路点火线圈磁路

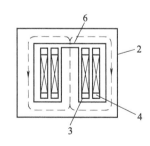

(b) 闭磁路点火线圈磁路

图 5-10　点火线圈磁路

1—磁力线；2—铁芯；3—初级绕组；4—次级绕组；
5—导磁钢片；6—空气隙

(3) 点火线圈的型号

| 1 | 2 | 3 | 4 | 5 |

① 产品代号：DQ 表示点火线圈，DQG 表示干式点火线圈，DQD 表示电子点火系用点火线圈。

② 电压等级：1—12V，2—24V，6—6V。

③ 用途代号：

1—单、双缸发动机；

2—四、六缸发动机；

3—四、六缸发动机（带附加电阻）；

4—六、八缸发动机（带附加电阻）；

5—六、八缸发动机；

6—八缸以上的发动机；

7—无触点分电器；

8—高能；

9—其他（包括三、五、七缸）。

④ 设计序号。

⑤ 变形代号。

（三）火花塞

火花塞的作用是将高压电引进发动机燃烧室，在电极间形成火花，以点燃可燃混合气。火花塞拧装于汽缸盖的火花塞孔内，下端电极伸入燃烧室，上端连接分缸高压线。火花塞是点火系中工作条件最恶劣、要求高和易损坏部件。其外形图见图 5-11。

图 5-11 火花塞

1. 要求

（1）混合气燃烧时，火花塞下部将承受高压燃气的冲击，要求火花塞必须有足够的机械强度。

（2）火花塞承受着交变的高电压，要求它应有足够的绝缘强度，能承受 30kV 高压。

（3）混合气燃烧时，燃烧室内温度很高，可达 1500～2200℃，进气时又突然冷却至 50～60℃，因此要求火花塞不但耐高温，而且能承受温度剧变，不出现局部过冷或过热。

（4）混合气的燃烧产物很复杂，含有多种活性物质，如臭氧、一氧化碳和氧化硫等，易使电极腐蚀，因此要求火花塞要耐腐蚀。

（5）火花塞的电极间隙影响击穿电压，所以要有合适的电极间隙。火花塞安装位置要合适，以保证有合理的着火点。火花塞气密性应当好，以保证燃烧室不漏气。

2. 结构

火花塞主要由接触头、瓷绝缘体、中心电极、侧电极和壳体等部分组成，见图 5-12。在钢质外壳的内部固定由高氧化铝陶瓷绝缘体，在绝缘体中心孔的上部有金属杆，杆的上端有接线螺母，用来接高压导线，下部装有中心电极。金属杆与中心电极之间用导体玻璃密封，铜质内垫圈起密封和导热作用。钢质外壳的上部有便于拆装的六角平面，下部有螺纹以便旋装在发动机汽缸盖内，外壳下端固定有弯曲的侧电极。

电极一般采用耐高温、耐腐蚀的镍锰合金钢或铬锰氮、镍锰硅等合金制成，也有采用镍包铜材料制成，以提高散热性能。火花塞电极间隙多为 0.6～0.7mm，电子点火系统间隙可增大至 1.0～1.2mm。

火花塞与汽缸盖座孔之间应保证密封，密封方式有平面密封和锥面密封两种。平面密封时，在火花塞与座孔之间应加装铜包石棉垫圈；锥面密封是靠火花塞壳体的锥形面与汽缸盖之间相应的锥形面进行密封。

3. 火花塞的热特性

要使火花塞能正常工作，其绝缘体下部裙部的温度应保持在 500～750℃，这样才能使落在绝缘体上的油滴立即烧掉，不致形成积炭，通常称这个温度为火花塞的"自净温度"。如果温度低于自净温度，就可能使油雾聚积成油层，引起积炭而漏电，导致不能点火。如果温度过高，则混合气与炽热的绝缘体接触时，会引起炽热点火而形成爆燃，甚至在进气过程中燃烧，产生化油器回火现象，使发动机遭受损坏。

火花塞绝缘体裙部的工作温度，取决于其受热情况和散热条件。要使火花塞裙部经常保持在自净温度，就必须使火花塞吸收的热量与散出的热量达到一定的平衡状态，并在发动机转速和功率正常变化的范围内保持稳定。

影响火花塞裙部温度的主要因素是裙部长度。裙部越长，受热面积越大，散热路径越长，所以裙部温度越高。反之，裙部温度就越低。

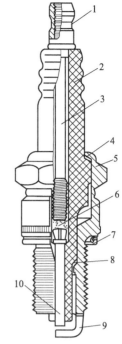

图 5-12　火花塞的结构
1—接触螺母；2—绝缘体；3—金属杆；
4,8—内垫圈；5—壳体；6—导体玻璃；7—多层密封垫圈；9—测电极；
10—中心电极

另外，壳体下部的内径越大，容纳高温气体越多，致使裙部温度越高。反之，裙部温度越低。绝缘体吸收的热量，有一小部分（20%）被进气时的新鲜混合气带走，大部分经上、下铜垫圈传给壳体，然后再传给汽缸盖，还有一小部分则由中心电极传出。

火花塞的热特性主要决定于绝缘体裙部的长度。绝缘体裙部长的火花塞，其受热面积大，传热距离长，散热困难，裙部温度高，一般称为"热型"火花塞。反之，裙部短的火花塞，吸热面积小，传热距离短，散热容易，裙部温度低，一般称为"冷型"火花塞。

火花塞裙部温度的高低，一方面受火花塞热特性的影响，另一方面还直接受汽缸内工作温度高低的影响。对于大功率、高压缩比和高转速的发动机来说，由于燃烧室的温度高，为使火花塞能与这种发动机工作特性相匹配，不致产生炽热点火，应当采用"冷型"火花塞。相反，对功率小、转速和压缩比低的发动机来说，为了不致形成积炭，应采用"热型"火花塞。

二、传统触点式点火系统简介

1. 结构特点

这种点火系统的组成参见图 5-1。它由电源、点火线圈、分电器、点火开关和火花塞等组成。

分电器轴由发动机凸轮轴驱动，分电器内断电器凸轮的凸角数与发动机汽缸数相等。工作时，断电器触点控制点火线圈一次电流，分别安装在分电器壳内外的离心、真空调节装置按照近似调节法控制点火提前角。

2. 基本工作原理

当发动机旋转时，分电器内断电器凸轮轴也随之转动，断电器触点交替地闭合和打开。当接通点火开关后，触点闭合，则点火线圈一次绕组中有电流通过，且逐渐增大。当触点打开时，二次绕组中产生15～25kV的高压电，经配电器按发动机点火顺序将高压电分配给各缸火花塞，产生电火花。

3. 存在的缺点

（1）触点打开时产生火花，使触点易烧蚀。

（2）低压电流的大小受触点允许电流值的限制（一般为5A），不能过大，因此高压火花能量的提高也受到限制。

（3）高压电的最大值随发动机转速的升高和发动机汽缸数的增加而下降。

（4）工作中高压电上升较慢，对火花塞积炭和污染很敏感。

（5）点火提前角调节装置多采用机械式，最佳点火时机不准确，从而使发动机经济性和动力性受到影响。

理论知识三　电子点火系统的组成及工作过程

一、磁感应式电子点火系统

磁感应式电子点火系又称为磁脉冲式电子点火系，由磁感应式分电器（内装磁感应式点火信号发生器）、点火器、专用点火线圈、火花塞等部件组成。

（1）分电器　见图5-13。

（2）信号发生器　见图5-14。

（3）点火控制器　见图5-15。

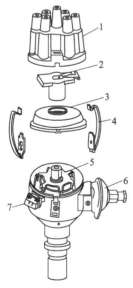

图5-13　分电器结构

1—分电器盖；2—分火头；3—防护罩；
4—固定夹；5—信号发生器；6—真空调节器；7—信号发生器端子

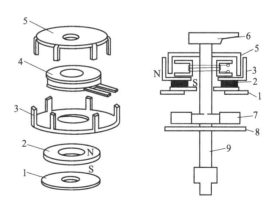

图5-14　信号发生器的结构

1—导磁板；2—永久磁铁；3—定子；4—感应线圈；
5—转子；6—分火头；7—离心调节器；8—托板；
9—分电器轴

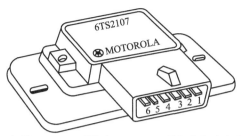

图 5-15 解放 CA1092 型汽车 6TS2107 型集成电路点火控制器

（4）工作过程　见图 5-16。信号发生器输出的信号电压加在 2 和 3 端子之间。当信号电压下降至某值时，输出管 VT 导通，此时电流经过点火线圈一次绕组，铁芯中产生磁场。当信号电压上升到某值时，VT 管截止，此时点火线圈一次电流被切断，磁场迅速消失，于是在二次绕组中产生高压电。

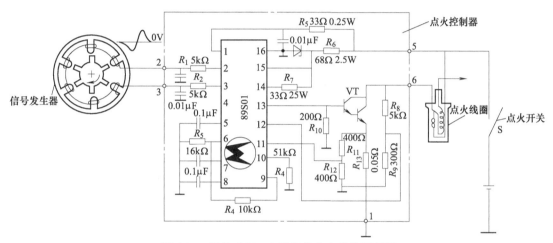

图 5-16 解放 CA1092 型汽车点火系统原理图

二、霍尔式电子点火系统

霍尔式电子点火系统由内装霍尔信号发生器的分电器、点火器、火花塞、点火线圈等组成。

1. 霍尔信号发生器

（1）霍尔效应（原理图见图 5-17）　当电流通过放在磁场中的半导体基片，且电流方向和磁场方向垂直时，在垂直于电流和磁场的半导体基片的横向侧面上产生一个与电流和磁场强度成正比的电压，这个电压称为霍尔电压。

（2）组成　霍尔信号发生器位于分电器内，其结构见图 5-18。主要由分电器轴带动的触发叶轮、永久磁铁、霍尔元件等组成。

霍尔元件实际上是一个霍尔集成块电路，内部原理图见图 5-19。因为在霍尔元件上得到的霍尔电压一般为 20mV，因此必须将其放大整形后再输出给点火控制器。

（3）工作原理　霍尔信号发生器工作原理图见图 5-20。分电器轴带动触发叶轮转动，当叶片进入磁铁与霍尔元件之间的空气隙时，磁场被旁路，霍尔元件不产生霍尔电压，霍尔集成电路末级三极管截止，信号发生器输出高电位；当触发叶轮离开空气隙，永久磁铁的磁力线通过霍尔元件而产生霍尔电压，集成电路末级三极管导通，信号发生器输出低电位。叶

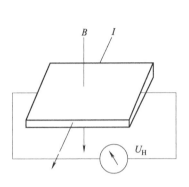

图 5-17 霍尔效应
I—电流；B—磁场；
U_H—霍尔电压

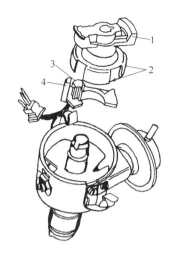

图 5-18 霍尔式分电器结构
1—分火头；2—触发叶轮；3—永久磁铁；
4—霍尔集成块

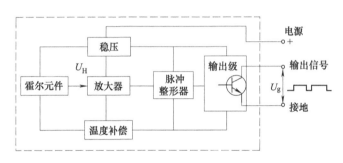

图 5-19 霍尔集成块电路框图
U_H—霍尔电压；U_g—霍尔信号发生器输出信号电压

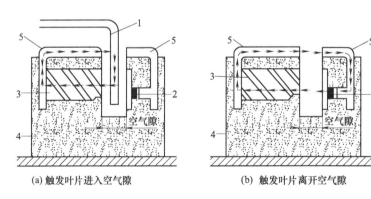

(a) 触发叶片进入空气隙　　(b) 触发叶片离开空气隙

图 5-20 霍尔信号发生器工作原理
1—触发叶轮的叶片；2—霍尔集成块；3—永久磁铁；4—霍尔传感器；5—导板

片不停地转动，信号发生器输出一个矩形波信号，作为控制信号给点火器。由点火器控制初级电路的通断。

霍尔信号发生器完成功能时波形见图 5-21。

（4）优缺点　工作可靠，寿命长；发动机启动性能好；价格较高。

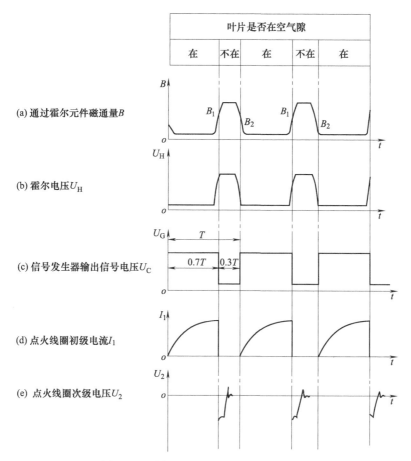

图 5-21　霍尔式电子点火装置工作波形图

2. 点火控制器

桑塔纳轿车点火控制器外形结构见图 5-22。点火控制器内部采用意大利 SGS-THOMSON 公司生产的 L497 专用点火集成块。该点火控制器具有初级电流上升率的控制、闭合角控制、停车断电保护和过电压保护等功能。

3. 工作过程

下面以桑塔纳轿车用霍尔式电子点火系统（见图 5-23）为例说明其工作过程。

霍尔电子点火系统（点火器内装专用点火集成块）原理图见图 5-24。

（1）基本功能

① 发动机工作时，分电器轴带动霍尔信号发生器的触发叶轮旋转。当触发叶轮的叶片进入空气隙时，信号发生器输出高电压信号 11~12V，使点火控制器集成电路中末级大功率三极管 VT 导通，点火系统初级电路接通：电源"+"→点火开关→火线圈 W_1→点火控制器（三极管 VT）→搭铁。

② 当触发叶轮的叶片离开空气隙时，信号发生器输出 0.3~0.4V 的低电压信号，使点火器大功率三极管 VT 截止，初级电路切断，次级产生高压。见表 5-3。

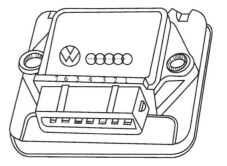

图 5-22　桑塔纳轿车点火控制器

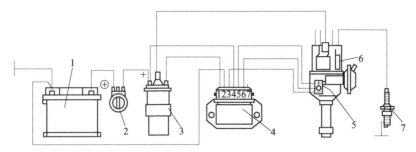

图 5-23 上海桑塔纳轿车用霍尔式电子点火系统的组成
1—蓄电池；2—点火开关；3—点火线圈；4—点火控制器；5—霍尔发生器；
6—分电器；7—火花塞

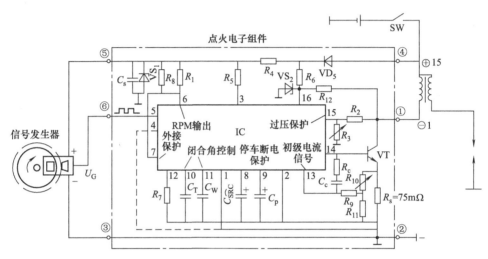

图 5-24 霍尔电子点火系统（点火器内装专用点火集成块）原理电路

表 5-3 霍尔电子点火系统工作过程

叶片位置	霍尔电压	信号发生器输出信号	点火器大功率管	点火线圈初级回路
进入空气隙	不产生	高电位	适时导通	接通
离开空气隙	产生	低电位	截止	切断，次级绕组产生高压

(2) 限流控制（恒流控制） 为保证发动机在各种工况下稳定点火，采用高能点火线圈，其初级电路电阻小，电感小，初级电流增长快，电流大，若不控制，点火线圈和点火器会因过热而损坏。初级电流上升特性见图 5-25。限流控制电路原理图见图 5-26。图中 VT 为点火器末级大功率管，R_s 为采样电阻，IC 为点火集成块。当采样电阻值一定时，采样电阻两端的电压值与通过点火线圈的初级电流成正比，工作中采样电阻压降值反馈到点火集成块中的限流控制电路，使限流控制电路工作，从而保持流过点火线圈的初级电流恒定不变。

基本工作情况：当大功率管饱和导通时，如果初级电流<限流值时，初级电流逐渐增大；当初级电流>限流值时，R_s 反馈电压使放大器 F 输出端电压升高，使 VT_1 更加导通，集电极电位下降，VT 向截止区偏移，初级电流下降；当初级电流略低于限流值时，R_s 反馈电压使放大器 F 输出端电压下降，使 VT_1 趋于截止，集电极电位上升，VT 趋于导通，初级电流上升。

(3) 闭合角控制 闭合角是指点火控制器的末级大功率开关管导通期间，分电器轴转过

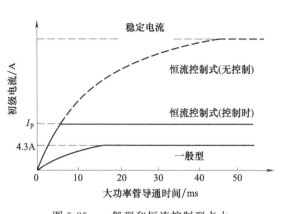

图 5-25　一般型和恒流控制型点火
线圈初级电流上升特性

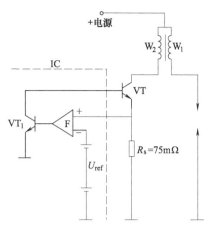

图 5-26　限流控制电路原理

的角度，也称导通角。由于点火线圈采用了高能点火线圈，即初级绕组 W_1 的电阻很小（0.52～0.76Ω），这样点火系统初级电路的饱和电流可达 20A 以上，为防止初级电流过大烧坏点火线圈，点火控制器必须控制末级大功率开关管的导通时间，使初级电流控制在额定电流值，保证点火系统可靠工作。装与未装闭合角控制时的初级电流波形见图 5-27。

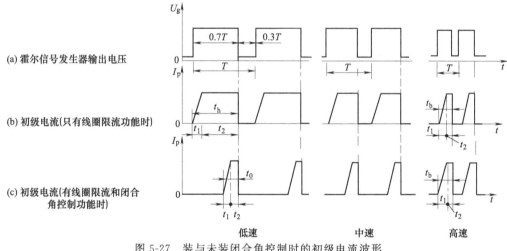

图 5-27　装与未装闭合角控制时的初级电流波形

① 当转速变化时，闭合角控制电路在低速时使 VT 延迟导通，高速时使 VT 提前导通，从而使 VT 导通时间基本不变，如图 5-27（c）所示。各种转速下闭合角见表 5-4。

表 5-4　各种转速下闭合角

分电器转速/(r/min)	300	750	1000	1200	1600
闭合角/(°)	20	32	43	49	63

② 当电源电压变化时，使初级电流上升率也跟着变化，即电压高时上升快，电压低时上升慢，为保证限流时间不变，闭和角控制电路使 VT 导通时间随电源电压的增高而减小，反之增加，见图 5-28。各种电压下闭合角见表 5-5。

③ 点火线圈参数变化时，闭合角控制电路也会做出相应的反应，使闭合角做出小量改变。

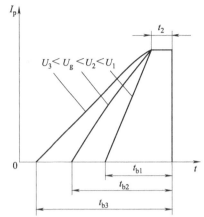

图 5-28 电源电压变化时对闭合时间的影响

表 5-5 各种电压下闭合角

电源电压/V	11	14	16	18	20
闭合角/(°)	55	39	33	29	26

三、光电式电子点火系统

（1）信号发生器的结构　见图 5-29。
（2）信号发生器工作原理　见图 5-30。

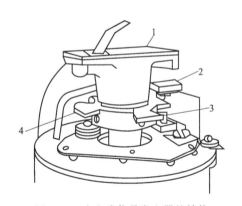

图 5-29　光电式信号发生器的结构
1—分火头；2—发光二极管；
3—光敏三极管；4—遮光盘

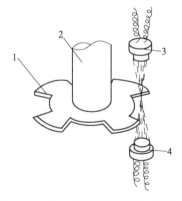

图 5-30　光电式信号发生器工作原理
1—遮光盘；2—分电器轴；3—发光二极管；
4—光敏三极管

（3）工作过程　原理图见图 5-31。合上点火开关，蓄电池电压通过 R_1 加在稳压管 VS 上，使发光二极管 VL 承受电压（约 3V）而发出红外光。

发动机工作时，遮光盘随分电器轴转动，当遮光盘缺口通过光源时，红外光照射到光电三极管 VT 上，使其产生基极电流而导通，三极管 VT_1 也随之导通。VT_1 导通后，给 VT_2 提供基极电流，使 VT_2 导通，VT_2 导通时，使 VT_3 的基极电位接近零而截止，此时 VT_4 通过 R_6 和 R_8 的分压获得基极电流而导通，于是接通点火线圈初级线圈电路。电路为：蓄电池"＋"极→点火开关→附加电阻 R_9→点火线圈一次绕组 N_1→VT_4→搭铁。

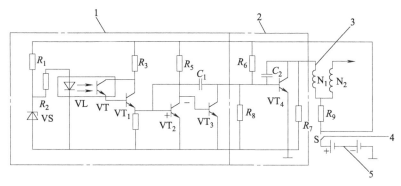

图 5-31 光电式点火系统原理图
1—光电式信号发生器；2—点火控制器；3—点火线圈；
4—点火开关；5—蓄电池

理论知识四　几种常见车型的电子点火系统

一、丰田汽车磁感应式电子点火系统

1. 磁感应信号发生器

（1）组成　该信号发生器安装在分电器内的底板上，见图 5-32。由信号转子、永久磁铁、铁芯、传感线圈组成。

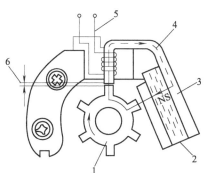

图 5-32　磁感应信号发生器的基本结构
1—信号转子；2—永久磁铁；3—铁芯；4—磁通；5—传感线圈；6—空气隙

（2）工作原理　利用电磁感应原理，信号转子转动时，信号转子的凸齿与铁芯的空气隙发生变化，使通过传感线圈的磁通发生变化，因此传感线圈中便产生感应的交变电动势，该交变电动势输入到点火器，以控制点火系统工作。其工作过程（假设信号转子顺时针转动）见图 5-33（a）：

当信号转子顺时针转动，信号转子的凸齿逐渐接近铁芯，凸齿与铁芯间的空气隙越来越

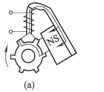 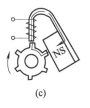 
　　(a)　　　　　　(b)　　　　　　(c)　　　　　　(d)

图 5-33　磁感应式信号发生器工作原理

小，通过传感线圈的磁通逐渐增大，当信号转子凸齿的齿角与铁芯边缘相对时，磁通急剧增加，磁通变化率最大，当信号转子转过图 5-33（b）后，虽然磁通仍然增加，但磁通变化率减低，当信号转子凸齿的中心正对铁芯的中心线时，如图 5-33（c）所示，空气隙最小，磁通最大，但磁通变化率最小。转子继续转动时，空气隙又逐渐增大，磁通逐渐减小，当信号转子凸齿的齿角正对铁芯的边缘时，如图 5-33（d）所示，磁通急剧减小，磁通变化率负向最大。

通过传感线圈磁通的变化情况及感应电动势变化见图 5-34；转速不同时，传感线圈中磁通变化及感应电动势变化见图 5-35。

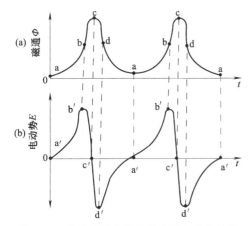

图 5-34 传感线圈中磁通及感应电动势情况

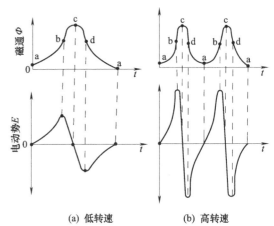

图 5-35 不同转速时传感线圈内磁通及感应电动势变化情况

（3）优点　结构简单，便于批量生产，耐高温，适用于各种环境。
（4）缺点　转速低时信号较弱。

2. 点火系统的基本电路及工作原理

日本丰田 MS75 系列汽车装用的磁脉冲式无触点电子点火系统的电路原理见图 5-36。

（1）点火器中各三极管作用

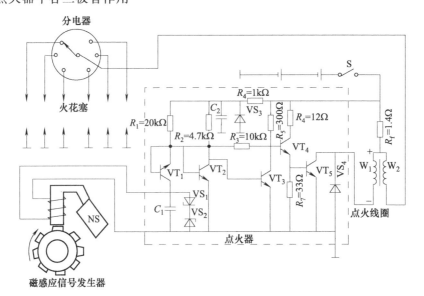

图 5-36 丰田车磁脉冲式无触点电子点火系统电路

① VT_1 发射极与基极相连，相当于一个二极管，见图 5-37。起温度补偿作用。
② VT_2 触发管，起信号检测作用。
③ VT_3、VT_4 放大作用，将 VT_2 输出放大以驱动 VT_5。
④ VT_5 大功率管，控制初级电流的通断。

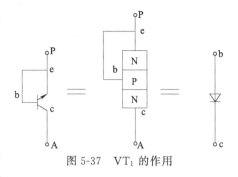

图 5-37 VT_1 的作用

（2）接通点火开关 S VT_1、VT_2 导通，VT_3 截止，VT_4、VT_5 导通，初级电路接通，在线圈中形成磁场。其电路是：蓄电池正极→点火开关 S→附加电阻 R_f→点火线圈初级绕组 W_1→VT_5（集电极、发射极）→搭铁→蓄电池负极。

（3）启动发动机 分电器开始转动，信号发生器的传感线圈开始产生交变电动势信号。传感线圈中产生正向信号电压时，VT_1 截止，VT_2 导通，VT_3 截止，VT_4、VT_5 导通，初级电路仍然接通。传感线圈中产生负向信号电压时，VT_1 导通，VT_2 截止，VT_3 导通，VT_4、VT_5 截止，初级电路切断，磁场迅速消失，次级绕组产生高压。信号发生器的输出电压与三极管 VT_2、VT_5 以及次级电压 U_2 的关系见图 5-38。

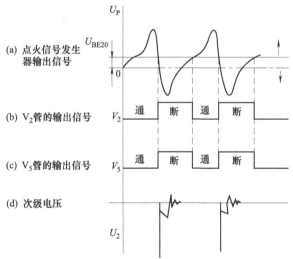

图 5-38 磁感应式无触点点火系统工作波形图

（4）其他元件作用
① VS_1、VS_2 反向串联后与点火信号发生器的传感线圈并联，在高转速时，使传感线圈输出的正向和负向电压稳定在某一数值，保护 VT_2 不受损害。
② VS_3 与 R_4 组成稳压电路，保证 VT_1、VT_2 在稳定电压下工作。
③ VS_4 当 VT_5 管截止时，将初级绕组的自感电动势限制在某一值内，保护 VT_5 管。
④ C_1 消除点火信号发生器传感线圈输出电压波形上的毛刺，防止误点火。
⑤ C_2 与 R_4 组成阻容吸收电路，吸收瞬时过电压，防止误点火。
⑥ R_3 加速 VT_2 及 VT_5 的翻转。

二、富康轿车无触点电子点火系统

富康轿车 TU32/K 型发动机采用无触点电子点火系统。这种点火系统主要由点火线圈、分电器、电子点火器和火花塞组成。在分电器中，装有点火信号发生器、配电器、真空点火提前调节器和离心点火提前调节器。其组成和电路原理如图 5-39、图 5-40 所示，该系统取消了断电器的触点，将点火信号发生器产生的点火信号传输到点火器进行放大与整形，以控制点火线圈初级电路的通断，使点火线圈次级绕组中产生高压电，击穿火花塞电极间隙，产生电火花，点燃混合气。其中点火线圈、火花塞、配电器、点火提前角调节器与传统的触点式点火系统元件差别不大，以下着重介绍点火信号发生器和电子点火器的结构原理。

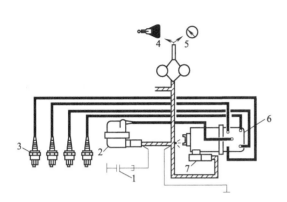 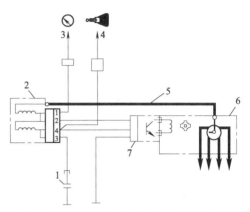

图 5-39　富康轿车无触点电子点火系统的组成
1—防干扰电容器；2—点火线圈；3—火花塞；4—接点火开关；5—接转速表；6—分电器；7—电子点火器

图 5-40　富康轿车无触点电子点火系统的电路原理
1—防干扰电容器；2—点火线圈；3—接转速表；4—接点火开关；5—中央高压线；6—分电器；7—电子点火器

1. 点火信号发生器结构与工作原理

目前点火信号发生器有磁感应式、光电式和霍尔效应式 3 种。富康轿车所用的是磁感应式点火信号发生器，它的作用是产生与发动机曲轴位置相对应的磁感应电压脉冲，其组成与工作原理如丰田相关图所示。点火信号发生器定子部分（感应线圈与磁轭）固定在分电器底板上，信号触发转子有与发动机汽缸数相同的叶片，它随分电器轴一起转动。当转子转动时，使得转子与磁轭之间的气隙发生变化，转子叶片靠近磁轭时，气隙减小，磁路的磁阻减小，磁通量增大；转子叶片离开磁轭时，气隙增大，磁路磁阻增大，磁通量减小。这一变化的磁通穿过感应线圈，感应线圈便产生了感应电动势，这个感应电动势被用来触发点火。

2. 电子点火器结构与工作原理

电子点火器的作用是根据点火信号发生器输入的电压脉冲，及时地接通和切断点火线圈的初级回路，使点火线圈的次级产生高压。电子点火器的结构与工作原理如图 5-41 所示。

输入的点火信号经放大和整形后控制开关三极管的导通和截止。三极管导通时，点火线圈初级通路，其初级电流上升，点火线圈的磁场加强，这实际上是点火线圈储存点火能量的过程。当三极管截止时，点火线圈初级断路，其初级电流迅速下降，点火线圈的次级便产生高压。此高压经高压导线和配电器加在需点火缸的火花塞电极上。富康轿车的电子点火器固定在分电器壳体上，电子点火器与分电器之间涂有白色的导热油脂，缺少或无导热油脂将会影响电子点火器的散热而导致过热损坏。

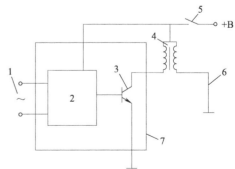

图 5-41　电子点火器的结构与工作原理
1—点火信号；2—放大与整形电路；3—电子点火器开关三极管；4—点火线圈；5—点火开关；6—火花塞；7—电子点火器

三、捷达轿车电子点火系统（见图5-42)

捷达轿车电子点火系统工作原理：无触点分电器轴上有一个带窗口的转子、窗口数与发动机缸数相同。接通点火开关，发动机运转，转子随之转动，连续切割磁力线。当转子叶片转入气隙时，磁通偏离霍尔元件，霍尔元件两侧面的霍尔电压降到零。叶片处于隔磁状态位置时，信号发生器传给晶体管控制单元信号。晶体管点火控制单元内开关导通，点火线圈初级电路接通；当转子叶片转离气隙时，磁通通入霍尔元件，霍尔元件的两个侧面产生霍尔电压，该信号使晶体管控制单元内开关断开，切断点火线圈初级电路，从而在点火线圈的次级产生点火高压脉冲，分电器分火头分配给相应的火花塞，产生火花。同时，点火时刻由分电器中离心提前机构和真空提前机构调节。

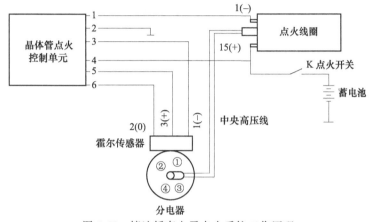

图5-42 捷达轿车电子点火系统工作原理

理论知识五　微机控制点火系统

一、微机控制点火系统的发展历史及其优点

自20世纪70年代以来，无触点电子点火装置已获得广泛应用。尤其是采用高能点火线圈及专用集成点火模块等先进技术之后，点火系统的工作性能及控制功能得到了大幅提高。不仅能使发动机在各种转速下可靠点火，而且在突然加速、火花塞积炭、较稀燃油混合气等恶劣工况下，仍能及时点燃混合气。但随着社会的进步，人们对汽车发动机的动力、油耗、排气净化等要求越来越高，从而使得普通电子点火装置存在的诸多不尽如人意之处，特别是点火时刻（即点火提前角）的控制，已明显不能适应现代汽车的要求。因为普通电子点火系统对点火时刻的控制与传统点火系统一样，依靠分电器上装设的离心式和真空式点火提前装置来控制。这两种装置由于受其机械结构及性能的限制，调节能力有限，很难实现点火提前角随发动机的转速、负荷、启动及怠速、水温、汽油的辛烷值、压缩比等的不同而精确调节，有时为了避免大负荷时的爆燃，不得不减小点火提前角。因而它只能使发动机在某些工况下接近于最佳点火提前角（即发动机发出功率最大和油耗最少的点火提前角），而在其他许多工况下的点火提前角实际上是处于过小的状态，使发动机不在最佳的燃烧状态下工作，从而影响了发动机功率的充分发挥。由于点火时刻对发动机动力、油耗、排放污染、压缩比、大气压力、冷却水温度、空燃比、爆燃、行驶的稳定性等都会产生直接影响，因此，为了满足各种工况的要求，使发动机工作时其动力性和经济性达到最佳，排放污染最小，则必

须测试大量的工况信息,并及时处理后输出相应的控制信号,以控制最佳点火时刻。显然普通电子点火系统是无法胜任的,只有采用微机及自动控制技术才能把点火时刻控制在最佳状态。早在 20 世纪 70 年代中期,一些发达国家就开始了微机控制点火系统或叫电子点火提前,即 ESA 控制系统的研究。20 世纪 80 年代后,随着微机工作可靠性的提高和成本的大幅度下降,在中高档轿车上纷纷引入了微机控制技术,并由单独控制系统发展成为现代的集中控制系统。引入微机控制点火系统后,使得点火时刻的控制、通电时间的控制及防爆震的控制等能达到比较理想的控制精度。现今,国产奥迪、桑塔纳轿车和北京切诺基吉普车等车型的发动机均采用了这种微机控制点火系统。

该点火系统主要有以下优点:

(1) 废除了真空和离心式点火提前装置。点火提前角由微机控制,从而使发动机在各种工况下都有最佳的点火提前角,提高了发动机的动力性和经济性,且保证排放污染最小。

(2) 将点火提前到发动机刚好不至于产生爆燃的范围。

二、微机控制点火系统的组成与工作原理

1. 微机控制点火系统的组成及功能

微机控制点火系统主要由各类传感器,发动机控制器 ECU 和点火执行器三部分组成,如图 5-43 所示。传感器是用来监测与发动机点火有关的各种工况信息的装置。点火执行器是由电子点火器、点火线圈、分电器及火花塞组成,微机控制点火系统各部分的功能见表 5-6 所示。

2. 微机控制点火系的主要电路

(1) 点火确认信号 (IGf 信号) 发生电路 当点火线圈初级电流切断时,产生反电动势触发 IGf 信号发生电路,使其输出一个点火确认信号 (IGf) 给 ECU。IGf 信号也称为点火安全信号。

在电喷发动机中,喷油器的驱动信号来自转速与曲轴位置传感器,如果点火系统出现故

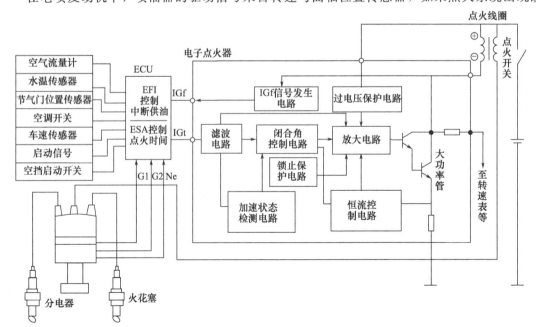

图 5-43 微机控制点火系统的组成

表 5-6 微机控制点火系统各组成部分的功能

组成部分		功 能
传感器	空气流量计	检测进气量
	进气歧管绝对压力传感器	
	节气门位置传感器	向主 ECU 输入点火提前角修正信号
	冷却液温度传感器	检测发动机的冷却液温度
	启动开关	检测发动机是否正处于启动状态
	空挡启动开关	检测自动变速器的选挡杆是否位于 N 位或 P 位
	车速传感器	检测车速,向主 ECU 输入车速信号
	空调开关 A/B	检测空调的工作状态(ON 或 OFF)
	爆震传感器	检测发动机爆震信号
	电源电压传感器	向主 ECU 输入电源电压信号
点火执行器	分电器 Ne 信号检测线圈	检测曲轴角度(发动机转速)
	G1、G2 信号检测线圈	检测曲轴角度基准线位置
	电子点火器与点火线圈	根据主 ECU 输出的点火控制信号,控制点火线圈初级电路的通断,产生次级测高压使火花塞点火,同时,把点火确认信号 IGf 反馈给 ECU
发动机控制器(主 ECU)		根据各传感器输入的信号,计算出最佳的点火提前角,并向电子点火器输送点火控制信号

障使火花塞不能点火,而该传感器工作正常时,喷油器会继续喷油。为避免这种现象的发生,当 IGf 信号连续 3~6 次没有反馈给 ECU 时,ECU 就判断此时发动机已熄火,并向 EFI 系统的喷油控制电路发出中断供油的指令,以防止浪费燃油、再启动困难以及行驶时三元催化转换器过热等现象的发生。

(2) 过电压保护电路 当汽车电源供电电压过高时,该电路使点火器放大电路中的功率晶体管截止,以保护点火线圈与功率管。

(3) 闭合角控制电路 所谓闭合角,是指点火线圈初级电路通电期间曲轴转过的角度。闭合角控制电路可控制点火器中功率管的导通时间,即控制点火线圈初级电路的通电时间,以保证次级电路产生合适的点火高压。

(4) 锁止保护电路 也称发动机停转断电保护电路。如果发动机熄火而点火开关仍接通,在点火线圈和功率管的导通时间超过一预定值时,该电路控制功率管截止,切断初级电路的电流,以保护点火线圈和功率管不被发热烧坏,并避免不必要的电能消耗。

(5) 恒流控制电路 保证在任何转速下,在极短的时间内,使点火线圈一次电流都能达到规定值(一般为 6~7A),以减小转速对次级电压的影响,改善点火性能。同时,还可防止因初级电流过大而烧坏点火线圈。

(6) 加速状态检测电路 当发动机转速急剧上升时,该电路对这种加速状态进行检测,并将检测到的状态信号输送给闭合角控制电路,使其中的功率管提前导通,以增大闭合角。

3. 微机控制点火系的工作原理

发动机运行时,ECU 不断地采集发动机的转速、负荷、冷却水温度、进气温度等信号,并与微机内存储器中预先储存的最佳控制参数进行比较,确定出该工况下最佳点火提前角和初级电路的最佳导通时间,并以此向点火控制模块发出指令。

点火控制模块根据 ECU 的点火指令,控制点火线圈初级回路的导通和截止。当电路导通时,有电流从点火线圈中的初级线圈流过,点火线圈此时将点火能量以磁场的形式储存起来。当初级线圈中的电流被切断时,次级线圈中将产生很高的感应电动势(15~30 kV),送到工作汽缸的火花塞,点火能量被瞬间释放,并迅速点燃汽缸内的混合气,发动机完成做功过程。

此外，在带有爆震传感器的点火提前角闭环控制系统中，ECU还可根据爆震传感器的输入信号来判断发动机的爆震程度，并将点火提前角控制在爆震界限的范围内，使发动机能获得最佳燃烧。

三、微机控制点火系统的控制功能

点火系统采用了微机控制之后，其控制功能大大加强，除了具有以上介绍过的控制功能外，主要还具有点火提前角控制、通电时间控制和爆燃控制。下面作一简要叙述。

1. 点火提前角控制

在微机控制点火系统中，点火提前角按发动机启动期间与正常运行期间两种基本工况实现控制。

（1）发动机启动期间点火提前角控制　发动机刚启动时，其转速较低（一般认为在500r/min以下），且进气歧管压力信号或进气量信号不稳定。此时可由ECU根据所控制的发动机工作特性预置一个固定的点火提前角，称为初始点火提前角。也就是说，ECU检测到发动机处于启动期间，就按预置的初始点火提前角控制各缸点火，此时，ECU检测的控制信号主要是发动机转速信号（Ne）和启动开关信号（STA）。初始点火提前角的设定因发动机而异，但一般为压缩行程中活塞到达上止点前10°左右。

（2）发动机正常运行期间点火提前角控制　发动机正常运行期间，ECU要根据实测的有关发动机各种工况信息，确定最佳点火提前角。

① 基本点火提前角。在ECU内存中，存放有与发动机转速和进气流量相对应的点火提前角数据。发动机正常运行时，ECU根据实测的发动机转速信号和进气流量信号（或进气歧管压力信号），在内存数据表中查找出相应的角度，该角度称为该工况下的基本点火提前角。基本点火提前角随着发动机转速升高而增大，随进气流量（或进气歧管压力）增加而减小。

② 修正点火提前角。发动机正常运行时，最佳点火提前角还与发动机冷却水温、进气温度、混合气空燃比、爆震等诸多因素有关，因而ECU还要根据实测到的这些信号对点火提前角进行修正。

a. 暖机修正。当发动机启动后，若冷却水温度较低时，应增大点火提前角，以使发动机尽快暖机。控制暖机修正量的主要信号有冷却水温度信号、进气流量信号和节气门开度信号。

b. 过热修正。发动机正常运行时，若冷却水温过高，为了避免发动机过热，应减小点火提前角。控制过热修正量的主要信号有冷却水温度信号和节气门开度信号。

c. 怠速稳定性修正。发动机在怠速运行期间，由于发动机负荷变化，会引起发动机转速改变而偏离怠速下设定的目标转速。为了能保持怠速下稳定运转，就必须相应地修正点火提前角。当检测到的实际转速低于怠速目标转速时，应相应增大点火提前角；当检测到的实际转速高于怠速目标转速时，应相应减小点火提前角。控制怠速稳定性修正量的主要信号有发动机转速信号、节气门开度信号、车速信号、空调信号等。

由此可见，发动机正常运行期间的"实际点火提前角＝初始点火提前角＋基本点火提前角＋修正点火提前角"。当初始点火提前角设定之后，受ECU控制的点火提前角只有基本点火提前角和修正点火提前角，此两项之和最大为35°～45°，最小为－10°～0°。ECU设置有点火提前角限值调整功能，若点火提前角超过限值范围时，ECU将把实际点火提前角调整到最大或最小允许提前角。

2. 通电时间控制

对于常用的电感储能式电子点火系统来说，初级电路断开瞬间其电流所能达到的值与初级电路的通电时间有关。

对通电时间进行控制,就是对点火闭合角进行控制,在产生足够的次级高压的同时,还要防止因通电时间过长使点火线圈过热而烧坏。

闭合角的大小取决于发动机转速和电源供电电压的大小,在不同转速、不同的供电电压下,都应保证有一定的初级断开电流。随着发动机转速的升高,应适当增大闭合角。当电压下降时,增大通电时间(闭合角)。

ESA 系统对闭合角进行控制时,主 ECU 的内存中储存了根据电源电压和发动机转速确定的点火闭合角三维数据表格。在发动机实际工况中,ECU 通过查找表格内的数据,就可计算确定最佳的点火闭合角。

3. 爆燃控制

爆燃是汽油发动机运行中最有害的一种故障现象,轻则使发动机运行不稳定,重则导致发动机损坏。爆燃与所使用的汽油辛烷值密切相关,辛烷值越低越容易引起爆震燃烧,为了避免爆燃发生,应适当减小点火提前角。但是,这种点火提前角的调整难以控制。若调整值偏大,则不利于获得理想的点火时刻;若调整值偏小,如遇劣质燃油或其他偶然因素,发动机又难免进入爆燃区。为此,在 ESA 控制系统设置爆燃控制器,它由爆燃传感器、检测电路、控制电路及校正电路组成。爆燃控制系统如图 5-44 所示。

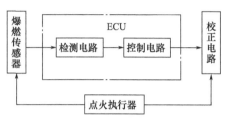

图 5-44 爆燃控制系统

利用压电晶体的压电效应,把爆燃时传到汽缸体上的机械振动转换成电信号输入到 ECU 中,作为爆燃控制信号。ECU 检测传感器送来的信号,据此分析判断有无爆燃及爆燃强度,然后输出相应的指令控制校正电路,对发动机的点火提前角进行较准确的调整。爆燃强,推迟点火的角度大;爆燃弱,推迟点火的角度小。每次调整都以一个固定的角度递减,直到爆燃消失为止。而后又以一个固定的角度递增,当发动机再次出现爆燃时,ECU 又使点火提前角减小,如此不断调整。这是一种"临界控制"方式,它可使发动机接近爆燃区而又不进入爆燃区,此时缸内燃烧的热效率最高。

实训项目部分

实训项目一 点火系统部件的主要故障与检修

一、火花塞

1. 拆卸火花塞

依次拆下火花塞上的高压分线。在拆下高压分线时,应做好各缸的记号,以免搞乱、装错。

拆卸高压分线时,不要抓住电线猛拉,应该抓住高压分线末端的防尘套扭转着卸下电线。

拆卸火花塞前,要清除火花塞孔处的杂物和灰尘。可用嘴吹去灰尘和杂物;如果不易吹掉,可用抹布和旋具进行清除。用布块堵住火花塞孔,防止垫圈、铁屑等杂物从火花塞孔中落入汽缸,以免造成"拉缸"及其他部件损坏。

用火花塞套筒逐一卸下各缸的火花塞。拆卸时火花塞套筒要确实套牢火花塞，否则，会损坏火花塞的绝缘磁体，引起漏电。为了稳妥，可用一只手扶住火花塞套筒并轻压套筒，另一只手转动套筒，来卸下火花塞，卸下的火花塞应按顺序排好。

2. 检查火花塞

火花塞的正常状态是绝缘体端部颜色变成灰白到淡黄色。在绝缘体端部及电极上有少量易刮去或刷去的粉状堆积。壳体内呈淡灰色或由黄色到棕黑色的堆积物。

上述现象表明选用的火花塞正确，发动机燃烧正常。

如发现火花塞绝缘体顶端起疤、破裂或电极熔化、烧蚀都表明火花塞已烧坏，如图5-45所示，应进行更换。

对燃烧状态不好的火花塞，应先进行清洁，去除火花塞磁体上的积炭和污迹，然后检验其性能。有条件应使用火花塞清洁器清洁火花塞。

检查时经验做法是：将火花塞放置在缸体上（使火花塞能与缸体导通），用从点火线圈出来的中央高压线触到火花塞的接线柱上（不能有间隙），如图5-46所示，打开点火开关使高压电跳火，让高压电通过火花塞，如果从火花塞间隙处跳火，说明火花塞是好的；如果不从间隙处跳火，说明火花塞的内部磁体的绝缘已被击穿，必须更换这只火花塞。

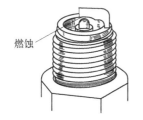

图 5-45 火花塞电极烧蚀

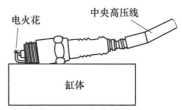

图 5-46 火花塞检验

3. 清洁火花塞

检查火花塞的绝缘体，如有油污和积炭应清洗干净，瓷芯如有损坏、破裂，应予更换。清除积炭时，不要用火焰烧烤。

4. 检查、调整火花塞电极间隙

火花塞的间隙因车型不同而异，可以从随车手册中查到。如果找不到适当的依据，火花塞的电极间隙一般可按 0.7～0.9mm 调整间隙。触点间隙过小，触点容易烧蚀；触点间隙过大，火花塞跳火会变弱，甚至断火。

如果有火花塞量规，可用来测量火花塞电极间隙，如图5-47所示。如果手边没有量规，可用折断的钢锯片或刀片来代替量规，测量火花塞间隙。火花塞间隙太大时，可用旋具柄轻轻敲打外电极来调整，但不要用力过大，否则外电极可能因过度弯曲而损坏；如果间隙过小时，可用"一"字头的旋具插入电极间，扳动旋具把间隙调整到要求为止。

如果电极间隙不符合要求，应进行调整。调整间隙时，只能弯动旁电极，不能弯动中心电极，以免损坏绝缘体。

火花塞间隙调整好之后，外电极与中央电极应略成直角，如过度偏曲或电极烧蚀成圆形，则该火花塞不能再使用，应更换新品。

5. 安装火花塞

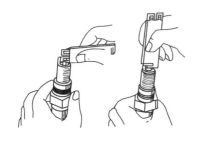

图 5-47 用火花塞量规测量调整电极间隙

安装火花塞时，先用手抓住火花塞的尾部，对准火花塞孔,用手拧上几圈,然后再用火花塞套筒拧紧。如果用手拧入感觉有困难或费力,应把火花塞取下来,再试一次,千万不要勉强拧入,以免损坏螺纹孔。为使火花塞安装顺利,可以在火花塞螺纹上涂抹一点机油。

在安装火花塞时,为保证密封性,不能使火花塞槽内有异物。火花塞不能拧得太紧,其拧紧力矩为20N·m,以免损坏密封垫片而影响导热性能。

连接高压线时,要注意各缸线的顺序,不要插错。启动发动机,查看有没有严重的抖动或放炮声。如果有抖动或放炮声,说明把各缸高压线插错了,应重新安插高压线。

6. 更换火花塞

火花塞是汽车的消耗零件之一,一般使用寿命约为20000～30000km。火花塞使用达到寿命终了时,电极的放电部分会烧蚀成圆形,因此必须更换。如果舍不得更换老化的火花塞,仍然勉强使用,不但汽车启动困难,而且汽车还比较费油。

7. 火花塞的型号

火花塞有许多类型,不同的汽车发动机使用的型号不尽相同。在更换前,应了解所使用汽车的发动机用火花塞的类型,查阅随车手册就可以知道。

在更换新火花塞时,应将新、旧火花塞比较一下螺纹部分的长度,如果这部分长了,火花塞会凸进燃烧室中碰撞活塞顶。

使用中如果发现火花塞经常有积炭存积和断火现象则表示太冷,应换用热型火花塞;若发现其有炽热点火现象、汽缸中发出冲击声,即表示过热,应换用冷型火花塞。火花塞安装的紧度要适当,以防造成漏气、垫圈损坏或绝缘体温度过高等现象。

二、分电器

应经常保持分电器清洁,要定期除尘并检查分电器盖是否有裂纹。如果各触点磨损严重应更换分电器盖。在拆下分电器盖时,可向分电器轴的润滑毛毡内注入几滴润滑油。无触点点火系统由于没有触点,此部分不需定期进行维护。如果怀疑其有故障,应检查磁极间隙(0.30～0.40mm)。磁极间隙一般是固定的,不可调整,如果没有特殊情况,则不需要检查磁极间隙。

三、点火线圈

点火线圈是将电源的低电压转变成点火所需的高电压的基本装置。点火线圈只是在启动时才达到满负载工作,在一般情况下很少出现故障。为防止漏电,应保持各部件清洁、干燥。如发现点火线圈的填料冒出,应予以更换。

点火线圈的初级电阻和电感比较小,晶体管无触点点火系统使用的是高能点火线圈,点火能量较普通点火线圈高1.5～2.0倍。

1. 点火线圈故障表现形式

低压电路电流过量而发热,使绝缘体变质以至烧损,引起低压电路的短路或断路,影响高压线圈电压产生,导致点火线圈工作不良;

初级绕组或次级绕组断路,或两者绕组间绝缘损坏,短路或搭铁;

火花塞间隙过大,点火线圈端头的塑料外套潮湿或有导电体,高压电流借导体通到低压接线柱构成回路,将塑胶烧坏而引起短路,形成高压线火花微弱或无火花;

点火线圈绝缘盖有裂纹,造成漏电。

2. 检测晶体管点火线圈的电阻

以捷达轿车为例,点火线圈的初级电阻,即接线柱1(绿色线)和接线柱(黑色线)之间的阻值应为0.52～0.76Ω;次级电阻,即接线柱4(高压线插头)和15(黑色线)之间的阻值应为 2.4～3.5kΩ。

3. 外观检查

点火线圈有无损坏或漏电现象，如有应更换。

四、晶体管点火控制单元

下面以捷达轿车发动机点火系为例，介绍其检修内容。

晶体管点火控制单元是汽车专用的电路模块，具有限流、闭合角控制、停机自动断电保护、高压断电保护及大功率晶体管截止钳位保护等功能。

控制单元受分电器的点火信号发生器输出电压信号的控制使点火线圈的初级电路接通或断开，并将电流限定在 7.5A，从而在点火线圈的次级绕组内产生高压。晶体管点火控制单元的检查步骤如下：

(1) 压下卡箍，将接头从晶体管点火控制单元上拔下；

(2) 将万用表接到插头 2 和 4 触点间，如图 5-48 所示；

(3) 打开点火开关，测量值为蓄电池电压；

(4) 关闭点火开关，重新将插头接到晶体管点火控制单元上；

(5) 拔下分电器上的插头，将万用表接到点火线圈的接线柱 1（－）和 15（＋）之间，如图 5-49 所示；

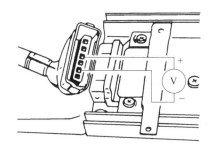 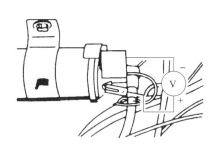

图 5-48 用万用表测量 2、4 触点间的电压　　图 5-49 用万用表测量点火线圈接线柱 1（－）和 15（＋）

(6) 打开点火开关，测量值至少 2.0V，且 1～2s 后必须降至零，否则更换晶体管点火控制单元，且检查点火线圈的密封件是否丢失，如必要应更换点火线圈；

(7) 将霍尔传感器接头的中间导线瞬间接地，显示电压必须上升到 2V 以上，否则检查并排除线路故障，或更换晶体管点火控制单元；

(8) 断开点火开关，将万用表接到霍尔传感器的接线柱 1（－）和 15（＋）之间；

(9) 打开点火开关，其电压值应不低于 5V；若为 0V 或低于 5V，则应检查晶体管点火控制单元 3 号点和 5 号点间的电压；若电压值为 5V 以上，则分别检查控制单元与霍尔传感器间是否有线路故障并排除；如果电压值低于 5V 或为 0V，则应更换晶体管点火控制单元。

五、晶体管点火控制单元使用注意事项

当进行晶体管点火控制单元的检修时，为避免人员伤害或损坏点火装置应注意下列各点。

(1) 拆、接点火装置的各种导线，包括高压线和检测仪器的电线，均要在发动机熄火的状态下进行。

(2) 当利用启动机带动发动机而又不使发动机点火的情况下（如检查汽缸压力时），应先拔下分电器上的高压线并将其搭铁。

(3) 如果使用带快速充电设备的启动辅助装置，其最高电压不允许超过 16.5V，使用时

间不许超过1min。

(4) 清洗发动机只能在熄火状态下进行。

(5) 在进行电焊和点焊式焊接时，要先拆去蓄电池的搭铁线。

(6) 如果点火装置有故障需要拖动汽车时，应先拔下晶体管点火控制装置上的插头。

(7) 不能将电容器接到接线柱1（—）上。

(8) 只能使用1kΩ的分火头。

(9) 为消除高压线干扰只能使用1kΩ的电阻和1~5kΩ的火花塞插头。

六、高压线

高压线主要作用是传递高压电给火花塞。由于其工作的环境温度变化大，易出现绝缘层老化，裂口等现象。它的主要故障现象有高压线漏电，插头接触不良，高压线失效等。

高压线的阻值是一个重要的参数。火花塞高压线插头电阻：(5±0.1)kΩ。防干扰头电阻：(1±0.4)kΩ。高压线整体电阻：中心电阻为0~2.8kΩ，分火线电阻为0.6~7.4kΩ。上述各阻值的测量点如图5-50所示。

(a) 检查分火头电阻

(b) 检查火花塞插头电阻
(c) 检查防干扰接头电阻

(d) 检查高压线的整体电阻

图5-50 各阻值的测量点

高压线检测方法：拔下分电器上中央插孔高压线，使其端头距发动机缸体约5~7mm。然后启动发动机，观察端头是否跳火。如无火花，则更换该根高压线。

七、普通有触点分电器的检修

1. 清洁分电器内部

分开分电器盖的卡簧，卸下分电器盖。用抹布擦拭分电器盖的外部，如图5-51所示，目视分电器盖有无破损或龟裂的痕迹，分电器盖出现破损或龟裂现象必须更换。

对分电器盖内部也是用抹布擦拭干净，检查内部有无破损或龟裂现象，如果有上述现象，就需要更换新品，否则会出现高压电短路或漏电故障。

检查中央电极的炭棒及弹簧，用手或旋具轻压中央电极，松开时，电极应能弹回原位。中央电极的炭棒及弹簧如果损坏，应更换分电器盖。

用布擦净分火头，检查分火头有没有裂纹或破损。如果有龟裂或破损，应及时更换。组合时分火头安装孔内的凸起部分须对准分电器上的凹口平面，才能顺利插回。

当分电器盖装到分电器上时，要用卡簧固定住，并检查各个分缸高压线是否套牢。

用旋具和抹布将分电器内断电器处的污物擦拭干净。

2. 补充润滑点的油脂

润滑凸轮油毡等处，取下分电器轴上的油杯装满油脂后，

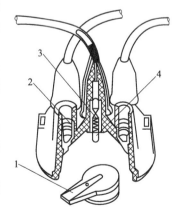

图5-51 分电器盖及分火头
1—分火头；2—侧电极；3—中心电极；4—碳金

装回原处并旋紧油杯一圈,以压入润滑脂进行润滑;在分电器凸轮顶毛毡上滴入3~4滴机油,在分电器断电臂轴上滴入1滴机油,擦凸轮的毛毡上滴入2~3滴机油。应注意断电臂轴等处不要过多地加机油,以防机油污染触点,使点火中断。

3. 研磨触点

触点在使用一段时间后,触点表面会因电弧产生凹凸不平的现象。因此,需要用水磨砂纸进行磨合。如果触点表面烧蚀,会造成电火花不良,而且还会影响点火正时,轻者发动机怠速不稳,加速不良;重者发动机无法启动。

将水磨砂纸对折成1cm×6cm的长条,使砂纸的面向外,插进触点间(此时触点应处于闭合状态),来回抽拉砂纸研磨触点的工作面。待触点工作面上的烧蚀痕迹被磨除后,再用较硬的纸板将触点擦干净。

4. 装复分电器盖

装回分火头、分电器盖并将高压线插到底。注意高压分线的防尘套必须完好无损。有的车型的高压分线是特制的防干扰线,不能用普通高压线来代替。

5. 调整触点间隙

触点研磨后,应调整触点间隙。触点的标准间隙为0.35~0.45cm。

调整触点间隙时,可按以下步骤进行调整:

(1) 转动发动机将触点张开;

(2) 用启动手柄转动发动机曲轴,直到分电器触点完全打开为止,如图5-52所示。

先松开固定螺钉,将选用合适厚度的厚薄规片(0.35~0.45mm)插在触点间,用旋具转动调整螺钉,推拉厚薄规稍感有阻力为合适,然后将固定螺钉拧紧并且再次复查,如图5-53所示。

图 5-52 摇转曲轴使触点张开　　图 5-53 调整分电器触点间隙

6. 检查电容器

电容器应安装牢固,引线不能有断损。否则,断电器触点易烧蚀。电容器外表破损,应及时更换。

实训项目二　传统点火系统故障诊断与排除

一、实训目的

(1) 熟悉点火系统电路及各元件的检测方法。

(2) 掌握点火系统故障诊断的一般方法。

二、工具材料

(1) 全车点火线路及相应部件。
(2) 万用表;维修工具等。

三、操作要点及项目

(1) 初级绕组电阻值的检查　初级绕组的短路、断路、搭铁和过热都会引起点火系统不能正常工作。初级绕组电阻用万用表 R×1Ω 挡测量,如图 5-54 所示。若万用表指示阻值无穷大,则说明初级绕组断路;若阻值小于标准值,则说明匝间有短路;若阻值在 1.2~1.7Ω 内为正常。

(2) 次级绕组电阻值的检查　用万用表 R×1kΩ 挡测量,若万用表指示阻值无穷大,则说明次级绕组断路;若阻值小于标准值或为 0 时,则说明匝间有短路;其正常阻值为 8~16kΩ(有触点式点火线圈)或 2.4~3.5 kΩ。如图 5-55 所示。

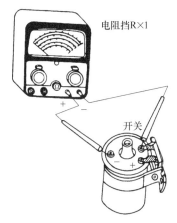

图 5-54　初级线圈的测量

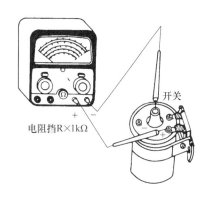

图 5-55　次级线圈的测量

各车型的点火线圈初、次级绕组电阻的参数见表 5-7。

表 5-7　点火线圈电阻参数

电阻 \ 车型	解放 CA1090	桑塔纳有触点	桑塔纳无触点	切诺基
初级绕组电阻/Ω	1.4~1.5	1.7~2.1	0.52~0.76	1.13~1.23
次级绕组电阻/kΩ	6	7~12	2.4~3.5	7.7~9.3

(3) 点火线圈绝缘电阻的检查　用数字万用表 20MΩ 挡测量,点火线圈任一端与外壳间的电阻均应为无穷大,否则存在漏电故障应更换。

(4) 附加电阻阻值的检查　用万用表 R×1Ω 挡测得初级绕组附加电阻为 1.2~1.8Ω。

(5) 断电器触点外观检查　断电器触点表面的正常接触面应为白色,且表面平整、光洁、接触面积不小于 80%,如触点烧蚀则接触表面有密集的微孔且呈暗灰色,此时可使用白金砂条或双面砂纸在两触点之间进行修磨,以消除蚀坑。

(6) 断电器触点间隙的检查　断电器触点间隙一般为 0.35~0.45mm,检查方法见图 5-56。

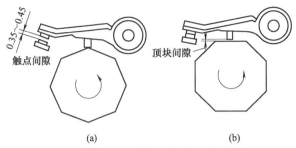

图 5-56 断电器触点间隙的检查

检查国产车断电器触点间隙时,应先将断电臂顶块位于凸轮的最高位置,用塞尺测量出两触点间的间隙大小。对于日本丰田车则在触点完全闭合时,测量断电臂顶块与凸轮平面之间的间隙。

(7) 断电器触点间隙的调整 断电器触点间隙的调整一般有两种方法。

① 旋松静触点支架的锁紧螺钉,转动偏心调整螺钉,检查触点间隙,使之符合要求,然后把固紧螺钉锁紧。

② 旋松静触点支架锁紧螺钉,用螺钉旋具拨动静触点支架,改变触点间隙直至符合要求。触点间隙调整好后,应将分电器转一圈,检查各缸触点间隙的均匀性,调整部位参见图 5-57。

(8) 断电器弹簧张力的检查 检查方法如图 5-58 所示,用弹簧拉力计测量,一般触点臂弹簧的弹力为 4.90~6.86N,低于下限值为不合格,此时可根据其固定螺钉的连接方式或缩短连接长度或预弯弹簧片,以增加弹力。

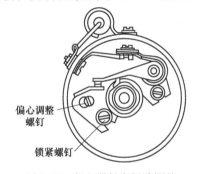

图 5-57 断电器触点间隙调整

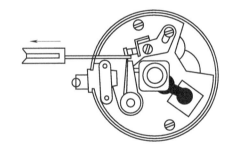

图 5-58 断电器弹簧张力的检查

(9) 离心提前机构的检查 如图 5-59 所示,用手抓住分火头与分电器轴,沿凸轮的旋转方向转动分火头。若松手后分火头能迅速回转,说明离心提前机构的弹簧张力及机构的装配情况良好;若松手后分火头不能回转,则离心提前机构的两个弹簧可能脱落或折断。

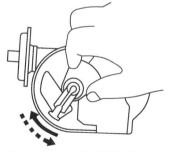

图 5-59 离心提前机构的检查

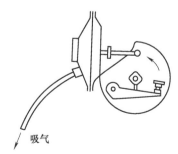

图 5-60 真空提前机构的检查

(10）真空提前机构的检查　检查方法如图 5-60 所示，当用嘴由管口吸气时，真空提前机构的拉杆或断电器活动底板能转动，不吸气时拉杆或活动底板能迅速返回，说明真空提前机构能正常工作；若吸气时，无真空感觉，而且拉杆或活动底板不动，说明膜片可能破裂或壳体漏气。

（11）电容器的检查　用交流试灯检查，将交流试灯的两测试表笔分别接电容的两引线端，瞬间即断开，如果通电时试灯亮，说明电容器击穿损坏。如果试灯不亮，再将电容器的两引线短接。如有放电火花，说明电容器良好；如无放电火花，则为电容有断路。

用万用表检查，先将电容器的引线与外壳短接一下，用万用表 R×10kΩ 挡，测量电容器引线与壳体间电阻，表针应迅速向"0"方向摆动，然后缓慢回"∞"位置。如表针指在"∞"位置不动，说明电容器断路，如表针指在"0"位置不动，说明电容器击穿。

（12）火花塞的检查与调整　火花塞的外部检查，正常的火花塞瓷芯表面洁净，呈白色或淡棕色，或瓷芯上只有微薄的一层褐色粉末状积炭，电极完整无缺损，这说明火花塞选型正确，使用条件良好。

火花塞间隙的检查与调整，火花塞电极间隙检查应使用火花塞电极间隙量规进行，见图 5-61。一般电极间隙标准为 0.8~0.9mm，如间隙不符合标准可用专用扳手扳动侧电极进行调整。

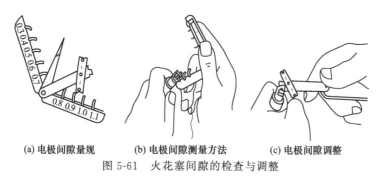

(a) 电极间隙量规　　(b) 电极间隙测量方法　　(c) 电极间隙调整

图 5-61　火花塞间隙的检查与调整

（13）高压线整体电阻的测量　点火线圈至分电器的高压线的电阻值应为 0~2.8Ω，测量方法见图 5-62。

分电器到火花塞之间的高压线电阻应为 0.6~7.4kΩ（测量方法见图 5-63）。

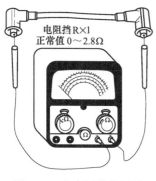

图 5-62　主高压线的测量

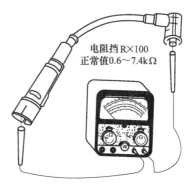

图 5-63　分高压线的测量

将上述检测结果填入表 5-8，并给出技术结论。

表 5-8 传统点火系统器件参数检测数据

车型 项目		解放 CA1090	桑塔纳有触点	桑塔纳无触点	切诺基
初级绕组电阻/Ω					
次级绕组电阻/kΩ					
附加电阻值/Ω					
断电器间隙 /mm	调整前				
	调整后				
火花塞间隙 /mm	调整前				
	调整后				

四、点火正时的概念及调整方法

传统点火系统的使用，主要是校准点火正时，俗称"对火头"，是指分电器总成与发动机汽缸活塞的相对位置达到正确配合，取得最佳点火的人为调整工作。其目的就是为了保证发动机各汽缸的混合气能按顺序并在合理的点火提前角下进行可靠点火，获得最好的动力性和经济性。

点火正时的调整方法，不同的发动机略有差异，一般步骤如下：

(1) 检查分电器触点间隙，并将触点间隙调至规定值范围 0.35～0.45mm。
(2) 找出第 1 缸压缩行程上止点位置。
(3) 确定断电器触点刚打开时的位置。

旋松分电器外壳上的夹紧螺钉，拔出中央高压线，使其端头离汽缸体 3～4mm，接通点火开关，然后将分电器外壳沿凸轮轴旋转方向转动，使触点闭合。再反向转动外壳，到中央高压线端头和汽缸体之间跳火时为止，此即为触点刚打开的位置。然后旋紧分电器外壳夹板上的夹紧螺钉，扣上分电器盖，装回火花塞。

(4) 按点火顺序接好高压线。第 1 缸的高压线应插在正对分火头的侧电极插座内，然后顺着分火头旋转方向，按点火顺序依次接好各缸火花塞的高压线。

(5) 启动发动机，检查点火正时。启动发动机使水温上升到 70～80℃时，在发动机怠速运转时，突然加速，如转速不能随节气门的打开而立即增高，有发"闷"之感，同时在排气管中出现"突突"声且冒黑烟，则为点火过迟；若发动机内出现金属敲击声（爆震现象），则为点火过早。点火过迟或过早均应进行调整。

(6) 汽车在行驶中进行检查。待发动机预热至 70～80℃时，在平坦道路上用直接挡行驶，突然将油门踏板踩到底，如在车速迅速增高的同时能听到轻微的敲击声，且很快消失，表示点火正时；如敲击声严重，说明点火过早；如加速时感到发"闷"，说明点火过迟。点火不正时，需停车进行调整，直到合适为止。

实训项目三　电子点火系统故障诊断与排除

一、实训目的

(1) 掌握电子点火系统主要元器件的检测方法。

(2) 掌握电子点火系统故障诊断的基本方法。

二、工具材料

(1) 电子点火线路及相应部件。
(2) 万用表；维修工具等。

三、操作要点及项目

1. 磁脉冲信号发生器的检查与调整

(1) 磁脉冲信号发生器间隙的检查

① 拆下蓄电池负极导线。

② 拆下分电器盖。

③ 用非磁性黄铜测隙片测量信号转子和传感器线圈凸起部分之间的间隙。当信号转子凸齿与传感器铁芯对齐时，间隙一般为 0.2~0.4mm，见图 5-64。

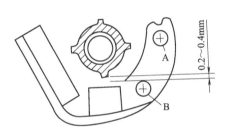 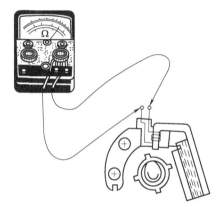

图 5-64 信号转子铁芯间隙的检查与调整　　图 5-65 脉冲信号发生器传感线圈的测量

④ 如间隙不正常，松开铁芯总成的两个固定螺钉 A、B，并以 A 为支点，稍微移动螺钉 B，加以调整，直至所规定的标准值为止。

⑤ 拧紧固定螺钉并重新检验间隙。有些不能调整间隙的分电器，如果测得的空气间隙不在标准值（0.2~0.4 mm）范围内，应更换分电器壳体总成。

(2) 磁脉冲发生器传感线圈的检测

① 测量传感线圈直流电阻。将传感线圈从线束连接器上拆下（如果是整体式控制组件，在测试前应把它从分电器上拆下来）。用万用表（R×10Ω 挡）测量传感器线圈的电阻值（见图 5-65），一般国产车正常值为 500~800Ω（解放 CA1092 型为 600~800Ω，东风牌汽车为 500~600Ω），进口车为 130~180Ω。各厂的分电器传感器线圈的标准电阻不同。如无标准数据，也可利用性能良好的同类型分电器传感线圈进行对比测试检查。如果用万用表测试其电阻小于标准值时，表明线圈有匝间短路。

② 测量传感线圈绝缘电阻。用万用表（R×10kΩ 挡）一端接线圈，另一端搭铁，测量其绝缘电阻，其值应为无穷大，见图 5-66。如果测试时表针有摆动，即电阻小于无穷大时，说明线圈绝缘破坏，有搭铁故障存在，应更换新的传感器。

③ 测量传感线圈信号电压。信号发生器在工作时能产生交流信号电压，在检查时，可用万用表 0~10 V 交流电压挡，使两表笔分别接在分电器感应线圈两接线柱上，用手快速转动分电器轴，观察信号电压值是否符合规定值（一般有 1~1.5 V 信号电压，见图 5-67）。

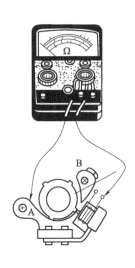
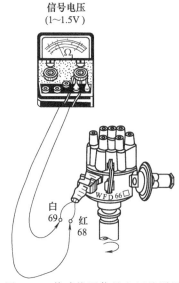

图 5-66 传感线圈绝缘电阻的测量　　　　图 5-67 传感线圈信号电压的测量

若万用表读数过低，甚至无读数指示，说明信号发生器有故障，应检查或者更换。

2. 霍尔信号发生器的检查

图 5-68 为霍尔电子点火系统实际接线图。利用实验台（或实验板）接好实验线路。

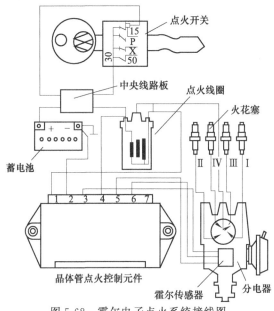

图 5-68 霍尔电子点火系统接线图

在检查前首先保证信号发生器的叶轮与霍尔传感器的间隙符合要求。再通过霍尔传感器集成电路的电阻测量来进行检测与判定，如图 5-69 所示。其步骤是：

① 测出放大器端子 15 和点 BH 之间的电阻值；

② 按该阻值的大小选择一个相应大小的电阻 R，串接于蓄电池正极（12V）与分电器端子"＋"之间，为信号发生器霍尔集成电路提供一定值的电源电压；

③ 将万用表（R×1Ω 挡）的负表笔接分电器端子"7"、正表笔（红棒）接分电器端子"－"端；

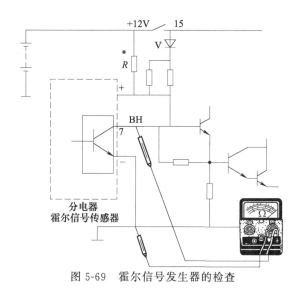

图 5-69 霍尔信号发生器的检查

④ 用手转动分电器轴，观察万用表指示，电阻值若随分电器转动在 0 与无穷大之间交替变化，说明霍尔发生器良好；若电阻值始终在 0 或无穷大处不动，则说明信号发生器有故障。

3. 点火控制器的检查

（1）电源电压及搭铁的检查。拔掉点火器上的插头，把电压表接在插头上的右起第 4、2 插片之间（4 是电源线触点"+"，连黑线；2 是搭铁线触点"−"，连棕线）。打开点火开关，测得电压应与蓄电池电压相接近。还可以接在点火线圈正极接柱（+）和点火器壳体之间检测。

（2）初步检查。关闭点火开关，重新插上插头。拔掉分电器上霍尔发生器插头，将电压表接在点火线圈接线柱（+）和（−）上。打开点火开关，此时额定电压最小不低于 2V，并在一两秒后必须下降到 0V（即瞬显）。否则应更换点火控制器。

（3）模拟检查。快速将分电器插座的中间导线拔出并间断搭铁，电压值必须在瞬间达到不低于 2V，中央高压线应同时跳火，否则说明有断路故障应予排除，必要时更换点火控制器。

（4）输出电压。关闭点火开关，将电压表接到霍尔发生器插头的外接点上，打开点火开关，额定电压不小于 5V。如小于 5V，表明霍尔发生器插头与控制器之间有断路，应予排除。如果是由于干扰造成电压大于 5V 的假象时，也应更换点火控制器。

（5）虽然达到规定值，仍有干扰的话，也应更换控制器，找出霍尔发生器插头与控制器之间的导线断路并排除。

将上述检测结果填入表 5-9，并给出技术结论。

表 5-9 电子点火系统器件参数检测数据

项目	磁脉冲式	项目	霍 尔 式
信号转子与传感器间隙/mm		霍尔发生器测量	
传感器线圈电阻/Ω		初步检查电压状态/V	
传感器绝缘电阻/kΩ		模拟检查电压状态/V	
传感器输出电压/V		输出电压/V	

实训项目四　点火系统故障的波形检测及诊断方法

一、初级点火波形分析

1. 闭合角的定义

每一次白金触点断开或三极管断路时，点火线圈的次级线圈释放出高压到火花塞。当闭合时，白金触点或三极管使点火线圈达到磁饱和状态。闭合角就是末级大功率晶体管导通期间（或白金触点闭合期间）分电器转过的角度。闭合角可用"度"或"ms"来表示。

2. 测试闭合角的作用

初级点火闭合角主要用来：
（1）分析单缸的点火闭合角（点火线圈闭合时间）；
（2）确定平静闭合角的度数或毫秒数；
（3）分析点火线圈和初级电路性能（从点火高压线）；
（4）分析电容性能。

3. 闭合角波形的测试

（1）将示波器的测试头插入点火线圈负极线束中；
（2）启动发动机，在不带负荷及速度下测试点火系统以检查闭合角的大小。

故障波形之一　触点烧蚀（见图5-70）

波形特征：在触点开启点出现大量杂波，显然是触点严重烧蚀而造成的，打磨触点或更换断电器即可证实。

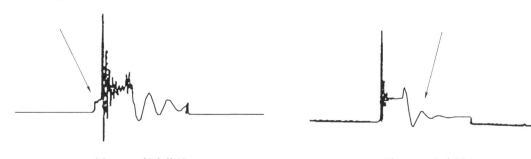

图5-70　触点烧蚀　　　　　　　图5-71　电容漏电

故障波形之二　电容漏电（见图5-71）

波形特征：初级电压波形在火花期间的衰减周期数明显减少，幅值也变低，这明显是电容漏电造成的。

故障波形之三　触点弹簧力不足（见图5-72）

波形特征：在触点闭合阶段有意外的跳动，造成这种现象是触点因弹簧力不足引起的接点不规则跳动所致。

故障波形之四　闭合角过小（见图5-73）

波形特征：触点闭合角太小，一般是由触点间隙太大造成的。

故障波形之五　接地不良（见图5-74）

波形特征：如果触点接地不良，就会引起低压波水平部分的大面积杂波。

故障波形之六　低压故障（见图5-75）

波形特征：电子点火系统低压故障波形，在充磁阶段电压没有上升，说明电路的限流作用失效，无分电器点火系统无元件可调整，当这一波形严重失常时，只能逐个更换，诸如点

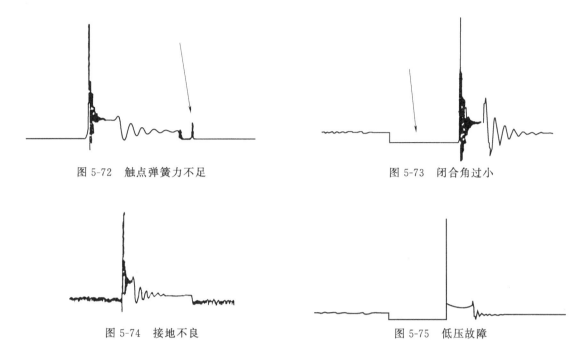

图 5-72　触点弹簧力不足　　　　　　　　图 5-73　闭合角过小

图 5-74　接地不良　　　　　　　　　　　图 5-75　低压故障

火线圈、点火器、信号发生器。

二、次级电压标准波形分析

点火线圈相当于一个变压器。在初级线圈周期性通电和断电的过程中，初次级线圈都因电流变化而感应电动势，而初次级电压随时间变化的规律也是相似的。因为次级电压对发动机正常工作至关重要，所以重点分析次级电压的波形。

图 5-76 为单缸直列波标准波形图，它反映了一个汽缸点火工作的情况，波形上各点的意义如下：

（1）a 点：断电器触点断开或电子点火器输出断开，点火线圈初级突然断电，导致次级电压急剧上升。

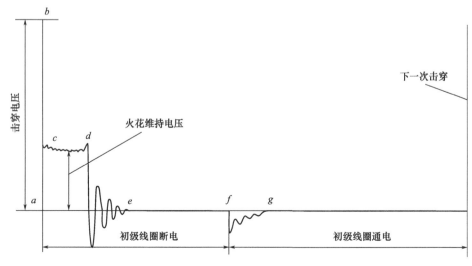

图 5-76　单缸直列波标准波形图

(2) ab 段：为火花塞击穿电压。传统点火系统击穿电压约为 15～20kV，电子点火系统击穿电压可达 18～30kV。

(3) bc 段：电容放电，混合气点燃后电压急剧减小，电流大时间短，保证可靠点火。

(4) cd 段：为火花塞电极间混合气被击穿之后，维持火花放电所需电压，一般为几千伏。这段波形称为火花线。火花线应具有一定的高度和宽度，它反映了点火能量的大小，也是保证混合气充分燃烧的重要条件。

(5) de 段：火花消失，点火线圈中剩余磁场能量在线路中维持一段衰减振荡。此段称为第一次振荡波。振荡结束后，电压降到零。

(6) f 点：断电器触点闭合，或电子点火器输出导通，使点火线圈初级电路有电流通过，初级电流开始增加，引起次级电压突然增大。需要注意的是，a 点初级电流是急剧减小的，而在 f 点初级电流是逐渐增加的，所以这两点初级电压的方向相反，且大小也不相同。此时产生一个反向电压。

(7) fg 段：因初级电流接通而引起回路电压出现衰减振荡。这段称为第二次振荡。振荡消失后，电压恢复到零。

在整个波形中，从 a 至 f 段对应于初级电流不导通，次级线圈放电阶段，即断电器触点打开的全部时间；从 f 到 a 段对应于初级电流导通，线圈储能阶段，即断电器触点闭合的全部时间。

点火系统故障典型案例

一、故障分类

点火系统故障按其在点火系统的位置可分为两种情况：低压电路故障和高压电路故障。

(1) 低压电路常见故障：

蓄电池存电不足；

线连接不良或错乱；

蓄电池搭铁不良；

分电器或霍尔传感器损坏；

点火开关损坏或接线不良；

晶体管点火控制单元损坏或接线不良。

低压电路故障的诊断方法大多采用电流表或电压表逐线检查来排除故障点。

(2) 高压电路常见的故障：

高压线脱落或漏电；

分电器盖破裂击穿；

分电器分火头烧蚀破裂击穿；

火花塞电极间隙过大或过小；

火花塞积炭过多；

火花塞绝缘体损坏；

点火线圈损坏或接线脱落。

高压电路的故障大多采用高压试火法，即将分电器中心高压线或某缸高压线拔下，将线头放置距离缸体 3~6mm 处，启动发动机试火。有火花且火花强烈，说明点火系工作正常。

1. 点火系统不工作

（1）故障现象　打开点火开关，启动发动机，发动机无反应；高压试火，高压线无火花。

（2）故障分析与诊断　分别检查低压电路和高压电路。

2. 点火时间过早

（1）故障现象　急速运转不平稳，易熄火；加速时，发动机有严重的爆燃声。

（2）故障分析　该故障主要是点火正时调整失准或点火角度装配失准所致。

（3）排除方法　连好点火测试仪，调整点火提前角到规定值。

3. 点火过迟

（1）故障现象　消音器声响沉重、急加速化油器回火、发动机冷却液温度较高、汽车行驶无力。

（2）故障分析与诊断　点火角度不正确。

（3）排除方法　调整点火角度至规定值。

4. 火花塞故障

故障主要表现为火花塞积炭、油污和过热等现象。

火花塞积炭：绝缘体端部、电极及火花塞壳常覆盖着一层相当厚的黑灰色粉状柔软的积垢。

火花塞油污：绝缘体端部、电极及火花塞壳覆盖一层机油。

火花塞过热：中心电极熔化，绝缘体顶部疏松、松软，绝缘体端大部分呈灰白色硬皮。

5. 发动机回火和放炮

如果发动机有回火又有放炮响声，且十分严重，则多属分缸高压线插错而引起的。如果现象不严重，却断续发生，似有规律，则多属分电器盖有裂纹，使缸间窜火造成的。点火提前角偏离正确位置过多时，也会引起回火或排气管放炮。

6. 发动机爆震和过热

发动机在大负荷中等转速时最容易出现爆震。在使用燃油牌号正确的情况下，爆震现象多数是因点火提前角过大造成的。

在爆震情况下，一方面发动机会迅速升温；另一方面，点火提前角过于落后，点火太迟，发动机温度也会偏高。在不出现爆震的情况下，水温过高多数不是点火系引起的，但若伴有发动机无力，加速不灵敏时，则应检查点火提前角是否过小。

二、点火系统故障案例

1. 红旗 CA7220E 无高压电

故障现象：一辆红旗 CA7220E 型轿车，在一次小修后启动不着，经检查无高压电，而点火线圈一次侧电压正常。

故障排除：接车后，检查点火线圈的一次侧线路，正常；检查霍尔发生器，发现打开点火开关的情况下，无电压输入。因该车点火由发动机 ECU 控制，检查霍尔发生器至 ECU 的线路，正常。检查 ECU 自身电源电压为 0V，检查熔断器盒，发现 ECU 电源的熔丝被拔掉。据驾驶员讲，可能是在修车门锁时，以为该熔丝是备用的而被装到中控门锁线路上去了。重新连接好熔丝后，工作正常。

2. 解放汽车加速不稳故障

故障现象：一辆解放 CA1091 汽车，发动机启动后，低速运转正常，踩下加速踏板，发动机转速有所升高；当接近中速时，发动机转速不但不能上升，反而下降。

故障排除：开始时认为是供油量不足引起的故障，于是对汽油滤清器、输油管道及汽油泵等进行了彻底清洗，对化油器各量孔进行了检查，重新调整了浮子室油面的高度。装复后试车，故障依旧。既然油路没有查出问题，于是对点火系统进行了认真的检查。先检查发动机点火时间，其点火提前角正确。接着又检查了分电器、分火头是否漏电，点火线圈、热敏电阻连接是否良好，高温时热敏电阻、点火线圈是否短路，经检查也没发现问题。最后采用逐个换件的办法，发现故障在断电器。经询问该车驾驶员得知，此前因发现断电器触点严重烧蚀，便更换了一副新"白金"，就出现了上述故障。

根据这一情况，对断电器进行了认真检查。经测试，发现新换上的断电器活动触点臂弹簧弹力过低。换上一副合格的"白金"，故障排除。

故障分析：当发动机低速运转时，点火线圈一次侧通过的电流时间较长，二次侧中感应出较强的高压电，火花塞产生的电火花较强，所以发动机运转正常；但当发动机转速升高时，触点打开后，因活动触点臂弹簧过软，活动触点不能迅速回位，造成触点闭合时间过短，点火线圈一次侧通过的电流很小，二次侧不能感应出强烈的高压电，致使电火花过弱，发动机加速不稳。

3. 红旗轿车高速发抖

故障现象：一辆红旗 4 缸电喷轿车，发动机转速超过 4000r/min 时就发抖，在 4000r/min 稳住油门，可以看见转速表指针在 4000r/min 之间左右晃动。

故障分析与判断：该车为多点电控燃油喷射系统，高速抖动游车，说明发动机在高速工况下有不稳定的故障，分析认为高速时不稳定，不是高速供油不足就是高速有个别缸断火不工作。按照先简后繁原则，将发动机油门稳定在 4000r/min 这一晃动区进行断火试验，果然发现分缸高压线偶尔有中断间隔时间过长现象。拆检分电器分火头，又未见异常，换一组高压线试验也不见好转，调故障码显示为分电器霍尔传感器不良，判断需要更换分电器。

故障排除：先分解清洗检修分电器，后装复试车，故障依旧，更换分电器总成，发动机高速抖动故障排除。

4. 桑塔纳突然熄火后无法启动

故障现象：一辆上海桑塔纳牌轿车行驶中发动机突然熄火，且熄火后发动机再也不能启动。

故障排除：检查点火系统中央高压线及各缸高压分线跳火情况，未见异常，油路也无故障。复查点火正时，发现点火错乱。行驶中为何会突然出现点火错乱的情况呢？于是对各有关部件作进一步检查，发现分电器固定情况良好，也无明显轴向间隙。打开气门室罩，观察分电器轴及凸轮轴传动齿轮，无异常，齿轮啮合也正常。再打开正时齿轮室盖，检查正时齿轮传动机构的情况，发现齿形皮带过松，且是由齿形皮带张紧轮紧固螺钉松动所致。按照该车要求，重新校对点火正时，调整齿形皮带的松紧度，并拧紧张紧轮紧固螺钉后，发动机的工作恢复正常。

故障分析：发动机工作时，曲轴齿轮通过齿形皮带带动凸轮轴进而驱动分电器轴转动，如果齿形皮带过松，将引起曲轴齿轮相对齿形皮带自动转过一个角度，即产生跳齿现象，从而破坏点火正时，引起点火错乱，使发动机熄火或不能启动。

5. EQ1090 型汽车排气消声器经常"放炮"

故障现象：一辆 EQ1090 型汽车，行驶中排气消声器经常"放炮"，检查发现分电器触点有烧蚀现象。用砂条修磨触点并调整间隙后发动机启动、运转均正常，但行驶约 50km，排气消声器又出现"放炮"现象。

故障检查：经检查，点火顺序和分火头、断电触点臂弹簧张力、点火正时及火花塞等均无问题；空气滤清器、气门间隙等也正常。最后，拆检分电器时，发现断电器触点臂至低压接线柱的铜绞线在拐弯处只剩下几根细铜丝相连。

故障排除：更换折断的钢绞线后，故障现象即消失。

故障分析：由于分电器低压导线大部分铜丝已折断，其横截面积大大减小，从而使初级电路的电阻明显增大，通过的电流则明显减小，致使点火线圈产生的高压不足。这样，当发动机温度低时，虽然启动较困难，车辆还基本能正常行驶；随着行驶里程的增加，发动机温度升高后点火线圈的温度也随之升高，其电阻值便随温度的升高而增大，结果点火线圈产生的高压电就更加不足，致使高压火花更弱甚至断火，汽缸中的可燃混合气便不能燃烧或燃烧不完全。当这些未被点燃或未完全燃烧的可燃混合气排入消声器后，一旦遇到废气中的火星就会爆燃。这就是该车在行驶一段路程后出现"放炮"的原因。

6. 凌志 LS400 排气管冒黑烟

故障现象：一辆凌志 LS400 轿车，排气管冒黑烟，怠速不稳，加速无力且有放炮现象，三元催化器发热至烧红，同时 CHECK 灯亮。

故障排除：首先跨接发动机舱内连接器上的 TE1 和 E1 端子，读取故障码为 26，即空燃比过浓。于是拆下空气滤清器，发现故障现象依旧。接着检查燃油系统油压，检查结果正常，怠速时油压为 255kPa 左右，拆下燃油调压器上的真空软管，油压为 304kPa 也正常。拆下各缸火花塞检查火花塞各缸的燃烧情况，发现 2 缸、3 缸、5 缸和 8 缸火花塞均积炭严重，而 1 缸、4 缸、6 缸和 7 缸却正常。于是对 2 缸、3 缸、5 缸和 8 缸做点火试验，发现均点火过弱。初步断定控制 2 缸、3 缸、5 缸和 8 缸点火的第 2 号点火线圈或第 2 号点火器有问题。先简单地将第 2 号点火器与第 1 号点火器对换，故障现象依旧。再检查第 2 号点火线圈，其初级线圈电阻为 0.5Ω，次级线圈电阻为 $11k\Omega$，均符合要求，将第 2 号点火线圈与第 1 号点火线圈对换，则 2 缸、3 缸、5 缸和 8 缸点火正常，更换第 2 号点火线圈，故障排除。

故障分析：凌志 LS400 发动机点火系统由两组点火器和点火线圈组成，第 1 号点火器和第 1 号点火线圈控制 1 缸、4 缸、6 缸和 7 缸点火，第 2 号点火器和第 2 号点火线圈控制 2 缸、3 缸、5 缸和 8 缸点火。本例中由于第 2 号点火线圈工作不良，造成 2 缸、3 缸、5 缸和 8 缸点火过弱，混合气燃烧不完全，与输出的故障码 26 相符。但由于第 2 号点火线圈尚能点火，因而不会输出故障码 15（即第 2 号点火系统故障）。事后，车主证实该车是在对发动机系统进行清洗后才出现上述故障的，因此，清洗发动机是造成点火线圈损坏的直接原因。

7. 切诺基汽车为何立即熄火

故障现象：一辆北京切诺基吉普车运行中突然熄火，重新启动时，发动机能启动，但一松开启动开关，发动机立即熄火。

故障检查：从电路结构分析，启动时能发动，说明启动机开关的辅助触点闭合，能接通点火线圈的初级绕组的低压电路，此时点火系统工作正常；松开启动开关，发动机立即熄火，说明启动开关的辅助触点一旦断开，低压电路即被切断。由此判断故障出在附加电阻及其与电源的连线上。经检查，附加电阻没断，附加电阻与电源的连线接头均完好无损。最后只好拆下点火线圈至分电器接柱的导线接头，在闭合点火开关的情况下，用该接头对搭铁刮火，以检查初级电流，结果发现火花很弱。这说明初级电流很小，故怀疑电路电阻有问题。用万用表电阻挡检查附加电阻，发现该电阻值高达 5Ω 以上（正常值为 1.35Ω）。

故障排除：换上好的附加电阻，故障被排除。

故障分析：正是由于附加电阻值增大，造成低压电路初级绕组电流过小，次级高压变弱，难以点火。此现象同附加电阻烧断引起的现象十分相似，无电流，无高压，不点火。

8. 北京切诺基 2021 分电器电路故障

故障现象：1990 年的一辆北京 2021 吉普车行驶中出现怠速不稳，排气管有"突突"声，加速不良，行驶无力，且加速时排气管冒黑烟。

故障排除：该车停驶半年后启用，发现故障后，清洗保养、调整化油器更换火花塞后有所好转，但怠速仍不稳，排气管有轻微"突突"声。发动机断火试验，发现 3、4 缸工作不良，而汽缸压力正常。清洁火花塞，装复试验。用手按压该处，忽然发现分电器盖下部的真空调节装置拉钩处有窜动现象。拆下分电器盖，拔下分火头，发现分电器轴转动，而点火信号传感器转子触发轮与凸齿间隙过小而产生摩擦，经保养分电器，调整各部间隙后（使信号转子凸齿与传感器线圈铁芯间缝隙在 0.3～0.5mm），故障消除，行驶 1000km 无异常。

故障分析：该车自 1993 年至今，未对分电器分解保养过，造成信号转子与轴严重磨损、脏污，转子轴严重缺油。在停驶一段时间后锈蚀，重新启用发动后加大转子与轴间隙，使转子旋转时摆动而与传感器铁芯发生碰擦，致使传递给点火模块 ECU 的脉冲信号不稳定，（发生摩擦时分火头对应的分缸正是 3、4 缸），引起点火线圈供给的点火高压也不稳定，3、4 缸因高压点火不良，自净能力变差，稍长时间工作就产生积炭，甚至不工作而引发故障。因此，无论哪种车辆，均应定期对车上润滑点加注润滑油，定期清洁保养。

9. 日产蓝鸟低速、怠速不良

故障现象：汽车发动后起步，低速行驶感觉速度不圆滑，有一顿一顿的感觉；空转时怠速抖动；怠速加速时发动机有"突突"声，当车速提高后又稍有好转。

故障排除：上述故障出在喷油和高压点火两方面。该车采用 SR20 电子控制汽油喷射式发动机，因此检查发动机故障警告灯是否发亮。结果没有发亮。说明电子控制汽油喷射系统正常。进而用试总高压方法检查点火系统，结果跳火间隙和火花均正常。接着做各分缸高压线跳火试验，结果各缸高压均强。由此判断故障出在火花塞上。拆检火花塞，发现其电极均有污物和积炭。火花塞工作不良或不工作，造成部分燃油没有充分燃烧而排出，从而在排气管内燃烧，出现放炮现象；轻度时出现怠速不稳、抖动现象，怠速加速时发出"突突"声。更换全部火花塞后，故障消失。

10. LS400 点火过迟与空调异味

故障现象：一凌志 LS400 车空调制冷度不够，还伴有异味。

故障分析：启动发动机，按下空调 AUTO 键，并将温度设定在最冷（18℃）。数分钟后，用于试出风口，风不够冷。接上空调维修压力表，高压表读数为 1.24MPa，低压表指示 0.1MPa，出风口隐隐有股焦煳味，将通风方式从车内循环换到车外循环，焦煳味加重。根据上述现象，初步判断故障可能有两种原因：一是制冷剂量不够，二是空调或其他系统电路有短路故障。于是立即停机，仔细检查。经检查空调系统、EFI 系统、照明系统等各处线路及主要继电器、1 号和 2 号保险盒保险丝均完好，暂时排除是短路引起焦煳味的可能。

再次启动发动机，设定空调在最大制冷状态。一边补充制冷剂，一边用人工法提取故障码，短接 23 端方检查座孔中 TE1 与 E1、TC 与 E1 均未发现故障码（LS400 为显示屏显示故障码）。突然，在发动机颈部发现发动机排气歧管与排气管中段连接处出现高温发红现象。而焦煳味正是从此处产生的，故障部位找到了。原来，一段线头与绝缘胶布掉在排气歧管处，高温烘烤而产生焦煳味，恰巧 LS400 空调配气箱正处在它的上方，于是空调产生异味。

去掉排气歧管上的线头与绝缘胶布，空调异味消失了。但是线头与胶布是哪里来的？排气歧管为什么发红呢？

很明显，故障的真正原因还未找到。根据经验，排气歧管发红的主要原因有两条：一是排气管堵塞，二是点火过迟。当时该车正时灯已损坏，无法准确判断点火是否过迟，只是初步检查各分缸线、火花塞，加速时发动机是否放炮等。

该车一个星期前在某修理厂做过年审保养，换了火花塞、汽油滤清器、机油滤清器等，车主还反映，保养后，加速性能不如从前。首先拆下排气歧管处的三元催化器（白色蜂窝状陶瓷体），并未发现故障，三元催化器清洁、通畅，看来故障应在点火系统。

于是决定彻底解体点火系统，找到点火过迟的准确起因。在分解1号、2号分电器的过程中，发现1号分电器的转子竟然装错180°，致使该发动机的1、4、6、7缸点火推迟了180°！但奇怪的是，该车启动却十分顺利，没有丝毫不正时征兆。大概是多缸发动机（V8）的特色吧。其实，LS400分电器的转子背面有一个小的凸起，正好和凸轮轴平面的凹点对正，但是年审保养的维修工竟然如此粗心，从而导致空调异味故障的发生。

将1号分电器的转子调换到正确位置，将凸起与凹点对齐，排气管发红的现象立即缓解、消失，补充制冷剂后，制冷也正常了，异味也彻底排除了。

思考题 ▶▶

1. 点火系统的作用是什么？对其有何要求？
2. 试述传统点火系统的工作原理及过程。
3. 什么是点火提前角？其过大或过小有何危害？
4. 影响汽油发动机点火系统次级电压的因素有哪些？
5. 简述汽油发动机传统式点火系统中分电器的离心式提前机构和真空式提前机构的工作原理。
6. 如何调整传统点火系统的点火正时？
7. 点火器主要由哪几部分组成？它的主要功能是什么？
8. 点火线圈的恒流控制方法是什么？
9. 简述通电时间对发动机工作的影响。
10. 为什么要在点火线圈上设附加电阻？
11. 影响发动机点火提前角的因素有哪些？
12. 发动机爆燃产生的原因是什么？爆燃怎样被控制？
13. 电子点火系统有何优点？如何分类？
14. 简述电磁感应式电子点火装置的工作原理。
15. 什么是霍尔效应？霍尔电压与哪些因素有关？霍尔无触点点火系统有哪些优缺点？
16. 简述汽油发动机霍尔效应式电子装置的工作原理。
17. 如何判断低压电路和高压电路的故障？
18. 微机控制的点火系统由哪几部分组成？有何优点？
19. 微机控制的点火系统如何分类？
20. 微机控制的点火系统是如何实现最佳点火提前角的精确控制的？
21. 汽油发动机运转时排气管冒黑烟，有时产生突爆，油耗增多，该故障由汽油机点火系统的哪些原因造成？怎样排除？

任务六 照明系统与信号装置

 理论知识部分

为保证行车安全,汽车上都装备有照明系统与信号装置。照明设备主要用于夜晚照明道路,标示车辆宽度,照明车厢内部、仪表及夜间检修等。信号设备主要通过声、光信号向环境发出有关车辆运行状况或状态的信息,保证安全。

理论知识一　汽车灯具的类型

为了保证汽车夜间行驶的安全,以及提高其行驶速度,在汽车上装有多种照明设备和灯光信号装置,俗称灯系,它已成为汽车上不可缺少的一部分。汽车灯具按功能可分为照明灯和信号灯两大类;按安装位置可分为外部灯具和内部灯具。主要包括以下几种。

1. 照明设备灯

(1)前照灯　前照灯俗称大灯,装在汽车头部的两侧,用于汽车在夜间或光线昏暗的路面上行驶时的照明,有两灯制和四灯制之分。

(2)雾灯　雾灯在有雾、下雪、暴雨或尘埃弥漫等情况下,用来改善道路的照明情况。安装在汽车的车头和车尾,位置比前照灯稍低,一般距离地面约50cm左右。装于车头的雾灯称为前雾灯,装于车尾的雾灯称为后雾灯。雾灯射出的光线倾斜度大,光色为黄色或橙色(黄色光波较长,透雾性能好)。

(3)牌照灯　牌照灯用来照亮汽车牌照,光色为白色。牌照灯安装在汽车牌照上部,一般采用5~10W的灯泡进行照明。当尾灯亮时,牌照灯也点亮。

(4)仪表灯　仪表灯装在仪表板上,用于夜间照明仪表,使驾驶员能容易看清仪表的指示。一般采用2W的灯泡进行照明。有些车辆还加装了灯光控制变阻器,使驾驶员能根据自己的需要调整仪表灯的亮度。

(5)顶灯　顶灯装在车厢或驾驶室内顶部,作为内部照明之用。

(6)工作灯　其他辅助用灯为了便于夜间检修,设有工作灯,经插座与电源相接。有的在发动机罩下面还装有发动机罩下灯,其功用与工作灯相同。

2. 灯光信号装置

(1)转向信号灯　转向信号灯的功用是当汽车转弯时,在闪光器的控制下,向其他车辆和行人发出明暗交替的闪光信号,以表明汽车向左或向右转向行驶。转向信号灯一般为橙色，采用 20W 左右的白炽灯泡，安装在汽车的前部、后部和中部左右两侧，受转向灯开关和闪光器控制。

前转向信号灯和示宽灯通常制成双丝灯泡，其中功率较大的一根灯丝（20W）作转向信号用，功率较小的一根灯丝（8W）作示宽用。后转向信号灯常和尾灯制成双丝灯泡。

（2）示宽灯　示宽灯（俗称前小灯）装在汽车前部两侧的边缘，在汽车夜间行驶时，标示汽车的宽度。

（3）尾灯　装在汽车的尾部，夜间行驶时，用来警示后面的车辆，以便保持一定的距离。

（4）制动信号灯　制动信号灯安装在车辆的尾部，当汽车制动时发出红色信号，提醒跟进车辆驾驶员采取相应措施（减速或躲避），以免发生追尾事故。

制动信号灯受制动灯开关控制。在驾驶员踩下制动踏板时，制动灯开关将制动信号灯电路接通而发出红色信号。

（5）倒车灯　倒车灯安装在车辆的尾部，倒车时向其他车辆和行人发出倒车信号。同时给驾驶员提供额外的照明，使其能在夜间倒车时看清车辆的后面。点火开关在接通状态时，只要变速器换至倒车挡时，倒车灯就点亮。

（6）指示灯　指示灯装于仪表板上，指示各技术状况、报警。

（7）停车灯　停车灯的功用是指示汽车夜间停放的位置。汽车前后各 2 只，通常将示宽灯兼作停车灯。

（8）门控灯　门控灯的功用是指示车门的开闭状况。

门控灯受车门轴处的门控开关控制。当车门关闭时，门控开关断开，门控灯熄灭；当车门打开时，门控开关接通，门控灯发亮照明车内，以便乘员入座。

现代汽车特别是小轿车外形美观、流线型好，普遍都将汽车后部的尾灯、后转向信号灯、制动灯、倒车灯等组合起来称为组合后灯，而将前照灯、雾灯和前转向信号灯等组合在一起称为组合前灯。

常见汽车外部灯具位置见图 6-1，常见汽车内部灯具位置见图 6-2。

我国对各种汽车灯具的使用规定如表 6-1 所示。

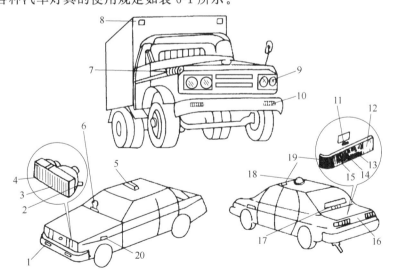

图 6-1　常见汽车外部灯具位置

1—前转向灯；2—前示位灯；3,9—前照灯；4,10—前雾灯；5—出租车标志灯；6—出租车空车灯；7—转向示位组合灯；8—示廓灯；11—行李厢灯；12—倒车灯；13—后雾灯；14—后示位灯；15—制动灯；16—牌照灯；17—高位制动灯；18—警示灯；19—后转向灯；20—侧面转向灯

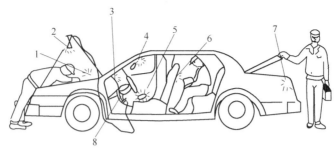

图 6-2 常见汽车内部灯具位置

1—发动机罩下灯；2—工作灯；3—仪表照明灯、报警指示灯；
4—顶灯；5—门灯；6—阅读灯；7—行李厢灯；8—开关照明灯

表 6-1 我国对各种汽车灯具的使用规定

灯具种类			安装使用	数量/只	光色
照明灯具	前照灯	近光	强制	2	白色
		远光	强制	2 或 4	白色
	前雾灯		有雾地区强制	2	黄
	后雾灯		高速公路行车强制	1	红
	倒车灯		强制	1 或 2	白
	后牌照灯		强制	至少 1	白
信号灯具	转向信号灯	前	强制	2	琥珀色
		侧	强制	2	琥珀色
		后	强制	2 或 4	琥珀色
	危险警告信号灯		强制	所有转向信号灯	琥珀色
	示位灯	前	强制	2 或 4	白或黄
		侧	选用	侧前 2,侧中至少 1,侧后 2	琥珀色
		后	强制	2 或 4	红色
	驻车灯	前	选用	2	白色或琥珀色
		后	选用	2	红色
	制动灯		强制	2 或 4	红色
	后雾灯		选用	1 或 2	红色
	三角形后回复反射器		强制	2	红色
	回复反射器	前	强制	2	接受光色
		侧	选用	前 2,中至少 1,后 2	琥珀色
		后	强制	2 或 4	红色

理论知识二 前照灯

前照灯俗称大灯，其功用是在夜间行车时照亮车前的道路及物体，同时可以利用远、近光变换信号超越前方车辆。在各型汽车的所有照明装置中，前照灯是最重要的照明装置。

一、对前照灯的照明要求

由于汽车前照灯的照明效果直接影响着夜间交通安全，故世界各国交通管理部门多以法律形式规定了汽车前照灯的照明标准，以确保夜间行车的安全，其基本要求如下。

（1）前照灯应保证车前有明亮而均匀的照明，使驾驶员能看清车前 100m 内路面上的障碍物。随着汽车行驶速度的提高，对汽车前照灯的照明距离也相应要求越来越远，现代高速汽车其照明距离应达到 200～250m。

（2）前照灯应能防止眩目，以免夜间两车相会时，使对方驾驶员眩目，而造成交通事故。

二、前照灯的组成

汽车前照灯一般由光源（灯泡）、反射镜、配光镜（散光镜）三部分组成。

1. 灯泡

灯泡是照明灯的光源，目前汽车前照灯的灯泡主要有白炽灯泡和卤钨灯泡两种。

（1）白炽灯泡　其灯丝用钨丝制成（钨的熔点高、发光强）。但由于钨丝受热后会蒸发，将缩短灯泡的使用寿命。因此制造时，要先从玻璃泡内抽出空气，然后充以约 86% 的氩和约 14% 的氮的混合惰性气体。在充气灯泡内，由于惰性气体受热后膨胀会产生较大的压力，这样可减少钨的蒸发，故能提高灯丝的温度，增强发光效率，从而延长灯泡的使用寿命。

为了缩小灯丝的尺寸，常把灯丝制成紧密的螺旋状，这对聚合平行光束是有利的，白炽灯泡的结构如图 6-3（a）所示。

（2）卤钨灯泡　虽然白炽灯泡的灯丝周围抽成真空并充满了惰性气体，但是灯丝的钨仍然要蒸发，使灯丝损耗。而蒸发出来的钨沉积在灯泡上，将使灯泡发黑。近年来，国内外已使用了一种新型的电光源——卤钨灯泡（即在灯泡内所充惰性气体中渗入某种

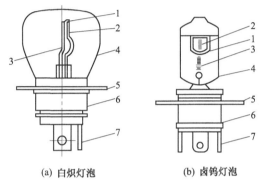

图 6-3　前照灯灯泡的结构
1—配光屏；2—近光灯丝；3—远光灯丝；4—灯壳；
5—定焦盘；6—灯头；7—插片

卤族元素），其结构如图 6-3（b）所示。卤族元素（简称卤素）是指碘、溴、氯、氟等元素。

卤钨灯泡是利用卤钨再生循环反应的原理制成的。卤钨再生循环的基本作用过程是：从灯丝上蒸发出来的气态钨与卤素反应生成了一种挥发性的卤化钨，它扩散到灯丝附近的高温区又受热分解，使钨重新回到灯丝上，被释放出来的卤素继续扩散参与下一次循环反应，如此周而复始地循环下去，从而防止了钨的蒸发和灯泡的黑化现象。

卤钨灯泡尺寸小，灯壳用耐高温、机械强度较高的石英玻璃或硬玻璃制成，所以充入惰性气体的压力较高。且因工作温度高，灯内的工作气压将比其他灯泡高很多，故钨的蒸发也受到更为有力地抑制。在相同功率下，卤钨灯的亮度为白炽灯的 1.5 倍，寿命长 2～3 倍。

现在使用的卤素一般为碘或溴，称为碘钨灯泡或溴钨灯泡。我国目前生产的是溴钨灯泡。

2. 反射镜

反射镜一般用 0.6～0.8mm 的薄钢板冲压而成，近年来已有用热固性塑料制成的反射镜。反射镜的表面形状呈旋转抛物面，如图 6-4 所示。其内表面镀银、铝或镀铬，然后抛光。由于镀铝的反射系数可以达到 94% 以上，机械强度也较好，故现在一般采用真空镀铝。

由于前照灯灯泡灯丝发出的光度有限，功率仅 40～60W。如无反射镜，只能照清汽车灯前 6m 左右的路面。而有了反射镜之后，使前照灯照距可达 150m 或更远。因此反射镜的作用就是将灯泡的光线聚合并导向前方。如图 6-5 所示，灯丝位于焦点 F 上，灯丝的绝大部分光线向后射在立体角 ω 范围内，经反射镜反射后变成平行光束射向远方，使光度增强几百倍，甚至上千倍，达 20000～40000cd 以上，从而使车前 150m，甚至 400m 内的路面照得

图 6-4 半封闭式前照灯的反射镜

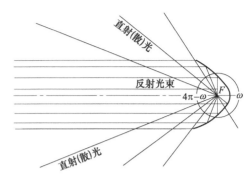

图 6-5 反射镜的聚光作用

足够清楚。从灯丝射出的位于立体角 $4\pi-\omega$ 范围内的光线则向各方散射。散射向侧方和下方的部分光线，可照明车前 5~10m 的路面和路缘。而其余部分光线散向上方，则完全无用。

3. 配光镜

配光镜又称散光玻璃，它是用透光玻璃压制而成，是很多块特殊的棱镜和透镜的组合，其几何形状比较复杂，外形一般为圆形和矩形，如图 6-6 所示。当反射镜反射出的平行光束照射到凹透镜上时，凹透镜将使光束向水平方向散射；当平行光束照射到棱镜上时，棱镜将使光束向下折射，如图 6-7 所示。配光镜的光线分布如图 6-8 所示。

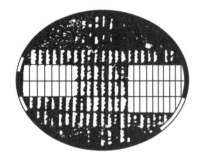

图 6-6 配光镜的结构

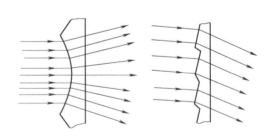

图 6-7 配光镜的作用

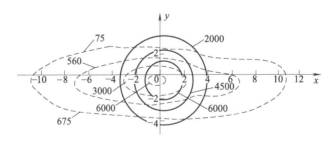

图 6-8 配光镜的光线分布
——无配光镜的光线分布 ---有配光镜的光线分布

配光镜的作用是：将反射镜反射出的平行光束进行折射，使车前路面和路缘都有良好而均匀的照明。近年来已开始使用塑料配光镜，不但重量轻且耐冲击性能好。

三、前照灯防眩目措施

前照灯的灯泡功率足够大而光学系统设计得又十分合理时，可明亮而均匀地照明车前

150m 甚至 400m 以内的路面。但是前照灯射出的强光会使迎面来车驾驶员眩目。所谓"眩目"是指人的眼睛突然被强光照射时，由于视神经受刺激而失去对眼睛的控制，本能地闭上眼睛，或只能看到亮光而看不见暗处物体的生理现象。这时很容易发生交通事故，所以必须解决前照灯引起的眩目问题。解决的方法有以下几种。

1. 采用双丝灯泡

在前照灯中采用双丝灯泡，远光灯丝位于反射镜的焦点上，功率为 45~60W；近光灯丝位于反射镜焦点前上方，功率为 20~50W。当夜间行驶无迎面来车时，可使用远光灯，使前照灯光束射向远方，便于提高车速。当两车相遇时，使用近光灯，使光束倾向路面，从而避免迎面来车驾驶员的眩目，并使车前 50m 内的路面也照得十分清晰。双丝灯泡的远、近光束如图 6-9 所示。

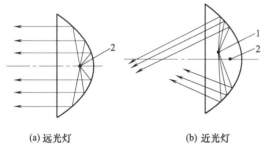

图 6-9　双丝灯泡的远、近光束
1—近光灯丝；2—远光灯丝

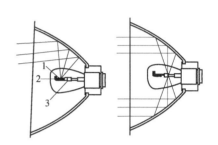

图 6-10　带遮光罩的前照灯灯泡
1—近光灯丝；2—遮光罩；3—远光灯丝

2. 采用带遮光罩的前照灯灯泡

在上述结构的双丝灯泡中，近光灯丝射向反光镜下部的光线经反射后，将射向斜上方，仍会使对面的驾驶员有轻微的眩目。为避免上述问题，在近光灯丝下方安装有遮光罩。当近光灯工作时，遮光罩将近光灯丝射向反光镜下部的光线遮住，使其无法反射，提高了防眩目效果。目前广泛使用，其结构如图 6-10 所示。

3. 非对称光形

这是一种新型的防眩目前照灯，遮光罩安装时偏转一定的角度，使近光的光形分布不对称，如图 6-11（a）所示。也可将近光灯右侧光线倾斜并升高 15°，如图 6-11（b）所示，效果会更好。

4. Z 型光形

近来，国外又发展了一种更优良的光形，其近光光形如图 6-12 所示。明暗截止线呈 Z 形，故称 Z 型配光，不仅可以避免迎面来车驾驶员的眩目，还可以防止迎面而来的行人和非机动车使用者的眩目，更加保证了汽车夜间行驶的安全。

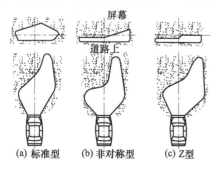

图 6-11　前照灯的配光光形

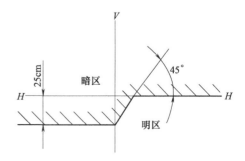

图 6-12　Z 型非对称配光示意图

四、前照灯的分类

按照安装数量的不同可分为：两灯制前照灯和四灯制前照灯两种。安装两只前照灯的称为两灯制，每只灯具有远、近光双光束。安装四只前照灯的称为四灯制，外侧一对灯为远近双光束，内侧一对灯为远光单光束。当需要使用远光照明时，四只灯泡同时发亮，用以增强照明效果。

解放CA1091型汽车采用四灯制，外侧两只为双丝（远、近光）灯泡，内侧两只为单丝（远光）灯泡。当远光电路接通时，四只前照灯的远光灯丝全亮。

东风EQ1090型汽车采用两灯制，配装双丝灯泡。前照灯外侧为前侧灯，采用单灯丝，其光轴与前照灯光轴成20°夹角，即分别向左右偏斜20°。因此，在夜间行车时，如果前照灯与前侧灯同时点亮，那么汽车正前方与左右两侧的较大范围内都有较好的照明，即使在汽车急转弯时，也能照亮前方的路面，从而大大改善了汽车在弯道多、转弯急的道路上行驶时的照明条件。

按照安装方式的不同可分为：外装式前照灯和内装式前照灯。前者整个灯具在汽车上外露安装；后者灯壳嵌装于汽车车身内，装饰圈、配光镜裸露在外。

按照灯的配光镜形状不同可分为：圆形、矩形和异形前照灯三类。

按照发射的光束类型不同可分为：远光前照灯、近光前照灯和远近光前照灯三类。

按前照灯光学组件的结构不同，可将其分为以下几种。

1. 可拆式前照灯

这是最早使用的前照灯，其反射镜边缘的齿簧与配光镜组合，再用箍圈和螺钉安装在灯壳上，灯泡的装拆必须将全部光学组件取出后才能进行。可拆式前照灯的密封性很差，反射镜易受湿气和尘埃污染而降低反射能力，严重降低照明效果，目前已趋淘汰。

2. 半封闭式前照灯

半封闭式前照灯的结构如图6-13所示。其显著特点是配光镜靠卷曲反射镜边缘上的牙齿而紧固在反射镜上，两者之间垫有橡皮密封圈，灯泡的装拆只能从反射镜的后方进行。半封闭式前照灯的优点是灯泡灯丝烧断后，可以直接更换灯泡，维修方便，因此目前仍被各国使用。缺点是密封不良。

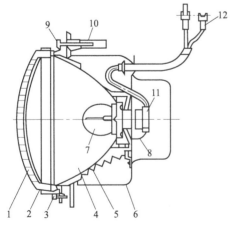

图6-13 半封闭式前照灯的结构

1—配光镜；2—固定圈；3—调整圈；4—反射镜；5—拉紧弹簧；
6—灯壳；7—灯泡；8—防尘罩；9—调节螺钉；
10—调整螺母；11—胶木插座；12—接线片

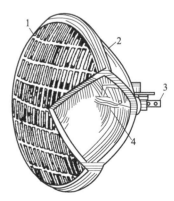

图6-14 全封闭式前照灯的结构

1—配光镜；2—反射镜；3—插头；4—灯丝

3. 全封闭式前照灯

全封闭式前照灯又称为真空灯,结构如图 6-14 所示。其反射镜和配光镜制成一体,内部充以惰性气体,灯丝直接焊到反射镜底座上,反射镜的反射面采用真空镀铝工艺进行处理。

全封闭式前照灯的优点是密封性能好,反射镜不会受到大气中灰尘和潮气的污染,反射效率高,使用寿命长。缺点是灯丝烧坏后,要更换总成,因此使用成本较高。

4. 投射式前照灯

为使前照灯更亮、照射更远、外形更美观,现代轿车上出现了投射式前照灯和高亮度弧光灯。

投射式前照灯的反射镜近似于椭圆形状,它具有两个焦点。第一焦点处放置灯泡,光束经反射后汇聚到第二焦点。凸形配光镜的焦点与第二焦点重合,灯泡发出的光被反射镜聚成第二焦点,其通过配光镜后将聚集的光投射到前方。投射式前照灯所采用的灯泡为卤钨灯泡。

第二焦点附近设有遮光板,可遮挡投向上半部分的光,形成明暗分明的配光。由于它的这种配光特性,因此也可用于雾灯。结构如图 6-15 所示。

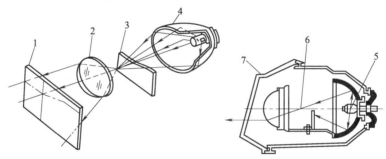

图 6-15 投射式前照灯

1—屏幕;2—凸形散光镜;3—遮光镜;4—椭圆反射;5—第一焦点(F1);6—第二焦点(F2);7—总成

5. 高亮度弧光灯

高亮度弧光灯的结构如图 6-16 所示,这种灯的灯泡里没有灯丝,取而代之的是装在石英管内的两个电极,管内充有氙气及微量金属(或金属卤化物)。在电极上加上 5000～12000V 电压后,气体开始电离而导电。由气体原子激发到电极间少量水银蒸气弧光放电,最后转入卤化物弧光灯工作,采用多种气体是为了加快启动。

弧光式前照灯由弧光灯组件、电子控制器和升压器三大部分组成。其灯泡的光色和日光灯相似,亮度是目前卤钨灯泡的 2.5 倍,寿命是卤钨灯泡的 5 倍,灯泡的功率为 35W,可节能 40%。

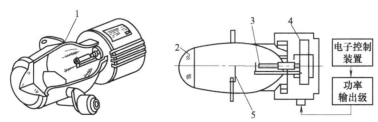

图 6-16 高亮度弧光灯的结构

1—总成;2—透镜;3—弧光灯;4—引燃及稳弧部件;5—遮光板

五、灯光开关与前照灯电路

1. 灯光开关

图 6-17 组合开关

灯光开关的形式有拉钮式、旋转式和组合式多种，现代汽车的照明系统常用将前照灯、尾灯、转向灯及变光开关等制成一体的组合开关，如图 6-17 所示。组合开关多装在转向柱上，位于转向盘下侧，操作时驾驶员的手可以不离开转向盘。

灯光开关的安装位置如图 6-18 所示。

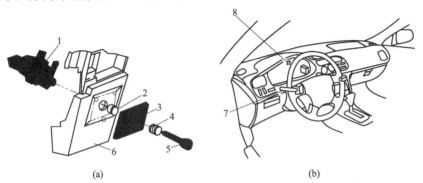

图 6-18 灯光开关的安装位置

1—灯光开关；2—衬套；3—面板；4—定位件；5—拉杆；6—仪表板；
7—灯光组合开关；8—远光指示灯

2. 前照灯电路原理

前照灯电路如图 6-19 和图 6-20 所示。由前照灯电路可知：灯光开关和变光开关都不搭铁，而采用灯丝搭铁，且前照灯都是并联的，这样可防止一个灯丝烧断导致全车的大灯都不亮。

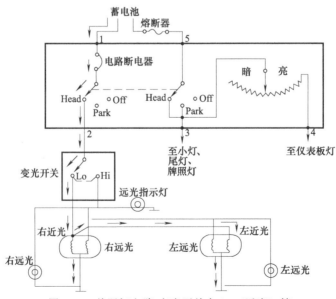

图 6-19 前照灯电路-变光开关在 Lo（近光）挡

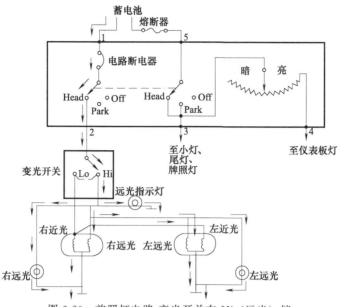

图 6-20 前照灯电路-变光开关在 Hi（远光）挡

六、前照灯电子控制装置

前照灯是汽车夜间行驶必不可少的照明设备，为了提高汽车夜间行驶的速度，确保行车安全，不少汽车上采用了前照灯电子控制装置，对前照灯进行自动控制。常用的控制装置有：前照灯自动变光器、前照灯状态控制装置、前照灯昏暗自动发光器、前照灯关闭自动延时器等。

1. 前照灯自动变光电路

在夜间行驶时，为了防止迎面来车驾驶员眩目，驾驶员必须频繁使用变光开关，这样会分散驾驶员的注意力，影响行车安全。前照灯自动变光装置可以根据迎面来车的灯光强度调节前照灯的远光或近光。图 6-21 为前照灯自动变光电路原理图。其工作原理如下。

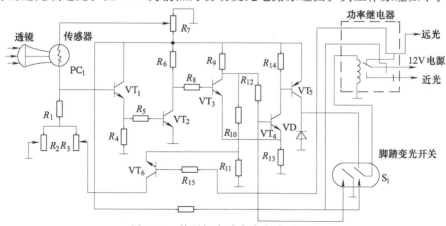

图 6-21 前照灯自动变光电路原理图

当迎面来车的前照灯光线照射到传感器时，通过透镜将光线聚焦到光敏元件上，通过放大器输出信号触发功率继电器，继电器将前照灯自动从远光变为近光。当迎面来车驶过后，传感器不再有灯光照射，于是放大器不再向功率继电器输送信号，继电器触点又恢复到远光照明。

光敏电阻 PC_1 用来传感光照情况,其电阻值与光强成反比。在受到光线照射前,其电阻值较高,但受光照后,其电阻值迅速下降,PC_1 和 R_1、R_2、R_3、R_7 以及 VT_6 组成 VT_1 的偏压电路。当远光接通时,VT_6 导通,PC_1 受到光照作用,电阻减小到一定值时,VT_1 基极上偏压刚好能产生光束转换,即从远光变为近光;近光接通后,VT_6 截止,这时偏压电路中只有 R_7、PC_1、R_1 和 R_2,因而灵敏度增加,当迎面来车驶过后,PC_1 电阻增大,VT_1 截止,前照灯立即由近光变为远光。

射极输出器 VT_1 的输出,由 VT_2 放大并反相,VT_2 的输出加在施密特触发器 VT_3 和 VT_4 上,VT_4 的集电极控制继电器激励级 VT_5。当 VT_2 集电极电压超过施密特触发器的阈值时,VT_3 导通,VT_4 截止,VT_5 加偏压截止,继电器的触点接通远光灯。当 PC_1 受到迎面来车的光线照射时,其电阻下降,放大器 VT_1 和 VT_2 的输出低于施密特触发器的阈值,VT_3 截止,VT_4、VT_5 导通,继电器线圈有电流通过,从而接通近光灯丝,直到迎面来车驶过后继电器又接通远光灯丝。

当脚踏变光开关 S_1 踏下时,继电器断电,VT_4 基极搭铁,前照灯始终使用远光灯丝。

2. 前照灯状态自动调整系统

前照灯的照明范围随汽车的负荷变化而变化,当汽车的负荷较大时,前灯距地面变近,使照明范围变小,反之,虽使照明范围增大,但会造成对面来车驾驶员的眩目,这样都会造成安全事故。为了克服负荷对照明的影响,有些先进的车上装设有前照灯状态自动调整系统。根据汽车负荷的不同,自动调整前照灯前倾的角度,使照明范围保持不变。

3. 昏暗自动发光控制系统

昏暗自动发光控制系统的功用是,在行驶中,当车前的自然光的强度减低到一定程度时,自动将前照灯的电路接通,以确保行车安全,同时还有延时关灯的作用。它主要由光传感器和控制元件及晶体管放大器组件两大部分组成。

4. 前照灯关闭自动延时控制装置

前照灯关闭自动延时控制装置的主要功能是:当汽车夜间停入车库后,为驾驶员下车离开车库提供一段时间的照明,以免驾驶员摸黑走出车库时造成事故。

理论知识三 汽车前照灯检测仪

汽车前照灯检测是汽车安全性能检测的重要项目。前照灯检测的主要参数是发光强度和光束照射位置。当发光强度不足或光束照射位置偏斜时,会造成夜间行车驾驶员视线不清,或使迎面来车的驾驶员眩目,将极大地影响行车安全。所以,应定期对前照灯的发光强度和光束照射位置进行检测、校正。

一、前照灯发光强度的检验标准

GB 7258—2004《机动车运行安全技术条件》规定,机动车每只前照灯的远光光束发光强度应达到表 6-2 的要求。测试时,其电源系统应处于充电状态。

表 6-2 前照灯远光光束发光强度要求　　　　　　　　　　cd

检查项目车辆类型	新注册车		在 用 车	
	两灯制	四灯制[①]	两灯制	四灯制[①]
汽车、无轨电车	15000	12000	12000	10000
四轮农用运输车	10000	8000	8000	6000

① 采用四灯制的机动车其中两只对称的灯达到两灯制的要求时视为合格。

二、前照灯检测仪检测发光强度和光轴偏斜量

前照灯检测仪是按一定测量距离放在被检车辆的对面，用来检测前照灯发光强度与光轴偏斜量的专用设备。光轴偏斜量表示光束照射位置。

1. 前照灯检测仪的检测原理

前照灯检测仪的类型很多，但基本检测原理类似，一般均采用能把吸收的光能变成电流的光电池作为传感器，按照前照灯主光束照射光电池产生电流的大小和比例，来测量前照灯发光强度和光轴偏斜量。

（1）发光强度的检测原理　测量前照灯发光强度的电路由光度计、可变电阻和光电池等组成，如图6-22所示。按规定的距离使前照灯照射光电池，光电池便按受光强度的大小产生相应的光电流使光度计指针摆动，指示出前照灯的发光强度。

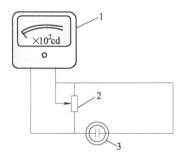

图 6-22　发光强度的检测原理图
1—光度计；2—可变电阻；3—光电池

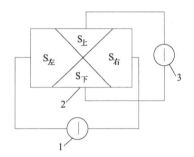

图 6-23　光轴偏斜量检测原理图
1—左右偏斜指示计；2—光电池；
3—上下偏斜指示计

（2）光轴偏斜量的检测原理　测量前照灯光轴偏斜量的电路如图6-23所示，由两对光电池组成，左右一对光电池 $S_左$、$S_右$ 上接有左右偏斜指示计，用于检测光束中心的左右偏斜量；上下一对光电池 $S_上$、$S_下$ 上接有上下偏斜指示计，用于检测光束中心的上下偏斜量。当光电池受到前照灯光束照射时，如果光束照射方向偏斜，将分别使光电池的受光面不一致，因而产生的电流大小也不一致。光电池产生的电流差值分别使上下偏斜指示计及左右偏斜指示计的指针摆动，从而检测出光轴的偏斜方向和偏斜量。

图6-24所示为光轴无偏斜时的情况，这时上下偏斜指示计的指针和左右偏斜指示计的指针均垂直向下，即处于零位。图6-25所示为光轴有偏斜时的情况，这时上下偏斜指示计的指针向"下"方向偏斜，左右偏斜指示计的指针向"左"方向偏斜。

若通过适当的调节机构，调整光线照射光电池的位置，使 $S_左$、$S_右$ 和 $S_上$、$S_下$ 每对光电池受到的光照度相同，此时每对光电池输出的电流相等，两偏斜指示计的指针均指向零

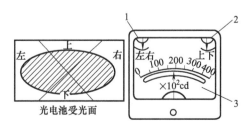

图 6-24　光轴无偏斜时的情况
1—左右偏斜指示计；2—上下偏斜指示计；3—光度计

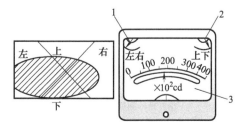

图 6-25　光轴有偏斜时的情况
1—左右偏斜指示计；2—上下偏斜指示计；3—光度计

位,其调节量反映了光束中心的偏斜量。当偏斜指示计指针处于零位时,光电池受到的光照最强,四块光电池所输出电流之和表明了前照灯的发光强度。

2. 前照灯检测仪的结构和工作原理

按照前照灯检测仪的结构特征与测量方法不同,常用汽车前照灯检测仪可分为聚光式、屏幕式、投影式和自动追踪光轴式四种类型。这些不同类型的前照灯检测仪均由接受前照灯光束的受光器、使受光器与汽车前照灯对正的照准装置、前照灯发光强度指示装置、光轴偏斜方向和偏斜量指示装置及支柱、底板、导轨、汽车摆正找准装置等组成。

(1) 聚光式前照灯检测仪　聚光式前照灯检测仪利用受光器的聚光透镜把前照灯的散射光束聚合起来,并导引到光电池的光照面上,根据其对光电池的照射强度,来检测前照灯的发光强度和光轴偏斜量。检测时,检测仪放在距前照灯前方1m处。

(2) 屏幕式前照灯检测仪　屏幕式前照灯检测仪在固定屏幕上装有可以左右移动的活动屏幕,在活动屏幕上装有能上下移动的内部带有光电池的受光器。前照灯的光束照射到屏幕上,检测发光强度和光轴偏斜量。通常测试距离为3m。

(3) 投影式前照灯检测仪　投影式前照灯检测仪采用把前照灯光束的影像映射到投影屏上,来检测发光强度和光轴偏斜量。检测时,测试距离一般为3m。其构造如图6-26所示。

在聚光透镜的上下和左右方向装有四个光电池。前照灯光束的影像通过聚光透镜、光度计的光电池和反射镜后,映射到投影屏上。检测时,通过上下、左右移动受光器使光轴偏斜指示计指示为零,从而找到被测前照灯主光轴的方向,然后根据投影屏上前照灯光束影像的位置,即可得出主光轴的偏斜量,同时可从光度计的指示中读取发光强度。

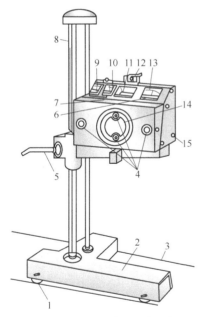
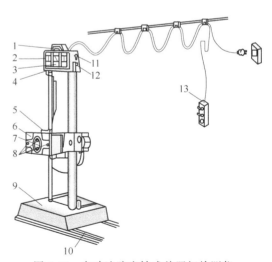

图6-26　投影式前照灯检测仪
1—车轮;2—底座;3—导轨;4—光电池;
5—上下移动手柄;6—上下光轴刻度盘;
7—左右光轴刻度盘;8—支柱;
9—左右偏斜指示计;10—上下偏斜指示计;
11—投影屏;12—汽车摆正找准器;
13—光度计;14—聚光透镜;15—受光器

图6-27　自动追踪光轴式前照灯检测仪
1—在用显示器;2—左右偏斜指示计;3—光度计;
4—上下偏斜指示计;5—车辆摆正找准器;6—受光器;
7—聚光透镜;8—光电池;9—控制箱;10—导轨;
11—电源开关;12—熔丝;13—控制盒

根据投影式前照灯检测仪光轴偏斜量的检测方法不同，分为投影屏刻度检测法和光轴刻度盘检测法。

投影屏刻度检测法是在投影屏上刻有表示光轴偏斜量的刻度线，根据前照灯影像中心在投影屏上所处的位置，即可直接读出光轴的偏斜量。

光轴刻度盘检测法是转动上下与左右光轴刻度盘，使前照灯光束影像中心与投影屏坐标原点重合，然后从光轴刻度盘上读取光轴偏斜量。

（4）自动追踪光轴式前照灯检测仪　自动追踪光轴式前照灯检测仪采用受光器自动追踪光轴的方法检测前照灯发光强度和光轴偏斜量。一般检测距离为 3m。其构造如图 6-27 所示。

检测时，前照灯的光束照射到检测仪的受光器上。此时，若前照灯光束照射方向偏斜，则主、副受光器的上下光电池或左右电池的受光量不等，由其电流的差值控制受光器上下移动的电动机运转，或使控制箱左右移动的电动机运转，并通过传动机构牵动受光器上下移动或驱动控制箱在轨道上左右移动，直至受光器上下、左右光电池受光量相等为止。在追踪光轴时，受光器的位移方向和位移量由光轴偏斜指示计指示，此即前照灯光束的偏斜方向和偏斜量、发光强度由光度计指示。

3. 前照灯发光强度和光轴偏斜量的检测方法

（1）检测前的准备

① 前照灯检测仪的准备。在不受光的情况下，调整光度计和光轴偏斜量指示计是否对准机械零点。若指针失准，可用零点调整螺钉调整。

检查聚光透镜和反射镜的镜面上有无污物。若有，可用柔软的布料或镜头纸擦拭干净。

检查水准器的技术状况。若水准器无气泡，应进行修理或更换。若气泡不在红线框内时，可用水准器调节器或垫片进行调整。

检查导轨是否沾有泥土等杂物。若有，应扫除干净。

② 被检车辆的准备。清除前照灯上的污垢。轮胎气压应符合汽车制造厂的规定。前照灯开关和变光器应处于良好状态。汽车蓄电池和充电系统应处于良好状态。

（2）检测方法　由于前照灯检测仪的厂牌、形式不同，其检测发光强度和光轴偏斜量的具体方法也不尽相同。这里仅就投影式和自动追踪光轴式前照灯检测仪的检测方法作一介绍。

① 投影式前照灯检测仪的检测方法。

将被检汽车尽可能地与前照灯检测仪的轨道保持垂直方向驶近检测仪，使前照灯与检测仪受光器相距 3m。

用汽车摆正找准器使检测仪与被检汽车对正。

开亮前照灯，移动检测仪，使光束照射到受光器上。

投影屏刻度检测法，要求先使光轴偏斜量指示计的指示为零，然后根据投影屏上前照灯影像中心所在的刻度值读取光轴偏斜量，再根据光度计的指示值读取发光强度值，如图6-28 所示。

光轴刻度盘检测法，要求转动光轴刻度盘，使投影屏上的坐标原点与前照灯影像中心重合，读取此时光轴刻度盘上的指示值即为光轴偏斜量，再根据光度计上的指示值读取发光强度值，如图 6-29 所示。

② 自动追踪光轴式前照灯检测仪的检测方法。

将被检汽车尽可能地与前照灯检测仪的轨道保持垂直方向驶近检测仪，使前照灯与检测仪受光器相距 3m。

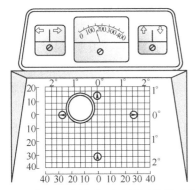

图 6-28 投影屏刻度检测法检测结果示意图

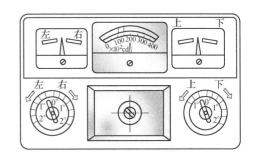

图 6-29 光轴刻度盘检测法检测结果示意图

用汽车摆正找准器使检测仪与被检汽车对正。

开亮前照灯，接通检测仪电源，用控制器上的上下、左右控制开关移动检测仪的位置，使前照灯光束照射到受光器上。

按下控制器上的测量开关，受光器随即追踪前照灯光轴，根据光轴偏斜指示计和光度计的指示值，即可得出光轴偏斜量和发光强度值。

检测完一只前照灯后用同样的方法检测另一只前照灯。检测结束，前照灯检测仪沿轨道或沿地面退回护栏内，汽车驶出。

4. 检测结果分析

前照灯检验不合格有两种情况：一是前照灯发光强度偏低；二是前照灯照射位置偏斜。

（1）左右前照灯发光强度均偏低

① 检查前照灯反光镜的光泽是否明亮，如昏暗或镀层剥落或发黑应予更换。

② 检查灯泡是否老化，质量是否符合要求，如老化或质量不符合要求，光度偏低者应更换。

③ 检查蓄电池端电压是否偏低，如端电压偏低，应先充足电再检测。仅靠蓄电池供电，前照灯发光强度一般很难达到标准的规定，检测时发电机应供电。

（2）左右前照灯发光强度不一致　检查发光强度偏低的前照灯的反射镜光泽是否灰暗，灯泡是否老化，质量是否符合要求，一般多为搭铁线路接触不良。

（3）前照灯光束照射位置偏斜　前照灯安装位置不当或因强烈震动而错位致使光束照射位置偏斜，应予以调整。前照灯光束照射位置偏斜的调整可在前照灯检测仪上进行。

根据检测标准，在检测调整光束照射位置时，对远、近双光束灯以检测调整近光光束为主。如果制造质量合格的灯泡，近光调整合格后，远光光束一般也能合格；若近光光束调整合格后，经复核远光光束照射方向不合格，则应更换灯泡。

理论知识四　照明系统电路实例

一、解放 CA1092 汽车照明系统电路

解放 CA1092 汽车照明系统电路如图 6-30 所示，该电路特点是车灯开关为拉杆式，大灯继电器控制大灯电路，保护车灯开关。大灯工作时，小灯继续工作。

二、桑塔纳轿车照明系统电路

桑塔纳轿车照明系统电路如图 6-31 所示，该电路特点是灯光开关直接控制大灯；超车

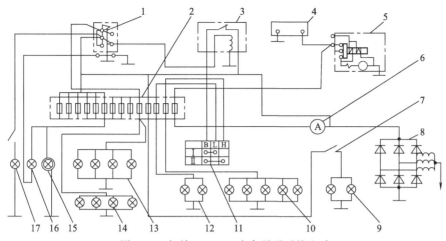

图 6-30 解放 CA1092 汽车照明系统电路

1—车灯开关；2—熔断器；3—前照灯继电器；4—蓄电池；5—启动机；6—电流表；
7—雾灯开关；8—发动机；9—雾灯；10—远光灯；11—变光开关；12—近光灯；
13—示廓灯；14—仪表灯；15—工作灯插座；16—顶灯；17—工作灯

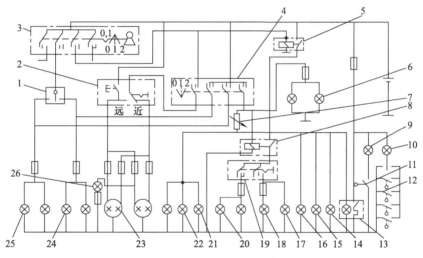

图 6-31 桑塔纳轿车照明系统电路

1—停车灯开关；2—变光和超车灯开关；3—点火开关；4—车灯开关；5—中间继电器；6—牌照灯；
7—仪表灯调节电阻；8—雾灯继电器；9—行李箱灯；10—前顶灯；11—行李箱开关；
12—前顶灯门控开关；13—点烟器照明灯；14—雾灯开关照明灯；15—后风窗除霜开关照明灯；
16—空调开关照明灯；17—雾灯指示灯；18—后雾灯；19—前后雾灯开关；20—前雾灯；
21—仪表灯；22—时钟照明灯；23—前照灯；24—右前后示廓灯；25—左前后示廓灯；26—远光指示灯

灯开关直接控制远光灯；雾灯开关由车灯开关控制；雾灯开关 1 挡控制前雾灯；雾灯开关 2 挡前/后雾灯同时亮；顶灯/行李箱灯由门控开关控制；仪表灯/时钟/点烟器/开关照明灯在车灯开关 1 挡 2 挡时，都亮。

理论知识五　转向信号灯及闪光器

为了指示车辆的行驶方向，便于交通指挥，汽车上都装有转向信号灯。当汽车转向时，通过闪光器使左边或右边的前、后转向信号灯闪烁发光。近年来，国外有些汽车在行驶中，如遇见危险情况，使前、后、左、右转向灯同时发出闪光，作为危险警报信号。因此，闪光器按用途有转向和报警之分。

一、转向灯及危险报警灯电路

在汽车起步、转弯、变更车道或路边停车时，需要打开转向信号灯以表示汽车的趋向，提醒周围车辆和行人注意。转向信号灯系统由闪光继电器（简称闪光器）、转向开关、转向灯和转向指示灯等组成。当接通危险报警信号开关时，所有转向信号灯同时闪烁，表示车辆遇紧急情况，请求其他车辆避让。根据《GB 7258—2004 机动车运行安全技术条件》规定，危险报警灯操纵装置不得受点火开关控制。

转向灯闪烁是由闪光器控制电流通断实现的，闪光频率规定为 $1.5Hz±0.5Hz$。有的车转向信号闪光器和危险报警闪光器共用，例如 TJ7100 轿车，如图 6-32 所示，还有的车转向信号闪光器和危险报警闪光器单独设置，例如切诺基汽车，如图 6-33 所示。

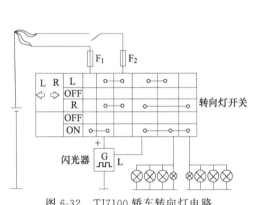

图 6-32 TJ7100 轿车转向灯电路

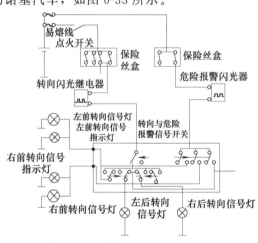

图 6-33 切诺基汽车转向灯电路

二、闪光器

闪光器按结构和工作原理可分为电热丝式（俗称电热式）、电容式、翼片式、水银式、晶体管式等多种。电热丝式闪光器结构简单，制造成本低，但闪光频率不够稳定，使用寿命短，信号灯的亮暗不够明显，今后将趋于淘汰。而电容式闪光器闪光频率稳定；翼片式闪光器结构简单、体积小、闪光频率稳定、监控作用明显、工作时伴有响声；晶体管式闪光器具有性能稳定、可靠等优点，故已广泛应用。

1. 电热丝式闪光器

电热丝式闪光器是利用镍铬丝的热胀冷缩特性接通或断开转向灯电路，从而实现转向信号灯及转向指示灯的闪烁的。如图 6-34 所示为 SD56 型电热丝式闪光器的结构与工作原理。

在胶木底板上固定着工字形的铁芯 1，其上绕有线圈 2，线圈 2 的一端与固定触点 3 相连，另一端与接线柱 8 相连，镍铬丝 5 具有较大的线膨胀系数，一端与活动触点 4 相连，另一端固定在调节片 14 的玻璃球上，附加电阻 6 也由镍铬丝制成。不工作时，活动触点 4 在镍铬丝 5 的拉紧下与固定触点 3 分开。

当汽车向右转弯时，接通转向开关 9，电流便从蓄电池正极→接线柱 7→活动触点臂→镍铬丝 5→附加电阻 6→接线柱 8→转向开关 9→右（前、后）转向信号灯 13 和仪表板上的右转向指示灯 12→搭铁→蓄电池负极，形成回路。此时由于附加电阻 6 和镍铬丝 5 串入电

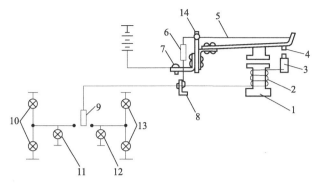

图 6-34 SD56 型电热丝式闪光器的结构与工作原理
1—铁芯；2—线圈；3—固定触点；4—活动触点；5—镍铬丝；6—附加电阻；
7,8—接线柱；9—转向开关；10—左（前、后）转向信号灯；11—左转向指示灯；
12—右转向指示灯；13—右（前、后）转向信号灯；14—调节片

路中，电流较小，故转向信号灯不亮。经过一段较短时间后，镍铬丝受热膨胀而伸长，使触点 3、4 闭合。触点闭合后，电流由蓄电池正极→接线柱 7→活动触点臂→触点 4、3→线圈 2→接线柱 8→转向开关 9→右（前、后）转向信号灯 13 和右转向指示灯 12→搭铁→蓄电池负极，形成回路。此时由于附加电阻 6 和镍铬丝 5 被短路，而线圈 2 中有电流通过产生电磁吸力使触点 3、4 闭合更为紧密，线路中的电阻小，电流大，故转向灯发出较亮的光。

但镍铬丝因被短路逐渐冷却而收缩，又打开触点 3、4，附加电阻又重新串入电路，灯光又变暗。如此反复变化，触点时开时闭，附加电阻交替地被接入或短路，使通过转向信号灯的电流忽大忽小，从而使转向信号灯一明一暗地闪烁，标示车辆行驶的方向。

转向灯的闪光频率为 50～110 次/min，但一般控制在 60～95 次/min。若转向信号灯闪光频率过高或过低用尖嘴钳扳动调节片 14，改变镍铬丝 5 的拉力以及触点间隙来进行调整。

2. 电容式闪光器

电容式闪光器是利用电容器充、放电延时特性，使继电器的两个线圈产生的电磁吸力时而相同叠加，时而相反削减，从而使继电器产生周期性开关动作，使得转向信号灯及指示灯实现闪烁的。如图 6-35 所示为电容式闪光器的结构与工作原理。

它主要是由一个继电器和一个电容器组成。在继电器的铁芯 6 上绕有串联线圈 3 和并联线圈 4，电容器 7 采用大容量的电解电容器（约 $1500\mu F$）。电容式闪光器是利用电容器充、放电延时特性，使继电器的两个线圈产生的电磁吸力时而相加，时而相减，继电器便产生周期的开关动作，从而使转向信号灯闪烁。

其工作原理如下：

当汽车向左转弯时，接通转向灯开关 8，左转向信号灯和指示灯 9 就被串入电路中，电流从

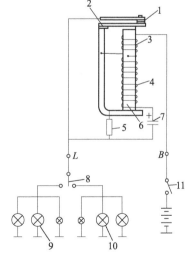

图 6-35 电容式闪光器的结构与工作原理
1—触点；2—弹簧片；3—串联线圈；4—并联线圈；
5—灭弧电阻；6—铁芯；7—电容器；
8—转向灯开关；9—左转向信号灯和指示灯；
10—右转向信号灯和指示灯；11—电源开关

蓄电池正极→电源开关11→接线柱B→串联线圈3→触点1→接线柱L→转向灯开关8→左转向信号灯和指示灯9→搭铁→蓄电池负极,形成回路。此时并联线圈4、电容器7及电阻5被触点1短路,而电流通过线圈3产生的电磁吸力大于弹簧片2的作用力,触点1迅速被打开,转向信号灯处于暗的状态(转向信号灯和指示灯尚未来得及亮)。

触点1打开后,蓄电池向电容器7充电,其充电电流由蓄电池正极→电源开关11→接线柱B→串联线圈3→并联线圈4→电容器7→接线柱L→转向灯开关8→左转向信号灯和指示灯9→搭铁→蓄电池负极,形成回路。由于并联线圈4电阻较大,充电电流很小,不足以使转向信号灯亮,则转向信号灯仍处于暗的状态。同时充电电流通过串联线圈3和并联线圈4产生的电磁吸力方向相同,使触点继续打开,随着电容器的充电,电容器两端的电压逐渐升高,其充电电流逐渐减小,串联线圈3和并联线圈4的电磁吸力减小,使触点1重又闭合。

触点1闭合后,转向信号灯和指示灯处于亮的状态,此时电流由蓄电池正极经接线柱B、串联线圈3、常闭触点1、接线柱L、转向灯开关8、左转向信号灯和指示灯9,回到蓄电池负极。与此同时,电容器通过并联线圈4和触点1放电,其放电电流通过并联线圈4时产生的磁场方向与串联线圈3相反,所产生的电磁吸力减小,故触点仍保持闭合,左转向信号灯和指示灯9继续发亮。随着电容器的放电,电容器两端电压逐渐下降,其放电电流减小,则并联线圈4的退磁作用减弱,串联线圈3的电磁吸力增强,触点1重又打开,灯变暗。如此反复,继电器的触点不断开闭,使转向信号灯和指示灯发出闪光。灭弧电阻5与触点1并联,用来减小触点火花。

3. 叶片弹跳式(翼片式)闪光器

叶片弹跳式闪光器是利用电流的热效应,以热胀条的热胀冷缩为动力,使叶片产生突变动作,接通和断开触点,使转向信号灯闪烁。根据热胀条受热情况的不同,可分为直热式和旁热式两种。

(1)直热叶片弹跳式闪光器　直热叶片弹跳式闪光器的结构与工作原理如图6-36所示。

它主要是由叶片2、热胀条3、动触点4、静触点5及支架1、8等组成。叶片2为弹性钢片,平时靠热胀条3绷紧成弓形。热胀条由膨胀系数较大的合金钢带制成,在其中间焊有动触点4,在动触点4的对面安装有静触点5,整个弹跳组件被焊在支架1上,支架的另一端伸出底板外部作为接线柱B。静触点5焊在支架8上,支架8伸出底板外部作为另一接线柱L。热胀条3在冷态时,使触点4、5闭合。

汽车转向时,接通转向灯开关6,蓄电池即向转向信号灯供电,电流由蓄电池正极→接线柱B→支架1→叶片2→热胀条3→动触点4→静触点5→支架

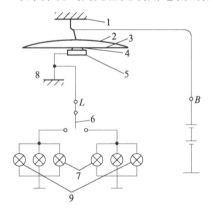

图6-36　直热叶片弹跳式闪光器

1,8—支架;2—叶片;3—热胀条;4—动触点;
5—静触点;6—转向灯开关;7—转向指示灯;
9—转向信号灯

8→接线柱L→转向灯开关6→转向信号灯9和转向指示灯7→搭铁→蓄电池负极,形成回路,转向信号灯9立即发亮。这时热胀条3因通过电流而发热伸长,叶片2突然绷直,动触点4和静触点5分开,切断电流,于是转向信号灯9熄灭。当通过转向信号灯的电流被切断后,热胀条开始冷却收缩,又使叶片突然弯成弓形,动触点4和静触点5再次接触,接通电路,转向信号灯再次发光,如此反复变化使转向信号灯一亮一暗地闪烁,标示车辆的行驶方向。

(2) 旁热叶片弹跳式闪光器 国产 SG124 型闪光器就是旁热叶片式闪光器，其结构与工作原理如图 6-37 所示。

它的主要功能零件是不锈钢制成的叶片 6（也称弹簧片），叶片上固定有热胀条 1，热胀条上绕有电阻丝 2，电阻丝的一端与静触点 5 相连，另一端与热胀条相接，叶片 6 靠热胀条 1 绷紧成弓形。动触点 4 固定在叶片 6 上，整个弹跳组件焊在支架 7 上，由支架伸出底板外部作接线柱 B，静触点与接线柱 L 相连。闪光器不工作时，触点 4 和 5 处于分开状态。

当汽车向左转弯时，接通转向灯开关 8，电流由蓄电池正极→接线柱 B→支架 7→电阻丝 2→静触点 5→接线柱 L→转向灯开关 8→左转向信号灯和指示灯 9→搭铁→蓄电池负极，形成回路。这时信号灯虽然有电流通过，但由于电阻丝 2 的电阻较大，电路中电流较小，此时信号灯不亮。同时，电阻丝加热热胀条 1，使热胀条受热伸长，于是叶片 6 依靠自身弹性使触点 4 与 5 闭合。电流则从蓄电池正极→接线柱 B→支架 7→叶片 6→动触点 4→静触点 5→接线柱 L→转向灯开关 8→左转向信号灯和指示

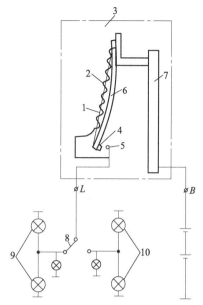

图 6-37 旁热叶片弹跳式闪光器
1—热胀条；2—电阻丝；3—闪光器；4—动触点；
5—静触点；6—叶片；7—支架；8—转向灯开关；
9—左转向信号灯和指示灯；
10—右转向信号灯和指示灯

灯 9→搭铁→蓄电池负极，形成回路。此时由于电流不再通过电阻丝 2，电流增大，转向信号灯和指示灯发亮。同时，因触点 4 与 5 闭合，电阻丝被短路，使热胀条 1 逐渐冷却收缩，拉紧叶片，触点 4 与 5 再次分开，如此反复变化，使转向信号灯 9 一明一暗地闪烁，标示车辆行驶方向。

4．晶体管式闪光器

晶体管式闪光器有带继电器的晶体管式闪光器（有触点）、无触点闪光器、集成电路闪光器等。

（1）带继电器的晶体管式闪光器 带继电器的晶体管式闪光器的工作原理如图 6-38 所示，它主要由三极管开关电路和小型继电器组成。

当汽车打开右转向信号灯时，电流由蓄电池正极→电源开关 SW→接线柱 B→电阻 R_1→继电器的常闭触点 J→接线柱 S→转向灯开关 K→右转向信号灯→搭铁→蓄电池负极，形成

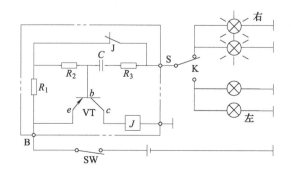

图 6-38 带继电器的晶体管式闪光器的工作原理

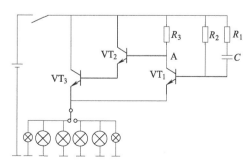

图 6-39 无触点闪光器的工作原理

回路，右转向信号灯亮。当电流通过电阻 R_1 时，在电阻 R_1 上产生电压降，三极管 VT 因正向偏压而导通，集电极电流通过继电器线圈 J，使继电器的常闭触点立即打开，右转向信号灯随之熄灭。

三极管导通的同时，其基极电流向电容器 C 充电。电流由蓄电池正极→电源开关 SW→接线柱 B→三极管的发射极 e→基极 b→电容器 C→电阻 R_3→接线柱 S→转向灯开关 K→右转向灯→搭铁→蓄电池负极，形成回路。随着电容器电荷的积累，充电电流逐渐减小，三极管的集电极电流也随之减小，当电流减小，线圈中产生的电磁力不足以维持衔铁的吸合而释放时，继电器触点重又闭合，转向灯又再次发亮。这时电容器 C 通过电阻 R_2、继电器触点 J、电阻 R_3 放电。放电电流在 R_2 上产生的电压降为三极管提供反向偏压，加速三极管的截止。当放电电流接近零时，R_1 上的电压降为三极管 VT 提供正向偏压使其导通。这样，电容器不断地充电和放电，三极管也就不断地导通与截止，控制继电器触点反复地打开、闭合，使转向信号灯闪烁。

(2) 无触点闪光器　国产 SG131 型无触点闪光器的工作原理如图 6-39 所示。当转向灯开关打开时，三极管 VT_1 的基极电流由两路提供，一路经电阻 R_2，另一路经电阻 R_1 和电容器 C，三极管 VT_1 导通，复合三极管 VT_2、VT_3 处于截止状态，由于 VT_1 的导通电流很小，仅 60mA 左右，故转向灯不亮。与此同时，电源对电容器 C 充电，随着电容器 C 两端电压的升高，充电电流逐渐减小，三极管 VT_1 由导通变为截止。这时 A 点的电位升高，当其电位达到 1.4V 时，三极管 VT_2 导通，三极管 VT_3 也随之导通，于是转向灯发亮。此时，电容器 C 经过电阻 R_1、R_2 放电，电容器放完电后，接着电源又对电容器 C 充电，三极管 VT_1 导通，VT_2、VT 截止，转向灯熄灭，如此反复，使转向灯闪烁。闪光频率由电路中元件的参数决定。

(3) 集成电路闪光器　图 6-40 所示为上海桑塔纳汽车装用的集成电路闪光器的工作原理图。U243B 型集成块是一块低功率、高精度的汽车电子闪光器专用集成电路。U243B 的标称电压为 12V，实际工作电压范围为 9～18V，采用双列 8 脚直插塑料封装。内部电路主要由输入检测器 SR、电压检测器 D、振荡器 Z 及功率输出级 SC 四部分组成。

输入检测器用来检测转向信号灯开关是否接通。振荡器由一个电压比较器和外接的电阻 R_4 和电容器 C_1 构成。内部电路比较器的一端提供了一个参考电压，其值由电压检测器控

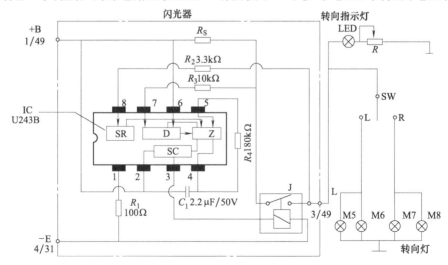

图 6-40　集成电路闪光器的工作原理

SR—输入检测器；D—电压检测器；Z—振荡器；SC—输出级；R_S—取样电阻；J—继电器

制，比较器的另一端则由外接的电阻 R_4 和电容器 C_1 提供一个变化的电压，从而形成电路的振荡。振荡器工作时，输出级的矩形波便控制继电器线圈的电路并使继电器触点反复打开和闭合。于是转向信号灯和转向指示灯闪烁，频率为 80 次/min。

如果一只转向灯烧坏，则流过取样电阻 R_S 的电流减小，其电压降减小，经电压检测器识别后，便控制振荡器电压比较器的参考电压，从而改变振荡频率，使转向指示灯的闪光频率加快一倍，以提示驾驶员及时检修。当打开危险警报开关时，汽车的前、后、左、右转向信号灯同时闪烁作为危险警报信号。

理论知识六 其他信号装置

一、倒车信号装置

汽车倒车时，为了警告车后的行人和其他车辆，在汽车的后部常装有倒车灯、倒车蜂鸣器或语音倒车报警器，它们均由装在变速器盖上的倒车开关自动控制。

1. 倒车开关

倒车开关的结构如图 6-41 所示。当把变速杆拨到倒车挡时，由于倒车开关中的钢球 1 被松开，在弹簧 5 的作用下，触点 4 闭合，于是倒车灯、倒车蜂鸣器或语音倒车报警器便与电源接通，使倒车灯发出闪烁信号、蜂鸣器发出断续的鸣叫声，语音倒车报警器发出"请注意，倒车"的声音。

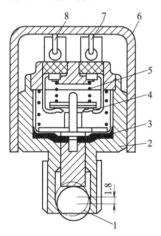

图 6-41 倒车开关
1—钢球；2—壳体；3—膜片；4—触点；
5—弹簧；6—保护罩；7,8—导线

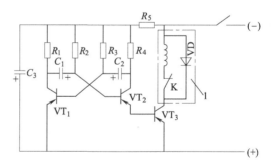

图 6-42 倒车蜂鸣器电路
R_1—1.5kΩ；R_2，R_3—10kΩ；R_4—15kΩ；R_5—100kΩ；
VT_1，VT_2—3A31A；VT_3—3AX31B；VD—2CP13；
C_1，C_2，C_3—33μF；1—小喇叭

2. 倒车蜂鸣器

倒车蜂鸣器是一种间歇发声的音响装置，图 6-42 为 CA1090 型汽车装用的倒车蜂鸣器的电路。其发音部分是一只功率较小的电喇叭，控制电路是一个由无稳态电路和反相器组成的开关电路。

晶体管 VT_1、VT_2 组成一个无稳态电路（也叫多谐振荡器），由于 VT_1 和 VT_2 之间采用电容器耦合，所以 VT_1 与 VT_2 只有两个暂时的稳定状态，或 VT_1 导通、VT_2 截止，或 VT_1 截止、VT_2 导通，这两个状态周期地自动翻转。VT_3 在电路中起开关作用，它与 VT_2

直接耦合VT_2的发射极电流就是VT_3的基极电流。当VT_2导通时，VT_3基极有足够大的基极电流也导通。电流便从电源（＋）极，经VT_3、蜂鸣器的常闭触点K、线圈流回电源"－"极。线圈通电后，使线圈中的铁芯磁化，吸动衔铁，带动膜片变形，产生声音。当VT_2截止时，VT_3无基极电流也截止，于是线圈断电，铁芯退磁，衔铁与膜片回位。如此周而复始，VT_3按照无稳态电路的翻转频率不断地导通、截止，从而使得倒车蜂鸣器发出间歇性的鸣叫。

3. 语音倒车报警器

随着集成电路技术的发展，将语音信号压缩储存于集成电路中已成为可能，从而出现了使用专用集成电路的会说话的倒车报警器，即语音倒车报警器，当汽车倒车时，能重复发出"请注意，倒车！"的声音，以此提醒过往行人避开车辆而确保车辆安全倒车。

语音倒车报警器的电路如图6-43所示。HFC5209是存储语音信号的集成电路，LM386N是功放集成电路，稳压管VD用于稳定HFC5209的工作电压。为防止电源电压接反，在电源的输入端使用了由四个二极管组成的桥式整流电路，这样无论它怎样接入12V电源，均可保证正常工作。

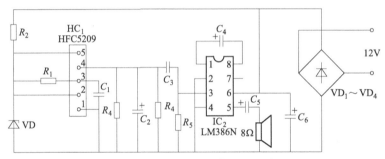

图6-43 语音倒车报警器的电路

当汽车挂入倒车挡时，倒车开关接通电源，电源便由四个二极管（$VD_1 \sim VD_4$）组成的桥式整流电路输入，存储语音信号的集成电路HC_1（HFC5209）的输出端便输出一定幅度的语音信号电压，此语音信号电压经C_2、C_3、R_3、R_4、R_5组成的阻容电路消除杂音，改善音质，并耦合到集成放大电路LM386N的输入端，经LM386N功率放大后，通过喇叭输出，即可发出清晰的"请注意，倒车！"的声音。

这种语音倒车报警器体积小，价格低廉，声音清晰，正在得到广泛使用。

二、电喇叭

1. 电喇叭的作用与分类

汽车上都装有喇叭，用来警告行人和其他车辆，以引起注意，保证行车安全。喇叭按发音动力的不同分气喇叭和电喇叭两类；按外形分有螺旋形、筒形、盆形（见图6-44）三类。按声频分有高音和低音两种。按接线方式有单线制和双线制之分。

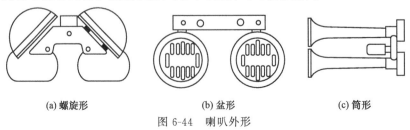

(a) 螺旋形　　　　　　　(b) 盆形　　　　　　　(c) 筒形

图6-44 喇叭外形

气喇叭是利用气流使金属膜片振动产生音响,外形一般为筒形,多用在具有空气制动装置的重型载重汽车上。电喇叭是利用电磁力使金属膜片振动产生音响,其声音悦耳,广泛使用于各种类型的汽车上。

电喇叭按有无触点可分为普通电喇叭和电子电喇叭。普通电喇叭主要是靠触点的闭合和断开,控制电磁线圈激励膜片振动而产生音响的;电子电喇叭中无触点,它是利用晶体管电路激励膜片振动产生音响的。在中小型汽车上,由于安装的位置限制,多采用螺旋形和盆形电喇叭。盆形电喇叭具有体积小、重量轻、指向好、噪声小等优点。

2. 普通电喇叭的构造与工作原理

(1) 筒形、螺旋形电喇叭　筒形、螺旋形电喇叭的构造如图6-45所示。

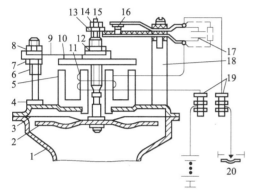 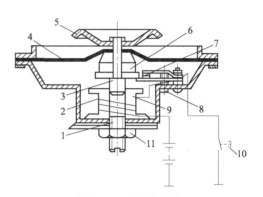

图6-45　筒形、螺旋形电喇叭

1—扬声器;2—共鸣板;3—膜片;4—底板;5—山形铁芯;6—线螺柱;7,13—调整螺母;8,12,14—锁紧螺母;9—弹簧片;10—衔铁;11—线圈;15—中心杆;16—触点;17—电容器;18—触点支架;19—接线柱;20—按钮

图6-46　盆形电喇叭

1—下铁芯;2—线圈;3—上铁芯;4—膜片;5—共鸣板;6—衔铁;7—触点;8—调整螺母;9—铁芯;10—按钮;11—锁紧螺母

其主要机件由山形铁芯5、线圈11、衔铁10、膜片3、共鸣板2、扬声器1、触点16以及电容器17等组成。膜片3和共鸣板2借中心杆15与衔铁10、调整螺母13、锁紧螺母14连成一体。当按下按钮时,电流由蓄电池正极→线圈11→触点16→按钮20→搭铁→蓄电池负极。当电流通过线圈11时,产生电磁吸力,吸下衔铁10,中心杆上的调整螺母13压下活动触点臂,使触点16分开而切断电路。此时线圈11电流中断,电磁吸力消失,在弹簧片9和膜片3的弹力作用下,衔铁又返回原位,触点闭合,电路重又接通。此后,上述过程反复进行,膜片不断振动,从而发出一定音调的声波,由扬声器1加强后传出。共鸣板与膜片刚性连接,在振动时发出陪音,使声音更加悦耳。为了减小触点火花,保护触点,在触点16间并联了一个电容器(或消弧电阻)。

(2) 盆形电喇叭　盆形电喇叭工作原理与上述相同,其结构特点如图6-46所示。

电磁铁采用螺管式结构,铁芯9上绕有线圈2,上、下铁芯间的气隙在线圈2中间,所以能产生较大的吸力。它无扬声器,而是将上铁芯3、膜片4和共鸣板5固装在中心轴上。当电路接通时,线圈2产生吸力,上铁芯3被吸下与下铁芯1碰撞,产生较低的基本频率,并激励与膜片一体的共鸣板5产生共鸣,从而发出比基本频率强得多,且分布又比较集中的谐音。

为了保护触点,在触点7之间。同样也并联了一只电容器(或消弧电阻)。

3. 电动气喇叭

电动气喇叭主要由电动气泵和气喇叭两部分组成(见图6-47)。按下喇叭按钮时,直流

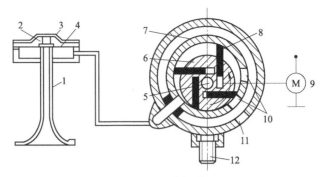

图 6-47 电动气喇叭

1—传心筒；2—弹簧；3—盖板；4—膜片；5—电动机轴；6—转子；
7—偏心腔体；8—叶片；9—电动机；10,11—进气口；12—螺钉

电动机气泵运转，产生压缩空气；压缩空气直接通入气喇叭使喇叭发音。

4. 电子电喇叭

盆形电子电喇叭的结构如图 6-48 所示，图 6-49 是其原理电路图。

当喇叭电路接通电源后，由于晶体管 VT 加正向偏压而导通，线圈中便有电流通过，产生电磁力，吸引上衔铁，连同绝缘膜片和共鸣板一起动作，当上衔铁与下衔铁接触而直接搭铁时，晶体管 VT 失去偏压而截止，切断线圈中的电流，电磁力消失，膜片与共鸣板在弹力作用下复位，上、下衔铁又恢复为断开状态，晶体管 VT 重又导通，如此周而复始地动作，膜片不断振动便发出响声。

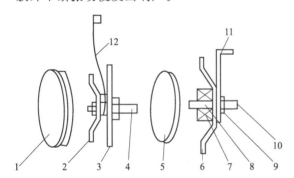

图 6-48 盆形电子电喇叭的结构

1—罩盖；2—共鸣板；3—绝缘膜片；4—上衔铁；
5—绝缘垫圈；6—喇叭体；7—线圈；8—下衔铁；
9—锁紧螺母；10—调节螺钉；11—托架；12—导线

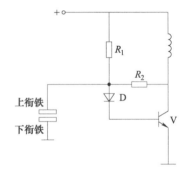

图 6-49 WDL-120G 型电子电喇叭电路

R_1—100Ω；R_2—470Ω；D—2CZ；V—D478B

5. 喇叭继电器

为了得到更加悦耳的声音，在汽车上常装有两个不同音调（高、低音）的喇叭。其中高音喇叭膜片厚，扬声简短，低音喇叭则相反。有时甚至用三个（高、中、低）不同音调的喇叭。

装用单只喇叭时，喇叭电流是直接由按钮控制的，按钮大多装在转向盘的中心。当汽车装用双喇叭时，因为消耗电流较大（15～20A），用按钮直接控制时，按钮容易烧坏。为了避免这个缺点，采用喇叭继电器，其构造和接线方法如图 6-50 所示。当按下按钮 3 时，蓄电池电流便流经线圈 2（因线圈电阻很大，所以通过线圈 2 及按钮 3 的电流不大），产生电磁吸力，吸下触点臂 1，因而触点 5 闭合接通了喇叭电路。因喇叭的大电流不再经过按钮，

从而保护了喇叭按钮。当松开按钮时，线圈 2 内电流被切断，磁力消失，触点在弹簧力作用下打开，即可切断喇叭电路，使喇叭停止发音。

6. 电喇叭的调整

电动气喇叭一般制成不可调式。螺旋形、盆形电喇叭调整包括音调和音量的调整。

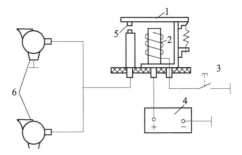

图 6-50 喇叭继电器
1—触点臂；2—线圈；3—按钮；
4—蓄电池；5—触点；6—喇叭

（1）喇叭音调的调整　电喇叭音调的高低与铁芯气隙（即衔铁与铁芯间的气隙）有关，铁芯气隙小时，膜片的振动频率高（即音调高）；气隙大时，膜片的振动频率低（即音调低）。铁芯气隙值（一般为 0.7～1.5mm）视喇叭的高、低音及规格型号而定，如 DL34G 为 0.7～0.9mm，DL34D 为 0.9～1.05mm。

筒形、螺旋形电喇叭铁芯气隙的调整部位如图 6-51 所示。对图 6-51（a）所示的电喇叭，应先松开锁紧螺母，然后转动衔铁，即可改变衔铁与铁芯气隙；对图 6-51（b）所示的电喇叭，松开上、下调节螺母，即可使铁芯上升或下降，即改变铁芯气隙；对图 6-51（c）所示的电喇叭，可先极开锁紧螺母，转动衔铁加以调整，然后极开调节螺母，使弹簧片与衔铁平行后紧固。调整时，应使衔铁与铁芯间的气隙均匀，否则会产生杂音。

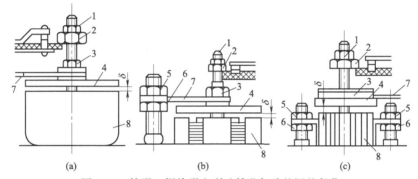

图 6-51 筒形、螺旋形电喇叭铁芯气隙的调整部位
1,3—锁紧螺母；2,5,6—调节螺母；4—衔铁；7—弹簧片；8—铁芯；δ—铁芯气隙

盆形电喇叭铁芯气隙的调整如图 6-52 所示，调整时应先松开锁紧螺母，然后旋转音量调整螺栓（铁芯）进行调整。

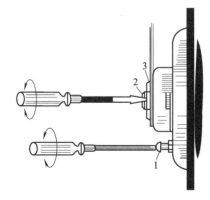

图 6-52 盆形电喇叭铁芯气隙的调整
1—音量调整螺钉；2—音调调整铁芯；3—锁紧螺母

（2）喇叭音量的调整　电喇叭音量的大小与通过喇叭线圈中的电流大小有关。当触点预压力增大时，流过喇叭线圈的电流增大，使喇叭产生的音量增大，反之音量减小。

触点压力是否正常，可通过检查喇叭工作电流与额定电流是否相符来判断。如工作电流等于额定电流，则说明触点压力正常；如工作电流大于或小于额定电流，则说明触点压力过大或过小，应予以调整。

对于图 6-51 所示的筒形、螺旋形电喇叭，应先松开锁紧螺母，然后转动调节螺母（逆时针方向转动时，触点压力增大，音量增大）进行调整；对图 6-52 所示的盆形电喇叭，可旋转音量调节螺钉（逆时针方向转动时，音量增大）进行调整。调整时不可过急，一般每次转动调节螺母不多于 1/10 圈。

电喇叭音量和音质调整并不是完全独立的，它们两者实际上是相互关联的，因此两者需反复调试才会获得最佳效果。汽车喇叭声级在距车前 2m、离地面 1.2m 处测量时，其值应为 90~115dB（A）。

实训项目部分

实训项目一 汽车前照灯的调整

一、目标

通过实训能够掌握汽车前照灯的调整方法，可以对一般车辆的前照灯的光束进行正确的调整。

二、仪器与工具

屏幕一张，集光式、银幕式或投影式调试仪一台，车辆一部，常用工具一套。

三、内容

调整前的准备：轮胎气压应符合规定；前照灯配光镜表面应清洁；汽车空载；驾驶室内只准许乘坐 1 名驾驶员；场地平整。

注：对装用远、近光双丝灯泡的前照灯以调整近光光形为主。

1. 利用屏幕检验与调整前照灯

（1）检测的准备 将车辆停置于屏幕前，并与屏幕垂直，使前照灯基准中心距屏幕 10m，在屏幕上确定与前照灯基准中心离地面距离 H 等高的水平基准线及以车辆纵向中心平面在屏幕上的投影线为基准确定的左右前照灯基准中心位置线。分别测量左右远近光束的水平或垂直照射方位的偏移值，如图 6-53 所示。

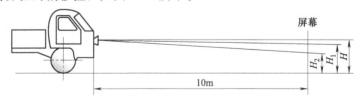

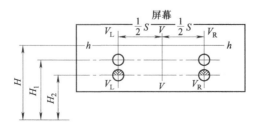

图 6-53 利用屏幕检验与调整前照灯

屏幕上画有三条垂直线和三条水平线：

中间垂直线 $V—V$ 与被检车辆的纵向中心垂直面对齐。

两侧的垂直线 $V_L—V_L$ 和 $V_R—V_R$ 分别为被检车辆左右前照灯基准中心的垂直线。

水平线中的 $h—h$ 线与被检车辆前照灯的基准中心等高，距地面高度为 H；H 为被检车辆前照灯基准中心距地面的高度，其值视被检车型而定。

中间水平线与被检车辆前照灯远光光束的中心等高，距地面高度为 H_1，$H_1=(0.85\sim 0.90)H$。

下侧水平线与被检车辆前照灯近光光束的中心等高，距地面高度为 H_2，$H_2=(0.60\sim 0.80)H$。

（2）检测方法 检测时，先遮盖住一边的前照灯，然后打开前照灯的近光开关，未被遮盖的前照灯的近光明暗截止线转角或光束中心应落在图中下边水平线与 $V_L—V_L$ 或 $V_R—V_R$ 线的交点位置上，否则为光束照射位置偏斜。其偏斜方向和偏斜量可在屏幕上直接测量。用同样方法，检测另一边前照灯近光光束照射位置。

根据检测标准，检测调整前照灯光束的照射位置时，对远、近双光束灯应以检测调整近光光束为主。对于远光单光束前照灯，则要检测远光光束的照射位置。其光束中心应落在中间水平线与 $V_L—V_L$ 或 $V_R—V_R$ 线的交点位置上。

用屏幕法检测前照灯简单易行，但只能检测出光束的照射位置，不能检测发光强度。为适应不同车型的检测，需经常更换屏幕，检测效率低，同时，需要占用较大场地。因此目前广泛采用前照灯校正仪对汽车前照灯进行检测。

2. 利用前照灯检验仪检验与调整前照灯

前照灯检验仪根据其结构与原理的不同，可分为聚光式、屏幕式、投影式以及自动追踪式四种。它们的检验项目基本相同。可以检验前照灯的光束照射位置与发光强度（cd）或光照度（lx）。

国产 QD-2 型前照灯检验仪属于屏幕式，结构如图 6-54 所示，其光度指示装置如图 6-55 所示。

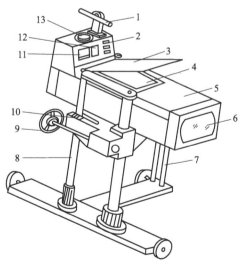

图 6-54 国产 QD-2 型前照灯检验仪

1—对正器；2—光度选择按钮；3—观察窗盖；4—观察窗；5—仪器箱；6—透镜；7—仪器移动把手；8—支架；9—仪器箱升降手轮；10—仪器箱高度指示标；11—光度表；12—光束照射方向参考表；13—光束照射方向选择指示旋钮

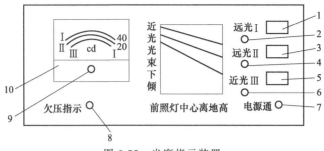

图 6-55 光度指示装置

1—远光Ⅰ按键；2—远光Ⅰ调零旋钮；3—远光Ⅱ按键；4—远光Ⅱ调零旋钮；5—近光按键；
6—近光调零旋钮；7—电源开关；8—电源电压指示灯；9—光度表调零旋钮；10—光度表

（1）检测前照灯近光灯。

① 检测近光光束的下倾值。

打开近光灯，调整光束使其通过透镜射到仪表的屏幕上，由观察窗口目视，转动光束照射方向，旋转指示旋钮，使光斑明暗截止线左端呈水平的部分与屏幕上的实线重合。此时，光束照射方向选择旋钮上的读数即为下倾值，单位 cm。

② 检测近光光束的左右偏移值。

光束左右偏移量为近光光斑明暗截止线的转角点与仪器屏幕上的 V—V 线偏移值，单位 cm。如明暗截止线的转角在 V—V 线左边 10cm 的刻线上，就表示近光光束中心的左偏值为 10cm。

③ 检测近光暗区的发光强度。

使近光光斑的明暗截止线左侧水平部分与仪器屏幕上的实线重合，按下近光按键开关，直接从光度表读数，其读数小于 625cd 为合格，否则为不合格。

（2）检测前照灯远光灯。

① 检测远光光束方向。

变换前照灯为远光，直接从屏幕上检测光束是否符合要求，远光光束照射到屏幕上的最亮部分的中心与屏幕上的圆孔重合，其偏移值可直接从屏幕上读出。

② 检测远光的发光强度。

按下远光Ⅰ按键开关，如果最大发光强度不超过 20000cd，再按下远光Ⅱ按键开关，从光度表读数，如最小发光强度不大于 15000cd，即符合有关规定。

（3）重复上述两项操作，对另一只前照灯进行检测。

（4）前照灯的调整。

如果检测前照灯的光束不符合要求，应通过调节螺钉，使其达到规定标准。调整部位如图 6-56 所示。

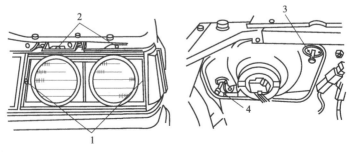

(a) 外侧调整式　　　　　　　(b) 内侧调整式

图 6-56 前照灯的调整部位

1,3—左右调整螺钉；2,4—上下调整螺钉

实训项目二　照明、转向灯信号系统的检测

一、目标

掌握照明系统、转向灯信号系统常见故障的检查方法。
掌握闪光继电器检测的一般方法，能够利用现有工具、仪器进行检测。

二、仪器与工具

车辆一部、闪光继电器3个、导线、试灯、万用表、稳压电源、常用工具。

三、内容

1. 照明系统常见故障的检查方法

汽车灯系的故障为两类：一是器件本身的故障，二是线路存在的故障。应先检查器件本身的故障，如没有，则应按系统的线路逐级检查，认真查明出现故障的原因及可能存在的隐患，然后加以排除。在处理故障时，一般应重点检查是否有短路或断路故障，可采用试灯和万用表进行检查。

（1）断路故障检查

① 用试灯检查：将试灯的一端夹在发动机或车架上（即搭铁），接通灯开关，把试灯的另一端与蓄电池到该灯之间连线上的各接点相接触，如灯亮，再与第二个接点接触……直至试灯不亮为止。则断路处即在试灯亮时的测试点与试灯不亮时的测试点之间。

② 用万用表直流电压挡检查：方法与试灯相同。万用表"－"表笔搭铁，"＋"表笔分别与蓄电池到该灯之间连线上各接点相接触，检测其电源电压是否正常，如不正常，则断路发生在有电压指示和无电压指示两个被测试点之间的这段线路中。

（2）搭铁故障检查　当接通灯开关时，熔断器立即烧坏，说明开关所接通的灯系线路有短路搭铁故障，其搭铁故障部位在灯开关与灯之间。

① 用试灯检查：首先断开导线与灯及灯开关连接处的导线，将试灯一端与蓄电池"＋"极相连，另一端与接灯（或灯开关）的线头相连接，如试灯亮，说明有搭铁故障存在，此时逐个拆开从灯开关到灯之间导线上的各个接点，如灯灭，则搭铁故障发生在灯灭时拆开点与上一个拆开点之间的导线上。

② 用万用表电阻挡检查：将万用表一只表笔搭铁，另一只表笔与接灯的导线线头相连接，如万用表读数为零，说明有搭铁故障存在。检查方法与试灯相同。

（3）照明系统常见故障及其排除

故障现象	故障原因	故障排除
所有灯全不亮	（1）蓄电池至灯总开关之间导线断路	检修
	（2）灯总开关损坏	更换
	（3）电源总熔断器断	更换
远光灯或近光灯不亮	（1）变光器损坏	更换
	（2）导线断路或导线插接器接触不良或灯泡坏	检修或更换
	（3）远光灯或近光灯的熔断器坏	更换
	（4）灯光继电器损坏	更换
	（5）导线搭铁	检修
	（6）灯总开关损坏	更换

故障现象	故障原因	故障排除
大灯灯光暗淡	(1)熔断器松动 (2)导线接头松动 (3)大灯开关或继电器触点接触不良 (4)发电机输出电压低 (5)用电设备漏电,负荷增大 (6)搭铁不良	检修 检修 检修或更换 检修 检修 检修
一侧大灯亮度正常;另一侧大灯暗淡	(1)大灯暗的一处搭铁不良 (2)导线插接器的插头接触不良	检修 检修
大灯、后灯正常;小灯不亮	(1)灯总开关损坏 (2)熔断器断 (3)小灯灯泡坏 (4)小灯线路断路 (5)继电器损坏	更换 更换 更换 检修 更换
接通小灯,一侧小灯亮,另一侧小灯亮度变弱;且转向指示灯和后转向灯亮但不闪烁	亮度暗淡的小灯搭铁不良	检修
踏下制动踏板,制动灯不亮	(1)制动灯熔断器断 (2)制动开关损坏 (3)导线断路 (4)搭铁不良 (5)灯泡坏	更换 更换 检修 检修 更换
灯泡经常烧坏	发电机输出电压过高	更换调节器

2. 转向灯信号系统常见故障的检查方法

转向灯的电路一般是：电源→熔断器盒→闪光器→转向灯开关→右（左）转向灯及其指示灯→搭铁。在检修该故障时,一定要首先弄懂该车转向信号系统的原理图和各器件间的实质连接关系。该系统易产生故障的部位是：电源、转向灯开关、转向灯、闪光器、线路等。

转向灯信号系统常见故障:

故障现象	故障原因
左右转向灯全不亮	(1)转向信号灯熔断器断 (2)蓄电池至转向灯开关之间线路有断路、接触不良的地方 (3)转向灯控制开关损坏 (4)闪光器损坏 (5)配线或接地故障
左(或右)转向灯不亮	(1)导线接头脱落 (2)闪光器不良 (3)接地不良 (4)转向灯灯泡烧坏
亮灭次数减少(闪烁频率慢)	(1)转向灯灯泡功率选用不当 (2)闪光器调整不当 (3)电源电压过低(应调整或更换发电机调节器)
亮灭次数增加(闪烁频率快)	(1)转向灯灯泡功率选用不当 (2)某转向灯灯泡烧坏 (3)接地不良 (4)电源电压过高(应调整或更换发电机调节器) (5)闪光器调整不当

故障现象	故障原因
转向信号系统有时工作有时不工作	(1)闪光器搭铁不良(对晶体管或电子带继电器式闪光器) (2)导线接触不良或断路
转向灯常亮	(1)闪光器故障 (2)发电机调节器的限额电压过高 (3)转向灯开关故障 (4)短路故障
转向灯的熔断器熔断,更换后再次熔断	(1)转向灯电路的电源先直接搭铁 (2)灯泡或灯座短路 (3)转向灯开关搭铁 (4)闪光器不良
开小灯时转向灯亮(不闪),开转向灯时小灯亮	双丝等搭铁不良(非公共接地灯系的双丝灯泡)

3. 闪光继电器的就车检查

闪光继电器好坏的检查;闪光继电器故障部位的检查。

4. 闪光继电器的独立检测

将稳压电源、闪光继电器、试灯按照图 6-57 接入试验电路,检测闪光继电器工作情况。将稳压电源的输出电压调至 12V,接通试验电路,观察灯泡闪烁情况。如果灯泡能够正常闪烁,则闪光继电器完好;如果灯泡不亮则表明闪光继电器损坏。

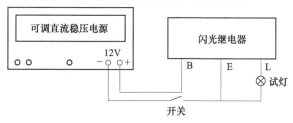

图 6-57　闪光继电器试验电路

实训项目三　电喇叭的检测

一、目标

了解电喇叭的结构及工作原理,掌握电喇叭音量及音调的调整方法。

了解喇叭继电器的工作原理,掌握喇叭继电器好坏的检测。

掌握电喇叭常见故障的检查方法。

二、仪器与工具

电喇叭、常用工具、厚薄规、喇叭继电器、导线、试灯、万用表、稳压电源及常用工具等。

三、内容

1. 电喇叭的调整

不同形式的电喇叭其构造不完全相同,所以调整方法也不一致。但其原理基本相同(见

图 6-52)。

(1) 喇叭音调的调整　减小衔铁与铁芯间的间隙,可以提高音调。

(2) 电喇叭音量的调整　电喇叭音量的大小与通过喇叭线圈中的电流大小有关。可通过改变触点的压力进而改变其接触电阻,以实现喇叭线圈中的电流大小的不同,最终实现喇叭音量大小的改变的。

(3) 电喇叭的维护　喇叭触点应保持清洁,其接触面积不应低于80%。如果有严重烧蚀应及时进行检修。喇叭的固定方法对其发音影响极大,为了使喇叭的声音正常,喇叭不能作刚性的装接,而应固定在缓冲支架上,即在喇叭与固定支架之间装有片状弹簧或橡皮垫。

2. 喇叭继电器的检测

(1) 喇叭继电器的就车检测(在喇叭完好状态下进行)

(2) 喇叭继电器的检测

① 喇叭继电器线圈的检测:用万用表的 R×1 挡检测喇叭继电器"电池"接柱与"搭铁"接柱之间的电阻值,正常情况下,应有一定阻值。

② 喇叭继电器触点的检测:用万用表的 R×1000 挡检测喇叭继电器"电池"接柱与"搭铁"接柱之间的阻值,正常情况应为无穷大,否则为触点粘连故障。

3. 喇叭的常见故障

故障现象	故障原因
喇叭不响	(1)喇叭电源线路断路 (2)喇叭线圈烧坏或有脱焊处 (3)喇叭衔铁气隙过大 (4)灭弧电容击穿短路 (5)继电器触点烧蚀、线圈断路或气隙过大,弹簧过紧 (6)喇叭按钮接触不良、接地(搭铁)不良或其导线断路
声音不正常	(1)蓄电池电压过低或喇叭电源线路接触不良 (2)喇叭触点烧蚀接触不良 (3)衔铁与铁芯间隙及触点压力不正常 (4)振动膜片破裂或喇叭筒破裂 (5)固定螺钉松动(搭铁不良)
时响时不响	(1)喇叭本身不良 (2)喇叭接线松脱 (3)按钮搭铁不良 (4)继电器工作不良
喇叭不响,但耗电量很大	(1)电容(或电阻)短路 (2)喇叭触点不能打开 (3)喇叭线圈有搭铁处
喇叭触点经常烧坏	(1)装有灭弧电阻的喇叭,电阻值增大或断路 (2)装有灭弧电容的喇叭,电容断路或其电容量过小或过大 (3)喇叭触点间隙过小或线圈匝间短路,工作电流过大 (4)发电机输出电压过高

思考题 ▶▶

1. 汽车常用的照明设备灯和灯光信号装置分别有哪些?
2. 前照灯的功用是什么?主要由哪几部分组成?各组成部分的作用分别是什么?
3. 什么是眩目?前照灯防眩目措施有哪些?

4. 闪光器按结构和工作原理可分为哪些类型？各有什么特点？
5. 简述电热丝式闪光器、带继电器的晶体管闪光器的工作原理。
6. 筒形和盆形电喇叭主要由哪几部分组成？其工作原理是什么？
7. 怎样调节喇叭的音量和音调？
8. 喇叭继电器的功用是什么？
9. 简述灯光不亮的原因和排除方法。
10. 简述转向信号灯闪光频率不正常的原因和排除方法。

任务七
汽车仪表及报警装置

　　为了使驾驶员随时掌握车辆的各种工作状况，保证行车安全并及时发现和排除车辆存在的故障，现代汽车上都安装有多种监察仪表和报警装置，这些装置一般都集成在仪表台上形成仪表总成。汽车仪表台是车辆和驾驶员进行信息沟通的最重要最直接的人机界面。对于汽车仪表不但要求其工作可靠，抗振、耐冲击性好，更要美观大方，指示准确、清晰，便于读取。现代轿车的仪表台总成一般是指方向盘前的主仪表板和司机旁通道上的副仪表板以及仪表罩构成的平台。主仪表板上一般集中了全车的监察仪表，如车速表、发动机转速表、油压表、水温表、燃油表等。有些仪表还设有变速挡位指示、时钟、环境温度表、路面倾斜表和海拔高度表等。按照当前流行的仪表台设计款式，一般将空调、音响、导航、娱乐等设备的显示和控制部件安装在副仪表板上，以方便驾驶员操作，同时也显得整车布局紧凑合理，桑塔纳 2000 型轿车仪表板如图 7-1 所示。该仪表板上除了显示车速、里程、发动机转速、冷却液温度、燃油量等最基本最重要的工况信息，也用其他指示形式来指示一些次要信息，如汽车电源、安全、润滑、制动等。

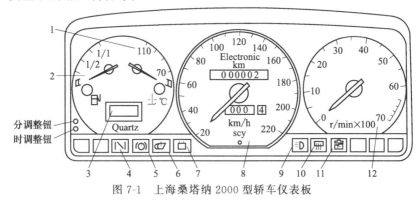

图 7-1　上海桑塔纳 2000 型轿车仪表板

1—冷却液温度表；2—燃油表；3—电子钟；4—阻风门指示灯；5—驻车制动和制动液面警告灯；6—机油压力警告灯；7—充电指示灯；8—电子车速里程表；9—远光指示灯；10—后窗加热指示灯；11—冷却液液面警告灯；12—电子转速表

 ## 理论知识部分

理论知识一　汽车仪表组成及工作原理

汽车仪表按工作原理分传统仪表和数字仪表。

一、传统仪表

1. 组成与分类

汽车传统仪表中的燃油表、水温表和机油压力表（油压表），虽然测量指示的参数不同，但其均由指示表和传感器组成。指示表按原理分为电热式（双金属片式）和电磁式。电热式指示表是利用电热线圈产生的热量加热双金属片，使之变形带动指针指示相应的示值；电磁式指示表是利用垂直布置的两个电磁线圈通过不同的电流，形成合磁场磁化转子，转子带动指针指示相应的示值。传感器是配合指示表使用的，其作用是提供所需的参量，将被测物理量变为电信号。为了测取不同的参数，传感器在结构上有所不同。传感器可分为电热式和可变电阻式，可变电阻式又可分为滑线变阻器式和热敏电阻式。将上述类型指示表和传感器组合在一起，就产生了四种不同形式的仪表，即：

(1) 电热式指示表＋电热式传感器；

(2) 电磁式指示表＋可变电阻式传感器；

(3) 电热式指示表＋可变电阻式传感器；

(4) 电磁式指示表＋电热式传感器。

其中前三种组合形式的仪表在汽车上应用广泛，如常见的燃油表、水温表和机油压力表。

2. 油压表、燃油表和水温表的作用

(1) 油压表　油压表是在发动机运转时，用来指示发动机润滑系主油道压力和系统工作是否正常的仪表。油压表通常由指示表和机油压力传感器组成，其压力传感器一般拧在机油泵后方的主油道上。常见机油压力表的类型有电热式、电磁式和弹簧管式。

目前很多车辆取消了机油压力表，而用机油压力报警装置代替机油压力表来监控机油压力，如桑塔纳系列的车型。机油压力报警装置通常是在发动机润滑系主油道中，机油压力低于正常值时，对驾驶员发出警报信号，它由装在仪表板上的机油低压报警灯和装在发动机主油道上的机油压力开关组成。

(2) 燃油表　燃油表用来检测和指示燃油箱中的燃油量。燃油表由指示表和传感器组成，常见的指示表有两种类型，即电磁式和电热式，传感器一般使用可变电阻式的传感器。有的车型还同时设有燃油报警指示装置与燃油表配合使用。

(3) 水温表　水温表用来检测和指示发动机冷却液的工作温度。水温表由指示表和冷却液温度传感器两部分组成。指示表安装在仪表板内，有两种结构形式，即电热式和电磁式；冷却液温度传感器安装在发动机汽缸的冷却液套或管路上，它有两种类型，即电热式和热敏电阻式。目前在多数汽车上水温表与水温报警灯同时使用。

3. 传统仪表结构与工作原理（以桑塔纳 2000 为例）

(1) 机油压力表及其传感器　机油压力表用来显示发动机主油道的机油压力的大小，以防因缺机油而造成拉缸、烧瓦等重大故障发生。

常见的压力表有电热式、电磁式和弹簧式三种。

① 电热式机油压力表及其传感器。

电热式机油压力表也称双金属式机油压力表，其工作原理如图 7-2 所示。传感器一般做成盒子形，中间有膜片 2，膜片的下方油腔经管接头与润滑系主油道相通，膜片上部顶住弯曲的弹簧片 3，弹簧片的一端焊有触点，另一端固定搭铁。双金属片 4 上绕有加热线圈，它的一端焊在双金属片端的触点上，另一端接在接触片 7 上。

机油压力表内装有双金属片 11，上绕有加热线圈，其一端经接线柱 8 和传感器的触点

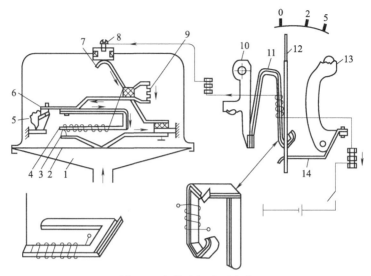

图 7-2 电热式机油压力表
1—油腔；2—膜片；3,14—弹簧片；4,11—双金属片；5—调节齿轮；6—悬臂铜片支架；
7—接触片；8—接线柱；9—电阻；10,13—调节齿扇；12—指针

串联。另一端接电源正极。双金属片一端弯成钩形扣在指针 12 上，当油压表接入工作时，电流就由电源正极→开关→加热线圈→接线柱 8→接触片 7，之后分两路：一路经双金属片 4 的加热线圈→触点→弹簧片 3→搭铁→蓄电池负极；另一路经电阻 9→双金属片 4→触点→弹簧片 3→搭铁→蓄电池负极。

由于电流通过双金属片 4 和 11 上的加热线圈，使双金属片受热变形。如果油压甚低，传感器膜片 2 几乎没有变形，这时作用在触点上压力甚小，电流通过不久，温度略有升高，使触点分开，电路即被截断。经过一段时间后，双金属片冷却伸直，触点又闭合，电流重新流通。但不久触点又分开，如此循环不息，每分钟开闭约 5～20 次，由于触点打开时间长，闭合时间短，变化频率低，使通过双金属片 11 加热线圈的电流平均值较小，双金属片 11 温度较低，弯曲不大，指针只略微向右移指向低油压。

当油压高时，膜片向上拱曲，加于触点上的压力增大，使双金属片向上弯曲。触点需要在双金属片温度较高，也就是加热线圈通过较大的电流，较长的时间后才能分开，而且分开后又很快闭合。因此在油压高时，触点打开状态的时间缩短，频率增高（如油压在 0.49MPa 时，频率为 100～103 次/min；油压在 0.19MPa 时，频率为 40～70 次/min），平均电流值增大，指针偏移量大，指向高压。

为使压力表指示值不受外界温度变化的影响，双金属片做成"Π"字形，其中绕有加热线圈的臂为工作臂，另一为补偿臂。当外界温度变化时，工作臂的附加变形被补偿臂的相应变形所补偿。安装传感器时，外壳上的箭头"向上"不应偏出垂直位 30°。因为这样可以保证"Π"字形双金属片的工作臂位于补偿臂之上，使工作臂的热气上升时不会影响补偿臂的正常工作，提高指示的准确性。

② 电磁式机油压力表与感应器。

电磁式机油压力表与可变电阻感应器基本结构，如图 7-3 所示。该表在塑料架上绕有固定线圈 W_2，另一只活动线圈 W_1 套在塑料支架上，指针、小磁片和配重装在一根小轴上，利用铁皮支承架，置于塑料架上，可左右摆动，未接入电阻时，由于配重关系，指针在"0"位。

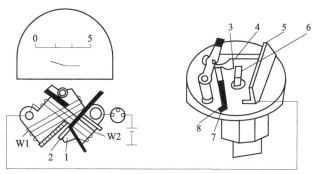

图 7-3 电磁式机油压力表与可变电阻感应器基本结构
1—小磁片；2—指针；3—传动钢丝；4—磷铜触点片；5—可变电阻；
6—中心顶杆；7—限位部分；8—弹簧；W_1，W_2—线圈

感应器上有一只可变电阻，磷铜触点片与电阻接触，触点片可上下摆动，平时靠弹簧将它拉住。另一端通过传动钢丝与膜片中心顶杆连接。

当接通点火开关，没有油压时，感应器阻值最大，电流通过 W_1 后，大部分电流流进 W_2，这时两线圈的合成磁场吸动指针，小磁片在"0"位，感应器阻值减小，油压升高，流入 W_2 电流相应减小，合成磁场使指针偏向高压方向，当油压达到 0.49MPa 时，感应器电阻值为零，电流不经过线圈 W_2，因 W_1 磁力作用，将小磁片指针吸到表刻度 5 的位置。

（2）燃油表　桑塔纳 2000 型轿车燃油表工作原理如图 7-4 所示，采用的是电热式燃油表，它由滑动电阻式油面高度传感器和带稳压器的油面指示表组成。仪表的工作电压为 9.5～10.5V。

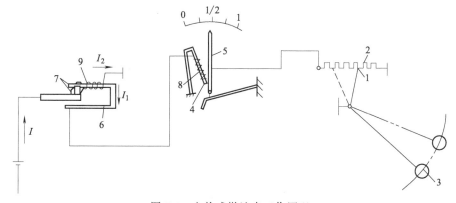

图 7-4　电热式燃油表工作原理
1—滑动接触片触头；2—可变电阻；3—浮子；4—双金属片；5—燃油表指针；
6—稳压器双金属片；7—触点；8—燃油表电阻丝；9—稳压器电阻丝

① 仪表工作过程。电流自蓄电池经稳压器双金属片 6→燃油表电阻丝 8→油面高度传感器的可变电阻 2→滑动接触片触头 1→蓄电池。

当油箱无油时，传感器中的浮子处于最低位置，滑动接触片触头 1 位于可变电阻 2 的右端，此时电阻最大，通过仪表电阻丝的平均有效电流最小，电阻丝散发的热量也最少，使得双金属片 4 产生较小的变形，燃油表指针 5 处于 0 位。当油量增加时，传感器浮子随油面升高而升高，滑动接触片触头 1 逐步向左移动，回路电阻减小，电流增大，双金属片 4 热变形增大，燃油表指针 5 随之右移，当油箱满油时，指针移到最右端刻度。

② 仪表稳压器。电热式水温表和燃油表配用可变电阻式传感器时，应在电路中串入仪表稳压器，其作用是当电源电压变化时稳定仪表平均电压，避免仪表的指示误差。仪表稳压

器常见有电热式和电子式两类。

a. 电热式仪表稳压器。电热式仪表稳压器的结构如图 7-5 所示。它由双金属片、一对常闭触点、电热线圈、座板和外壳等组成。电热线圈绕在双金属片上，一端搭铁，另一端焊在双金属片上，调节片的一端也用铆钉固定并与电源接线柱相连，两触点之间压力可通过调节螺钉调整。电热式仪表稳压器的原理电路如图 7-6 所示，当电源电压偏高时，电热线圈中的电流增大，产生热量大，使触点在较短的时间里断开，断开的触点又需较长时间冷却才能重新闭合，于是触点闭合时间短，断开时间长，从而将偏高的电源电压降低为某一输出电压平均值。若电源电压偏低时，电热线圈中的电流减小，产生热量少，使触点断开时间短而闭合时间长，从而将偏低的电源电压提高到同一输出电压平均值。电热式仪表稳压器工作时的电压波形如图 7-7 所示。

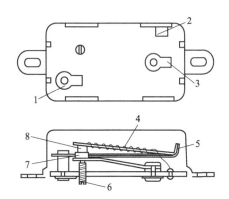

图 7-5　电热式仪表稳压器结构

1—输出端；2—搭铁；3—输入端；4—电热线圈；
5—双金属；6—调整螺钉；7—固定
触点；8—活动触点

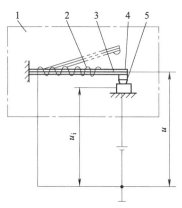

图 7-6　电热式仪表稳压器原理电路

1—稳压器；2—电热线圈；3—双金属片；
4—活动触点；5—固定触点

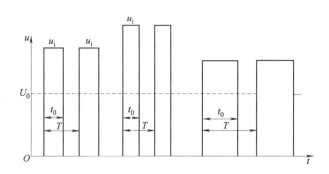

图 7-7　电热式仪表稳压器工作时的电压波形

电热式仪表稳压器在使用中应注意以下几点：

（a）仪表稳压器安装时，两接线柱不得接错；

（b）凡使用仪表稳压器的燃油表和水温表，不允许直接与电源相接，否则会烧毁仪表。

b. 电子式仪表稳压器。电子式仪表稳压器采用三端集成稳压器，可简化仪表结构，降低仪表成本，提高稳压精度，延长仪表寿命。桑塔纳、奥迪轿车仪表板采用了专用的三端式电子仪表稳压器。1 端为输出端，⊥端为搭铁，2 端子为电源输入端。稳压器输出电压为 9.5～10.5V。

（3）水温表　水温表有电热式和电磁式两种。桑塔纳 2000 所用为电热式水温表及热敏电阻传感器。电热式水温表传感器有正或负温度系数热敏电阻。

① 正温度系数热敏电阻式水温表。

正温度系数热敏电阻式的水温表基本结构如图 7-8 所示。当水温较低（低于 40℃）时，热敏电阻值较小，进入仪表发热线圈的电流较大，造成双金属片弯曲，从而带动指针偏转到 40℃ 位置。随着温度升高热敏电阻阻值增大，进入仪表的电流减小，金属片往左偏转。当水温达 100℃ 时，热敏电阻达最大，指针指在最左刻度位置。

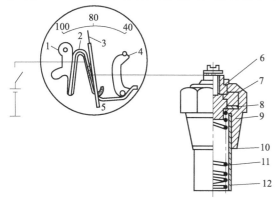

图 7-8　正温度系数热敏电阻式水温表基本结构
1,4—调整扇齿；2—双金属片；3—指针；5—弹簧片；
6—端钮总成；7,8—垫圈；9—外壳；10—绝缘衬纸；
11—弹簧；12—热敏电阻

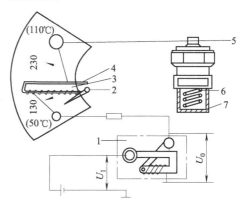

图 7-9　负温度系数热敏电阻式水温表基本结构
1—电源稳压器；2—指针；3—发热线圈；4—金属片；
5—传感器接线柱；6—弹簧；7—热敏电阻

② 负温度系数热敏电阻式水温表。

负温度系数热敏电阻式水温表基本结构如图 7-9 所示。当低温时，热敏电阻阻值较大，进入发热线圈电流较小，指针仅微动在最低刻度。随着温度升高，热敏电阻阻值减小，进入发热线圈电流增大，使双金属片带动指针向高刻度方向转动，当温度达 100℃ 时，热敏电阻阻值最小，流进发热线圈的电流达到最大，指针显示最高温度。电路中串有一个电源稳压器，当电压波动时，起稳压作用，以确保读数准确。这类水温表用于桑塔纳系列轿车、丰田货车和五十铃 SBR372 等车型上。

除了上述三种工作原理相似的仪表外，仪表中还设有电流表、车速里程表、转速表等。

（4）电流表　电流表有磁片铜板式电流表和磁性线圈电流表两种。

① 磁片铜板式电流表。

磁片铜板式电流表基本结构如图 7-10 所示。黄铜条板 4 固定在绝缘底板上，两端与接线柱 1 和 3 相连，下面夹有永久磁铁 6，磁铁的内侧，在转轴 7 上安有带指针 2 的软钢转子 5。在永久磁铁作用下，转子被磁化而与磁铁互相吸引，使指针保持在中间位置（零位）。

当电流由接线柱 1 流向接线柱 3，电流通过黄铜板时，在它的周围产生磁场，其方向按右手螺旋法则来确定，在电流磁场的作用下，转子偏转一个角度，也就是转到合成磁场的方向。电流

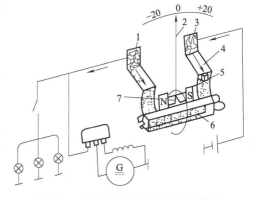

图 7-10　磁片铜板式电流表基本结构
1,3—接线柱；2—指针；4—黄铜条板；
5—软钢转子；6—永久磁铁；7—转轴

愈大，偏转愈多，与转子相连的指针就偏向一侧，指示充电电流的大小，若电流反向通过，则指针也反向偏转，指向放电。

② 磁性线圈电流表。

磁性线圈电流表的基本结构如图7-11所示。小磁片位于永久磁铁的中间，当无电流通过电流表时，指针保持在中间位置（"0"位）。当发电机向蓄电池充电时，指针指"＋"方向，充电电流越大，产生的电磁力也就越大，则小磁片的转角也就越大。当蓄电池向用电设备放电时，因螺管线圈上电流方向与充电时方向相反，故产生的电磁力方向也相反，指针指向"－"方向。

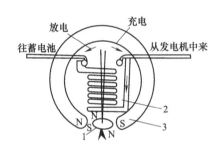

图7-11 磁性线圈电流表的基本结构
1—小磁片；2—螺管线圈；
3—永久磁铁

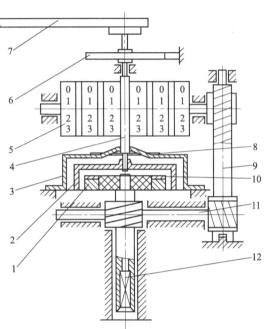

图7-12 机械传动磁铁式车速里程表
1—磁钢；2—感应罩；3—铁护罩；4—针轴；
5—计数轮；6—游丝；7—指针；8—卡簧；
9—竖直蜗轮轴；10—补偿环；
11—水平蜗轮轴；12—转轴

（5）车速里程表　车速里程表用以显示车速和行驶里程，常见的有电磁感应式和动圈式两种。

① 电磁感应式车速里程表。

桑塔纳系列轿车采用磁感应式，其结构如图7-12所示。车速里程表分为车速表和里程表两部分。车速里程表为磁力式车速表，由软轴、三对蜗轮蜗杆、中间齿轮、单程里程计数器、总里程计数器和复零机构组成，软轴与变速器输出轴齿轮相啮合。车速表上有条红色标志线（约45km/h处），当车速表指针接近此标志线时，应将变速器换入高挡行驶，以便节约燃油和降低噪声。仪表盘上的两个计数器中，上面一个有6个计数轮，记录总行驶里程；下面一个有4个计数轮，记录短程行驶里程，按下车速表下方的复零按钮，可将短程计数器复零。

在汽车行驶时，变速器输出轴齿轮啮合的软轴，驱动三对蜗轮蜗杆转动，第三个蜗轮带动总行驶里程计数器最右边一个计数轮转动并从右至左逐级驱动其余5个计数轮。单程计数器的右边一个计数轮由总行驶里程计数器上的右边一个计数轮通过中间齿轮驱动,并从右至左逐级驱动其余 3 个计数轮。两种里程计数器的任何一个计数轮转动一圈,就使其左边相邻的计数轮转动 1/10 圈,从而累计出行驶里程。

② 电动动圈式车速里程表。

电动动圈式车速里程表基本结构如图 7-13 所示,它由二极管桥式整流器、降压电阻、带动圈的指针和永久磁铁等组成。

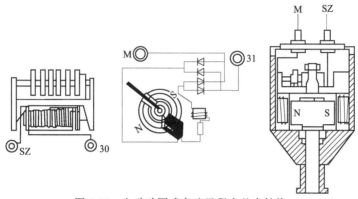

图 7-13 电动动圈式车速里程表基本结构

变速器上的传感器像一台微小的发电机。汽车行驶时,变速器带动磁铁转动,磁铁的磁力线切割线圈,由此产生的交流电经接线柱 M 输出,通过连线到仪表接线柱 M 进入二极管桥式整流器整流,输出的直流电经电阻线圈和电阻,通过游丝到动圈产生磁场,动圈的磁场和永久磁铁产生一个力矩,推动动圈向顺时针方向转动,速度越快,传感器产生的电压越高,输入动圈直流电越高,产生力矩也随之增加,指针偏转角也增大。当车速降低时,动圈力矩减小,指针在游丝作用下,向零位方向偏转。计数器由一个电磁铁不断吸引和断开推动启动叉,启动叉不断拨动由六个计数轮组成的里程计,而电磁铁的电源接通和断开却由感应器中的断电器控制。断电器和车速表的交流发电机同装在一个机构内,一起进行工作。

(6) 发动机转速表 转速表获取发动机转速信号的方法主要有两种:转速传感器输出的脉冲(或交变)信号;点火线圈一次电流中断时产生的脉冲信号(只限于汽油机)。不论哪种方法,转速表的基本工作原理都是在对转速信号进行处理后,用电流的大小(或电压的高低)通过机械指针式仪表将转速的高低显示出来,图 7-14 是桑塔纳轿车转速表原理图。

转速表的信号取自点火线圈一次电流中断时产生的脉冲信号,该信号经脉冲整形电路 2 整形后,加至频率/电压变换器(单稳态电路),其输出信号与输入信号频率相同,且等幅等宽。由于输入信号的频率与发动机转速成正比,所以,当发动机转速低时,变换器输出的平均直流电压较低,流经直流毫安表 4 的电流较小,直流毫安表 4 指针偏转角度亦较小,指示较低的转速值。当发动机转速较高时,变换器输出的平均直流电压较高,流经直流毫安表 4 的电流较大,直流毫安表 4 指针偏转角度亦较大,指示较高的转速值。

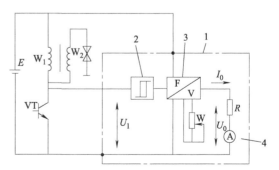

图 7-14 桑塔纳轿车转速表
1—转速表;2—脉冲整形电路;
3—频率/电压变换器;4—直流毫安表

二、数字仪表

现代汽车随着电器设备的增多,对显示的要求越来越高,不仅要求显示直观、清晰、稳定、响应速度快、显示精度高,而且要求体积小、重量轻、便于装配和维护,所以传统指针式的仪表不能满足新技术、高速度的要求,从而仪表的显示技术进入了电子化时代。这些装置功能更完善、性能更优越。数字仪表显示有数字显示、声光和图形辅助显示等。

1. 汽车数字仪表的优点

① 数字式仪表能提供大量复杂的信息。
② 能满足小型、轻量化的要求。
③ 显示图形设计的自由度高。
④ 具有高精度高可靠度。

2. 汽车电子仪表的显示方法

发光二极管、液晶显示器件与真空荧光显示器等均可以用以下数种显示方法提供给驾驶员。

(1) 字符段显示法　字符段显示法通常是真空荧光管、发光二极管或液晶显示器采用的方法。它是一种利用七段、十四段或十六小线段进行数字或字符显示的方法。用七段小线段可以组成数字 0~9,用十四(或十六)段小线段可以组成数字 0~9 与字母 A~Z,图 7-15 所示为七字符段和十四字符段。图 7-16 所示为用七只发光二极管组成的数字显示板。图 7-17 和图 7-18 为七字符段和十四字符段显示的数字和字母。

(2) 点阵显示法　点阵是一组成行和成列排列的元件,有 7 行 5 列、9 行 7 列等。点阵元素可为独立发光的二极管或液晶显示,或是真空荧光管显示的独立荧屏。电子电路供电照

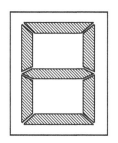

图 7-15　七字符段和十四字符段

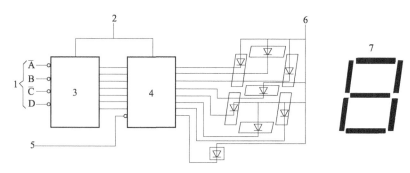

图 7-16　七只发光二极管组成的数字显示板

1—二十进制编码输入;2—逻辑电路;3—译码器;4—恒流源;5—小数点;6—发光二极管电源;7—"8"字形

图 7-17　七字符段显示的数字和字母　　　　图 7-18　十四字符段显示的数字和字母

明各点阵元素，数字 0～9 和字母 A～Z 可由各种元素组合而成，如图 7-19 所示为发光二极管组成的 5×7 点阵显示板，如图 7-20 所示为 5×7 矩阵代表的一些数字与字母。

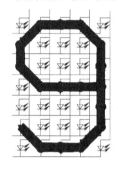

图 7-19　5×7 点阵显示板　　　　图 7-20　5×7 矩阵代表的一些数字与字母

（3）特殊符号显示法　真空荧光管与液晶显示器还可取代数字与字母，显示特殊符号。图 7-21 为电子仪表显示板显示的特殊符号。

除了上述显示之外，还有图形显示法等。

3. 分装式数字仪表

分装式数字仪表具有各自独立的控制电路，图 7-22 所示为一数字燃油表的控制电路。RP 为浮子式滑动变阻器。显示件主要由两块集成电路 LM324 和 VD_1～VD_7 的发光二极管组成。R_{15} 和 VD_8 组成串联稳压电路，为电压比较器反向输入端提供稳定的基准电压。这消除了燃油表晃动的影响，RP 输出端 A 点电位经 R_{16} 和 C_{47} 组成的延时电路加到电压比较器的同向输入端，与反向输入端的基准电压比较并加以放大。

当燃油箱中加满燃油时，变阻器 RP 的阻值最小，A 点电位最低，电压比较器输出低电平，6 只绿色发光二极管均亮；红色发光二极管 VD_1 熄灭。当燃油减少时，绿色发光二极管按 VD_7、VD_6、VD_5…次序依次熄灭。燃油量越少，绿色发光二极管亮的个数越少。当燃油减少到下限时，变阻器 RP 的阻值最大，A 点电位最高，集成块 IC_2 的第 5 管脚电位高于第 6 管脚基准电位，6 只绿色发光二极管全部熄灭，红色发光二极管 VD_1 亮，提醒驾驶员补充燃料。

微机控制的燃油表系统电路如图 7-23 所示。微机给燃油传感器输出提供一个固定的 +5V 电压，燃油传感器输出的信号经过 A/D 转换后送至微机进行处理，并将其转换为操作显示器的电压信号，以竖状图方式显示燃油量。

4. 组合式数字仪表

组合式数字仪表较多，图 7-24 所示为单片机控制的汽车智能组合仪表，它由汽车工况采集、单片机控制及信号处理、显示等部分组成。

5. 综合信息系统

综合信息系统就是将各种仪表、报警装置和舒适性控制器组合到一起而形成的系统。该

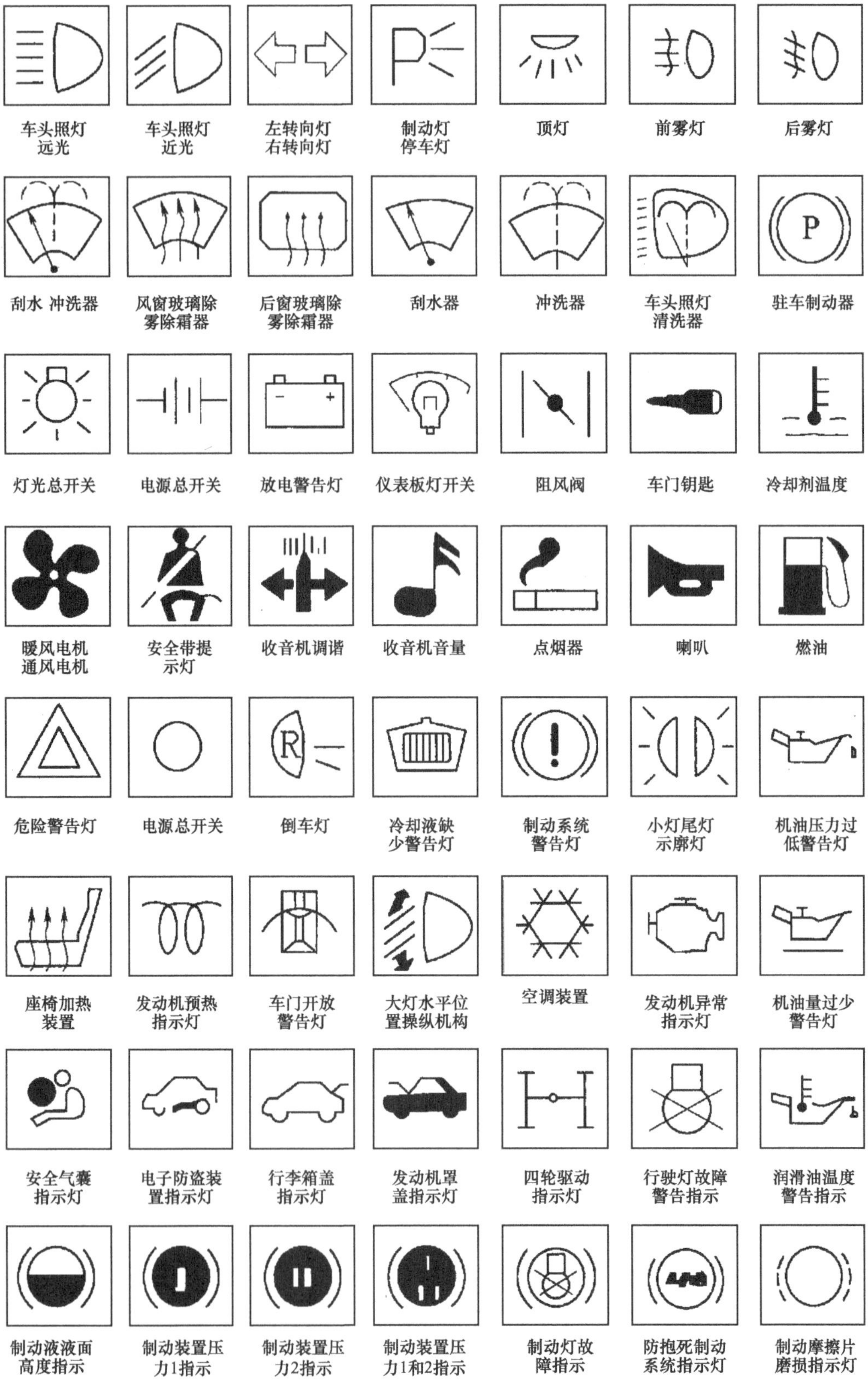

车头照灯远光	车头照灯近光	左转向灯右转向灯	制动灯停车灯	顶灯	前雾灯	后雾灯
刮水 冲洗器	风窗玻璃除雾除霜器	后窗玻璃除雾除霜器	刮水器	冲洗器	车头照灯清洗器	驻车制动器
灯光总开关	电源总开关	放电警告灯	仪表板灯开关	阻风阀	车门钥匙	冷却剂温度
暖风电机通风电机	安全带提示灯	收音机调谐	收音机音量	点烟器	喇叭	燃油
危险警告灯	电源总开关	倒车灯	冷却液缺少警告灯	制动系统警告灯	小灯尾灯示廓灯	机油压力过低警告灯
座椅加热装置	发动机预热指示灯	车门开放警告灯	大灯水平位置操纵机构	空调装置	发动机异常指示灯	机油量过少警告灯
安全气囊指示灯	电子防盗装置指示灯	行李箱盖指示灯	发动机罩盖指示灯	四轮驱动指示灯	行驶灯故障警告指示	润滑油温度警告指示
制动液液面高度指示	制动装置压力1指示	制动装置压力2指示	制动装置压力1和2指示	制动灯故障指示	防抱死制动系统指示灯	制动摩擦片磨损指示灯

图 7-21 电子仪表显示板显示的特殊符号

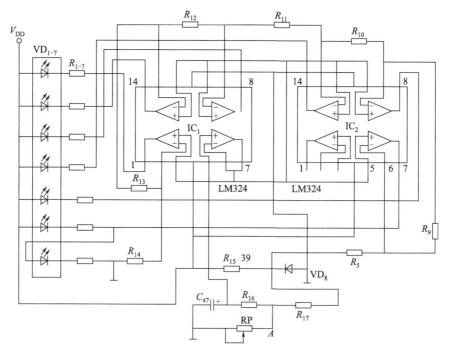

图 7-22 数字燃油表的控制电路

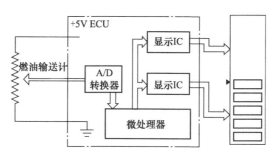

图 7-23 微机控制的燃油表系统电路

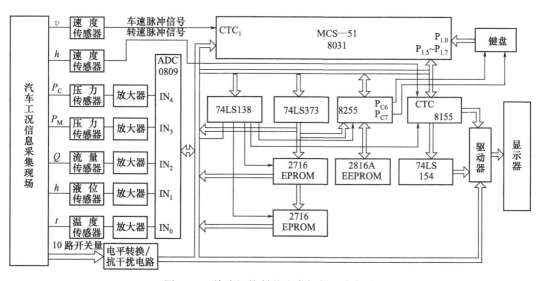

图 7-24 单片机控制的汽车智能组合仪表

系统可以是简单的组合（图 7-25 所示的燃油数据中心），也可以是对各种信息进行分析计算处理，具有更多功能的一体式信息系统，所监控的车辆信息如图 7-26 所示。

图 7-25　燃油数据中心

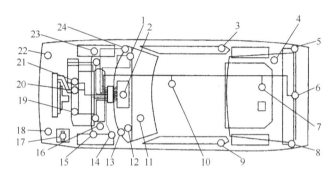

图 7-26　综合信息系统所监控的车辆信息

1—电子声音报警；2—监控器；3,9—关门信息；4—后洗涤器液量；5,8—尾灯/制动灯；6—后舱关闭信号；7—燃油量信号；10—安全带信号；11—车钥匙信号；12—喷洗器液量；13—驻车制动；14—制动液量；15,23—制动踏板信号；16—机油温度；17—发动机冷却液量；18,22—前照灯；19—变速器压力；20—冷却液；21—机油量；24—蓄电池报警

理论知识二　汽车报警装置组成及工作原理

为了确保行车安全，现代机动车辆都安装有各种报警装置。本单元主要介绍几种报警装置。

一、机油压力报警装置

机油压力报警装置是以警告灯的形式出现的，常见有膜片式和弹簧式的。

1. 膜片式机油压力警报装置

膜片式机油压力警报装置主要由膜片式油压报警开关（见图 7-27）和警报灯组成。警报灯安装在驾驶室的仪表板上，油压开关则安装在发动机的主油道上。

在汽车上，当机油压力高于一定值时（不同汽车油压参数不同），膜片在油压作用下，克服了弹簧张力向上拱曲，膜片与接触片（二者与弹簧座 8 铆为一体）一起向上运动，接触片与外壳脱离接触，切断了油压警报灯回路，警报灯不亮。当油压低于某一值时，在弹簧力作用下，膜片向下拱曲，带动接触片向下运动与外壳接触，于是接通了警报灯的回路，警报灯亮。

2. 弹簧管式机油压力报警装置

弹簧管式机油压力报警装置结构如图 7-28 所示，它由装在发动机主油道上的弹簧管式传感器和仪表板上的红色警告灯组成。当油压低于某一值时，管型弹簧变形较小，触点闭

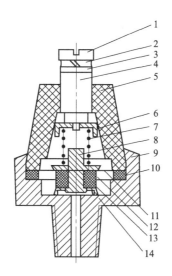

图 7-27 膜片式油压警报开关

1—接线螺钉；2—弹簧垫圈；3—平垫片；4—导串柱；5—胶木绝缘体；6,8—弹簧座；
7—弹簧；9—六方外壳；10,12—密封胶圈；11—橡胶膜片；13—铜垫片；14—接触片

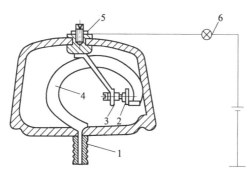

图 7-28 弹簧管式机油压力报警装置结构

1—管接头；2—动触点；3—静触点；4—管形弹簧；5—接线柱；6—警告灯

合，电路接通，警告灯发亮。当油压超过另一固定值时，管形弹簧变形大，使触点分开，电路断开，警告灯熄灭，机油压力正常。

桑塔纳 2000 轿车机油压力报警装置控制电路如图 7-29 所示，机油压力指示灯 K_3 由装在车速里程表框架上的油压检查控制器 J_{114} 控制，J_{114} 与 15 路电源连接，并接收低压报警开关 F_{22} 和高油压开关 F_1 及点火线圈送来的转速信号。接通点火开关，因低压报警开关 F_{22} 触点闭合，机油压力指示灯 K_3 应点亮。发动机启动后怠速运转时，润滑系中机油压力高于 0.03MPa，低压报警开关 F_{22} 触点断开，指示灯 K_3 熄灭，若指示灯继续闪烁，表明机油压力过低。当发动机转速超过 2150r/min 时，机油压力应超过 0.18MPa，否则高压报警开关 F_1 触点不能闭合，机油压力指示灯闪烁，报警蜂鸣器同时发出报警，控制电路声响，以示机油高压不足。

二、燃油存油报警装置

燃油存油报警装置如图 7-30 所示。它由热敏电阻传感器和警告灯组成。当油箱油量多时，负温度系数的热敏电阻元件被浸没在油中，温度低，阻值大，电流小，警报灯熄灭。当油量减少到规定值以下时，热敏电阻元件露出油面，散热慢，阻值减小，电流增大，警报灯

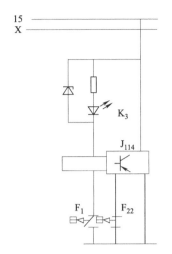
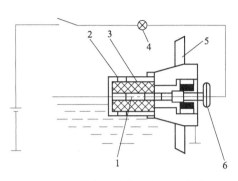

图 7-29 桑塔纳 2000 轿车机油压力报警装置控制电路
K_3—油压指示灯；F_1—高压报警开关；
F_{22}—低压报警开关；J_{114}—油压检测控制器

图 7-30 热敏电阻式燃油存油报警装置
1—热敏电阻元件；2—防爆用金属片；3—外壳；
4—警告灯；5—油箱外壳；6—接线柱

发亮，以提醒驾驶员及时加注燃油。

三、水温报警装置

水温报警装置基本结构如图 7-31 所示，它由传感器和警告灯组成。当温度升高到 95～98℃时，双金属片向静触点方向弯曲，使两触点接触，红色警告灯发亮，以引起驾驶员注意。

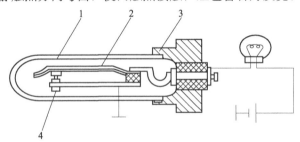

图 7-31 水温报警装置基本结构
1—套管；2—双金属片；3—螺纹接头；4—静触点

普通桑塔纳轿车仪表与报警电路如图 7-32 所示。冷却液温度和液面报警灯 K_{28} 通过稳压器 J_6 与 15 路电源相连，其水温信号取自位于发动机左侧出水管下端的水温传感器 G_2。该传感器为负温度系数的热敏电阻，当发动机冷却液温度较低时，热敏电阻值较大，当发动机冷却液温度上升后，热敏电阻值减小，当发动机水温达到 115℃ 左右时，闪光报警 K_{28} 闪光报警，当膨胀箱内冷却液液位降低至极限时，液位指示器开关 F_{66} 断开，向控制器 J_{120} 传送液位偏低信号，控制器接通报警灯 K_{28} 电路，报警灯闪亮。

桑塔纳 2000 车型在普通桑塔纳汽车的基础上有所改动，相应电路如图 7-33 所示，增加了燃油不足指示灯 K_{51}、冷却液液位指示灯 K_{50}，K_{28} 只起冷却液温度报警作用，其他符号含义参见图 7-32。接通点火开关后，作为性能检查，即使燃油充足、冷却液温度正常，电子控制器 J 仍控制燃油不足指示灯 K_{51}、冷却液温度报警 K_{28} 闪亮几秒后熄灭。在发动机运转过程中，当冷却液温度大于 110℃，水温传感器的电阻值小于规定值后，电子控制器 J 控制冷却液温度报警灯 K_{28} 闪亮；当燃油箱内燃油量少于 10L，燃油表传感器的电阻值大于规

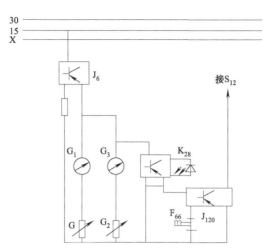

图 7-32 普通桑塔纳轿车仪表与报警电路

G—燃油表传感器；G_1—燃油表；G_2—水温传感器；G_3—水温表；J_6—稳压器；
K_{28}—报警灯；J_{120}—液位控制器；F_{66}—液位指示器开关

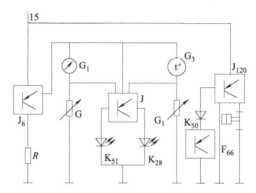

图 7-33 桑塔纳 2000 轿车仪表与报警电路

定值后，电子控制器 J 控制燃油不足，指示灯 K_{51} 闪亮；当膨胀箱上的液位开关动作时，电子控制器 J_{120} 与同冷却液液位指示灯 K_{50} 串联的另一个电子继电器共同控制 K_{50} 点亮并闪烁。

四、倒车报警装置

当汽车倒车时，为了警告车后的行人和车辆，部分车辆除了装有倒车灯外，还在后部还装有倒车报警器，如图 7-34 所示。

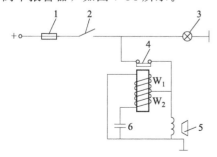

图 7-34 倒车报警器电路
1—熔丝；2—倒车灯开关；3—倒车灯；4—继电器触点；5—喇叭；6—电容器；W_1,W_2—线圈

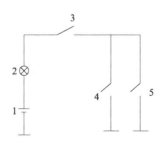

图 7-35 手制动未松及制动失效警告装置
1—电源；2—警告灯；3—点火开关；
4—手制动开关；5—压差开关

当把变速杆拨到倒挡位置上，由于倒车灯开关中的钢球被松开，于是在弹簧的作用下，触点4闭合，使倒车灯发亮。与此同时也接通倒车报警器电路，使报警器发声。蓄电池电流同时还通过线圈 W_2 对电容器6进行充电。此时，由于流入线圈 W_1 和 W_2 的电流大小相等、方向相反，产生的磁通相互抵消，使线圈不显磁性，因此继电器触点4继续闭合。随着电容器6的充电，其两端的电压逐渐提高，使流入线圈 W_2 中的电流减小，这时线圈 W_1 产生的磁通大于线圈 W_2 的磁通，于是触点4打开，报警器电路切断而停止发声。在继电器触点4打开时，电容器通过线圈 W_2 和 W_1 放电，使线圈产生磁力，触点4继续打开。当电容器两端电压为"0"时，线圈磁力消失，继电器触点4又闭合，报警器又通电发声，电容器重又开始充电。如此反复，继电器触点不断地开、闭，倒车警报器就发出断续的声响，以示倒车。

五、驻车制动与制动液面指示灯电路

1. 驻车制动报警警告装置

驻车制动报警装置用以提醒驾驶员停车时，不要忘记拉紧驻车制动器，以免发生溜车事故；行车时，提醒驾驶员驻车制动仍在制动位置，同时也用于双制动管路失效报警。报警电路如图7-35所示，警告灯由两个并联的开关与点火开关串联，当手制动器处于制动位置时，手制动开关4处于闭合位置，若接通点火开关3，则警告灯亮，以提醒司机在挂挡起步之前，松开手制动器，当松开后，警告灯熄灭。压差开关5与制动管路连接，当两制动管路均正常时，压差开关断开，警告灯不亮，当任一管路失效而压力下降，其压差大于1000kPa时，压差开关5闭合，警告灯亮以示警告。

2. 制动液位指示灯电路

制动液位指示灯电路由电源、指示灯和液面传感器等元件组成，如图7-36所示。制动液面警告灯的传感器装在液罐内，其内部结构如图7-37所示。外壳1内装有舌簧开关3，舌簧开关3的两个接线柱2与液面警告灯、电源相接（图中未表示），浮子5上固定着永久磁铁。当浮子5随着制动液面下降到规定值以下时，永久磁铁4的吸力吸动舌簧开关3，使之闭合，接通警告灯，发出警告。制动液面在规定值以上时，浮子上升，吸力不足，舌簧开关在自身弹力的作用下，断开警告灯电路。

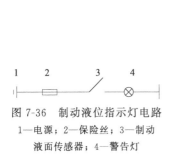

图7-36 制动液位指示灯电路
1—电源；2—保险丝；3—制动液面传感器；4—警告灯

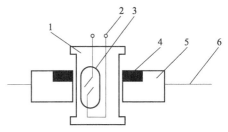

图7-37 制动液面传感器
1—外壳；2—接线柱；3—舌簧开关；4—永久磁铁；5—浮子；6—液面

3. 驻车制动与制动液位指示灯电路（桑塔纳2000）

驻车制动与制动液位指示灯电路，如图7-38所示。驻车制动与制动液位指示灯2位于仪表板的左端，通过熔断器1与15路电源相连，并由相互并联的驻车制动指示灯开关4和制动液位开关3控制。接通点火开关，驻车制动时，制动杆压迫开关4，使其闭合，接通指

示灯电路，指示灯亮；松开驻车制动杆时，开关4自动断开，指示灯熄灭。当制动液储液罐内的液面高于"MIN"刻线时，位于储液罐盖上的制动液位开关3处于开启状态，指示灯不亮；当液面下降至极限值以下时，开关闭合，指示灯闪亮，示意驾驶员补充制动液。

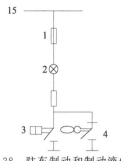

图7-38 驻车制动和制动液位
指示灯电路

1—熔断器；2—驻车制动液位指示灯；
3—制动液位开关；4—驻车制动指示灯开关

六、危险报警装置（桑塔纳轿车）

桑塔纳轿车危险报警装置电路如图7-39所示，当危险报警灯开关E_3置于1挡（断开位置）时，转向灯开关E_2正常起作用，控制左侧或右侧转向灯闪烁。当危险报警灯开关E_3置于2挡（接通位置）时，转向灯开关不再起作用，左侧和右侧转向灯同时闪烁报警。原理如下。

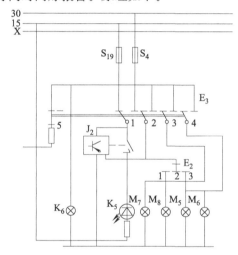

图7-39 桑塔纳轿车危险报警装置电路

K_5—转向指示灯；K_6—报警指示灯；M_5—左转向灯；M_6—左后转向灯；
M_7—右转向灯；M_8—右后转向灯；E_2—转向灯开关；E_3—危险报警灯
开关；J_2—闪光继电器；S_4—危险报警灯熔断器；
S_{19}—转向灯熔断器

当危险报警灯开关E_3置于1挡并且点火开关接通时，转向灯开关E_2控制左侧或右侧转向灯和装在仪表板上的转向指示灯K_5闪烁。例如，转向灯开关置于右转向位置时，右转向灯M_7和M_8和转向指示灯K_5交替闪烁，电路为：蓄电池正极→30电源线→点火开关→15电源线→熔断器S_{19}→E_3→闪光继电器J_2→转向灯开关E_2→右转向灯M_7、M_8→搭铁→蓄电池负极。闪光继电器触点闭合时，右转向灯M_7、M_8亮，转向指示灯K_5暗；闪光继电器触点打开时，右转向灯M_7、M_8暗，转向指示灯K_5亮，所以，右转向灯M_7、M_8和转向指示灯K_5交替闪烁。当左侧或右侧转向灯工作时，转向指示灯K_5闪烁，显示转向信号装置的工作情况。当危险报警灯开关E_3置于2挡时，全部转向信号灯闪烁。电路为：蓄电池正极→30电源线→熔断器S_4→E_3→闪光继电器J_2→E_3的3、4接柱→左、右转向灯→搭铁→蓄电池负极。闪光继电器触点闭合时，所有转向信号灯和报警指示灯K_6亮、转向指示灯K_5暗；闪光继电器触点打开时，所有转向信号灯和报警指示灯K_6暗、转向指示灯K_5亮，所以，所有转向信号灯、报警指示灯K_6和转向指示灯K_5交替闪烁。报警指示灯K_6以较强的亮度闪烁,显示报警系统工作情况。这时,不论转向灯开关是否接通,都不影响全部转向信号灯的闪烁,即不影响危险报警灯工作。报警指示灯 K_6 还兼有照明作用。当灯光总开关接通时,若危险报警灯开关 E_3 置于 1 挡时,报警指示灯 K_6 点亮,显示危险报警灯开关的位置,电路为:蓄电池正极→30 电源线→车灯开关→仪表板调光电阻→危险报警灯开关电阻→报警指示灯 K_6→搭铁→蓄电池负极。此时,由于仪表板调光电阻与危险报警灯开关电阻 R 的降压作用,指示灯亮度较小。

七、机油滤清器堵塞报警装置

机油滤清器的主要作用是滤掉油箱中的杂质,保证机油能够顺利送到润滑组件,当机油滤清器被堵塞时,会严重影响机油的流通,更会损害发动机,故部分车辆安装有机油滤清器堵塞报警装置。

以解放 CA1091 汽车为例,其机油滤清器堵塞报警装置基本结构,如图 7-40 所示,由警报开关和警报灯组成。警报开关装于机油滤清器顶部,警报灯装于仪表板上。警报开关与滤清器为并联油路,当滤芯清洁,阻力小于 0.147MPa 时,机油泵输出的机油全部通过滤清器滤芯送到润滑机件,警报开关球阀承受较小油压,在弹簧力作用下闭合,常开式触点处于张开状态,警报灯电路不通,灯不亮。当机油滤清器滤芯堵塞,阻力增大至 0.147MPa 时,球阀处油压上升,大于弹簧张力,球阀开启,机油警报开关流向各润滑机体。同时球阀推动触点向左运动,接触固定触点,警报开关闭合,警报灯亮,提醒驾驶员维护或更换机油滤芯。

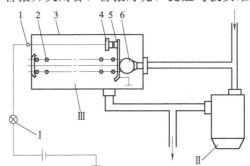

图 7-40 机油滤清器堵塞报警装置

Ⅰ—警报灯;Ⅱ—机油滤清器;Ⅲ—机油滤清器堵塞警报开关;
1—接线柱;2—弹簧;3—外壳;4—静触点;
5—动触点;6—球阀

实训项目部分

实训项目一 电流表、电热式油压表、水温表的诊断、检修与调整

一、电流表的诊断、检修与调整

电流表的故障基本可分为两种:一种是指针在充放电时都不动;另一种是指针指示值有误。根据电流表的故障现象,可分析产生故障的原因及根据原因进行检修与调整。故障及检修方法如表 7-1 和表 7-2 所示。

表 7-1 磁片铜板式电流表常见故障及检修方法

故障现象	原因分析	检修方法
指针在充放电时都不动	指针轴两端螺钉拧得太紧	调松轴孔螺钉
	表面卡住指针	微调指针使其能自由活动
	电流过大,支架和接线柱烧坏	用线焊接支架和接线螺钉
指针指示值有误	指针轴两端积污垢转动不灵活,电流偏低	用汽油清洗并在转动处微加机油
	磁性减弱指示值偏高	用充磁机充磁
	磁性过强指示值偏低	用调磁机调磁
	小磁片和磁铁的间隙过大,数值偏大,间隙过小,数值偏低	将被修电流表接入检试电路进行调整,直到示值和标准相同为止

表 7-2 磁片及线圈式电流表的常见故障与检修方法

故障现象	原因分析	检修方法
指针不在"0"	小磁片两端和磁铁间隙不等	用镊子校正小磁片,使两端间隙相等
	磁铁松动,靠向支架一边	将磁铁放好位置并粘住
指针不动	表面卡住	调整指针
	内有脏物	用汽油清洗脏物,调整轴承螺钉
	线圈与接线柱接触不良或线圈烧断	用锡焊或更换
指示值偏高	小磁片与磁铁距离太大	用小磁片与磁铁距离调近些
	磁铁磁性减弱	拆下磁铁进行充磁
指示值偏低	小磁片与磁铁距离太小	将小磁片与磁铁距离跳远些
	轴承转动处太脏或缺油	用汽油清洗,加上几滴机油

二、机油压力表的诊断、检修与调整

1. 电热式机油压力表的常见故障

(1) 发动机在各种转速下,机油压力表均无压力指示。

(2) 接通点火开关时,发动机尚未发动,机油压力表即向最大压力值方向移动。

2. 故障原因

第一种故障产生的原因为:机油压力表电源线断路;机油压力表电热线圈烧坏;机油压力传感器损坏;发动机润滑系统有故障。

第二种故障产生的原因为:机油压力表至传感器导线等处搭铁;机油压力传感器内部搭铁。

3. 故障诊断与排除

第一种故障排除:接通点火开关,拆下机油压力传感器的连接线,做瞬间搭铁试验。若压力表指针由 0 向 0.5MPa 方向移动,用一根无尖头的铁钉钉压膜片,如果机油压力表走动,说明传感器良好,发动机润滑系统有故障。否则为传感器故障。

如传感器上连接线搭铁时,机油压力表仍不移动,用万用表或试灯检查机油压力表的电源,若电源不正常,则为供电线路有故障;若电源正常,则为机油压力表本身或压力表至传感器之间线路有故障。此时,可在机油压力表的引出线一端搭铁试验。如表针移动正常,说明表与传感器之间的导线断路,否则为表本身损坏。

第二种故障排除:若遇此现象,应立即断点火开关,以免压力表烧坏。检查时,可先拆下传感器连接线，再接通点火开关做试验。若指针不再移动，说明传感器内部短路，应更换传感器；若表针仍移向最大值，则应检查和修理压力表至传感器之间导线短路搭铁处。

水温表的常见故障与机油压力表的相似，不再重述。

实训项目二　电热式燃油表、仪表电源稳压器的检修

一、电热式燃油表的诊断、检修与调整

1. 燃油表常见故障

（1）点火开关接通后，不论油箱中油有多少油，燃油表指针总指向"0"。

（2）点火开关接通后，不论油箱中油有多少油，燃油表指针总指向"1"。

2. 故障原因

（1）燃油表指针总指向"0"位的原因为：电源线或电源稳压器损坏；燃油表至传感器间导线断路；燃油表损坏；传感器搭铁不良或烧坏等。

（2）燃油表指针总指向"1"位的原因为：燃油表至传感器导线搭铁；传感器内部搭铁。

3. 检修方法

（1）燃油表指针总指向"0"位的检修方法　用旋具将传感器的接线柱搭铁，若指示为"1"，则为传感器故障，再用一根导线将传感器壳体搭铁，如果指针走动，则为传感器搭铁不良；如表针不动，则为传感器损坏。拆下传感器，检查浮子在各种状态下传感器接线柱与壳体之间的电阻，如不符合要求，则为可变电阻损坏。

如果传感器接线柱搭铁时，表针仍不动，将指示表接传感器的导线接线柱搭铁，如表针指向"1"，则为燃油表至传感器导线断路；如果指针仍然不动，则应检查燃油表电源接线柱的电压。如正常，则为燃油表损坏；如不正常，则为电源线路或电源稳压器损坏。

（2）燃油表指针总指向"1"位的检修方法　拆下传感器上的连接线。如表针回位，则为传感器损坏；如表针仍指向"1"处，则为燃油表至传感器导线搭铁。

二、仪表电源稳压器的检修

稳压器常见的故障为线圈的烧断、触点的烧蚀。首先，接通点火开关，观察与稳压器相连接的指示表有无指示。如没有，即可判断为通向稳压器的电源输入线断路，稳压器触点断开。用万用表检查稳压器输入端电压是否正常，如不正常，则为点火开关或熔断器或导线及其插接器有故障；如正常，检查稳压器输出端电压，不正常则为稳压器有故障。

稳压器的检查：拆下稳压器所有连接导线，用万用表 R×1 或 R×10 挡测量输入端与搭铁间的电阻，其阻值应为 100 左右，表明电路正常。如阻值为无限大，为线圈断路；如阻值过小，则线圈有短路故障。检查输入端与输出端间的电阻，其阻值 $R<1$ 为正常，$R>1$ 触点烧蚀；如阻值为无限大，说明触点不闭合。

实训项目三　车速里程表的检查与调整及故障诊断与排除

车速里程表的故障一般是表不工作或计数不正确，产生该故障的原因一般如下。

① 变速器输出轴驱动齿轮的轮齿严重磨损或软轴小齿轮的啮合间隙过大，此故障一般需更换新件进行修理。

② 车速表内第二对蜗轮蜗杆的啮合间隙过大。维修时，可拧松固定螺杆，调整间隙进

行修理。调整完毕后，再拧紧固定螺杆。

③ 总里程计数器正常，短程计数器不工作的故障原因是单程计数轮与中间齿轮或中间齿轮与总里程计数轮之间的传动关系切断，此故障应予以维修或更换新品。

④ 车速表指示不正常或指针不能复位。此故障原因一般是软轴磨损，车速表表头的游丝变形，表轴磨损或指针卡滞所致。将软轴伸直插入轴孔中，再用箭头指的锁紧螺母将软轴固定在变速器壳体上，软轴不得弯曲，否则表针可能摆动或使软轴在短时间运转后折断；软轴也不得与线束交错，以免造成软轴弯曲或卡死。

思考题 ▶▶

1. 简述电热式水温表的工作原理。
2. 简述电热式燃油表的工作原理。
3. 汽车常用电子显示器件的种类有哪些？
4. 说明冷却液报警电路的工作过程。
5. 画出仪表电路图。

任务八 辅助电器

理论知识部分

理论知识一　刮水器及洗涤器

一、概述

桑塔纳轿车刮水器主要由刮水器电动机总成、连杆机构及 3 个方向球头活节和摆杆及刮片组成，如图 8-1 所示。刮水器电动机总成如图 8-2 所示，它由一个永磁直流小电动机和一个蜗轮蜗杆组成的减速器组成。为了保证刮水器摆杆与刮片能在工作结束后停止在前风窗玻璃下边沿并与之平行，在减速器蜗轮输出轴的背面装有自动停位导电片，并在减速器后盖板上设有与导电片相接触的 3 个导电触点，再通过刮水器开关 0 位置的触点，共同完成刮水器的自动停位功能。

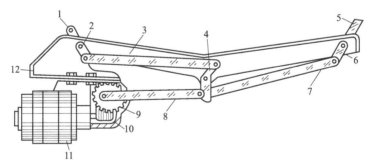

图 8-1　电动刮水器的结构

1,5—刮水片架；2,4,6—摆杆；3,7,8—连杆；9—蜗轮；10—蜗杆；11—永磁式电动机；12—支架

洗涤器主要由洗涤器电动机、洗涤器水泵、水管和喷嘴等组成，如图 8-3 所示。洗涤器电动机为永磁式微型电动机，洗涤器水泵的叶片转子固定在水泵轴上，水泵轴用联轴器与洗涤器电动机轴连接，出水软管用胶管分别与发动机盖上的 4 个喷嘴连接。当洗涤器电动机电枢接通电流时，电枢绕组便在永久磁铁产生的磁场中受力旋转。电枢轴转动时，通过联轴器驱动水泵轴和泵转子一同旋转，泵转子便将储液罐内的洗涤剂泵入出水软管，并经挡风玻璃前端的喷嘴喷向挡风玻璃。与此同时，刮水器同步工作，刮水片同时摆动，从而将挡风玻璃

任务八 辅助电器

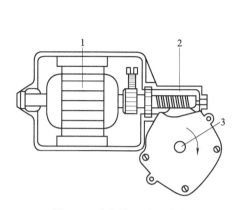

图 8-2 刮水器电动机总成
1—永磁直流电动机;2—蜗轮蜗杆减速器;
3—刮水器电动机输出轴

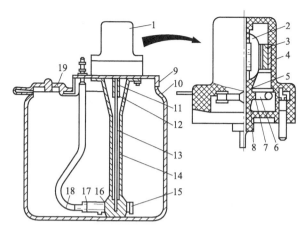

图 8-3 洗涤器的结构
1—电动机;2—电枢;3—永久磁铁;4—电机壳体;5—集电环;
6—电刷架;7—电刷;8—凸缘;9—水泵固定盘;10—储液罐;
11—电动机轴;12—联轴节;13—水泵轴;14—水泵壳;15—水泵
转子;16—滤清器;17—接头;18—出水软管;19—储液罐盖

上的脏污刮洗干净。

前风窗刮水器及洗涤器接线图如图 8-4 所示。在中央线路板内部,接点 D9 与 A5 接通,接点 D20 与端子 D9 接通,接点 D17 与 A6 接通,接点 C9 与 A19 接通,接点 D22 为搭铁端子,减荷继电器 2 安装在中央线路板 8 号位置;刮水继电器安装在中央线路板 10 号位置。

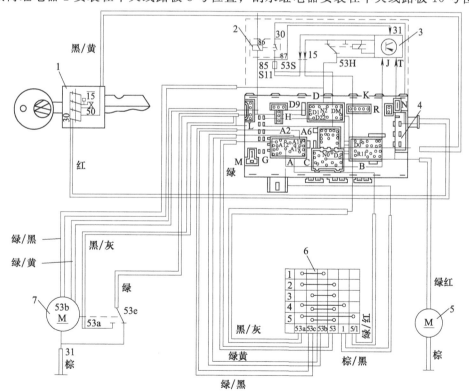

图 8-4 前风窗刮水器及洗涤器接线图
1—点火开关;2—减荷继电器;3—刮水器继电器;4—中央线路板;5—洗涤器电动机;
6—刮水器与洗涤器开关;7—刮水器电动机

二、刮水器及洗涤器的工作过程

（1）高速刮水　刮水器高速工作时，电动机直接受刮水器与洗涤器开关6控制，不受刮水器继电器控制。刮水器与洗涤器开关拨到1挡，其电路为：电源正极→中央线路板单孔插座→红色导线→点火开关端子30→点火开关端子X→黑/黄色导线→熔丝S11→中央线路板接点B9→黑/灰色导线→刮水器与洗涤器开关端子53a→刮水器与洗涤器开关1挡→刮水器与洗涤器开关端子53b→绿/黄色导线→中央线路板接点A5→接点D9→绿/黄色导线→刮水器电动机端子53b→刮水器电动机→电动机端子31→棕色导线搭铁回到电源负极。此时电动机电刷偏置，电枢轴以62~80r/min的转速运转，风窗上的刮水片快速摆动。

（2）低速刮水　当刮水器与洗涤器开关拨到2挡时，其电路为：电源正极→中央线路板单孔插座→红色导线→点火开关端子30→点火开关端子X→黑/黄色导线→熔丝S11→中央线路板接点B9→黑/灰色导线→刮水器与洗涤器开关端子53a→刮水器与洗涤器开关2挡→刮水器与洗涤器开关端子53→绿色导线→中央线路板接点A2→刮水继电器端子53S→刮水继电器触点→刮水继电器端子5311→中央线路板接点D12→绿/黑色导线→刮水器电动机→电动机端子31→棕色导线搭铁回到电源负极。电动机电刷相隔180°，电枢轴以42~52r/min的转速运转，风窗上的刮水片慢速摆刮。

（3）点动刮水　刮水器与洗涤器开关3挡为空挡，刮水器处于禁止工作状态。当驾驶员按下手柄开关时，刮水系统工作情况与手柄开关接通2挡时相同，当放松手柄时，开关将自动回到空挡，实现点动刮水。

（4）间歇刮水　当刮水器与洗涤器开关拨到4挡（最下挡）时，刮水器处于间歇工作状态。在继电器的控制下，刮水器每6s工作一次。刮水器继电器电路为：电源正极→中央线路板单孔插座→红色导线→点火开关端子30→点火开关端子X→黑色/黄色导线→熔丝S11→中央线路板接点B9→黑/灰色导线→刮水器与洗涤器开关端子53a→刮水器与洗涤器开关4挡→刮水器与洗涤器开关端子J→棕/黑色导线→中央线路板接点A12→刮水器继电器端子J→继电器内部电路→继电器端子31搭铁→电源负极。

刮水继电器电源接通后，内部电路工作，其触点每6s将端子53H接通电源一次，使刮水器电动机电源接通工作。此时电动机电路为：电源正极→中央线路板单孔插座→红色导线→点火开关端子30→点火开关端子X→黑色/黄色导线→熔丝S11→中央线路板接点B9→继电器端子15→继电器触点→继电器端子53H→绿/黑色导线→刮水器电动机→电动机端子31→棕色导线搭铁回到电源负极。

（5）清洗玻璃　当驾驶员将刮水器与洗涤器开关向转向盘方向拨动时，洗涤器电动机电路接通，位于发动机盖上的4个喷嘴同时向挡风玻璃上喷洒洗涤液，与此同时，刮水器继电器电路接通并控制刮水器的刮水片摆刮3~4次后停止摆动。洗涤器电动机电路为：电源正极→中央线路板单孔插座→红色导线→点火开关端子30→点火开关端子X→黑/黄色导线→熔丝S11→中央线路板接点B9→黑/灰色导线→刮水器与洗涤器开关端子53a→刮水器与洗涤器开关5挡→刮水器与洗涤器开关端子54→绿/红色导线→中央线路板接点A19→中央线路板接点C9→绿/红色导线→清洗器电动机→棕色导线搭铁回到电源负极。如刮水器与洗涤器开关停留在该位置，水泵将继续喷洒洗涤液，刮水器也将继续工作；如放松开关，水泵将停止泵水，继电器和刮水器也将停止工作。

（6）停机复位　在刮水器电动机上没有一个由凸轮驱动的一掷二位停机自动复位开关。用以保证刮水器停机（刮水器与洗涤器开关拨回到3挡）时，刮水处在挡风玻璃下沿位置。只有在刮水片摆到挡风玻璃下沿时，刮水器电动机电路才能切断，否则停机自动复位开关的触点 53e 和 53a 接通，电动机将继续转动，直到刮水片摆到玻璃下沿时为止。

当点火开关接通时，减荷继电器 2 线圈电流接通，其电路为：电源正极→中央线路板单孔插座→红色导线→点火开关端子 30→点火开关端子 X→黑/黄色导线→减荷继电器的端子 86、线圈、端子 85→中央线路板接点 D22 搭铁→回到电源负极。

减荷继电器线圈通电产生电磁吸力，将其触点吸闭，刮水器电动机停机复位时的电路接通，其电路为：电源正极→中央线路板单孔插座→减荷继电器端子 30、触点、端子 87→中央线路板接点 D20→黑/灰色导线→刮水器电动机触点 53a、53e→绿色导线→中央线路板接点 D17→中央线路板接点 A6→绿/黑色导线→刮水器与洗涤器开关端子 53e、53→绿色导线→中央线路板接点 A2→刮水器继电器端子 53S→继电器触点、端子 53H→中央线路板接点 D12→绿/黑色导线→刮水器电动机→端子 31→搭铁回到电源负极。刮水器电动机转动到复位开关的触点 53e 与搭铁触点 31 接通时，电动机电路切断停止转动，此时刮水片正好摆动挡风玻璃下沿位置。

理论知识二　电动门窗、电动后视镜

一、电动门窗玻璃升降器

1. 电动门窗玻璃升降器的结构

桑塔纳 2000 型轿车采用了电动门窗玻璃升降器，其结构如图 8-5 所示。电气部分由过热保险丝（20A）、开关、自动继电器（中央线路板 14 号位）、延时继电器（中央线路板 15 号位）、直流电动机等组成，机械部分由蜗轮、蜗杆、绕线轮、钢丝绳、导轨、滑动支架等组成。

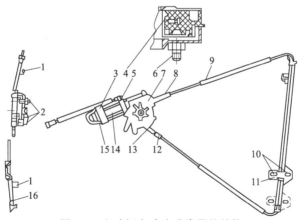

图 8-5　电动门窗玻璃升降器的结构

1—支架安装位置；2—电动机安装位置；3—固定架；4—联轴缓冲器；5—电动机；6—卷丝筒；7—盖板；8—调整弹簧；9—绳索结构；10—玻璃安装位置；11—滑动支架；12—弹簧套筒；13—安装缓冲器；14—铭牌；15—均压孔；16—支架结构

当电动门窗玻璃升降器中的直流永磁电动机接通额定电流后，转轴输出转矩，经蜗轮蜗杆减速后，再由联轴缓冲器传递到卷丝筒，带动卷丝筒旋转，使钢丝绳拉动安装在玻璃托架上的滑动支架在导轨中上下运动，达到门窗玻璃升降的目的。

电动门窗玻璃升降器组合开关，如图 8-6 所示。

点火开关置于 ON 位时，可使用按键式组合开关方便地控制四扇门窗玻璃的升降。后排

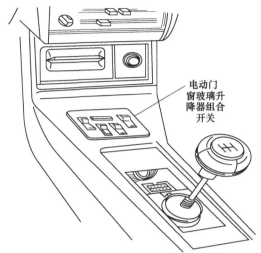

图 8-6 电动门窗玻璃升降器组合开关（位于手动排挡杆前面的平台上）

座位的乘客还可以使用安装在左右门上的按钮开关进行单独操作。

组合开关上的四个按键分别控制各自相应的门窗玻璃升降，中间黄色开关为后窗玻璃升降总开关，可以切断后窗车门上的窗玻璃升降器开关。

驾驶员对门窗玻璃升降的操作与其他门有所不同，只需要点一下下降键，门窗玻璃即可一降到底，如需中途停下，点一下上升键就可以了。

当点火开关关闭时，延时继电器会工作 1min，在此期间门窗玻璃仍可起开关作用，然后自动切断（地线）。

2. 电动门窗玻璃升降器的电气线路图（见图 8-7）

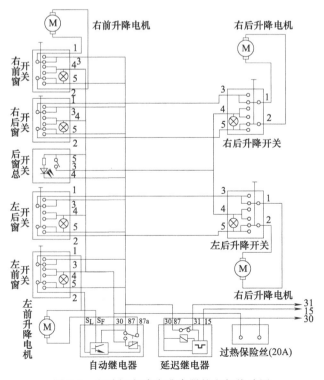

图 8-7 电动门窗玻璃升降器的电气线路图

3. 电动摇窗机常见故障与排除（见表 8-1）

表 8-1 电动摇窗机常见故障与排除

故 障 现 象	原　　因	排 除 方 法
电动摇窗机不工作	(1)电动摇窗机开关损坏 (2)熔丝 S12 熔断 (3)连接导线断路 (4)电动机损坏	(1)修理或更换开关 (2)更换熔丝 (3)修理或更换导线 (4)更换电动机
电动摇窗机工作时有异常响声	(1)电动摇窗机安装时没有调整好 (2)卷丝筒内钢丝绳跳槽 (3)滑动支架内的传动钢丝夹转动 (4)电动机盖板或固定架与玻璃碰擦	(1)重新调整摇窗机架螺钉 (2)重新调整卷丝筒内的钢丝绳位置 (3)检查安装支架位置是否正确 (4)重新调整盖板或固定架
电机工作正常，摇窗机不工作	(1)钢丝绳折断 (2)滑动支架折断或传动钢丝夹转动	(1)更换钢丝绳 (2)重新铆接钢丝夹
电动摇窗机工作时发卡，阻力大	(1)导轨凹部有异物 (2)导轨损坏或变形 (3)电动机损坏 (4)钢丝绳腐蚀、磨损	(1)清除异物 (2)修理或更换导轨 (3)更换电动机 (4)修理或更换钢丝绳

4. 03 款广州本田雅阁防夹电动门窗工作方式

驾驶员侧门窗自动升起过程中，如果有手或物品被夹住，则门窗会停止自动开启。此系统由电动门窗主开关、车门多路控制装置和驾驶员侧门窗电机构成。

电动门窗电机带有一个脉冲发生器，在电机工作过程中，它能够产生脉冲，并将脉冲发送至车门多路控制装置，如图 8-8 所示。如果车门多路控制装置没有检测到脉冲发生器的脉冲，则控制装置将会使电动门窗电机停止并反转。

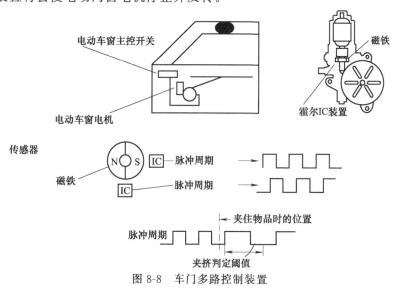

图 8-8 车门多路控制装置

电动门窗系统经过维修或者其自动功能无法工作时，需要对电动门窗进行复位。

① 将点火开关置于 ON（Ⅱ）。

② 用驾驶员侧开关将驾驶员侧门窗直接降下；门窗降到最低位时，按住驾驶员侧门窗开关的 DOWN 位 2s。

③ 用驾驶员侧开关将驾驶员侧门窗一直不停地升起；门窗升到最高位时，按住驾驶员侧门窗开关的 UP 位 2s。

二、电动后视镜

1. 电动后视镜和控制开关的结构

桑塔纳 2000 型轿车后视镜采用电动控制。主要由镜面玻璃、双电动机、连接件、传递机构及其壳体等组成，控制开关由旋转开关、摇动开关和线束等组成，安装在左前门内饰板上，电动后视镜内各有两个永磁电动机，通过控制两个电动机的开关，可以获得一顺一反四种电流，即可使镜面产生上、下、左、右四种运动，以获得不同方位的位置调整。

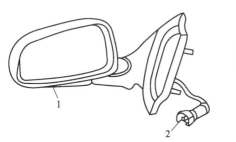

图 8-9 电动后视镜及控制开关
1—左后视镜总成；2—电线接头；3—控制开关

控制开关安装在左前门内侧把手上方。当点火开关置于 ON 时，将控制开关球形钮旋转，以选择所需要调整的后视镜。在控制开关面板上印有 L、R，L 表示左侧后视镜，R 表示右侧后视镜，中间则是停止操作。选择好需要调整的后视镜后，只要上、下、左、右摇动开关的球形钮，就可以调整后视镜反射面的空间角度。调整工作完毕，可将开关转至中间位置以防误碰。图 8-9 所示为电动后视镜及控制开关。

2. 电动后视镜电气线路图（见图 8-10）

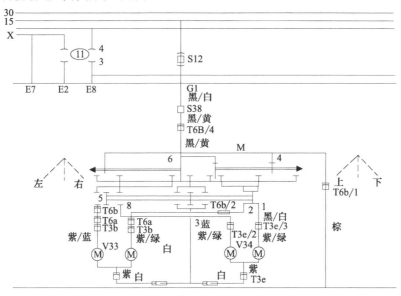

图 8-10 电动后视镜电气线路图

3. 电动后视镜常见故障与排除

电动后视镜如有故障，直接表现是后视镜不能被操纵，此时可以进行如下检查：

① 首先检查熔丝和断电器（过载保护），然后用万用表测试开关总成；

② 如果开关完好，应用 12V 电源的跨接线检查电动机的工作情况，接线换向时，电动机也应反向转动；

③ 如果电动机工作正常，而后视镜仍不运动，应检查连接后视镜控制开关和车门或仪表板金属件的搭铁情况。

理论知识三　电动座椅、中央集控门锁

一、电动座椅

汽车平顺性是人们评价现代汽车的主要性能之一，座椅是车与人接触最密切的部件，人们对汽车平顺性的评价多是通过座椅的感受做出的，因此座椅是直接影响汽车质量的关键部件之一。现代汽车，特别是在一些高级轿车上普遍采用了电动座椅，使驾驶和乘坐人员更加充分享受了汽车的优越性。电动座椅的工艺要充分考虑人体尺寸、质量、乘坐姿势和体压分布等因素，应用人体工程学的研究成果和先进技术，力争制造出能够满足乘坐舒适、久坐不乏的座椅。电动座椅靠背最好能够按照人体轮廓要求设计，为人体的腰部和臀部提供最佳的横向支持。这里将对电动座椅的结构、控制、调整和检修进行一些概述。

1. 电动座椅的结构

电动座椅主要由电动机、位置传感器、电子控制器 ECU、开关、调节机构、连接机构等部件组合而成。

（1）电动机　电动机是为电动座椅的调节机构提供动力，它将电能转换为机械能，最终产生转矩，通过传动装置驱动调整机构对座椅进行调整。此类电动机多采用双向电动机，即电枢的旋转方向随电流的方向改变而改变，使电动机按不同的电流方向进行正转或反转，以达到座椅调节的目的。大多数电动座椅使用永磁电动机，通过装在左座侧板上或左门扶手上的肘节式控制开关控制电流路线和方向，可使电动机按不同方向转动。大多数永磁型电动机内装有断路器，以防电动机过载。电动机的数量取决于电动座椅的类型，高级轿车座椅包括 3 个位置调整电动机和 1 个头枕 1 个腰垫电动机。

（2）位置传感器　电动座椅位置传感器主要由永久磁铁、霍尔集成电路等组成。永久磁铁安装在由电动机驱动的转轴上，由于转轴的旋转会引起通过霍尔元件磁通量的变化，使霍尔元件产生霍尔电压（信号），再经霍尔集成电路进行放大并处理，然后取出旋转的脉冲信号送往电动座椅的电子控制器（ECU）。

（3）调节机构　调节机构由控制器、可逆性直流电动机和传动部件组成，是电动座椅中最复杂和最关键的部分。可逆性直流电动机必须体积小，负荷能力要大，其电源由汽车本身带有的蓄电池提供，它将电能转换为机械能，最终产生转矩，通过传动装置驱动调整机构对座椅进行调整。而机械传动部件在运行时要求有良好的平稳性，噪声要低，尤其是靠背上的调角器更需要材料可靠，另外蜗轮、蜗杆、滚珠丝杠的材料也要求可靠。控制器的控制键钮设置在驾驶者操纵方便的地方，一般在门内侧的扶手上面。有些轿车的控制器还设有微电脑，有存储记忆能力，只要按下某一记忆键钮，即可自动将电动座椅调整到存储的位置上。

2. 电动座椅的控制与调整机构

电动座椅通过 ECU 来控制电动座椅电源的通断、存储执行、复位动作。当它接收到来自电动座椅开关的输入信号后，ECU 内的继电器动作，使相应的直流电动机转动，带动电动座椅运动。座位的存储是由位于转向柱附近的控制转向盘倾斜和伸缩的 ECU 与座位 ECU 共同完成。电动座椅开关的作用是选择座椅的调整方式，当开关接通时分别向座椅 ECU 发送滑动、倾斜、前垂直、后垂直和头枕位置信号，ECU 便驱动相应的电动机，实现座椅的调整。腰垫开关控制腰垫位置的调整，它通过断路器直接接在汽车的电源上，开关接合，电

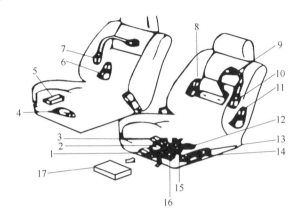

图 8-11 带位置存储功能的电动座椅控制
系统零部件布置图

1,4—滑动电动机；2—前垂直电动机；3—后垂直电动机；
5,14—电动座椅开关；6—倾斜电动机；7—头枕电动机；
8—腰垫电动机；9—位置传感器（头枕）；10—头枕电动机；
11—倾斜电动机和位置传感器；12—位置传感器（后垂直）；
13—腰垫开关；15—位置传感器（前垂直）；16—位置传感器
（滑动）；17—电动座椅 ECU 根据存储和复位功能动作

流输入腰垫电动机，调整腰垫位置。该开关不接至座位 ECU，所以它不受 ECU 的控制，调整位置也不能储存，位于门把手旁的驾驶位置存储和复位开关的作用是通过倾斜和伸缩 ECU 将记忆和复位信号输送给座椅 ECU。直流电动机由来自电动座椅 ECU 或腰垫开关的电流驱动实现座椅的调整。位置传感器把每个电动机（滑动、前垂直、后垂直、倾斜和头枕）的位置信号转换成电信号，送入座椅 ECU，用作存储和复位。带位置存储功能的电动座椅控制系统零部件布置见图 8-11。

不带位置存储功能的电动座椅比带位置存储功能的电动座椅结构简单一些，它由电动座椅开关、腰垫开关和多个直流电机组成。其工作原理：电动座椅开关与腰垫开关接受来自电源的电流，开关闭合，电流输送到相应的电动机，电动机转动，驱动座椅的各个部分动作，实现座椅的调整。

3. 汽车电动座椅零部件的检修

（1）开关的检修　开关的检修步骤是首先拔下开关的接插件，根据电路图，检查开关在不同挡位时各端子之间的导通情况，若导通情况不符合要求，出现断路、接触不良等现象，应更换开关。

（2）位置传感器的检修

① 拆下电动座椅 ECU。首先拆下驾驶座椅，然后拆下前垂直调节器上的螺栓并将坐垫略微抬高，一定要注意，不能将坐垫抬得过高，否则线束会被拉出，夹箍可能会松动。座椅抬高后，就可以从坐垫下面的固定处随连接器一起拆下电动座椅 ECU。

② 位置传感器检查。将电动座椅 ECU 的端子 CHK 连接到车身接地，使 ECU 进入检查状态。用指针式电压表测量电动座椅 ECU 的端子与车身接地之间的电压。然后打开电动座椅手动开关，用指针式电压表检查座位移动时的电压变化，如相应的位置传感器有故障，应更换位置传感器。进行这项检查时，当座椅移动到极限位置，如头枕移到最高或最低位置时，电压从正常代码变为不正常代码，属于正常现象。

二、中央集控门锁（桑塔纳 2000）

中央集控门锁是一种由钥匙控制四门门锁锁闭与开启装置，如图 8-12 所示。门锁的锁闭与开启有两种方式可供选择。一种方式是独立地按下或提起右前、右后和左后车门上的门锁提钮，可分别锁闭或开启这三个车门的门锁。另一种方式是通过设在左前门上的门锁提钮或门锁钥匙，对四个车门门锁的锁闭和开启进行集中控制。为此右前、左前和后门各自采用手动和电动机驱动同步联动的门锁闭锁器，左前门的门锁只有通过钥匙（车外钥匙）和提钮（车内锁门）手动进行锁闭和开启操作。但门锁操纵机构通过一个联动的连杆同步带动一个集控开关，通过该开关可以同时控制其他车门的锁闭与开启机构，对各自的车门门锁进行集中的操纵。

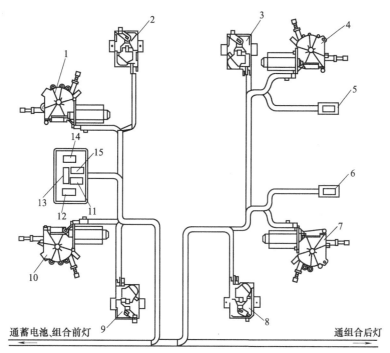

图 8-12 电动摇窗机和中央集控门锁的布置图

1—右前摇窗机电动机；2—右前集控闭锁器；3—右后集控闭锁器；4—右后摇窗机电动机；5—右后摇窗机开关；6—左后摇窗机开关；7—左后摇窗机电动机；8—左后集控闭锁器；9—左前集控门锁控制器；10—左前摇窗机电动机；11—左后摇窗机开关；12—左前摇窗机开关；13—安全开关（按下后可锁定后车门玻璃升降）；14—右前摇窗机开关；15—右后摇窗机开关

如图 8-13 所示将左前门门锁提钮压下，集控开关第 2 位触点被接通。由于提钮压下过程中，集控开关的附带的控制触点 K 已被短暂闭合过，故左前集控门锁控制器（J53）已使其触点闭合。这时 A 路电源经熔丝，并通过 J53 的闭合触点及集控开关第二掷第 2 位加至集控门锁内部电源线 P2；与此同时电源的负极经集控开关第一掷第 2 位加至集控门锁内部电源线 P1，电动机 V30、V31 和 V32 反转，带动各自门锁锁闭。1～2s 后，J53 控制其已闭合的触点断开，从而切断了为电动机供电的 A 路电源，电动机停转，并一直保持此状态。

若将左前门门锁操纵提钮拔起，控制开关第 2 位触点被断开，第 1 位触点闭合。在这一过程中，集控开关附带的控制触点 K 又被短暂闭合，从而使 J53 的触点再次闭合 1～2s。这时 A 路电源经 J53 的闭合触点和集控开关第一掷第 1 位加至内部电源线 P1；而电源的负极经集控开关第二掷第 1 位加至内部电源线 P2。内部电源的供电电压极性改变，电动机 V30、V31 和 V32 正转，带动各自的门锁开启。1～2s 后，J53 控制其以闭合的触点断开，电动机停转。

由于 A 路电源为车内常火线，与蓄电池直接相连，所以中央集控门锁对门锁的控制功能与点火开关的钥匙位置无关。

在中央集控门锁失灵时，应该先观察是全部门锁失灵还是某个车门锁失灵，如果全部门锁失灵一般是由电

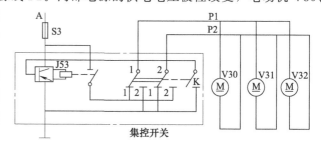

图 8-13 中央集控门锁电路图

S3—熔丝；P1，P2—内部电源线；J53—左前集控门锁控制器；V30，V31，V32—右前、左后、左后集控门锁电动机

源断路、集控开关损坏等原因造成的；如果只是某个车门锁失灵，一般是该门锁机械方面的故障，只要拆检故障所在车门即可查出。

三、中央集控门锁防盗系统

如图 8-14、图 8-15 所示（本田雅阁），该系统在车门、发动机盖和行李箱关闭和锁止后自动激活。欲激活系统，点火开关必须置于 LOCK（0）位置，钥匙必须从点火开关中拔出，且驾驶员侧和乘客侧 MICU 必须接受到来自车门、发动机盖和行李箱的关闭信号。通过按下发射器上的 UNLOCK（解锁）按钮对驾驶员侧的车门进行解锁，防盗系统可随时解除。

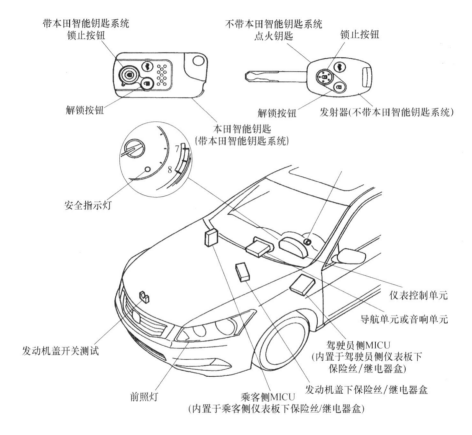

*:不带本田智能钥匙系统,无钥匙接收器单元内置于发动机防盗锁止无钥匙控制单元中。

图 8-14 中央集控门锁防盗系统（一）

当所有的装置都关闭和锁止时，仅有的输入是驾驶员侧锁止按钮开关 LOCK（锁止）位置和音响单元或导航单元（如果配有）接到搭铁且为 0V。也就是说，所有其他的开关都是短路的，且大约有 10~12V 的电压，包括锁芯开关。车辆完全关闭并锁止后仪表控制单元安全指示灯开始闪烁，15s 之后防盗报警系统激活。如果安全指示灯不闪烁，则系统未激活。

如果其中一个开关失调或出现内部短路，或电路中出现短路，防盗报警系统将不会激活。只要控制单元继续收到搭铁信号（0），发现车辆没有关闭且锁止，系统将不会激活。轻微失调的开关可导致报警声响起而没有明显原因。在这种情况下，车外空气温度的明显变

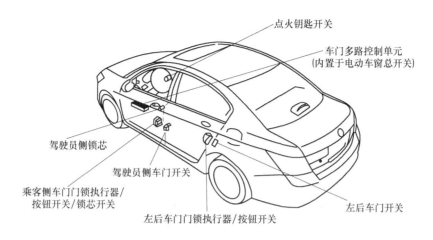

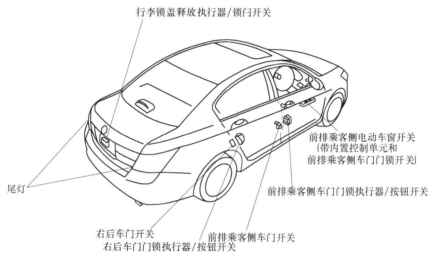

图 8-15　中央集控门锁防盗系统（二）

化、过往车辆的振动或异物撞上车辆都可能导致报警声响起。本车没有玻璃破裂或移动探测器功能。

系统被激活后，如果没有任何装置被打开或无法正常锁止，控制单元接收到来自该开关的搭铁信号，电压从 10~12V 基准下降到 0V。如果音响单元或导航单元（如果配有）被断开，输入将失去搭铁，输入电压变为 10~12V。当发生下列任一情况时，系统报警响起：

① 车门或行李箱盖被强行打开；
② 没有使用钥匙或发射器解锁车门；
③ 发动机盖打开；
④ 音响单元或导航单元（如果配有）断开。

当系统响起报警声时，喇叭响起且车外灯闪烁 2min。通过按下发射器上任一按钮对驾驶员侧车门进行解锁，防盗报警可随时停止。

无钥匙进入系统与多路集成控制系统集成。多路集成控制单元（MICU）接收到来自智能 ECU*1 或发动机防盗锁止无钥匙控制单元（无钥匙接收器）*2 的 LOCK（锁止）和 UNLOCK（解锁）信号。

无钥匙进入系统允许使用发射器对车辆进行锁止和解锁。按下 LOCK（锁止）按钮时，所有的车门锁止。按下 UNLOCK（解锁）按钮时，其他车门将解锁。如果车门没有完全关闭或钥匙在点火开关中，从车门将不能用发射器进行锁止。

如果顶灯开关处在中间［DOOR（车门）］位置，则按下 UNLOCK（解锁）按钮时顶灯将点亮。如果有一个车门没有打开，顶灯将熄灭并且车门重新锁止约 30s。如果在 30s 内用发射器锁止车门，顶灯将熄灭。

理论知识四　汽车空调简介

一、汽车空调的组成

完善的汽车空调系统一般由制冷系统、取暖系统、配气系统、电气控制系统四大部分组成。严格说来，还应包括空气净化系统。高级轿车还装备有炭罐、空气滤清器和静电除尘式净化器等一套较完整的空气净化系统，而在普通型轿车中，空气净化的任务则由蒸发器直接完成。

1. 制冷系统

制冷系统由压缩机、冷凝器、储液干燥器、膨胀阀、蒸发器、冷凝器散热风扇、制冷管道、制冷剂等组成。

2. 取暖系统

取暖系统是由加热器、水阀、水管、发动机冷却液组成。

3. 配气系统

配气系统结构如图 8-16 所示，由进气模式风门、鼓风机、混合气模式风门（调温门）、气流模式风门、导风管等组成。汽车室内或室外未经调节的空气，经鼓风机作用送至蒸发器冷却，冷却后的低温空气经温度混合门一部分进入加热器加热，另一部分不进加热器，在加热器出口形成冷空气和暖空气的混合，温度混合门开启角度不同，其混合气体的温度不同，达到调节出风口的温度。

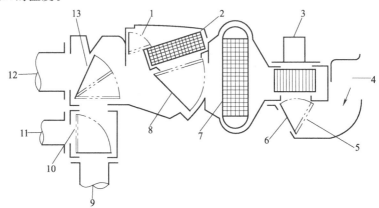

图 8-16　空调系统的配气系统结构

1—限流风门；2—加热器；3—鼓风机；4—新鲜空气入口；5—入风口内循环位置；6—入风口新鲜空气入风位置；7—蒸发器；8—调温门（混合风门）；9—中风口；10—除霜门；11—上风口；12—下风口；13—加热除霜门

4. 控制电路

控制电路包括点火开关、A/C 开关、电磁离合器、鼓风机开关及调速电阻器，各种温度传感器、制冷剂高低压力开关、温度控制器、送风模式控制装置及各种继电器。近几年来微机控制系统的空调广泛地运用于空调系统的控制，相应加大了控制电路在空调系统中的应用。

二、汽车空调制冷系统的工作过程

汽车空调制冷系统制冷原理如图 8-17 所示，由压缩机、冷凝器、膨胀阀、蒸发器这四大部件加上一些辅助设备，用管道依次连接组成的。

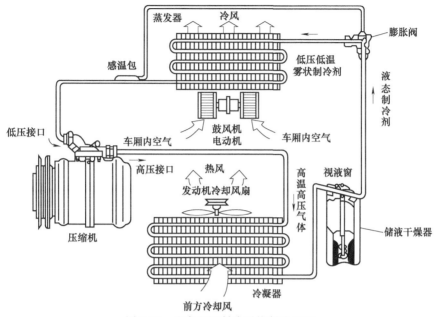

图 8-17　汽车空调制冷系统制冷原理

压缩机运转时，将蒸发器内产生的低压低温制冷剂蒸气吸入汽缸，经过压缩后，使制冷剂气体压力和温度增高后流入冷凝器内。

在冷凝器中高温高压的制冷剂蒸气与外面的空气进行热交换，放出热量使制剂冷却成高压低温液体然后流入干燥储液器，并过滤流出。

经过膨胀阀的节流作用，高压制冷剂液体转变成低压饱和液体。膨胀阀还可根据冷负荷的大小调节制冷剂的流量。

在蒸发器内，低压饱和制冷剂液体汽化，吸取蒸发器外空调风的热量并转变成低压过热气体，同时降低空调风的温度。当冷却后的空调风吹入驾驶室内后，就降低驾驶室的温度达到降低和调节驾驶室内温度。

经蒸发器吸热变为气体的制冷剂气体被压缩机吸入、压缩进入制冷过程的下一个循环。

三、汽车空调控制电路

汽车空调控制电路在空调系统中起到启动空调系统、减少驾驶人员操作、提高空调系统的效率和保证空调系统正常运行的作用。汽车空调控制电路种类繁多，大致可分为以下几类电路形式。

1. 鼓风机的控制

鼓风机是调节空调内空气和控制室内温度的主要手段。其控制电路主要是在不同的情况下启动鼓风机和根据具体要求改变鼓风机转速。主要调节方式有以下三种方式。

（1）由鼓风机开关和调速电阻联合控制　风机的控制挡位一般有二、三、四、五速，最常见的是四种，鼓风机开关控制鼓风机的启动。改变风机转速的电路是通过调速开关接通鼓

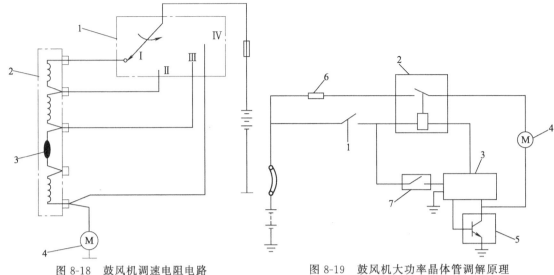

图 8-18 鼓风机调速电阻电路
1—风机开关；2—调速电阻；3—限温开关；4—风机

图 8-19 鼓风机大功率晶体管调解原理
1—点火开关；2—加热继电器；3—空调控制器；4—电动机；
5—晶体管；6—熔丝；7—风机开关

风机电路中不同阻值的电阻使鼓风机以不同转速工作。这种调节方式常用于手动空调的鼓风机转速调节。如图 8-18 所示。

（2）电控模块通过大功率管控制　现代高档空调为使自动调节鼓风机转速，鼓风机的转速一般由电控模块根据空调的需要，输出不同的信号，再由大功率管放大信号后改变鼓风机转速。如图 8-19 所示。

（3）调速电阻与大功率晶体管组合型　全自动空调一般有两种方式控制鼓风机转速：一种是自动挡；一种是手动挡。在自动挡的模式下，由空调控制单元根据调温需要自动控制鼓风机转速。在手动挡模式下，由人工操作方式，将鼓风机强制在一个设定的转速下工作。大功率晶体管是自动模式下鼓风机转速调节元件，调速电阻是手动模式下鼓风机转速调节元件。如图 8-20 所示。

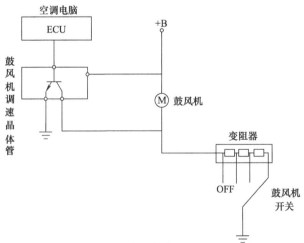

图 8-20 鼓风机大功率晶体管、调速电阻调解原理图

2. 冷凝器散热风扇的控制

冷凝器散热风扇的控制主要由风扇启动控制和风扇转速调节电路构成。汽车空调冷凝器

风扇多数是和发动机冷却水风扇共用一个或两个风扇。

(1) 风扇启动电路 当制冷系统启动时冷凝器风扇也一定要启动。当空调单独使用风扇时,启动电路一般由 A/C 开关直接控制。当和发动机共用风扇时必须有在发动机暖机时有启动风扇的控制电路。

(2) 风扇调速电路 如图 8-21 所示,制冷系统的冷负荷不同,对风扇的速度要求不同。制冷系统的冷负荷大时,风扇的转速必须要高,制冷系统的冷负荷小时,为了节省能源应该降低风扇的转速。风扇转速调节电路常用继电器控制串入冷凝器风扇电路中的电阻改变风扇转速。

空调系统调节冷凝器风扇转速是依据制冷剂高压管线的压力,而高压管线制冷剂的压力是随制冷系统的冷负荷加大而升高的。一般由制冷系统高压管线上的中压开关提供制冷系统冷负荷的信号。

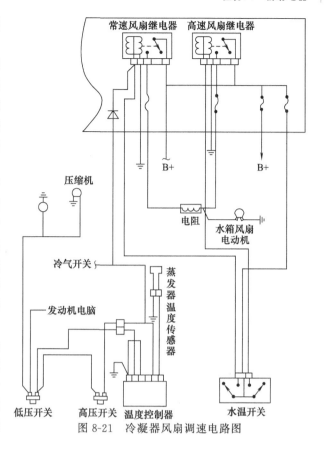

图 8-21 冷凝器风扇调速电路图

3. 压缩机启动电路

如图 8-22 所示,压缩机启动是由控制电路控制压缩机电磁离合器。电磁离合器吸合压缩机工作,制冷系统工作;电磁离合器断开压缩机停止工作,制冷系统停止工作。

控制压缩机启动的零器件有:点火开关、A/C 开关、高低压开关、温控器、急速切断

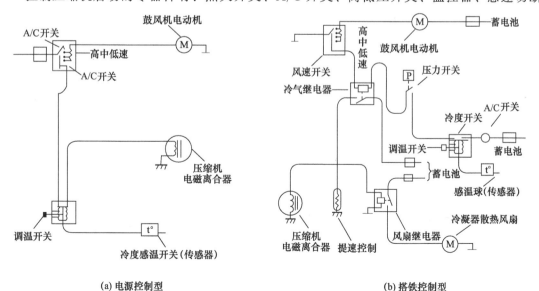

图 8-22 压缩机启动电路

装置、发动机高温保护装置或空调放大器。压缩机启动电路是将这些开关部件串联于压缩机电磁离合器电路或启动压缩机电磁离合器的继电器线圈电路中。

4. 温度调节电路

空调有多种室内温度调节电路。空调系统主要是通过调节温度混合门开度调节出风口的温度和室内温度。不同空调控制系统控制温度的原理不同,其电路也有很大的区别。汽车空调根据不同的调节温度方式可分为:手动空调,半、全自动空调,微机控制空调。

(1) 手动空调 手动空调通过手动开启关闭压缩机的方式调节室内温度,也有用恒温器开启关闭压缩机的方式调节室内温度。温度混合门的调节是用空调控制面板的功能键进行人工调节。

(2) 半、全自动空调 通过控制电路控制和改变温度混合门调节的真空系统压力,真空系统的压力调节温度混合门的开度达到调节混合气体的温度,在连续工作的情况下,保证室内温度与设置的温度相同。

(3) 微机控制空调 微机控制空调是通过空调系统的ECU对传感器参数的计算,计算出保证室内设置温度时出风口的温度,通过伺服电动机调节温度混合门的开度保证室内温度在设置温度下空调系统连续工作。

5. 进出风门控制

半自动、全自动和微机控制的空调系统可以对不同的空调状态通过电路控制,控制空调的进风、出风方式,使空调有最佳的和舒适的出风方式和最节能、最安全的进风方式。

四、空调系统电路常见的器件

1. 压力开关

制冷剂高压管线压力是制冷系统重要的运行参数,也是控制系统主要的控制参数。控制系统通过压力信号对压缩机开启和冷凝器风扇转速进行控制。压力开关主要有以下几种开关。

(1) 高压开关 高压开关是对制冷系统高压管线的高压进行监控的器件。当高压管线的压力达到高压管线的极限压力时,停止压缩机的工作降低管线压力。高压管线压力的升高主要是由于高压管线堵塞和冷凝器不工作造成。高压开关的工作原理见图8-23,当管线压力达到高压极限($p>3.14$MPa)时,膜片失稳变形推动开关触点下行使开关断开。高压开关一般控制压缩机电磁离合器电路或压缩机电磁离合器继电器控制电路,压缩机停止工作。压缩机停止工作后,压力降低至$p=2.55$MPa时高压开关闭合,压缩机工作。

(2) 低压开关 低压开关是对高压管线低压进行监控的器件。高压管线压力降低的主要原因是制冷剂泄漏导致的制冷剂量减少。润滑压缩机汽缸的冷冻机油随制冷剂的泄漏而流失。小流量的制冷剂会导致冷冻机油量的减少,加大压缩机的机械损伤。在正常的压力下低压开关闭合,使压缩机工作。当压力低于规定的压力时($p=0.196$MPa)触点断开,压缩机停止工作。

低压开关也常用于低压管线的压力测量。低压管线的压力低表明蒸发器的温度低,过低的蒸发器温度会导致膨胀阀处结冰堵塞管线,这种情况下低压开关也会断

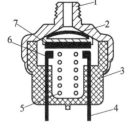
(a) 常开型高压开关

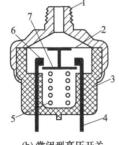
(b) 常闭型高压开关

图 8-23 高压开关的工作原理示意图
1—接头;2—膜片;3—外壳;4—接线柱;
5—弹簧;6—固定触头;7—活动触点

开压缩机使其停止工作,当温度上升时低压开关闭合压缩机正常工作。

(3) 中压开关 当高压管线在正常的工作范围工作,但其压力属于比较高的压力时,中压开关闭合,冷凝器风扇在高速下运转。冷凝器散热效果不好时会导致高压管线在一个较高的压力下工作,而且制冷系统工作效率很低。冷凝器的散热效果提高能降低高压管线的压力。中压上限压力不同的系统可能有所不同,一般在 $p=1.77\mathrm{MPa}$ 左右,当压力降低到 $p=1.37\mathrm{MPa}$ 时开关断开,风扇在低速下运转。

(4) 高低压双重组合压力开关 高低压双重组合压力开关结构上是将高压开关和低压开关组合在一个开关上,并只有一对触点两个外接线。当高压系统的压力无论高于高压压力或低于低压压力开关断开,停止压缩机工作。高低压双重组合压力开关如图 8-24 所示。其参数见表 8-2。

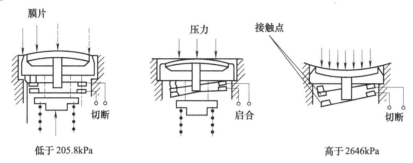

图 8-24 高低压双重组合压力开关

表 8-2 高低压双重组合压力开关参数

开关性质	开关压力/MPa	开关动作	作用
高压开关	升至 3.14	断开(关)	压缩机停止
	降至 2.55	闭合(开)	压缩机工作
中压开关	升至 1.77	高速(接通)	风扇高速
	降至 1.37	低速(断开)	风扇低速
低压开关	升至 2.23	闭合(开)	压缩机工作
	降至 0.196	断开(关)	压缩机停止

(5) 三重压力保护开关 三重压力保护开关结构上是将高压开关和低压开关和中压开关组合在一个开关上,并有两对触点四条外接线。高低压开关共同控制一个触点,连接到压缩机启动电路上控制压缩机的启动。另外一个触点是中压开关触点连接到冷凝器风扇调速电路上,对风扇进行转速控制。

2. 电子温度控制器

电子温度控制器是汽车空调控制温度的部件。汽车空调在控制冷凝器温度和室内温度时使用电子温度控制器。基本构成:热敏电阻、预置温度可变电阻、信号放大电路、继电器。图 8-25 所示为电子温度控制器的工作原理示意图。

当温度降低时,负温度系数热敏电阻阻值升高,电阻值升高到一定的数值时,导致 VT_1 基极电压降低,VT_1 截止,VT_2 截止,继电器 J 触点断开,压缩机停止工作。反之,当温度升高负系数热敏电阻值降低,电阻值降低到一定的数值时,导致 VT_1 基极电压升高,VT_1 导通,VT_2 导通,继电器 J 触点闭合,压缩机工作。

电路中 R_p 是一个可调电阻,当 R_p 阻值调高,改变继电器工作,热敏电阻处的温度升

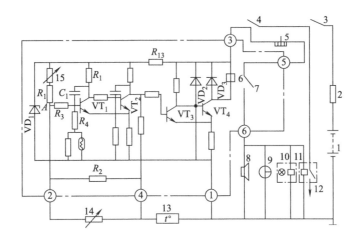

图 8-25 电子温度控制器的工作原理示意图

1—蓄电池；2—熔丝；3—点火开关；4—空调开关；5—压力开关；6—电磁线圈；7—触头；8—电磁离合器；9—指示灯；10—真空开关；11—风扇继电器；12—风扇电机；13—热敏电阻；14—调节电阻；15—调温电阻

高。反之当 R_p 阻值调低，改变继电器工作，热敏电阻处的温度降低。用 R_p 阻值可调节蒸发器表面温度的最低允许值。也可用于设置室内温度，当室内温度低于设置温度时，继电器触点断开压缩机停止工作。

3. 急速切断装置

压缩机工作时需要发动机输出很大的功率，为了保证发动机的正常工作，在发动机急速时压缩机的负荷太大会造成发动机急速不稳，当急速降低到一个规定的速度时急速切断装置将压缩机断开，保证发动机的稳定工作。

工作原理为：如图 8-26 所示，取点火线圈的初级脉冲信号，经滤波的信号通过 VT_1 和 VT_2 放大整形后驱动由 VT_3、VT_4 构成的施密特触发器控制继电器线圈搭铁，继电器常开触点控制压缩机启动电路。当急速高时输入的信号直流电压高 VT_4 导通，继电器触点闭合，压缩机工作。当急速低时输入的信号直流电压低 VT_4 截止，继电器触点断开，压缩机停止工作。急速断开的转速大概为 700r/min，接通转速在 1000r/min。

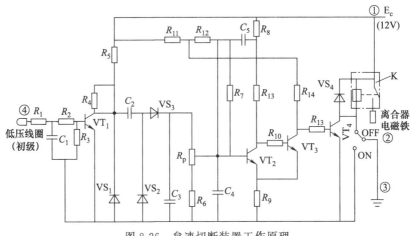

图 8-26 急速切断装置工作原理

图中开关 K 是自动和手动的转换开关。连接 VT_2 基极的 R_p 电阻用来调节切断压缩机工作的最低转速值。

4. 汽车空调放大器

汽车空调放大器是现在汽车比较常用的空调控制装置。比较常见的空调放大器集合了两种控制功能，一个是怠速切断功能，一个是温控功能。工作原理如图8-27所示，由继电器触点控制压缩机的运行，继电器的线圈搭铁由 VT_3 控制。VT_3 的基极由两个电路控制，一个是由怠速信号和 VT_2 构成的怠速切断放大电路，另一个是室内温度与设置温度电路和 VT_1 构

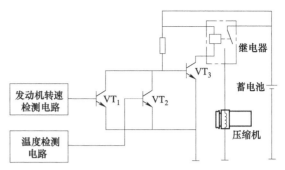

图8-27 空调放大器工作原理示意图

成的温度控制电路。怠速切断放大电路和温度控制电路逻辑上是或的关系，控制 VT_3 的工作。

当怠速信号和温度比较信号有一个不符合限定值时，VT_2 和 VT_1 就会有一个被导通，VT_3 截止，压缩机不工作。当两个信号都符合限定值时 VT_2 和 VT_1 都截止，VT_3 导通，压缩机工作。

5. 空调电路的其他装置

（1）怠速提升装置　怠速提升装置是开启制冷系统时启动提高怠速的装置。在制冷系统工作时压缩机的负荷通过皮带轮传递给发动机，加大了发动机的负荷，为了使发动机在怠速时平稳的工作，压缩机启动同时将怠速提高。

（2）加速切断装置　加速切断装置是在汽车加速时为保证发动机的功率全用于汽车加速，将压缩机切断工作。当加速完，经一个延时再将压缩机启动，以保证汽车加速时有良好的加速性能。

（3）压缩机过热保护限制器　压缩机温度过高时切断压缩机的工作，当温度低于允许温度时才将压缩机重新启动。

理论知识五　空调系统电路分析

一、上海桑塔纳空调电路分析

图8-28所示为桑塔纳LX型轿车的空调电路，该电路由电源电路、温度控制电路、鼓风机调速电路、冷凝器风扇控制电路、压力控制电路组成。

1. 电源电路

由点火开关控制的卸荷继电器直接给空调开关A/C和主继电器 J_2 线圈供电。常火线直接为主继电器两个触点、冷凝器风扇供电。

2. 鼓风机调速电路

鼓风机调速电路由鼓风机调速电阻、鼓风机开关、继电器 J_2 和继电器 J_1 构成。

（1）点火开关闭合、A/C断开，继电器 J_2 触电向鼓风机开关供电，鼓风机的转速可通过鼓风机调速开关进行调节。

（2）点火开关闭合、鼓风机开关断开、A/C闭合，继电器 J_1 线圈电源经环境温度开关供电，继电器 J_1 闭合，鼓风机电路经继电器 J_1 触点向调速电阻供电，鼓风机低速旋转。

3. 冷凝器风扇控制电路

冷凝器风扇转速是通过其电路串电阻的方式改变转速，有高速和低速两速调节，并且风

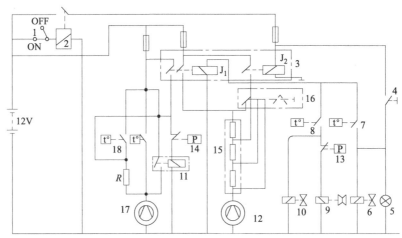

图 8-28 上海桑塔纳 LX 型轿车的空调电路
1—点火开关；2—减负荷继电器；3—主继电器；4—空调开关；5—指示灯；6—新鲜空气电磁阀；7—环境温度开关；8—恒温器；9—电磁离合器；10—怠速提升阀；11—风扇继电器；12—鼓风机；13—低压开关；14—高压开关；15—风机调节电阻；16—鼓风机开关；17—冷凝风扇电动机；18—冷却液温度开关

扇速度也可由发动机冷却液温度调节。

(1) 空调不开，风扇由电源经两个水温开关直接供电，一个是 95℃闭合开关的常开开关，一个是在 105℃闭合的常开开关。发动机冷却水温低于 95℃时，风扇不转。当高于95℃低于 105℃时，95℃开关闭合电源经串接电阻接通风扇，风扇低速旋转。当冷却水温度高于 105℃时，105℃开关闭合，电源直接接入风扇，风扇高速旋转。

(2) A/C 闭合，空调启动。风扇低速，高压管线中压开关闭合，继电器 J_2 向电磁阀供电，其闭合的触点将电源直接接入风扇，风扇高速旋转。

(3) 冷却水温度低于 95℃时，风扇不转，闭合 A/C 开关开启空调。A/C 闭合时继电器J_2 闭合接通电源，并且通过电阻 R 向风扇供电，风扇低速旋转。这是发动机暖机时开空调的启动风扇电路。

这种风扇调节电路有四种风扇启动方式，两种风扇速度。

4. 其他控制电路

闭合 A/C 开关开启空调，电源通过不同控制电路向其他电器供电。

(1) 空调开关指示灯、新鲜空气电磁阀。由 A/C 开关直接向空调开关指示灯和新鲜空气电磁阀供电。

(2) 压缩机电磁离合器。经 A/C 开关、环境温度控制器、温度控制器、高低压开关向压缩机电磁离合器供电，压缩机启动工作。

(3) 点火开关断开时，空调系统不启动，以保护蓄电池。

这种控制电路虽没有温度控制装置，无法对室内温度进行控制，但结构比较简单，合理控制了风扇和鼓风机的启动，也是一种常见的汽车空调控制电路。

二、天津夏利轿车空调系统电路分析

天津夏利轿车空调系统电路使用的空调放大器不仅有怠速切断系统，还可以用温度控制器控制压缩机的启动和断开，达到室内温度在设置温度的一定范围内波动的温度控制。如图 8-29 所示。

该电路可分为几个部分进行分析。

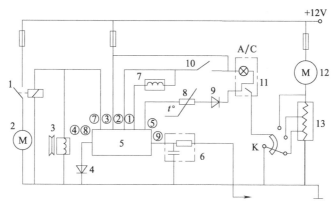

图 8-29 天津夏利轿车空调系统电路图

1—冷凝器电子扇继电器；2—电子扇电动机；3—压缩机；4,9—保护二极管；5—空调放大器；6—滤波器；7—怠速提高装置；8—热敏电阻；10—低压开关；11—空调开关；12—鼓风机电机；13—变阻器；K—鼓风机开关

1. 鼓风机转速调节电路

鼓风机转速调节电路是由调速电阻和转速开关组成。鼓风机的送风量可通过空调控制面板上的鼓风机转速开关调节。鼓风机转速开关通过调节鼓风机搭铁回路中不同的电阻调节鼓风机转速。

2. 压缩机和冷凝风扇的控制电路

压缩机和冷凝风扇同时工作。冷凝风扇由继电器控制。继电器的电磁线圈和压缩机电磁离合器都是由空调放大器端子⑦控制。

3. 空调放大器

空调放大器是该控制电路的核心。空调放大器是将传感器信号经放大和运算，决定是否能启动制冷系统和冷凝器风扇。该放大器内部有一个专用的集成芯片作为其运算核心，可对电路电压、压力开关、怠速、怠速提升信号及室内温度信号进行运算放大后输出电压控制压缩机和冷凝器风扇。空调放大器的端子功能分别是：

(1) 端子①怠速提升装置搭铁回路；

(2) 端子②输入压力开关控制的电源线；

(3) 端子③输入电源信号；

(4) 端子⑤输入由热敏电阻传入的温度信号；

(5) 端子⑨输入点火初级线圈转速信号；

(6) 端子⑦输出控制压缩机和冷凝器风扇的控制电压；

(7) 端子⑧放大器搭铁。

4. 空调放大器控制原理

空调放大器是通过继电器触点 K，接通压缩机和冷凝器风扇的电源线，继电器线圈的搭铁是由 VT_2 控制，VT_2 的基极由 IC 芯片 SE078 的端子③控制。当 IC 芯片 SE078 计算现工况下符合制冷系统的启动条件，就在其端子③输出高电压，VT_2 导通，K 触点闭合放大器端子②、⑦连接，压缩机和冷凝器风扇工作，制冷系统被启动。否则，IC 芯片 SE078 端子③输出低电压，VT_2 截止，K 触点断开，放大器端子⑦无电压输出，制冷系统不启动。VT_1 是提供怠速提升装置搭铁功率管。在启动制冷系统时，发动机处于怠速时由 IC 芯片 SE078 端子④输出高电压，VT_1 导通，怠速提升系统启动。如图 8-30 所示。

空调放大器端子⑨接入发动机转速脉冲信号，经 C_1、R_1、R_2 滤波电路处理送入 SE078 端子②，其信号为怠速切断控制信号。空调放大器端子⑤外接热敏电阻与 R_{P2} 电阻串

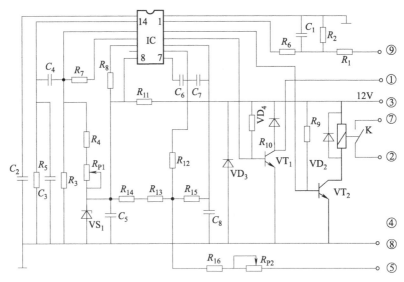

图 8-30 空调放大器控制原理

联接入 IC 芯片 SE078 端子⑥，作为温控电路输入电路，当温度高时热敏电阻值低，送入芯片的电压高，当温度低时热敏电阻值高，送入芯片的电压低，芯片根据输入的电压判别是否启动制冷系统。R_{P2} 是设定温度电阻，调节 R_{P2} 可改变制冷系统的断开温度。R_{P2} 阻值提高设置的温度就提高。

R_{P1}、R_4 是 IC 芯片 SE078 内部施密特触发电路的外围辅助器件，施密特触发电路具有回差特性，这种回差特性保证了怠速切断时制冷系统工作时的转速和断开时的转速不同。同样也能保证温度控制时制冷系统的启动温度和关闭时的温度不同，使控制系统有良好的稳定性。R_{P1} 可对 IC 芯片 SE078 内部施密特触发电路的回差性进行调节。

这种空调控制系统集成度较高，控制范围和控制的精度都有所提高，也是一款比较典型的具有放大器的空调控制电路。这种电路鼓风机和冷凝器风扇的调节比较简单，没有冷凝器风扇转速调节。

理论知识六　自动空调控制原理

现代汽车空调自动控制系统，由于采用了计算机控制技术，在控制精度、舒适性和可靠性方面与手动空调有很大的差别。自动空调和手动空调的区别主要体现在：自动空调通过传感器系统测试出与空调运行有关的工况参数和驾驶员的设置，经微机系统计算最佳操作参数，并控制执行机构对空调系统进行操作，使空调系统自动运行。自动控制系统不仅能调节温度、调节送风量、自动改变进出风方式，同时还具备非常完善的自我检测诊断功能。如图 8-31 所示。

一、自动控制空调类型

汽车自动空调是通过控制电路或控制单元根据室内外温度、温度设置等参数对温度混合门进行自动控制。自动空调按其控制方法、操作执行方法可分为三类：半自动空调、全自动空调和计算机控制空调。

(1) 半自动空调　由控制电路控制操作系统的真空度改变温度混合门的开度，调节出风口的温度，使室内温度控制在一定的温度范围。

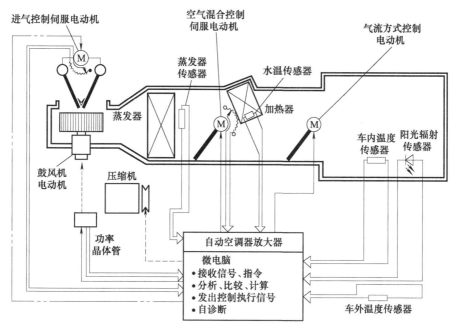

图 8-31 自动空调控制原理图

(2) 全自动空调 控制电路根据室内温度和温度的设置,控制真空伺服执行机构调节温度混合门,使室内温度保持在设置温度上。

(3) 计算机控制空调 计算机控制单元读取各类传感器信息后,计算出出风温度和温度混合门开度,直接操作各个系统伺服电机对空调系统进行操作。

三类自动空调的特点如下。

(1) 室内温度控制结果不同 三种自动空调都能在空调系统连续工作的情况下保证室内温度与设置温度基本相同。而手动空调是由手工操作或利用恒温器开启或关闭压缩机控制室内温度。全自动或计算机控制的空调能保证室内温度在设置温度下连续工作,而半自动空调只能使室内温度在设置温度的一定范围内连续工作。

(2) 执行机构不同 半自动空调是通过调节真空系统的真空度,驱动各执行机构进行动作,全自动空调用真空伺服结构操作,而计算机控制空调系统是通过伺服电机进行操作。

(3) 控制类型不同 半自动和全自动空调系统利用基本控制电路作为控制系统,计算机控制空调是由单片机为核心的控制单元作为控制系统。

本单元主要介绍计算机控制空调系统的控制电路。

二、微机控制自动空调系统

微机控制自动空调系统主要由传感器系统、控制单元(ECU)、执行机构和配气系统构成。

微机控制自动空调系统具有以下功能。

(1) 空调运行控制 包括启动控制、运行模式控制、温度控制、通风量控制等。

(2) 节能控制 根据具体的运行环境通过压缩机、进风门启动、调节,使空调系统在最节能的方式下进行工作。

(3) 故障诊断和报警 对系统出现的故障进行报警,以提示驾驶人员的注意。

(4) 运行参数显示 通过其控制面板的显示系统,对设置参数和各种工况参数进行显示。

三、微机控制自动空调系统的控制

微机控制自动空调系统的控制按其功能主要有以下几个控制系统。

（一）鼓风机转速控制

鼓风机转速是微机控制自动空调系统中调节通风量和温度控制的主要手段。高转速的鼓风机加大了空调系统的通风量，也降低了室内温度，也加大了系统的冷负荷。鼓风机的转速调节不仅应满足通风量的要求，保证制冷系统在稳定的室内温度下连续工作，还要减少系统的冷负荷。合适的鼓风机转速为鼓风机控制的主要目标。

在控制方式上，微机控制自动空调系统有两种控制方式。

1. 调速模块与调速电阻组合型

图 8-32 是组合型鼓风机转速调节电路示意图，调速电阻是在人工控制模式下鼓风机的转速调节元件。在该种模式下 ECU 不控制鼓风机转速。在关闭手动模式时，由 ECU 通过调速模块对鼓风机转速进行调解。

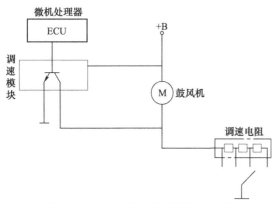

图 8-32　组合型鼓风机转速调节电路

2. 晶体管控制方式

鼓风机的转速由 ECU 控制下的晶体管调速电路、高速继电器、低速电阻组成。见图 8-33。鼓风机在转速调节是由以下几种方式。

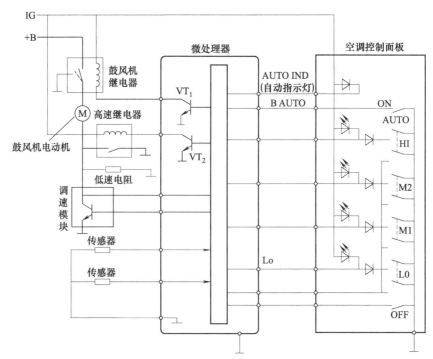

图 8-33　晶体管控制鼓风机电路

(1) 低速 当鼓风机继电器闭合时，高速继电器断开，鼓风机经低速电阻搭铁，鼓风机低速运转。这种模式一般是在启动时或当室内温度达到设置温度时工作。

(2) 高速 在空调开始工作后，VT_2 导通，鼓风机直接搭铁，鼓风机高速运转。这种模式一般在空调启动后不久工作，其目的是为了快速降低室内温度。

(3) 自动变速 当空调在自动工作模式下，室内温度降至一定温度时，高速继电器断开，鼓风机搭铁由调速模块提供。这种调节模式，在室内温度与设置温度相差较大时，高速运转。随着室内温度降低，鼓风机转速在 ECU 控制下转速逐渐降低。当室内温度降至设置温度时，鼓风机达到最低转速。在这个工况下，鼓风机的转速取决于室内温度与设置温度的差值。

(4) 时滞气流控制 制冷系统在启动后，为防止气道中的高温气体直接进入室内，鼓风机的启动是在制冷系统启动后 5s 才开始启动。现在常见的时滞控制有两种方式：

① 气道内的气体温度高于 30℃ 时，鼓风机在制冷系统工作 4s 后，鼓风机低速启动运行 5s，保证进入室内的空气为低温；

② 气道内的气体温度低于 30℃ 时，鼓风机在制冷系统工作后 5s 内低速运转，然后进入正常运转模式。

(二) 温度控制

微机控制自动空调系统室内温度控制是自动空调系统与手动空调的根本区别。手动空调是通过自动或手动关闭制冷系统达到控制室内温度。手动空调不仅很难精确控制室内温度，并且通过频繁的压缩机启动和关闭控制室内温度在一个相对较大的温度范围内波动。微机控制自动空调系统可以在制冷系统连续工作的情况下，精确地控制室内温度。微机控制自动空调系统温度调节的过程如下。

(1) 读取传感器参数 与微机控制自动空调系统温度控制有关的传感器参数有：室外温度传感器、车内温度传感器、太阳辐射传感器、驾驶人员设置温度传感器等。

(2) 计算出风温度 空调控制模块将得到的传感器信号经公式计算出相对应的送风温度。

$$T_0 = aT_s - bT_r - cT_a - dT_b + e$$

式中 a, b, c, d, e——计算系数；
T_0——送风温度；
T_s——设置温度；
T_r——室内温度；
T_a——环境温度；
T_b——阳光辐射参数。

(3) 混风门开度计算 空调控制模块可根据送风温度计算混风门开度

$$S = (T_0 + f - T_e + g)/(h - T_e + g) \times 100\%$$

式中 T_e——蒸发器温度；
f, h, g——计算系数；
S——混风门开度。

(4) 温度调节过程 当 T_0 大于 T_e 时，混风门打开，进入加热室的空气增多，使空调风温度升高。当 T_0 小于 T_e 时，混风门开度减小，进入加热室的空气减少，使空调风温度降低。当 T_0 和 T_e 差距接近时，混合门位置不变。

混风门开度是由 ECU 控制的伺服电动机控制。

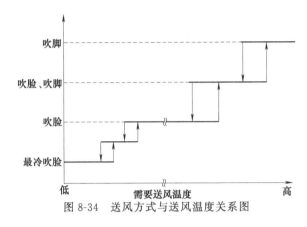

图 8-34 送风方式与送风温度关系图

（三）送风方式控制

送风方式控制是空调系统将空调风按不同的方式和不同的出风口送出。每个出风口都是由 ECU 控制的伺服电动机控制。微机控制自动空调系统一般有两种送风方式。

（1）手动方式　当将控制板面的出风方式键按下时，ECU 则控制相应的伺服电机进行操作。

（2）自动控制方式　当使用自动控制模式时，ECU 根据 T_0 的数值进行自动控制。如图 8-34 所示。

（四）进风方式控制

进风方式控制是空调系统将空调风按不同的方式进风。每个进风口都是由 ECU 控制的伺服电动机控制。微机控制自动空调系统一般有两种进风方式。

（1）车外新鲜空气导入方式　在这种方式下伺服电动机将外风门打开，使新鲜空气进入。

（2）车内空气循环方式　在这种方式下伺服电动机将内风门打开，使车内空气进入空调系统。

这两种方式可以手动或自动。当按下控制板面相应的进风功能键时，ECU 按照驾驶人员指令操作。当进入自动控制模式时，ECU 根据 T_0 值进行进风控制。一般在空调刚启动时，使用车内循环方式，加快室内温度的下降速度，当室内温度降低到一定程度时使用车外新鲜空气导入方式工作。

（五）压缩机控制

微机控制自动空调系统压缩机控制实际上是空调制冷系统的启动。它通过 ECU 的 MC

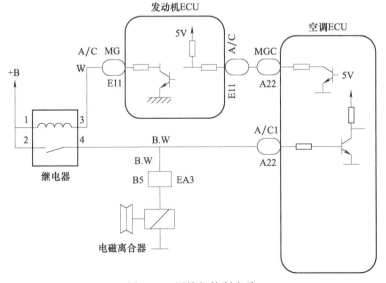

图 8-35 压缩机控制电路

端子（凌志车系）对电磁离合器继电器接地控制。电磁离合器继电器闭合，电磁离合器吸合，压缩机工作。电磁离合器继电器断开，电磁离合器断开，压缩机不工作，制冷系统停止工作。如图 8-35 所示。

压缩机的控制也有两种方式。

(1) 手动启动　当按下 A/C 开关时，经 ECU 计算判别是否符合制冷系统开启条件，符合启动条件发动机 ECU 启动压缩机，不符合启动条件发动机 ECU 不启动压缩机。

(2) 自动模式　当功能键 AUTO 被按下时，由发动机 ECU 自动判别是否应该启动压缩机，当适合压缩机启动，发动机 ECU 自动启动压缩机，使制冷系统进入工作状态。

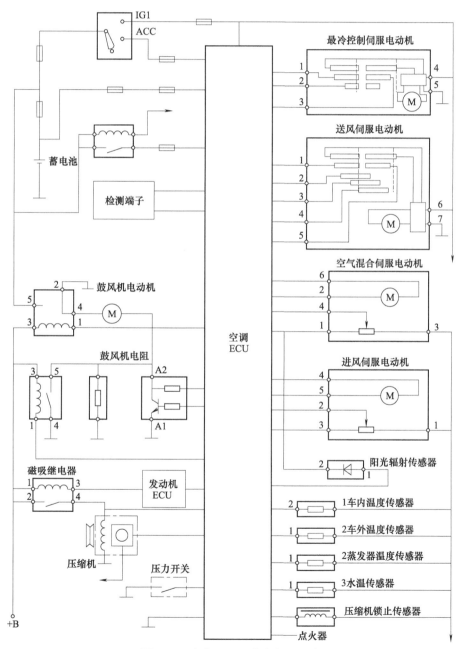

图 8-36　凌志 LS400 汽车空调电路

四、凌志 LS400 汽车空调电路介绍

凌志 LS400 汽车空调系统是比较典型的计算机控制空调。其功能完备、性能优良、操作方便，空调效果良好。

图 8-36 为凌志 LS400 汽车空调电路。该系统电路可分为下列几个部分。

1. ECU 控制单元

其功能为读取传感器信号，计算出风温度和温度混合门开度，并操作控制各执行器。

2. 传感器系统

主要包括车内温度传感器、车外温度传感器、蒸发器温度传感器、压力开关、冷却水温传感器、温度设置传感器和阳光辐射温度传感器。

3. 执行器系统

(1) 最冷控制伺服电动机电路　最冷控制伺服电动机的挡风板有全开、半开和全闭三个位置。当 ECU 接通某个位置电路，伺服电动机转动并将触点带至该位置上后伺服电动机停止。如图 8-37 所示。

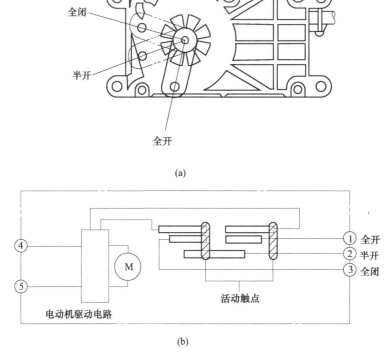

图 8-37　最冷控制伺服电动机挡风位置及内部电路

(2) 送风伺服电动机电路　当手工操作按下某一送风方式时，空调 ECU 将相对应的端子搭铁，伺服电动机转动将挡板带至相应位置，并带动活动触点运动至特定位置后，伺服电动机停止转动。在自动模式下，ECU 根据温度不同自动选择送风方式。如图 8-38 所示。

(3) 空气温度混合伺服电动机电路　该电路是 ECU 控制温度变化的方向"冷"、"热"，提高或降低送风温度。ECU 通过相应的端子内部搭铁，伺服电动机转动，调节混风门的开

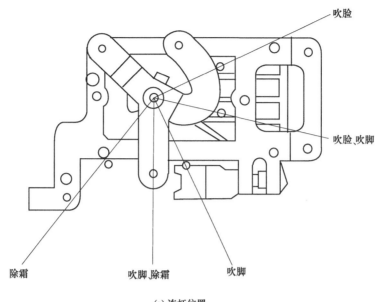

(a) 连杆位置

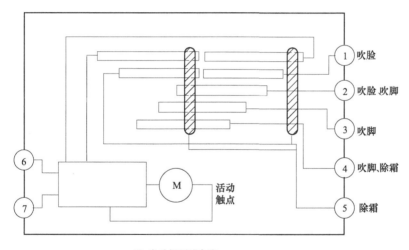

(b) 电动机驱动电路

图 8-38 送风伺服电动机及内部电路

度的同时通过拉杆带动活动触点和混风门位置传感器,当活动触点到达一定位置时,伺服电动机停止。如图 8-39 所示。

(4) 进风门伺服电动机电路　进风门伺服电动机电路是控制进风门方式的电路。如图 8-40 所示,当选择车外新鲜空气导入时,电流由 ECU 端子 5 输出,经电机电路端子 4,到触点 B 和 A 流入电动机,经伺服电动机电路端子 5 流入 ECU 端子 6。当选择车内空气循环时,电流由 ECU 端子 6 输出,经电动机电路端子 5 流入电动机,通过触点 B 和 A,经伺服电动机电路端子 5 流入 ECU 端子 6。

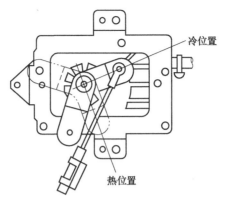

(a) 连杆转动位置

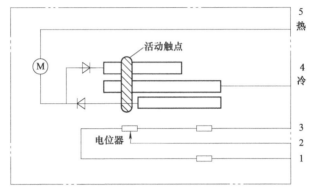

(b) 电动机内部电路

图 8-39　空气温度混合伺服电动机及内部电路

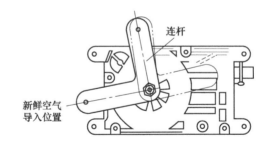

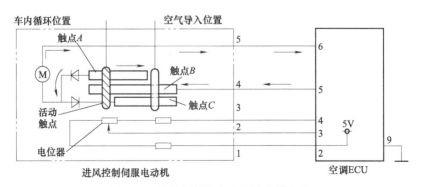

图 8-40　进风门伺服电动机及内部电路

实训项目部分

实训项目一　电动刮水器的检查与调整及故障诊断与排除（桑塔纳 2000）

一、零部件的检修

刮水器及洗涤器的分解图分别如图 8-41 和图 8-42 所示。

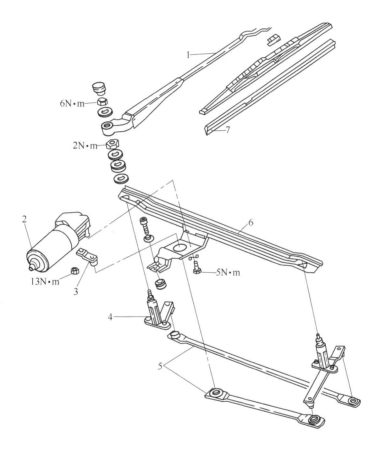

图 8-41　刮水器分解图

1—定位杆；2—刮水器电动机（拆卸时先拆卸刮水架）；3—定位架（用 MoS_2 润滑脂润滑）；4—刮水器支座（轴和球头涂上 MoS_2 润滑脂）；5—连杆（球面接头涂上润滑脂）；6—刮水架；7—刮水器橡胶条

1. 刮水片橡胶条的拆卸与安装

刮水器工作时，经常出现部分表面刮不到的现象，其原因主要是刮水片橡胶条变形、压力不够或部分从槽脱出。根据具体故障情况，更换刮水片橡胶条或重新压入橡胶条。

（1）用鲤鱼钳把刮水片橡胶条被封住的一侧的两块钢片钳在一起，从上面的夹子里取出，并把橡胶条连同钢片从刮水片其余的几个夹子里拉出。

（2）把新的刮水橡胶条塞进刮水片下面的夹子里，并把它扎紧。

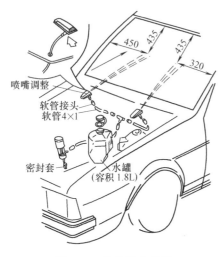

图 8-42 洗涤器分解图

(3) 把两块钢片插入刮水橡胶条的第一条的槽口，对准橡胶条并进入槽内的橡胶条凸缘内。

(4) 用鲤鱼钳把两块钢片与橡胶条重新钳紧，并插入上端夹子，使夹子两边的凸缘均进入刮水橡胶的限位槽内。

2. 曲柄定位位置的调整

(1) 使刮水器电动机转大到极限位置。

(2) 装上曲柄，并调整到能看见管内螺纹为止。

3. 刮水器支座的更换

刮水器支座一经拆卸，就应进行更换。在拆卸刮水器支座时，用割刀切断铆钉，如图 8-43 所示。安装刮水器支座时，支座应支承牢固，如图 8-44 所示。

图 8-43 刮水器支座的拆卸

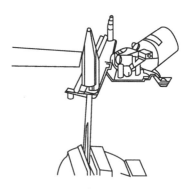

图 8-44 刮水器支座的安装

二、故障诊断

刮水器及洗涤器常见故障与排除如表 8-3 所示。

表 8-3 刮水器及洗涤器常见故障与排除

故障现象	原因	排除方法
接通点火开关，拨动刮水器各挡开关，刮水器均不工作	(1) 熔丝 S11 熔断 (2) 刮水器电动机插接器不良 (3) 刮水器电动机内部断路转子咬死	(1) 要换熔丝 (2) 修理或更换插接器 (3) 修理或更换刮水电动机
刮水器在"慢挡"工作，其余各挡均不工作	(1) 中央线路板接点 D12 及中间连接导线接触不良、断路 (2) 继电器损坏 (3) 刮水器与洗涤器有故障	(1) 修理或更换中间导线 (2) 更换继电器 (3) 修理或更换开关
刮水器"快挡"工作正常，其余挡均不工作	继电器故障	更换

续表

故障现象	原　因	排除方法
刮水器在"间歇挡"不工作，其余各挡均工作正常	（1）中央线路板接点 A12 及中间连接导线接触不良，断路 （2）刮水器开关有故障 （3）继电器与洗涤器损坏	（1）修理或更换中间导线 （2）修理或更换开关 （3）更换继电器
刮水器开关在"喷水挡"，刮水与喷水均不工作，其余各挡工作正常	（1）中央线路板接点 A19、C9 及中间连接导线接触不良，断路 （2）刮水器与洗涤器开关有故障 （3）喷水电机、喷水泵有故障，连接管、喷嘴堵塞	（1）修理或更换中间导线 （2）修理或更换开关 （3）修理、更换或清洗相关部件

实训项目二　电动车窗、中央集控门锁的检查及故障诊断与排除（本田雅阁）

一、主控开关输入测试

（1）在测试电动车窗之前，先按多路集成控制系统测试模式 A 进行故障检修。

（2）拆除驾驶员车门开关饰件。

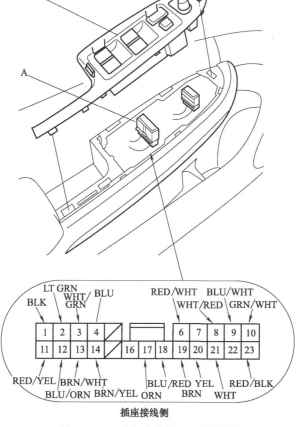

图 8-45　电动车窗车门 23P 插接器

(3) 从电动车窗车门（B）断开 23P 插接器（A）。

注：图 8-45 中所示为左方驾驶（LHD）型，右方驾驶（RHD）型与此类似。

(4) 检查插接器和插座端子，确信其接触良好。

如果端子弯曲、松动或锈蚀，如有必要，进行修理，然后重新检查系统。

如果端子正常，转到第（5）步。

(5) 让插接器依然断开，在插接器上进行输入检测，见表 8-4。

如果任何测试显示存在问题，找出原因并做正确修理，然后，重新检查系统。

如果所有输入测试均正常，转到第（6）步。

表 8-4　电动车窗插接器上的输入检测（一）

插孔	导线	测试条件	测试；预期结果	如果得不到结果，可能的原因
3	WHT/GRN	在所有条件下	将 3 号端子与车身接地相连；检查发动机盖下保险丝/继电器盒中 26 号（20A）保险丝的电压；应当为蓄电池电压	• 发动机盖下保险丝/继电器盒中的 23 号（P/W）（40A）保险丝熔断 • 电动车窗继电器故障 • 仪表板下保险丝/继电器盒故障 • 导线断路
10	GRN/WAT	在所有条件下	检查对地电压；应当为蓄电池电压	• 发动机盖下保险丝/继电器中的 23 号（P/W）（40A）保险丝熔断 • 仪表板下保险丝/继电顺盒中的 27 号（20A）保险丝熔断 • 仪表板下保险丝/继电器盒故障 • 导线断路
20	YEL	点火开关位于 ON（Ⅱ）	检查对地电压；应当为蓄电池电压	• 仪表板下保险丝/继电器盒中的 21 号（7.5A）保险丝熔断仪表板下保险丝/继电器盒故障 • 导线断路
1	BLK	在所有条件下	检查对地导通性；应当导通	• 接地不良（G501、G601） • 导线断路
11	RED/YEL	使用跳线将 10 号端子与 11 号端子连在一起，23 号端子与车身接地相连	检查驾驶员车窗电机的工作；车窗应当降下	• 仪表板下保险丝/继电顺盒中的 27 号（20A）保险丝熔断 • 驾驶员车窗电机故障 • 导线断路
23	RED/BLK	使用跳线将 10 号端子与 23 号端子连在一起，1 号 1 端子与车身接地相连	检查驾驶员车窗电机的工作；车窗应当升起	
9	BLU/WHT	使用跳线将 10 号端子与 9 号端子连在一起	检查前乘客车窗电机的工作；车窗应当降下	• 接地不良（G503） • 仪表板下保险丝/继电器盒中的 26 号（20A）保险丝熔断 • 前乘客电动车窗电机开关故障 • 前乘客电动车窗电机故障 • 导线断路
18	BLU/RED	使用跳线将 10 号端子与 18 号端子连在一起	检查前乘客车窗电机的工作；车窗应当升起	

(6) 重新将 23P 插接器与开关连接,然后执行输入测试,见表 8-5。

如果任何测试显示存在问题,找出原因并做出正确修理,然后,重新检查系统。

任何所有输入测试均正常,则控制装置必然存在故障,更换电动车窗主控开关。

表 8-5 电动车窗插接器上的输入检测(二)

插孔	导线	测试条件	测试:预期结果	如果得不到结果,可能的原因
6	PED/WHT	点开关位于 ON(Ⅱ)	检查对地电压; 应当为蓄电池电压	• 电动车窗主控开关故障 • 导线对地短线
2	LT GRH	在所有条件下	检查对地电压; 应当小于 1V	• 电动车窗主控开关故障
4	BLU	点开关位于 ON(Ⅱ),驾驶员车窗开关位于 AUTO DOWN(自动降下)	检查 4 号和 2 号端子之间的电压; 应当在 0~5V 左右和 0~5V 左右不断重复(车窗移动时,数字万用表的读数大约为 2.5V)	• 仪表板下保险丝/继电器盒中的 21 号(7.5A)保险丝熔断 • 仪表板下保险丝/继电器盒中的 27 号(20A)保险丝熔断
17	ORN	点开关位于 ON(Ⅱ),驾驶员车窗开关位于 AUTO DOWN(自动降下)	检查 17 号和 2 号端子之间的电压; 应当在 0~5V 左右和 0~5V 左右不断重复(车窗移动时,数字万用表的读数大约为 2.5V)	• 电动车窗主控开关故障 • 导线对地短线 • 驾驶员车窗电机故障
21	WHT	驾驶员车门钥匙芯开关位于 UNLOCK(打开)	检查对地电压; 应当为 5V 或更低	• 驾驶员车门锁钥匙锁芯开关故障 • 接地不良(G401) • 导线断路
		驾驶员车门钥匙锁芯开关位于中间位置	检查对地电压; 应当为 1V 或更高	• 对地短路 • 驾驶员门锁钥匙锁芯开关故障
		驾驶员车门钥匙锁芯开关位于 LOCK(锁止)	检查对地电压; 应当为 5V 或更高	
8	WHT/REO	驾驶员车门钥匙锁芯开关位 LOCK(锁止)	检查对地电压; 应当为 1V 或更低	• 驾驶员门锁钥匙锁芯开关故障 • 接地不良(G401) • 导线断路
		驾驶员车门钥匙锁芯开关位于中间位置	检查对地电压; 应当为 5V 或更高	• 对地短路 • 驾驶员车门锁钥匙锁芯开关故障
		驾驶员车门钥匙芯开关位于 UNLOCK(打开)	检查对地电压; 应当为 5V 或更高	

(7) 使用跳线将 3 号 (WHT/GRN) 端子与地相连。

(8) 让电窗主控插接器依然断开,在插接器上进行输入检测,见表 8-6。

如果任何测试显示存在问题，找出原因并做正确修理，然后，重新检查系统。

如果所有输入测试均正常，车门多路必然存在故障。更换电动车窗主控开关。

表 8-6　电动车窗插接器上的输入检测（三）

插孔	导线	测试条件	测试：预期结果	如果得不到结果，可能的原因
13	BRN/WHT	使用跳线将 10 号端子与 13 号端子相连	检查左后车窗电机的工作：车窗应当升起	• 接地不良（G501,G601） • 仪表板下保险丝/继电器盒中的 24 号（20A）保险丝熔断
19	BRN	使用跳线将 10 号端子与 19 号端子相连	检查左后车窗电机的工作：车窗应当降下	• 左后车窗开关故障 • 左后车窗电机故障 • 导线断路
12	BUL/ORN	使用跳线将 10 号端子与 12 号端子相连	检查右后车窗电机的工作：车窗应当升起	• 接地不良（G602） • 仪表板下保险丝/继电器盒中的 25 号（20A）保险丝熔断
14	BRN/YEL	使用跳线将 10 号端子与 14 号端子相连	检查右后车窗电机的工作：车窗应当降下	• 右后车窗开关故障 • 右后车窗电机故障 • 导线断路

二、驾驶员侧车窗电机的测试

1. 电动机测试

（1）拆除驾驶员侧车门面板。

（2）从车窗电动机断开 6P 插接器（A）的连接，见图 8-46。

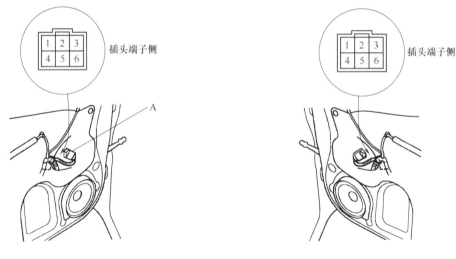

图 8-46　车窗电动机 6P 插接器　　　　图 8-47　左后车窗电动机

（3）根据下表连接蓄电池电源和接地，沿每一方向对电机进行测试。电动机停止后，立即断开端子引线。

方向 \ 端子	1	2
上	−	+
下	+	−

（4）如果电动机不运转或无法平稳运转，则予以更换。

2. 脉冲发生器测试

（1）重新将 6P 插接器连接到车窗电动机。

（2）检查端子之间的电压。

点火开关位于 ON（Ⅱ）时，6 号（＋）与 5 号（－）端子之间应为蓄电池电压。

在 2 号（＋）与 5 号（－）端子间连接指针式电压表，并向上或下运转车窗电动机。电压计指针应前后交替移动（数字式电压计应指示出 0～5V 的电压平均值）。

在 3 号（＋）与 5 号（－）端子之间连接指针式电压表，并向上或下运转车窗电动机。电压计指针应前后交替移动，否则，更换驾驶员侧车窗电动机。

三、乘客侧车窗电机的测试

（1）拆卸驾驶员侧车门面板。

（2）从车窗电动机断开 6P 插接器（A）的连接，见图 8-47。

（3）根据下表，连接蓄电池电源和接地，对电动机进行测试，电动机停止后，立即断开端子引线。

方向 \ 端子	1	2
上	＋	－
下	－	＋

（4）如果电动机不运转或无法平稳运转，则予以更换。

四、主控开关的更换

（1）小心撬起驾驶员侧车门开关饰件。

（2）断开电动后视镜与电动车窗开关的插接器（A），见图 8-48。

（3）卸下 4 个装配螺钉，然后从面板（B）上卸下车窗主控开关（A）。见图 8-49。

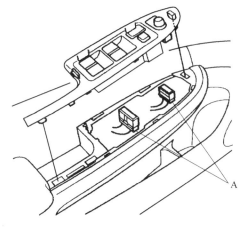

图 8-48　电动后视镜与电动车窗开关的插接器（A）

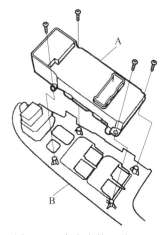

图 8-49　车窗主控开关（A）

五、乘客侧车窗开关的测试/更换

（1）小心撬起车门开关饰件。

（2）断开电动视镜插接器（A），然后卸下 3 个装配螺钉，并从开关饰件（C）上卸下电动车窗开关（B）。

前乘客侧：见图 8-50。

后乘客侧：见图 8-51。

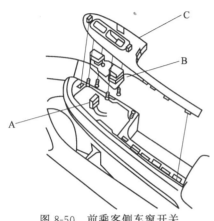

图 8-50 前乘客侧车窗开关

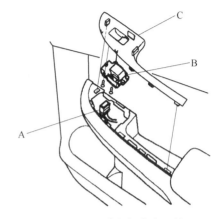

图 8-51 后乘客侧车窗开关

（3）用已确知良好的车窗开关做替代，进行测试，如果原来的开关有故障，则予以更换。

实训项目三　自动空调实训

一、实训目的

（1）了解掌握微机控制自动空调故障诊断。

（2）掌握凌志 ES300 自动空调台架端子电压的测量。

（3）掌握凌志 ES300 自动空调各种故障特征。

二、工具材料

（1）凌志 ES300 自动空调实训台架一套。

（2）凌志 ES300 自动空调实训台架说明书一份，凌志 ES300 自动空调维修手册一份。

（3）数字式万用表一块。

（4）常用电器维修工具一套。

三、操作要点及实训项目

1. 凌志 ES300 自动空调实训台架简介

该实训台架是使用凌志 ES300 自动空调系统，为独立运行和教学使用经改装后为配合自动空调实训的实训装置（见图 8-52）。与原空调系统有一定的差别。主要体现在以下几个方面。

（1）压缩机的动力驱动由该装置的电动机经电磁离合器驱动。

（2）加热装置的热源由系统配置的电加热系统提供。

（3）为了实训方便，将所有的端子电压引出并在板面上加装了测试口，这样可以方便快捷地测量所有端子的电压值。

（4）装置中设有故障设置系统，在教学时由指导教师设置故障。

（5）控制板面为教学使用有很大的改变，除保留了原空调系统的控制板面，还另加有该

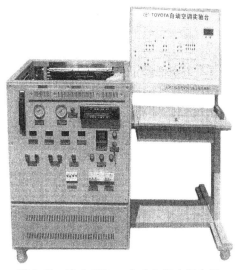

图 8-52 凌志 ES300 自动空调实训台架

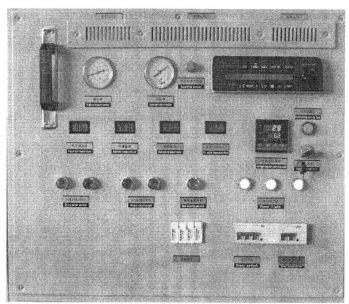

图 8-53 凌志 ES300 自动空调实训台架操作板面

系统操作的控制键,见图 8-53。

2. 台架的使用和运行

(1) 系统启动 合上电源和温控开关,使电源指示灯亮,当点火开关拨至 ON 挡,自动空调系统进入工作状态。

(2) 制冷系统的运行

① 按下驱动电源开关,电动机运转,点火开关处于 START 位置,控制面板上显示进风和出风模式,用进风模式调节开关和出风模式开关调节出风进风模式。

② 按下 A/C 开关,指示灯亮,电磁离合器吸合压缩机工作和冷凝器风扇工作,制冷系统被启动。

③ 旋转温度设置旋钮,调节温度设置,板面显示设置温度,并在板面上显示出风口温度和蒸发器温度。

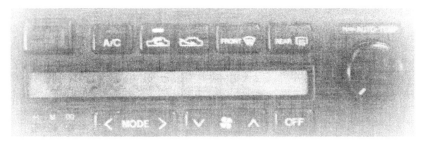

图 8-54 空调系统控制板面

图 8-55 PV（测量值）和 SV（设定值）的显示

图 8-54 为空调系统控制板面。

(3) 供暖系统的使用 合上温控开关后，系统显示 PV（测量值）和 SV（设定值）（见图 8-55），按下循环水泵键水暖加热系统开始工作。

水暖加热系统的参数调节如下。

① 按 SET 键约 5s 后，系统进入参数设置状态，连续按下 SET 键，出现参数 LKV（参数锁），将其设置为 001。出现参数 PV、IV、DV 并将设置为 0。按 SET 5s 后退出参数设置状态。

② 上限温度设置。为保证加热系统温度近似实际情况，必须设置加热系统的最高温度，将 SV 参数设置为 50。

③ 上限报警温度。AHV 参数是上限温度报警参数，将其值设置为 015。当温度超过时系统会通过报警灯报警。报警时必须将温控开关关闭，使其温度下降后再启动系统。

3. 实训内容

(1) 端子电压测量

① 了解掌握空调系统的电路控制原理及各端子的功能作用。

② 使用实训台架的测量系统对各端子电压进行测试。

③ 用数字万用表测试各端子电压。

图 8-56 为各端子电压测试连线方法。

(2) 故障诊断

① 由指导教师利用模拟故障项设置故障。

② 分析故障现象，并作出可能故障的初步诊断结果。

③ 读取故障码。

④ 分析初步诊断结果和故障码，提出故障检测方法。

⑤ 端子电压测量，并确定故障点。

⑥ 提出维修建议。

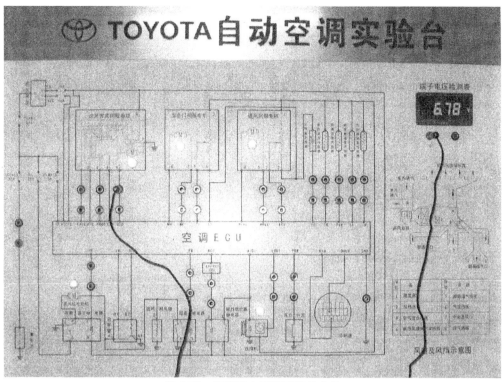

图 8-56 各端子电压测试连线方法

各端子参考电压见表 8-7。

表 8-7 各端子参考电压

端子	电压参考值/V	端子	电压参考值/V	端子	电压参考值/V
ACC	电源电压	SV0	0/工作电压	MFRS	0.4/工作电压
+B	电源电压	DIN	工作电压	MRES	0.7/工作电压
ILL	—	DOVT	工作电压	TPL	1～5
TREOSC	—	IG	电源电压	S5	5
RSFG	—	BLO	0/工作电压	TS	0.8～3.2
GND	—	BLM	工作电压	TR	0.8～2.9
HR	电源电压	BLS	0/工作电压	TAM	0.6～2.4
VM	0/5/1.8	FACE	0/工作电压	TE	0.45～2.3
BLW	0/1.4/1.8	B/L	0/工作电压	TW	0.65～3.0
FR	工作电压	FOOT	0/工作电压	SG	地线
MGC	0/工作电压	F/D	0/工作电压	A/PI	—
A/CI	工作电压	DEF	0/工作电压	IGN	电源电压
LOCK1	工作电压	MH	0.4/工作电压	CVD	0/工作电压
PSW	—	MC	0.4/工作电压	CVM	0/工作电压
SVS	0/工作电压	TP	1/2.5/4	CVS	0/工作电压

注：1. 有些伺服电动机的电压为不稳定值，随其他执行器工作与否产生变化。

2. 该实验装置是改装后的空调系统，其电压参数可根据原车维修数据和实验装置生产厂家提供的电压参数作为实训时参考值，其准确值应为实际测量值为准。

实训项目四　自动空调故障码读取

一、实训目的

(1) 掌握微机控制自动空调故障码的读取步骤。
(2) 掌握凌志 ES300 自动空调故障码的读取方法。

二、工具材料

(1) 凌志 ES300 自动空调实训台架一套或凌志 ES300 实训车一部。
(2) 凌志 ES300 自动空调实训台架说明书一份。
(3) 数字式万用表、解码仪。
(4) 常用电器维修工具一套。

三、操作要点及实训项目

(一) 空调故障码读取

微机控制的自动空调系统都有故障自诊断系统，自动控制系统维修时首先进行空调系统的故障码读取。空调故障码的调取一般有两种方式：控制板面故障码读取和解码仪读取。不同的车读取故障码的操作方式有所不同，显示方式和故障码的代码也有所不同，但其操作方式和操作步骤基本是一致的。以控制板面故障码读取方式为例，其操作步骤如下。

(1) 接通点火开关。
(2) 启动自诊断系统。各种车启动方式有所不同。如凌志 LS400 空调系统是同时按下 AUTO 和即时开关，广州本田雅阁轿车是同时按下 AUTO 和 OFF 键，系统进入故障码的自诊断程序。
(3) 故障码的显示。一般故障码是由控制板面的温度显示器显示故障码。进入自诊断程序后，在显示温度的位置显示故障码。代码有两位十进制代码显示也有一位英文字母显示方式。一般出故障码时伴有蜂鸣器鸣响以提示。
(4) 执行器的检测。按下内循环键后系统进入执行机构的自诊断程序自动检测程序，当按下升温键时，进入手动步进方式检测，检测完毕，系统显示故障代码。
(5) 故障码的清除。断开电源 10s 以上时间，故障码自动清除。

(二) 凌志 ES300 自动空调实训台架故障码读取步骤

(1) 接通点火开关。
(2) 启动自诊断系统。同时按下 AUTO 和 OFF 键，系统进入故障码的自诊断程序。
(3) 故障码的显示。在显示温度的地方显示故障码。代码有两位十进制代码显示。一般出故障码时伴有蜂鸣器鸣响以提示。
　　注：① 环境温度过低显示故障码 11、12。
　　　　② 蒸发器温度过高或过低显示故障码 13。
　　　　③ 无故障显示"00"。
(4) 执行器的检测。按下内循环键后系统进入执行机构的自诊断程序自动检测程序，当按下升温键时，进入手动步进方式检测，检测完毕，系统显示故障代码。按 OFF 键结束自检。
(5) 故障码的清除。断开电源 10s 以上时间，故障码自动清除。

执行器故障代码和常见故障现象见表 8-8。

表 8-8 执行器故障代码和常见故障现象

端子	故障代码	故障现象
FACE		送风方式伺服电动机不工作,送风方式不改变
FOOT		送风方式伺服电动机不工作,送风方式不改变
DEF		有断点,除霜门不工作
AMC		有断点,混合门电动机不工作
TP	41	
MREC		进有断点,气门电动机不工作
TS	21	端子电压不正常
TP1		
TR	11	端子电压不正常
TMA	12	端子电压不正常
TE	13	端子电压不正常
TW	14	端子电压不正常
HR		鼓风机不工作
FR		冷凝器不工作
MGC		冷凝器、压缩机不工作
LOCK1		无锁止信号送出
PSW	23	冷凝器不工作、电磁离合器未工作

辅助电器系统故障典型案例

一、03 款广州本田雅阁（Accord）

1. 主题说明

左右车窗玻璃上升时，前乘客侧车窗玻璃同时下降，但左右车窗玻璃下降时，前乘客侧车窗玻璃不动作。

2. 症状描述

经过操控驾驶侧车窗主开关，左右车窗上升时，右前车窗下降。

3. 可能原因

（1）车门多路控制装置故障；

（2）主控开关损坏；

（3）B-CAN（局域网故障）；

（4）副开关故障；

（5）部分线路存在短路或开路现象。

4. 诊断步骤

（1）根据故障现象分析，由于操作主控开关故障再现，但单独操作各个副开关却未出现故障，所以这一现象对于确认故障路径和部位十分重要，于是将维修路径和被怀疑元件放在两点：

① 除了主控开关，其他各开关并未在操作中出现故障；

② 副开关操控是完好的，说明出现故障的线路就在其之前，而在主控开关之后，这样一来，排除故障就简单多了。

（2）利用一个完好的同型号的主控开关来直接替换被怀疑元件，结果故障仍然存在。

(3) 为了进一步确认被怀疑的这段线束存在问题，于是检测了主控开关的 23p 插头中的 19 号端（BRN）13 号端（BRN/WHT）以及 9 号端（BLU/WHT）和 18 号端（BLU/RED）的电压，则有相应的输出电压。

(4) 为此决定用跳线法直接从线束中的这四根线路入手开始检测，如图 8-57 所示。

用 GRN/WHT10 号端（电压线）分别与左右车窗的 19 号端（BRN）13 号端（BRN/WHT）相连接，左右车窗下降、上升工作正常。现将左右车窗降下（便于故障再现），再分别用 10 号端与前乘客侧窗的 9 号端（BLU/WHT）、18 号端（BLU/RED）相连，结果发现，在连接 9 号端子时，前乘客侧车窗下降，同时左后车窗上升，但前乘客侧窗上升时，左后车窗不下降。这样一来，就确定了造成此故障的两根线：9 号端（BLU/WHT）和 13 号端（BRN/WHT）存在粘连问题。不出所料，在分解线束时，发现线束挤压严重，经维修一切恢复正常。

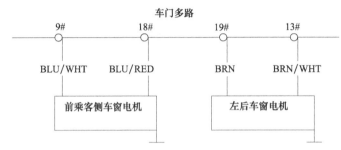

图 8-57 第七代 Accord 2.4L 雅阁（里程数：49826km）

二、雨刷故障检修案例

1. 主题说明

雨刮电机常转。

2. 症状描述

打开点火开关，雨刮电机一直转，将点火开关放在Ⅰ档位置时，雨刮电机不动作，雨刮开关不起作用。

3. 可能原因

(1) 雨刮电机开关损坏；
(2) 多路控制模块故障；
(3) 继电器模块损坏；
(4) 线路内部故障；
(5) 电动机本身故障。

4. 诊断方法

(1) 根据现象，电门开到Ⅱ挡，电动机常转，首先分析为部分线路出现短路，造成电动机朝一个方向常转不停。

(2) 于是拔下雨刮开关插头，打开点火开关至Ⅱ挡位置，此时开关处于中断状态，但是电动机依然常转，为此可排除开关故障。

(3) 接着用替换法替换继电器模块，但症状依旧。

(4) 经过分析结合平时的难修经验，断定电动机是工作的，而且是一个完全的回路，值得考虑的一点就是电机在正常的工作中应正转之后反转。为此，将多路控制模块这一难点跳过，直接怀疑电动机本身是否存在问题。

(5) 拆下雨刮电动机,直接接入 12V 电源,电动机朝一个方向旋转,当然,没有进入多路和继电器的控制,向一个方向旋转是正常的。

(6) 既然拆下了电动机,决定分解开,结果发现电动机内部的控制回路保护装置损坏,触点严重磨损,无法回复原有的回位点,造成常转现象。

5. 更换新电机,正常

三、中央集控门锁故障维修案例

1. 故障现象

一辆 2004 年产别克 GL8 商务车,行驶里程 3.8×10^4 km,用户报修中控门锁不起作用。

2. 检修过程

在检修故障之前,首先对中控门锁系统的功能进行了验证,以确定是间歇性故障还是永久性故障,这对于后续的故障判断有很大的帮助。

当按动遥控器上的开锁和上锁按键,或按动左前门和右前门内饰板上的开锁和上锁按键时,中控门锁均不起作用,用钥匙通过车门锁也无法对全车实现开锁或上锁。根据这些情况,则认为应该重点检查输入到车身控制单元 BCM 的上锁和开锁信号、车身控制单元 BCM、输出到各车门门锁电机的信号以及相关线路等。首先检查中控门锁系统的熔丝,发现仪表板右侧熔丝盒内的 B9-B10 熔丝熔断。更换新的熔丝后,只要按动车门内饰板上的上锁按键,该熔丝就会熔断,这说明车身控制单元 BCM 输出到各车门门锁电机的上锁信号线可能对地短路,也就是车身控制单元 BCM 上的线束插头 C1 中的 C 端可能对地短路。

拆下 BCM,用万用表测量 BCM 上的线束插头 C1 中的 C 输出端的针脚对地电阻,测量结果为 1.2Ω,这证明线路确实有对地短路的地方。为了缩小故障范围,用较大力量反复开关各车门,以使车体振动进而影响线束的状态,同时用万用表测量 C 端对地电阻,最终发现,在反复开关左前车门时,C 端对地电阻会发生变化,这说明左前车门的门锁线束可能有故障。

3. 故障排除

拆下左前车门内饰板检查线路,发现左前门门锁线束与车身线束连接插头的附近有外皮破损的线路。修理线路后,中控门锁功能恢复正常。

✦ 思考题 ▶▶

1. 叙述电动刮水器的构造及工作原理。
2. 电动刮水器的常见故障有哪些?如何进行诊断?
3. 叙述桑塔纳轿车电动车窗的组成。
4. 如何进行中央门锁的故障诊断?
5. 简述汽车空调系统的构成。
6. 简述汽车空调制冷系统的工作过程。
7. 汽车空调系统的控制电路有哪些?
8. 汽车空调是怎样调整出风口温度的?
9. 简述高压、低压和中压开关的作用。
10. 叙述汽车微机控制空调的温度控制原理。
11. 叙述鼓风机调节的几种方式。
12. 自动空调有几种类型?叙述它们的特点。
13. 简单叙述空气温度混合伺服电动机电路的控制过程。

任务九 汽车电器设备总线路

理论知识部分

理论知识一　汽车电路图的分类

汽车电路图主要用于表达各电气系统的工作原理及电器间的连接关系，尽管不同车型的电路图风格各异，但根据各种图的特点可细分为以下几种类型，如图9-1所示。

```
          ┌─汽车电气线路图
          │                  ┌─汽车传统控制（开关/继电器）电路原理图
          │                  │
          │                  │─汽车电子控制电路原理图
汽车电路图 │─汽车电路原理图  ┤
          │                  │─汽车开关内部位置-电气连接关系图
          │                  │
          │                  └─汽车电路原理方框图
          │                  ┌─汽车电器定位图
          │                  │
          │                  │─汽车线束图
          └─汽车线路定位图  ┤
                             │─汽车线路连接器插脚图
                             │
                             └─汽车接线盒（含熔断器盒、继电器盒）平面布置图
```

图 9-1　汽车电路图分类

1. 电气线路图

图9-2所示为日产（MSSAN）柴油货车电气线路图。该类图表达了各电器在车上的大致布局，各电器以实物轮廓图表示。导线分布大体与车上的实际位置、走向相同。电气线路图完整地表达了整车的电器及线路连接关系，但不能清晰、方便地反映各电气系统的工作原理，且识读所需的时间较长。随着汽车电路的日趋复杂，这类电路图越来越不实用。

2. 电路原理图

（1）电路原理图的特点　电路原理图重点表达各电气系统电路的工作原理，既可以是全车电路图，也可以是各系统电路原理图，如图9-3所示。尽管各汽车制造公司的表达方式不一，但一般都具有以下特点。

① 用电气图形符号表达各元器件。一般通过这些符号可了解该元器件的基本结构和作用。

② 在大多数图中，电源线在图的上方，接地线在图的下方，电流方向自上而下。电路较少迂回曲折，电路图中元器件串、并联关系十分清楚，电路图易识读。

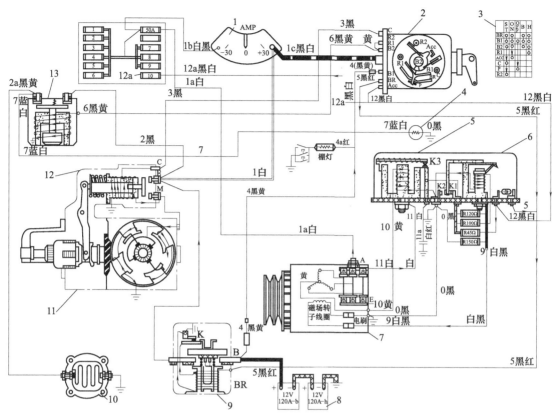

图 9-2 日产（MSSAN）柴油货车电气线路图
1—电流表；2—点火开关；3—点火开关位置；4—预热指示灯；5—磁场继电器；
6—电压调节器；7—硅整流交流发电机；8—蓄电池；9—蓄电池开关；
10—空气预热器；11—启动机；12—启动开关；13—电磁预热开关

③ 各元器件不再按在车上的安装位置布局，而是依据工作原理，在图中合理布局，使各系统处于相对独立的位置，从而易于对各用电设备进行单独的电路分析。

④ 各元器件旁边通常注有元器件名称及代码（如控制器件、继电器、过载保护器、用电器铰接点及接地点等）。

⑤ 电路原理图中所有开关及用电器均处于不工作的状态，例如点火开关是断开的、发动机不工作、车灯关闭等。

⑥ 导线一般标注颜色和规格代码，有的车型还标注该导线所属电气系统的代码，根据标注，易于对照定位图找到该元器件或导线在车上的位置。

（2）电路原理图的新变化　近年来，汽车电控技术的飞速发展，特别是电子技术的广泛应用，使得汽车电气系统发生了以下变化。

① 新的电气系统不断出现，如汽车上出于安全、舒适等目的而新增的装置等。

② 电子控制被广泛应用，使独立控制的系统向集成控制的方向发展。很多车型的发动机和自动变速器的控制就由一个电控单元进行控制，称为动力控制单元（如通用的 PCM 电控单元）。

③ 各电气系统之间的关联越来越多，如发动机电控系统和自动变速器电控系统之间有很多信息共享和匹配。以上变化不可避免地都在电路上有所体现，在看图时要注意以上变化。

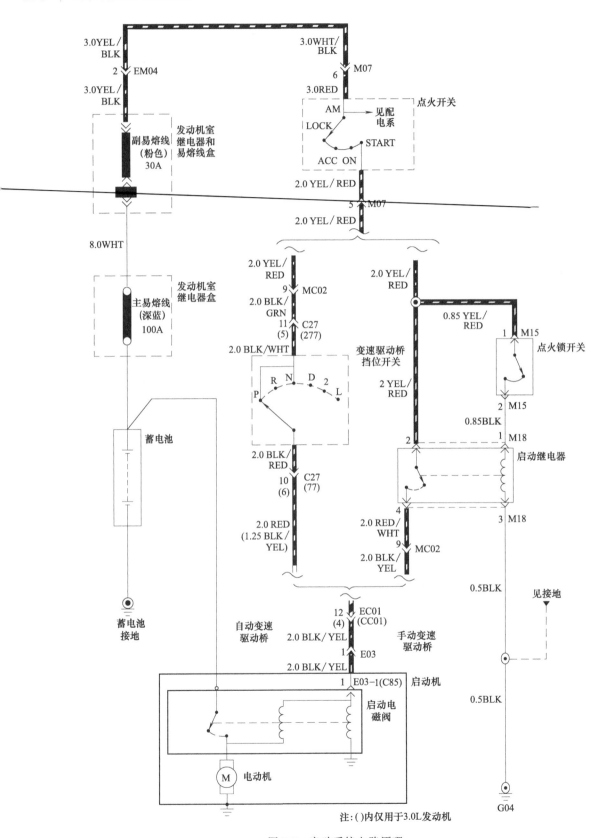

图 9-3 启动系统电路原理

(3) 电路原理图的分类

① 汽车传统控制（开关/继电器）电路原理图，如图 9-4 所示。

② 汽车电子控制电路原理图，如图 9-5 所示。

③ 汽车开关内部位置－电气连接关系图，如图 9-6 所示。点火开关、组合开关、限位开关等的内部端子电气连接直接关系到电器设备的操作控制关系，对电路状态分析非常重要。

④ 汽车电路原理方框图，如图 9-7 所示。方框图是把一个完整电路划分成若干部分，各个部分用方框表示，每一方框再用文字或符号说明功能，各方框之间用线条连接起来，用以表明各部分的相互关系。方框图是为说明电路的工作原理服务的，不必画出元器件和它们之间的具体连接情况。

总之，电路原理图是分析电气系统工作原理，以及维修电气系统的最基本、最实用的资料。

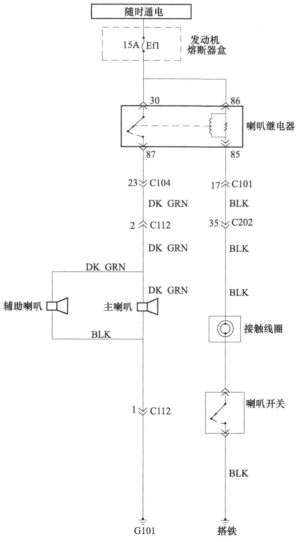

图 9-4　广州本田雅阁轿车喇叭控制电路

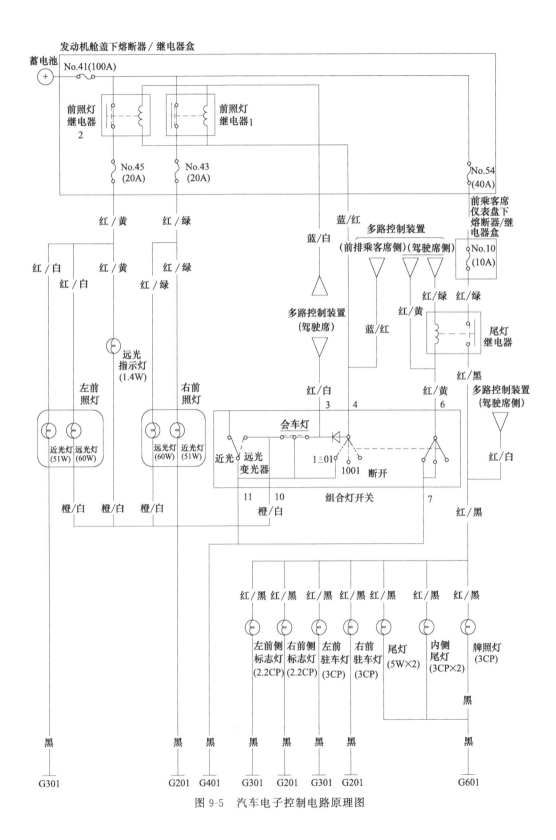

图 9-5 汽车电子控制电路原理图

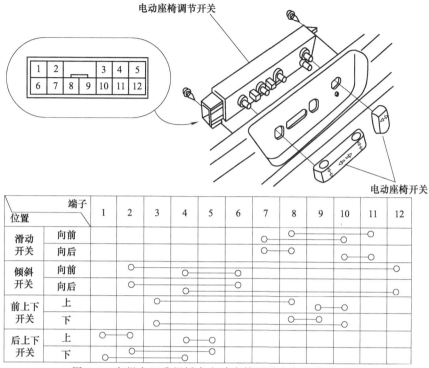

图 9-6　广州本田雅阁轿车电动座椅开关电气连接关系图

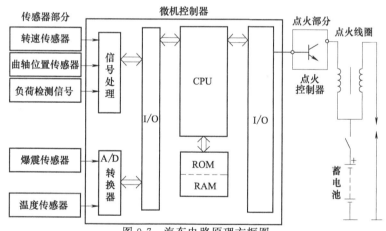

图 9-7　汽车电路原理方框图

3. 电路定位图

电路定位图用于指示各电器及导线的具体位置。一般采用绘制的立体图或实物照片的形式，立体感强，能直观、清晰地反映元器件在车上的实际位置，如图 9-8 所示，具有很高的实用价值。定位图在某些车型中还进一步细化分类。

（1）汽车电气定位图　确定各元器件、连接器、接线盒、搭铁点、铰接点及诊断座等的分布位置。

（2）汽车线束图　确定电线束与各用电器的连接部位、接线柱的标记、线头、连接器的形状及位置，如图 9-9 所示。

（3）汽车线路连接器端子图　确定连接器内各导线连接位置，电动后视镜连接器端子如图 9-10 所示。

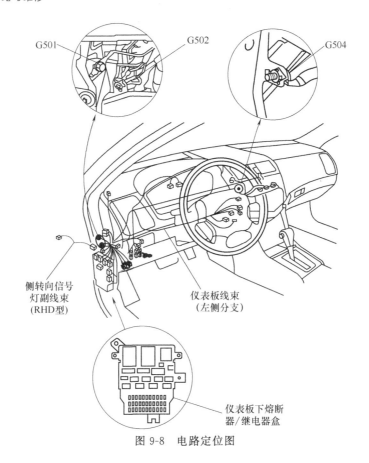

图 9-8 电路定位图

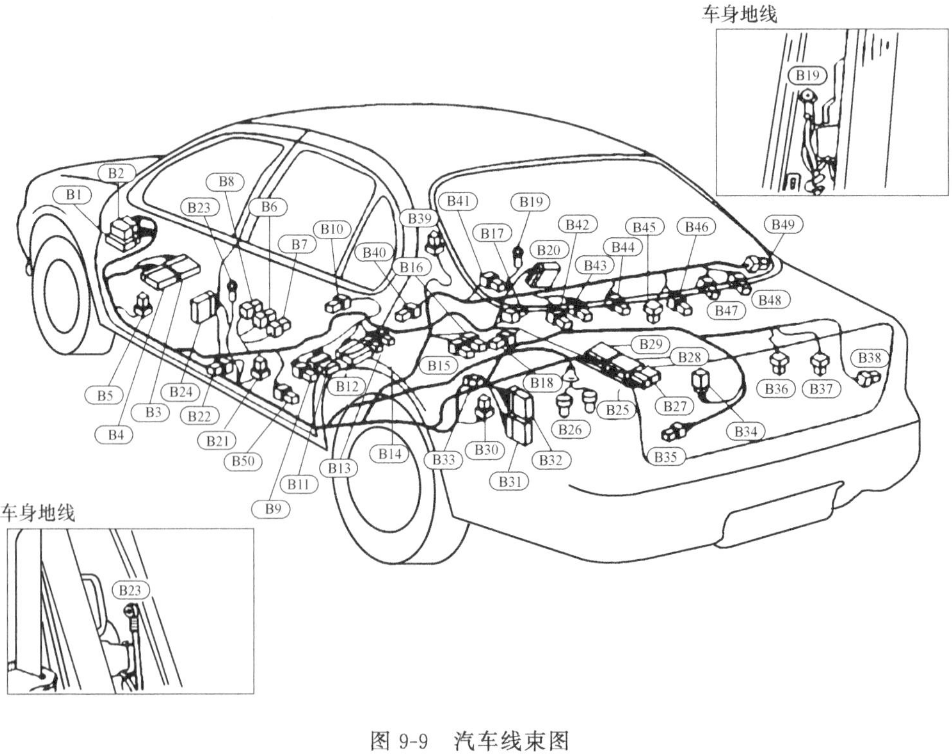

图 9-9 汽车线束图

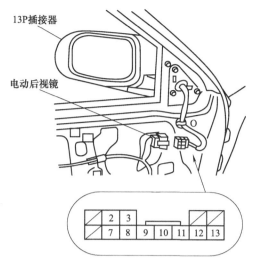

图 9-10 电动后视镜连接器端子图

（4）汽车接线盒（含熔断器盒、继电器盒）平面布置图　确定熔断器、继电器等具体安装方位，如图 9-11 所示。

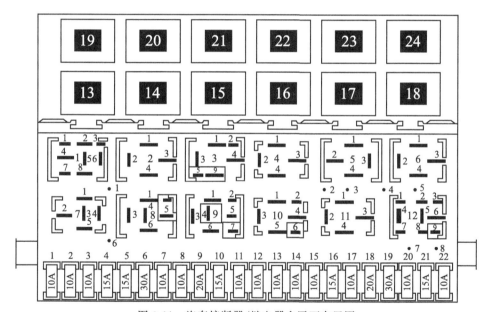

图 9-11 汽车熔断器/继电器盒平面布置图

目前，大多数汽车制造公司均采用电路原理图结合定位图的表达方式。为便于结合两类图，大多数车型的电路图还附有表格，指出电路原理图上的元器件、导线等在哪一张定位图上。

理论知识二　识读汽车电路图的一般要领

汽车上各种电气装置繁多，电气线路密集纵横交错，如果不从电路原理上掌握其连线规律，就很难诊断电路故障。要修好汽车电器设备必须读懂和掌握汽车电路图。尤其是初学者更要学会识读汽车电路图。虽然不同汽车厂商汽车电路图的绘制风格存在差异，给电路读图带来不便，但是汽车电路图的识读仍然有一些通用技巧和经验可以遵循。

1. 认真读几遍图注

图注说明了该汽车所有电器设备的名称及其数码代号，通过读图注可以初步了解该汽车都装配了哪些电器设备。然后通过电器设备的数码代号在电路图中找出该电器设备，再进一步找出相互连线、控制关系。这样就可以了解汽车电路的特点和构成。

2. 牢记电气图形符号

汽车电路图利用电气图形符号来表示其构成和工作原理。因此，必须牢记电路图形符号的含义，才能看懂电路原理图。对于电气线路图，由于电路中零部件或元器件多以外形轮廓的示意形状表示，因此对于这些外形轮廓的形状也应熟记。

3. 熟记电路标记符号

为了便于绘制和识读汽车电器电路图，有些电器装置或其接线柱等上面都赋予不同的标志符号。例如，接至电源端接线柱用"B"或"＋"表示；接至点火开关的接线柱用"SW"表示；接至启动机的接线柱用"S"表示；接至各种灯具的接线柱用"L"表示；发电机中性点接线柱用"N"表示；发电机磁场接线柱用"F"表示；励磁电压输出端接线柱用"D^+"表示；发电机电枢输出端接线柱用"B^+"表示等。

4. 牢记汽车电路特点

（1）单线制。

（2）负极搭铁。

（3）用电设备并联。

以上特点全部体现在电路图中，因此，读电路图时充分利用这些特点，能起到事半功倍的效果。

5. 牢记回路原则

任何一个完整的电路都是由电源、熔断器、开关、控制装置、用电设备、导线等组成的。电流流向必须从电源正极出发，经过熔断器、开关、控制装置、导线等到达用电设备，再经过导线（或搭铁）回到电源负极，才能构成回路。因此读电路图时，有三种思路。

（1）思路一　沿着电路电流的流向，由电源正极出发，顺藤摸瓜查到用电设备、开关、控制装置等，回到电源负极。

（2）思路二　逆着电路电流的方向，由电源负极（搭铁）开始，经过用电设备、开关、控制装置等回到电源正极。

（3）思路三　从用电设备开始，依次查找其控制开关、连线、控制单元，到达电源正极和搭铁（或电源负极）。

实际应用时，可视具体电路选择不同思路，但有一点值得注意：随着电子控制技术在汽车上的广泛应用，大多数电器设备电路同时具有主回路和控制回路，读图时要兼顾两回路。

6. 浏览全图，分割各个单元系统

随着汽车电子技术的发展，汽车全车电路在原有的电源电路、充电电路、启动电路、照明电路、仪表电路、辅助电器设备电路等基本单元电路的基础上，增加了越来越多的电控单元——发动机、自动变速器、ABS/TCS、SRS、自动空调、定速巡航等电控单元电路，而且以改善汽车性能、舒适、安全、环保等为目标的新型电控单元还在不断增加。要读懂汽车电路图，首先必须掌握组成电路的各个元器件的基本功能和电气特性。在大概掌握全图基本原理的基础上，再把一个个单元系统电路分割开来，这样就容易抓住每一部分的主要功能及特性。

在框划各个系统时，一定要遵守回路原则，注意既不能漏掉各个系统中的组件，也不能多框划其他系统的组件，一般规律是：各电气系统只有电源和总开关是公共的，其他任何一个系统都应是一个完整的独立的电气回路，即包括电源、开关（熔断器）、电器（或电子线路）、导线等。从电源的正极经导线、开关、熔断器至用电器后搭铁，最后回到电源负极，否则所框出的系统图就不正确。

7. 熟记各局部电路之间的内在联系和相互关系

如上所述，汽车全车电路是由各单元电路组成的，从整车电路来讲，各局部电路除电源搭铁电路共用外，其他单元电路都是相对独立的，但它们之间也存在着内在联系（如信号共享）。因此，识图时，不但要熟悉各局部电路的组成、特点、工作过程和电流流经的路径，还要了解各电路之间的联系和相互影响。这是快速确定故障范围的必要条件。

8. 掌握各种开关在电路中的作用

对多层多挡接线柱的开关，要按层、按挡位、按接线柱逐级分析其各层各挡的功能。有的用电设备受两个以上单挡开关（或继电器）的控制，有的受两个以上多挡开关的控制，其工作状态比较复杂。当开关接线柱较多时，首先抓住从电源来的一、两个接线柱，再逐个分析与其他各接柱相连的用电设备处于何种挡位，从而找出控制关系。对于组合开关，实际线路是在一起的，而在电路图中又按其功能画在各自的局部电路中，对这种情况必须仔细研究识读。

9. 全面分析开关、继电器的初始状态和工作状态

在电路图中，各种开关、继电器都是按初始状态画出的。即按钮未按下、开关未接通，继电器线圈未通电（动合触点未闭合），这种状态称为原始状态。在识图时，不能完全按原始状态分析，否则很难理解电路的工作原理，因为大多数用电设备都是通过开关、按钮、继电器触点的变化而改变回路的，进而实现不同的电路功能。所以，必须进行工作状态的分析。

例：刮水器就是通过刮水开关挡位的变化来实现间歇、低速、高速刮水功能的，必须进行各种电路状态的分析。

10. 掌握电气装置在电路图中的位置

在汽车电气系统中，有大量电气装置是机电合一的，如各种继电器，还有多层多挡组合开关，这些电气装置在电路图上表示时，厂家为了使画法既简单（便于画图）又便于识图，多根据实际情况采用集中表示法或分开表示法来反映电路的连接情况。

集中表示法就是把一个电气装置的各组成部分，在图上集中绘制的一种表示方法。此法适用于较简单的电路。

随着汽车电路日趋复杂，一个电气装置有较多的组成部分（如组合开关），若集中画在一起，则易引起线条往返和交叉线过多，造成识图和读图困难。再如继电器的线圈、触点，有时绘制在一起也易引起线条往返和交叉线过多，造成识图困难。这时多采用分开表示法，即将继电器的线圈、触点分别画在不同的电路中，用同一文字符号或数字符号将分开部分联系起来。

11. 先易后难

有些汽车电路图的某些局部电路可能比较复杂，一时难以看懂，可以暂时将其放一放，待其他局部电路都看懂后，结合看懂的图中与该电路有联系的有关信息，再来进一步识读这部分电路。

12. 注意搜集资料和经验积累

随着新的汽车电器设备不断出现和应用在汽车上，汽车电路图的变化很大。对于看不懂的电路要善于请教有关人员，同时还要善于查找收集相关资料；注意深入研究典型汽车电路，做到触类旁通；特别注意实际工作经验的积累，新技术、新工艺的应用和创新。

以上读图要领对任何电路都适用。此外，汽车电子控制系统越来越多，其读图方法除以上所述要领适用外，以下方法与步骤对汽车电子控制系统的读图很有帮助。

（1）要以电控系统的 ECU 为中心，因为这是整个系统的控制中心，所有电气部件都必然与这里发生关系。

（2）对 ECU 的各个端子有大致印象，弄清楚分为几个区域，各区端子排列的规律。

（3）找出该系统给 ECU 供电的电源线，注意一般 ECU 都不止一根电源线，弄清楚各电源线的供电状态（如常火线或开关控制）和供电功能。

（4）找出该系统的搭铁线，注意分清哪些是在 ECU 内部搭铁，哪些是在车架上搭铁，哪些是在各总成机体上搭铁。

（5）找出系统的信号输入传感器，各传感器是否需要电源，并找出相应的电源线和该传感器的搭铁点。

（6）找出系统的执行器，弄清电源供给和搭铁情况，电脑控制执行器的方式（控制搭铁端还是电源端）。

理论知识三　简单汽车电路图分析

一、解放 CA1092 商用汽车电路图

解放 CA1092 商用汽车整车电气系统电路原理根据绘制原则分为四大系统，即电源、启动、点火系统电路，仪表和信号、收放机系统电路，刮水器、暖风、点烟器系统电路，照明和信号系统电路，如图 9-12 所示。

1. 电源、启动、点火系统电路

该系统电路包括：蓄电池、发电机、电压调节器、电流表、组合继电器、充电指示灯、点火启动开关、启动机、点火控制器、点火线圈、分电器、火花塞、熔断器及连接导线等。其工作原理如下所述。

（1）启动前的功能检查系统电路　首先将点火开关转到位置Ⅰ，使点火开关触点 1 与 2 接触。这时充电指示灯 22 工作，电路中的电流由蓄电池 20 正极→熔断器 14→电流表 18→点火开关触点 1、2→充电指示灯 22→组合继电器 21 充电指示灯继电器常闭触点→蓄电池 20 负极。于是，充电指示灯点亮，表示该指示系统电路工作正常。

（2）启动机系统电路　点火开关由位置Ⅰ转到位置Ⅱ，使其开关触点 1 与 4 闭合。这时启动机工作电路中的电流由蓄电池 20 正极→熔断器 14→电流表 18→点火开关 1、4→组合继电器中的启动继电器线圈 1→组合继电器中的充电指示灯继电器常闭触点→蓄电池 20 负极。因此，组合继电器中的启动继电器开始工作，使其常开触点闭合。于是，启动机电磁开关线圈电路被接通。

它的工作电路中电流由蓄电池 20 正极→组合继电器 21 中的启动继电器常开触点→启动机电磁开关线圈→蓄电池 20 负极。于是，启动机电磁开关闭合使启动机接通电源。

其工作电路中电流由蓄电池 20 正极→启动机 23→蓄电池 20 负极。

因此，启动机开始旋转拖动发动机，完成了启动全过程。

（3）点火系统电路　发动机启动后，使点火开关自动返回位置Ⅰ，使其开关触点 1 与 2 接通。

这时点火系统工作电路中的电流由蓄电池 20 正极→熔断器 14→电流表 18→点火开关触点 1、2→点火线圈一次绕组及点火控制器→搭铁→电源负极。

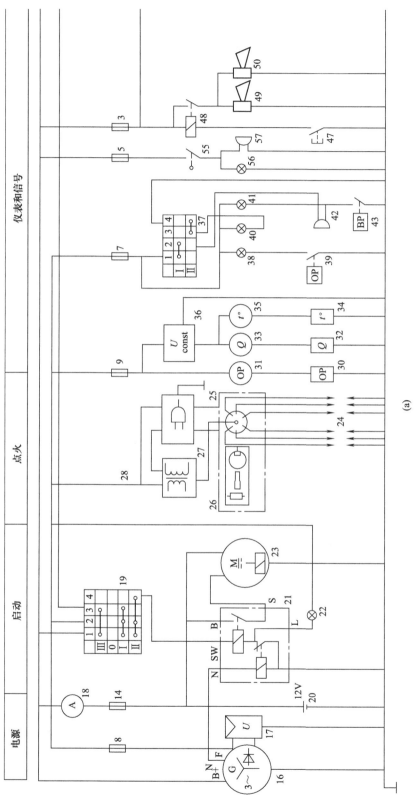

图 9-12

1～15—熔断器；16—交流发电机；17—晶体管调节器；18—电流表；19—点火开关；20—蓄电池；21—组合继电器；22—充电指示灯；23—启动机；24—火花塞；25—分电器；26—点火信号发生器；27—点火线圈；28—工作灯插座；29—停车灯开关；30—油压表传感器；31—油压表；32—燃油表传感器；33—燃油表；34—冷却液温度表传感器；35—冷却液温度表；36—稳压器；37—点火等开关；38—机油压力报警灯；39—机油压力报警灯开关；40—停车指示灯；41—低气压报警灯；42—低气压报警蜂鸣器；43—低气压报警开关；44—扬声器；45—收放机天线；46—收放机；47—电喇叭按钮

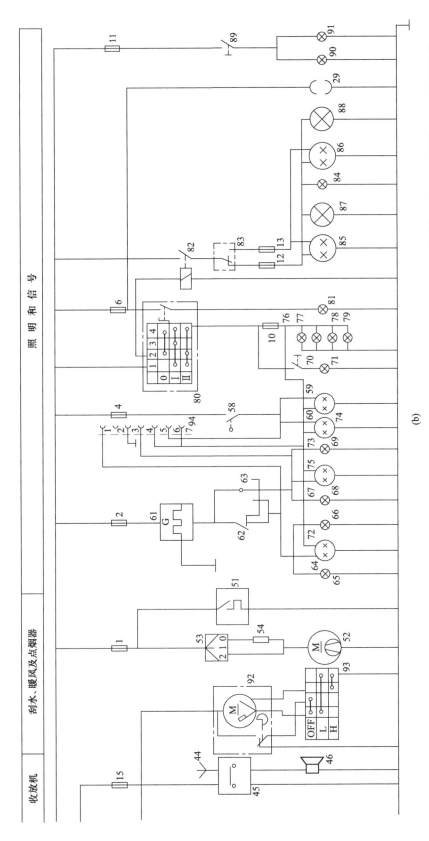

图 9-12 解放 CA1092 商用汽车整车电气系统电路原理图

发动机运转时，分电器中的脉冲信号发生器产生间断的脉冲信号，送给点火控制器来控制点火线圈一次绕组的接通与断开。当点火线圈的一次绕组断开时，在它的二次绕组中产生感应高压电，击穿火花塞电极间隙，使之产生气体电离发出火花，点火线圈储存的电能变成热能放出，点燃混合气，使发动机工作。

（4）发电机电源系统电路开在发动机启动后拖动发电机开始发电，因此在发电机三相绕组中的中性点 N 产生 7V 左右电压，这时组合继电器中充电指示灯继电器线圈工作电路中电流由发电机 N 端→组合继电器中充电指示灯继电器的线圈→发电机负极。于是，该继电器的常闭触点断开，如图 9-12(a) 所示。使得充电指示灯 22 原工作电路被切断，指示灯熄灭表示发电机工作正常；与此同时，组合继电器中启动继电器的线圈工作电路也被切断，其常开触点断开，启动机工作电路被切断。于是，发动机的点火、启动和发电机工作全过程结束。

（5）电流表 18 工作状态分析

① 发电机给蓄电池充电时，电流表指示为正（＋），表针指示值越大，说明蓄电池亏电越多。

② 在发电机还没有工作（发动机启动）时，电流表指示为负（－），表针指示值越大，说明蓄电池向外供电量越多。

③ 一般在正常行车时电流表的指示几乎是零，说明整车的电源系统正常，发电机调节器及蓄电池工作状态良好。

2. 仪表和信号、收放机系统电路

在该系统电路中包括：熔断器、稳压电源、仪表、传感器、停车灯开关、报警信号灯及开关、倒车报警灯及开关、电喇叭、电喇叭继电器及按钮、收放机及扬声器等电器件。其工作原理如下所述。

（1）仪表及传感器系统电路　当发动机启动后，点火开关 19 处在位置Ⅰ，如图 9-12(a) 所示，点火开关触点 1 与 2 闭合。

油压表工作电路中电流由发电机正极→点火开关触点 1、2→熔断器 9→油压表 31→油压表传感器 30→负极搭铁。

燃油表工作电路中电流由蓄电池正极→熔断器 14→电流表 18→点火开关触点 1、2→熔断器 9→稳压器 36→燃油表 33→燃油表传感器 32→蓄电池负极。

冷却液温度表工作电路中电流由蓄电池正极→熔断器 14→电流表 18→点火开关触点 1、2→熔断器 9→稳压器 36→冷却液温度表 35→冷却液温度表传感器 34→蓄电池负极。

（2）报警信号系统电路　机油压力报警开关 39 在发动机润滑机油压力低于 0.0686MPa 时触点闭合，这时机油压力报警信号灯系统工作电路中电流由蓄电池正极→熔断器 14→电流表 18→点火开关触点 1、2→熔断器 7→机油压力报警灯 38→机油压力报警开关 39→蓄电池负极，机油压力报警灯亮。

停车指示灯 40 系统电路：当停车拉紧手制动杆时，停车灯开关 37 触点 3 与 4 闭合。

这时停车指示灯工作电路中电流由蓄电池正极→熔断器 14→电流表 18→点火开关触点 1、2→熔断器 7→停车指示灯 40→停车开关触点 3、4→蓄电池负极，停车指示灯亮。

气压报警灯 41 和气压报警蜂鸣器 42 系统电路：在行车时，停车开关 37 的触点 1 与 2 闭合。当制动气压低于 441.3kPa 时气压报警开关 43 触点闭合。这时气压报警灯和气压报警蜂鸣器工作电路中的电流由蓄电池正极→熔断器 14→电流表 18→点火开关触点 1、2→熔断器 7→停车灯开关触点 1、2→气压报警蜂鸣器 42→低压报警开关 43→蓄电池负极，气压报警蜂鸣器鸣叫，同时气压报警灯亮。

倒车灯和倒车蜂鸣器系统电路：当变速器操纵杆放到倒挡位置时，倒车开关 55 触点闭合。这时倒车灯和倒车蜂鸣器工作电路中电流由蓄电池正极→熔断器14→电流表18→熔断器5→倒车开关55→倒车蜂鸣器57、倒车灯56→蓄电池负极。于是倒车灯亮、倒车蜂鸣器鸣叫。

(3) 收放机系统电路　当打开收放机电源开关,收放机工作电路中电流由蓄电池正极→熔断器14→电流表18→点火开关触点1、3→熔断器15→收放机→蓄电池负极,收放机开始工作。

(4) 电喇叭声响系统电路　当按下电喇叭按钮47时,电喇叭继电器48的线圈电路接通,其常开触点闭合。这时电喇叭工作电路中电流由蓄电池正极→熔断器14→电流表18→熔断器3→电喇叭继电器触点→电喇叭49与50→蓄电池负极。于是,电喇叭鸣叫。

3. 刮水器、暖风电动机、点烟器系统电路

(1) 刮水器系统电路　当把刮水器开关93拉到L挡(低速挡)时,其开关触点1与4闭合。这时刮水器电动机工作电路中电流由蓄电池正极→熔断器14→电流表18→熔断器3→刮水器电动机92→刮水器开关触点1、4→蓄电池负极。于是,刮水器电动机以慢速旋转刮洗前风窗。当把刮水器开关拉到H挡(高速挡)时,其开关触点3与4闭合,刮水器电动机工作电路中的电流由蓄电池正极→熔断器14→电流表18→熔断器3→刮水器电动机92→刮水器开关触点3、4→蓄电池负极。于是,刮水器电动机以快速旋转刮洗前风窗。

刮水器电动机的自动停位是靠刮水器开关触点1与2接通,使刮水器电动机进行制动,让刮片停在风窗玻璃下部的固定位置上。

(2) 暖风电动机系统电路　当把暖风电动机开关53拨到位置1(低速挡)时,暖风电动机工作电路中电流由蓄电池正极→熔断器14→电流表18→熔断器1→暖风电动机开关触点→暖风电动机变速电阻54→暖风电动机→蓄电池负极。于是,暖风电动机以低速旋转。

当把暖风开关拨到位置2(高速挡)时,暖风电动机工作电路中电流由蓄电池正极→熔断器14→电流表18→熔断器1→暖风电动机开关触点→暖风电动机→蓄电池负极。于是,暖风电动机以高速旋转。

(3) 点烟器工作电路　当按下点烟器时,其触点闭合。这时点烟器工作电路中电流由蓄电池正极→熔断器14→电流表18→熔断器1→点烟器51→蓄电池负极。于是,点烟器将流过的电流转变成热能用于点烟。

4. 照明和信号系统电路

该系统电路包括：熔断器、闪光器、转向开关、危险报警灯开关、转向灯、制动灯开关、制动灯、七孔挂车插座、车灯开关、前照灯、变光开关、灯光继电器、雾灯开关、雾灯等电器元件。

(1) 前照灯系统电路　首先将车灯开关80拉到位置Ⅰ,其开关触点1与3、4接通。这时示宽灯72、73、74、75和仪表照明灯76、77、78、79系统工作电路中电流由蓄电池正极→熔断器14→电流表18→车灯开关触点1、4→熔断器10→示宽灯72、73、74、75和仪表照明灯76、77、78、79→蓄电池负极。于是上面各灯同时亮。

当需检查发动机机舱内部件时,只要打开发动机罩盖,发动机罩下灯开关70触点自动闭合,于是,发动机罩下灯71亮。

当把车灯开关拉到Ⅱ位置时,其开关触点1与2、4接通。灯光继电器82线圈电路被接通,电流由蓄电池正极→熔断器14→电流表18→车灯开关触点1、2→灯光继电器线圈→蓄电池负极。于是,灯光继电器82工作,其常开触点闭合。这时前照灯系统工作电路中电流由蓄电池正极→熔断器14→电流表18→灯光继电器触点82→变光开关83触点→熔断器12→4个前照灯远光85、86、87、88及远光指示灯84→蓄电池负极。于是,前照灯远光灯亮。

当把脚踏板变光开关83切到另一位置,使另外一对触点闭合时,前照灯系统工作电路中电流由蓄电池正极→熔断器14→电流表18→灯光继电器触点82→变光开关83触点→熔断器 13→两个前照灯近光 85、86→蓄电池负极。于是，前照灯近光亮。

当把车灯开关 80 转动使其室内灯开关触点闭合时，室内灯 81 亮。

(2) 雾灯系统电路　当把雾灯开关 89 拉动使其触点闭合时，雾灯工作电路中电流由蓄电池正极→熔断器 14→电流表 18→熔断器 11→雾灯开关 99→两个前雾灯 90、91→蓄电池负极，两个前雾灯同时亮。

二、上海桑塔纳乘用车电路图

上海桑塔纳乘用车电路原理图，如图 9-13 所示。

1. 电源电路

桑塔纳乘用车的电源由容量为 54A·h、负极接地的 12V 蓄电池与整体式交流发电机并联组成。当点火开关 D 置于 Ⅰ 档，发动机转速低于 1200r/min 时，蓄电池电压高于发电机电压一定的数值，则充电指示灯 K2 点亮，如图 9-13(a) 所示，其电流回路为蓄电池正极→点火开关 D 的接点 15→充电指示灯 K2→发电机磁场绕组→控制磁场绕组励磁电流的大功率晶体管（调节器开关管）→搭铁→蓄电池负极。在发动机转速达到或高于 1200r/min 时，发电机电压高于蓄电池电压，并向蓄电池充电。由于发电机与蓄电池间的电位差减小，则充电指示灯 K2 熄灭，指示发电机工作状态良好。

2. 发动机点火系统、仪表与指示灯及启动电路

(1) 点火系统电路　点火开关 D 置于 Ⅰ 挡、点火系统一次电路通电，其电流回路为蓄电池正极→点火开关 D 的接点 15→点火线圈 N 的一次线圈→点火放大器 N11→搭铁→蓄电池负极。当发动机凸轮轴驱动霍尔传感器 G10 的转子转动时，传感器发出脉冲信号，控制点火放大器 N11 周期的接通与切断点火线圈 N 中的一次电流，在二次线圈中感应高压电，按照点火次序使相应汽缸上的火花塞跳火。

(2) 仪表与指示灯电路　在点火系统工作的同时，指示发动机技术状况的仪表与指示灯电路同步工作，电流由蓄电池正极流入以下电路。

① 发动机转速表 G5→换挡指示器控制装置 K98→搭铁，如图 9-13(a) 所示。

② 油压指示灯 K3→油压检查控制器 K144→高压油压开关 Fl 搭铁，低压油压开关 F22 搭铁。当低压油压开关 F22 处的油压低于 30kPa 时，F22 自然闭合搭铁，而当发动机正常工作时的高压油压达不到 180kPa 时，高压油压开关 Fl 仍断开，油压报警灯 K3 亮，指示润滑系统有故障。若加大油门使发动机转速大于 2000r/min 油压仍不正常时，油压检查控制器 K114 发出蜂鸣报警声，应停车检查。

③ 稳压器 K6→燃油表 G1→油量传感器 G4→搭铁。

④ 稳压器 K6→冷却液温度表 G3→温度传感器 G2→搭铁。

⑤ 稳压器 K6→液位液温报警灯 K28→温度传感器 G2；液位控制器 K120→冷却液不足指示器开关 F66→搭铁，当冷却液温度超过 124℃ 或冷却液液位低于限定值时，报警灯 K28 亮。

在点火系统与仪表电路通电工作时，通过点火开关 D 的接点 15，经熔断器 FU17 通电急速截止阀 N3，打开怠速量孔，使发动机怠速稳定运转。在点火开关 D 置于空挡时，怠速截止阀 N3 断电关闭怠速量孔，保证发动机很快熄火，并能减少发动机燃烧室的积炭和排气污染。当发动机的出水温度低于 64℃ 时，安装在发动机出水管上方的温控开关 F35 闭合，进气预热继电器 K81 工作，位于进气管内的进气预热器 N81 通电加热混合气，改善发动机冷车工作状态。在发动机冷却液温度高于 65℃ 时，温控开关自动断电，进气预热器 N51 断电停止工作。

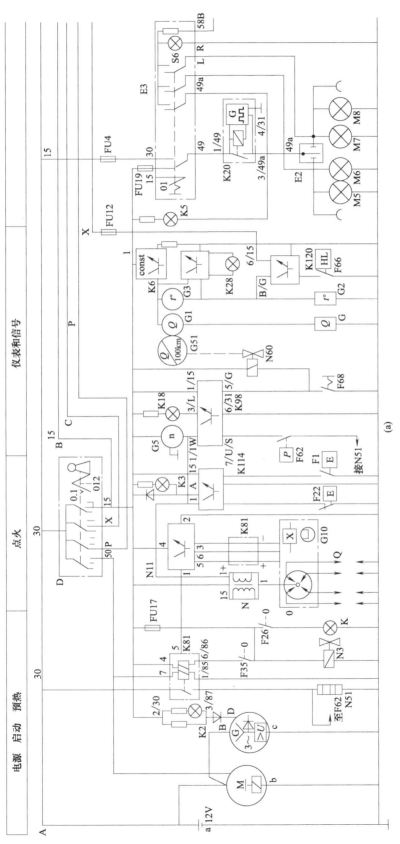

(a)

a—蓄电池；b—启动机；c—整体式交流发电机；K2—充电指示灯；N51—进气管预热器加热电阻；K81—进气管预热器继电器；F35—进气管预热器温控开关；N3—怠速截止电磁阀；F26—自动阻风门温控开关；K—阻风门温控开关；Q—火花线圈；N—点火开关；K3—点火指示灯；K114—油压指示灯；K18—换挡指示灯；F1—油压开关；K28—冷却液温度报警灯；F22—油压开关；G5—转速表；F62—换挡指示器；N11—点火开关放大器；G10—霍尔传感器；G51—油耗表；N60—油耗电磁阀；G1—燃油表；G—燃油表传感器；K6—稳压器；G2—冷却液温度表；G3—冷却液温度表传感器；K120—冷却液不足指示器；F66—冷却液不足指示灯；K5—转向指示灯；E3—危险报警灯开关；K20—闪光器；E2 转向灯开关；M5—左前转向信号灯；M6—左后转向信号灯；M7—右前转向信号灯；M8—右后转向信号灯；E19—停车灯开关；M1、M2、M3、M4—合用的停车灯与小灯；E4—变光和超车灯开关

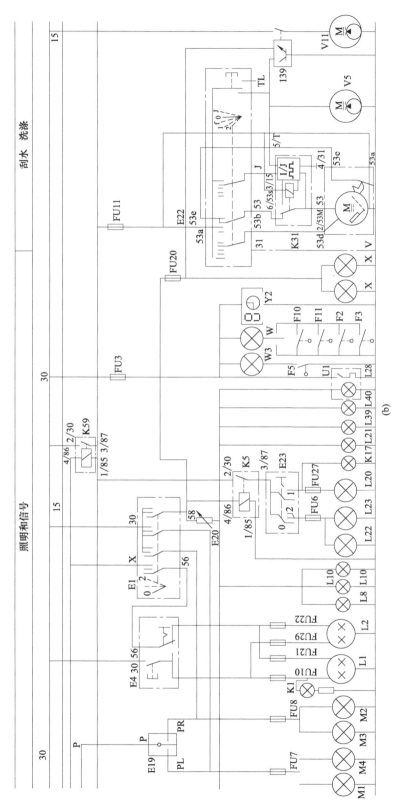

图 9-13

K1—远光指示灯；L1—左前照灯；L2—右前照灯；E20—仪表灯开关；E20—仪表灯调光电阻；L8—时钟照明灯；L10—仪表灯；K59—中间继电器（卸荷继电器）；K5—雾灯继电器；E23—前、后雾灯开关；L22—左前雾灯；L23—右前雾灯；L20—后雾灯；K17—雾灯指示灯；L21—后雾灯照明灯；L39—后风窗除霜器开关；L40—前后雾灯开关照明灯；L28—点烟器照明灯；W3—行李箱照明灯；F5—行李箱照明灯开关；W—前顶灯；F10,F11,F3—顶灯门控开关；Y2—数字式电钟；X—牌照灯；E22—刮水器开关；K31—洗涤器和间歇刮水器继电器；V—前风窗刮水器；V5—前风窗洗涤泵；V11—前照灯洗涤泵（现已取消）

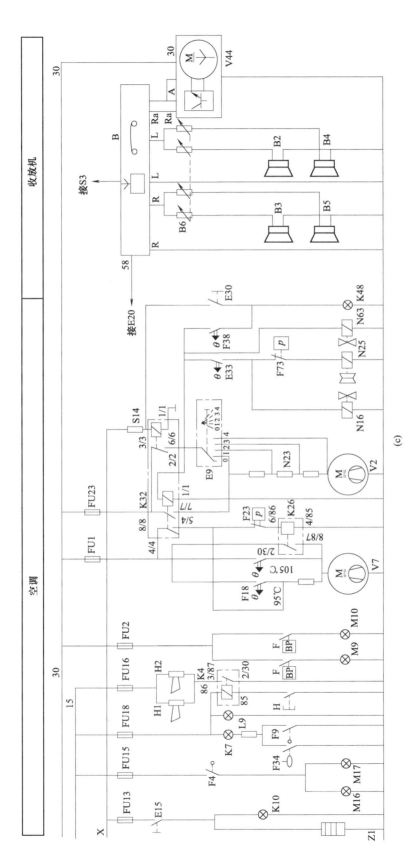

图 9-13 桑塔纳乘用车电路原理图

E15—后风窗电热器开关；Z1—后风窗电热器；F4—倒车灯开关；M16，M17—左右倒车灯；L9—灯光开关照明灯；K7—双回路和手制动装置指示灯；F9—手制动装置指示灯开关；F34—制动液位警告灯开关；H1，H2—双音电喇叭；K4—电喇叭继电器；H—电喇叭按钮；F—制动机灯开关；M9，M10—左右制动灯；F18—冷却风扇温控灯开关；V7—冷却风扇；F23—蒸发器高压开关；K26—冷却风扇开关；K32—空调继电器；K32—空调电磁离合器；F38—环境温度开关；N23—调速开关；V2—鼓风机；N16—双路电磁阀；E30—空调开关；K48—空调开关指示灯；B—收放机；B2，B3，B4，B5—扬声器；B6—左、右扬声器平衡开关；V44—电动天线装置阀；E30—空调开关；K48—空调开关指示灯（急速稳定）；E33—蒸发器温控开关；F73—空调低压开关；N25—空调电磁离合器；F38—环境温度开关；N63—用于新鲜空气翻板的双路电磁

(3) 启动电路　950W 串励式直流启动机 b 由点火开关 D 直接控制，当点火开关 D 置于如图 9-13(a) 所示的Ⅱ挡位置时，点火开关 D 的接点 50 将启动机的电磁开关线圈与 A 路电源接通，启动机开关铁芯带动传动叉，使启动机驱动齿轮与发动机飞轮齿圈相啮合，与此同时蓄电池正极经蓄电池线向启动机输入强电流产生大转矩，通过单向离合器驱动发动机。发动机工作后，单向离合器开始打滑，此时点火开关 D 应立即回到Ⅰ挡，启动机的电磁开关断电切断启动电源，启动机驱动齿轮在传动叉销回位弹簧的作用下，脱开发动机的飞轮齿而复位。

3. 灯光电路

(1) 前照灯　上海桑塔纳乘用车采用两灯式前照灯，如图 9-13 (b) 所示，前照灯 L1、L2 受前照灯开关 E1 及变光和超车灯组合开关 E4 控制。当向上拨动组合开关 E4 手柄时，组合开关 E4 直通 A 路电源，电气图编号 30 经熔断器 FU29、FU10 接通前照灯远光灯丝，此时远光及远光指示灯 K1 亮，在松开组合开关手柄时，开关 E4 在回位弹簧的作用下自动断电，此为点动作用。前照灯开关 E1 处在如图 9-13(b) 所示中的 2 挡时，A 路电源经点火开关 D 的 X 接点→灯光开关 E1 的接点 56→变光开关 E4 接通近光或远光。

(2) 小灯、尾灯、停车灯　前照灯开关 E1 在 1 挡或 2 挡时，A 路电源通过前照灯开关 E1 及熔断器 FU7 和 FU8 点亮小灯与尾灯共用的 M1、M4、M3、M2，如图 9-13 (b) 所示。点火开关处于 0 挡时，A 路电源经点火开关 D 的 P 接点传到停车灯开关 E19，如图 9-13(b) 所示，停车灯开关 E19 拨至左侧时，点亮左小灯 M1 和左尾灯 M4；拨至右侧则点亮右小灯 M3 和右尾灯 M2，此时均作停车灯用。

(3) 报警灯和转向灯　上海桑塔纳乘用车的报警和转向灯合用一组灯泡，左前灯 M5、右前灯 M7、左后灯 M6、右后灯 M8 共 4 灯，如图 9-13(a) 所示。当前照灯开关 E1 在 1 挡或 2 挡时，如图 9-13(b) 所示，E1 的接点 58 将 A 路电源引到灯光亮度调节电位器 E20 及危险报警灯开关 E3 接线柱，点亮报警指示灯 K6，如图 9-13(a) 所示。危险报警灯开关 E3 在三挡 0 位置时，经转向灯开关 E2 控制转向信号灯，其电流回路为 A 路电源正极→点火开关 D 的接点 15→熔断器 FU19→危险报警灯开关 E3 的接点 49→闪光继电器 K20→转向灯开关 E2→转向灯 M5、M6 或 M7、M8→搭铁→蓄电池负极，此时转向指示灯 K5 工作。当危险报警灯开关 E3 在 1 挡时，A 路电源通过熔断器 FU4→危险报警灯开关 E3 的接点 49→闪光器 K20→危险报警灯开关 E3 的接点 49a、L、R→闪光灯 M5、M6、M7、M8→搭铁→蓄电池负极。4 灯同时闪光，以示报警，报警指示灯 K6 和转向指示灯 K5 也工作。

(4) 牌照灯与雾灯　前照灯开关 E1 处于空挡 0 位置时，如图 9-13(b) 所示，牌照灯 X 灭。开关 E1 在 1 挡或 2 挡时，A 路电源通过开关 E1 的接点 58 及熔断器 FU20、点亮牌照灯 X。

开关 E1 置于 1 挡或 2 挡时，接点 58 接通雾灯继电器 K5，A 路电源通过中间继电器 K59、雾灯继电器 K5 的触点传到雾灯开关 E23。E23 在空挡 0 位置时，雾灯灭；在 1 挡时，经 E23、熔断器 FU6，点亮雾灯 L22、L23；开关 E23 在 2 挡时，雾灯 L22 及 L23 仍亮，且经开关 E23、熔断器 FU27，点亮后雾灯 L20 和雾灯指示灯 K17。

(5) 车顶灯与行李箱照明灯　平时一直通蓄电池正极的 A 路电源，经熔断器 FU3 到顶灯 W 后，由顶灯开关控制，如图 9-13(b) 所示。顶灯开关拨至左侧位置时顶灯亮；拨至中间位置时顶灯灭；拨至右侧位置时由 4 个并联的门控开关 F2、F3、F10、F11 控制，当任一车门打开时，相应的门灯开关闭合则顶灯亮，唯有全部车门关闭时顶灯灭。

行李箱照明灯 W3 由行李箱盖接合处的开关 F5 控制，如图 9-13(b) 所示。当行李箱打开时，开关 F5 闭合，行李箱照明灯 W3 亮，反之则灭。

(6) 仪表板、时钟、点烟器、除霜器开关、空调开关板照明灯　如图 9-13(b) 所示，仪表板照明灯 L10 (2 只)、时钟照明灯 L8、点烟器照明灯 L28、除霜器开关照明灯 L39、雾灯开关照明灯 L40、空调开关板照明灯 L21 均由车灯开关 E1 控制，由 A 路电源供电。在前照灯开关 E1 处于 1 挡或 2 挡时，调整与 E1 开关中接点 58 相连的电位器 E20，以获得所需的亮度。

4. 电喇叭与冷却风扇

如图 9-13(c) 所示，由点火开关 D 控制 B 路电源即电路图编号 15 的电路，通过熔断器 FU16 给电喇叭 H1、H2 供电。经转向盘操纵的电喇叭按钮 H 接通电喇叭继电器 K4，使双音电喇叭 H1、H2 通电发音。

冷却风扇电动机 V7 为双速直流电机，位于散热器和冷凝器之后，当冷却液温度高于 95℃时，温控开关 F18 闭合，如图 9-13(c) 所示，A 路电源经熔断器 FU1、冷却风扇电动机 V7 低速接线柱通电，冷却风扇以 1600r/min 中速运转。在冷却液温度高于 105℃时，温控开关 F18 的高温触点闭合，冷却风扇电动机 V7 的高速接线柱通电，冷却风扇以 2400r/mm 的高速运转。

5. 空调系统电路

上海桑塔纳（LX、GX、GX5 型）乘用车空调系统电路原理，如图 9-13(c) 所示。该电路主要由电源电路、电磁离合器控制电路、鼓风机控制电路和冷凝器冷却风扇控制电路等电路所组成。电源电路由蓄电池 A、点火开关 D、减荷继电器 K59 以及熔丝 FU1、FU14、FU23 和空调主继电器 K32 组成。当点火开关 D 置于断开（OFF 挡）或启动挡（ST 挡）时，减荷继电器 K59 不通电，触点断开而使空调系统的供电线路"X"号线无电，空调无法启动运行。当点火开关 D 接通（即处于 ON 挡）时减荷继电器 K59 通电，触点闭合，"X"号线通电，这时主继电器 K32 中的 2 号继电器经熔丝 FU14 得电使其触点闭合接通了鼓风机电动机 V2 的供电回路，鼓风机便可在鼓风机开关 E9 控制下运转，进行强制通风换气或送出暖气，它不受空调 A/C 开关 E30 的限制。鼓风机开关 E9 在不同的挡位时，鼓风机电动机 V2 的供电回路串入的调速电阻个数也不同，从而可得到不同的送风速度。鼓风机电动机 V2 的供电回路为：蓄电池"+"极→熔丝 FU23→主继电器 K32 中的 2 号继电器触点→鼓风机开关 E9→鼓风机调速电阻 N23→鼓风机电动机 V2→搭铁→蓄电池"-"极。

夏季需要获得冷气时必须接通空调 A/C 开关 E30，电流从蓄电池"+"极→减荷继电器 K59 的触点→熔丝 FU14 到空调 A/C 开关 E30，经 E30 后分为 3 路，第一路经空调 A/C 指示灯 K48 构成回路，指示灯 K48 亮表示空调 A/C 开关接通；第二路经新鲜空气翻板电磁阀 N63 构成回路，使该阀动作以接通新鲜空气翻板真空促动器的真空通路而使鼓风机强制通过蒸发器总成的空气通道进风，否则将无法获得冷气；第三路经环境温度开关 F38 后又分为 2 路，一路到蒸发器温控器 E33，由 E33 控制电磁离合器 N25 和急速提升电磁真空转换阀 N16 的供电，只有当蒸发器温度高于调定温度时，蒸发器温控器 E33 触点接通，电磁离合器电路接通吸合，压缩机才能运转制冷，同时，电磁真空转换阀 N16 动作而使发动机以较高转速运转以有足够的动力驱动压缩机的工作。如蒸发器温度低于调定温度，温控器 E33 触点断开，压缩机将停止运转，同时电磁真空转换阀 N16 断电，急速提升装置不起作用。低压开关 F73 串联在蒸发器温控器 E33 和电磁离合器 N25 之间的电路上，当制冷系统严重缺乏制冷剂而使系统高压侧压力低于 0.2MPa 时，低压开关 F73 触点断开，压缩机将无法运转。经过环境温度开关 F38 后的另一路电流则进入主继电器 K32 中的 1 号继电器后形成回路，使其两对触点吸合，其中一对触点用于控制冷凝器冷却风扇继电器 K26，另一对触点则用于控制鼓风机电动机 V2。高压开关 F23 串联在继电器 K26 和主继电器 K32 中 1 号继电器的前一对触点之间,当制冷系统高压侧压力低于 1.5MPa 时,高压开关 F2 触点断开,电阻 R 串联在冷凝器冷却风扇电动机 V7 的供电回路中,冷却风扇电动机 V7 低速运转。当制冷系统高压侧压力高于 1.5MPa 时,高压开关 F23 触点接通,使得继电器在 K26 通电触点吸合,电阻 R 被短接,这时冷却风扇电动机 V7 高速运转以加强冷凝器和发动机的冷却强度。主继电器 K32 中 1 号继电器还控制鼓风机的一对触点,当空调 A/C 开关一接通这对触点即闭合,这时如鼓风机开关 E9 没有接通鼓风机电路,鼓风机电动机 V2 也将由该对触点获得电流而低速旋转,以防止接通空调 A/C 开关后忘记接通鼓风机开关而造成因没有空气流过蒸发器使蒸发器表面温度过低而结冰或冻坏蒸发器。因此,在接通空调 A/C 开关之前,应首先接通鼓风机开关。

减荷继电器 K59 的作用是当点火开关在启动挡(ST 挡)时,中断空调系统等附属电器的工作,以保证发动机启动时有足够的电流,当启动结束后将自动接通空调系统的工作。

理论知识四 典型汽车电路图分析

一、上海桑塔纳 2000GSi 乘用车各系统电路分析

(一)电源系统电路分析

桑塔纳 2000GSi 乘用车采用的是上海法雷奥汽车电器系统有限公司生产的 VI 型发电机,为整体式内双风叶发电机,电压调节器为集成电路(IC)式。其发电机的内部电路如图 9-14 所示。

该发电机是一种自励式、12 极同步发电机。三相绕组产生的三相交流电分为 2 路:一路作为励磁电流经过 3 个励磁二极管 2 到达接线柱 D^+ 和电压调节器 1,然后经过活动触点、集流环到磁场绕组,又通过集流环、滑动触点回到电压调节器;另一路由三相全波速整流桥中 4 个正向功率二极管流入车内用电设备,然后经 4 个负向功率二极管返回。接线柱 D^+ 接外电路的充电指示灯、点火开关,然后接蓄电池正极。发动机启动时,点火开关触点闭合,在磁场绕组中有了初励磁电流,同时充电指示

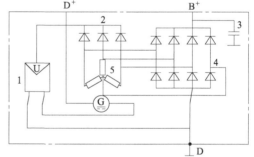

图 9-14 桑塔纳 2000GSi 乘用车发电机内部电路
1—电压调节器;2—励磁二极管;3—防干扰电容器;
4—功率二极管;5—定子绕组

灯亮(灯光检查)。在发动机进入怠速运转工况时,指示灯熄灭。汽车行驶过程中,若充电指示灯亮,表明发电机系统有了故障。

发电机的接线图如图 9-15 所示。当点火开关接通时,电流经黑色导线从点火开关端子 15 进入仪表板 14 孔黑色 T2 插座,经过仪表板印制电路板,到 R_2 和充电指示灯串接线与 R_1 的并联电路,经过一只二极管再接到仪表板 14 孔位置的黑色 T_2 插座,由蓝色导线与中央线路板上接点 A16 连接。中央线路板接点 D_4 经 T_2 插座(位于蓄电池正极接线柱附近),用蓝色导线接到发电机接线柱 D^+ 柱。发电机输出接线柱 B^+,经由红色导线接到启动电动机接线柱 30,再用黑色导线连接到蓄电池的正极。

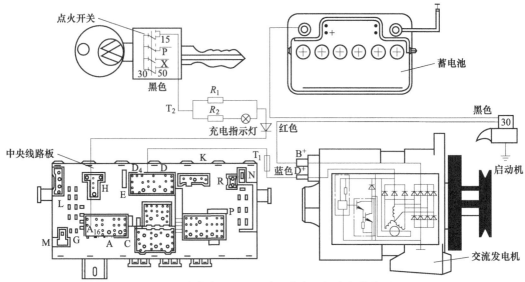

图 9-15 桑塔纳 2000GSi 乘用车发电机内部接线图

（二）启动系统电路分析

上海桑塔纳 2000GSi 乘用车采用的是长沙汽车电器厂生产的 QD1229 型启动机或者上海汽车电机厂生产的 QD1225 型启动机，其内部电路如图 9-16 所示。当点火开关接通启动挡时，吸拉线圈和保持线圈电流接通，吸拉线圈电流路径为：蓄电池正极→启动机接线柱 30→点火开关→启动机接线柱 50→吸拉线圈→启动机接线柱 C→磁场绕组→电枢绕组→搭铁回到蓄电池负极。

保持线圈电流路径为蓄电池正极→启动机接线 30→点火开关→启动机接线柱 50→保持线圈→搭铁回到蓄电池负极。由右手螺旋定则可知，此时两线圈电流产生的电磁力方向相同，电磁力吸引活动铁芯向左移动，将电动机开关的触点 30 与 C 接通，从而将电动机电路接通，其电流路径为蓄电池正极→启动机接线柱 30 及其触点→启动机接线柱 C 及其触点→磁场绕组→电枢绕组→搭铁→回到蓄电池负极。

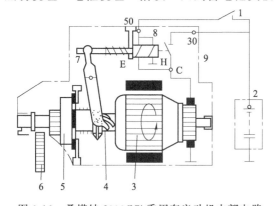

图 9-16 桑塔纳 2000GSi 乘用车启动机内部电路
1—点火开关；2—蓄电池；3—电枢；4—螺旋；5—带单向离合器的小齿轮；6—飞轮齿圈；7—啮合拨叉；8—活动铁芯；9—电磁开关；E—电磁开关保持线圈；H—电磁开关吸拉线圈

当吸拉线圈和保持线圈通电产生的磁通方向相反时，其电磁吸力相互抵消，在回位弹簧的张力作用下，活动铁芯等可移动部件自动回位，电动机电路即被切断。

当驾驶员松开点火开关钥匙，点火开关从启动挡自动回到点火挡瞬间，启动挡断开，触盘仍将触点接通，吸拉线圈和保持线圈通过电流的路径为蓄电池正极→启动机接线柱 30 及其触点→启动机接线柱 C 及其触点→吸拉线圈→启动机接线柱 50→保持线圈→搭铁回到蓄电池负极。由右手螺旋定则可知，此时两线圈电流产生的磁力线方向相反，电磁力相互削弱，在回位弹簧的张力作用下，活动铁芯等可移动部件自动回位，电动机电路即被切断，启动机停止工作。

启动机的接线图如图 9-17 所示。点火开关转到启动位置时，电流由红色导线 4 送至中央线路板单孔插头 P，再经过中央线路板内部电路、红色导线 2 引至点火开关端子 30，然后传至点火开关端子 50→红/黑色导线 3→中央线路板接点 B_8，经中央线路板内部电路→中央线路板接点 C→红/黑色导线 6→启动机接线柱 50。

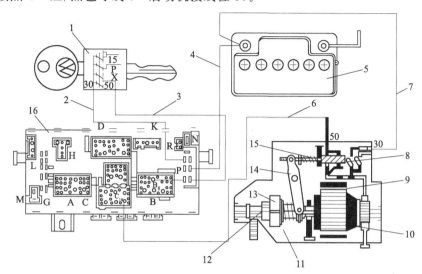

图 9-17　桑塔纳 2000GSi 乘用车启动机内部接线图
1—点火开关；2,4—红色导线；3,6—红/黑导线；5—蓄电池；7—黑色导线；8—电磁开关；
9—定子；10—转子；11—启动机总成；12—驱动小齿轮；13—滚柱式单向离合器；
14—啮合拨叉；15—回位弹簧；16—中央线路板

蓄电池正极还通过黑色导线 7 与启动机接线柱 30 连接。

（三）照明与信号装置电路分析

上海桑塔纳 2000GSi 乘用车的照明系统包括前照灯、雾灯、车内灯（顶灯）、仪表灯、行李箱灯及牌照灯、车内照明灯、警报/指示灯，信号系统包括转向灯、驻车灯、倒车灯、尾灯、制动灯、驻车制动指示灯、电喇叭。照明与信号装置见表 9-1。

表 9-1　照明与信号装置

名称	规格	数量	名称	规格	数量
前照灯	H4 卤素灯泡 12V 55W/60W	2	转向灯	12V 21W	4
			小灯	12V 4W	2
前雾灯	12V 21W	2	牌照灯	12V 4W	2
后雾灯	12V 10W	1	尾灯	12V 5W	2
车内灯（顶灯）	12V 10W	1	制动灯	12V 21W	2
发动机舱灯	12V 8W	1	倒车灯	12V 21W	2
行李箱灯	12V 8W	1	电喇叭	双声蜗牛电喇叭声强≥105(A)	1
杂物箱灯	12V 1.2W	1			

1. 前照灯

上海桑塔纳 2000GSi 乘用车采用组合前照灯，前照灯不受继电器控制。灯罩内密闭具有远光和近光功能的双丝灯泡（功率为 55W/60W），另外还有小灯（功率为 4W）。左、右前

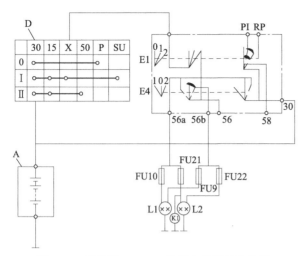

图 9-18 桑塔纳 2000GSi 乘用车前照灯电路图
A—蓄电池；D—点火开关；E4—变光/超车灯开关；FU9，FU10，FU21，FU22—熔丝；L1—左前照灯；L2—右前照灯

照灯的近光、远光都分别有熔丝保护，它们的代号为 FU21、FU10、FU22、FU9，如图 9-18 所示。

左前照灯 L1、右前照灯 L2 受灯光开关 E1 和转向灯组合手柄开关（位于转向盘左边）中的变光/超车开关 E4 控制。当向上抬起组合开关手柄时，E4 中的变光/超车开关触点接通，30 号线（直接与蓄电池正极连接的火线，不受点火开关控制）电源经熔丝 FU9、FU10 直接接通左前照灯 L1、右前照灯 L2 远光灯丝电路，与此同时，电源还从熔丝 FU9 仪表盘上的远光指示灯 K1 供电，使左、右远光灯与远光指示灯同时发亮。当放松手柄时，组合开关手柄在回位弹簧弹力的作用下便自动切断电源，左、右远光灯与远光指示灯同时熄灭。反复抬起与放松组合开关手柄，左、右远光灯与远光指示灯同时闪烁，向前方汽车发出超车信号。

当 E1 拨到位置 3 时，30 号线电源经点火开关 D 第二挡和 E1 第一挡加到 E4 上，当向上拨动一下组合开关手柄时，可依次接通左、右前照灯的近光灯丝电路（经熔丝 FU21、FU22）或远光灯丝电路（经熔丝 FU9、FU10 上），当左前照灯 L1 右前照灯 L2 的远光灯发亮时，仪表盘上的远光指示灯 K1 时发亮。

2. 雾灯

上海桑塔纳 2000GSi 乘用车设有前雾灯和后雾灯。前雾灯左、右各一个，功率为 55W；后雾灯只有一个（安装在左后方），功率为 21W。雾灯开关受灯光开关 E1 和雾灯开关 E23 控制。当 E1 处于位置 2 或位置 3 时，30 号线电源将经过 E1 第四挡加到雾灯继电器 K5 线圈上，线圈通电将其触点吸合。雾灯继电器的触点闭合后 X 号线（从点火开关 X 端子引出的电源线，受点火开关控制）电源经雾灯继电器 K5 触点加到雾灯开关 E23 上的电源端子上。当雾灯开关在位置 1（空位）时，前雾灯 L22、L23 和后雾灯 L20 均不亮。当雾灯开关拨到位置 2 时，前雾灯 L22、L23 灯丝电路接通，电源经雾灯开关的第一挡、熔丝 FU6 加到左前雾灯 L22 和右前雾灯 L23 上；当雾灯开关拨到位置 3 时，前雾灯 L22、L23 灯丝电路接通，左前雾灯 L22 和右前雾灯 L23 仍然亮，此时雾灯开关的第二挡后雾灯电路接通，电源经熔丝 FU27 加到后雾灯 L20 上，前后雾灯均发亮，与此同时，安装在雾灯开关内的雾灯指示灯 K17 电路也接通，前后雾灯和雾灯指示灯同时发亮。

3. 小灯和尾灯

上海桑塔纳 2000GSi 乘用车的小灯和尾灯兼作停车灯使用。当汽车停驶时，用作停车灯；当汽车行驶时，用作小灯和尾灯。小灯功率为 4W，尾灯功率为 5W。

小灯 M1、M3 和尾灯 M2、M4 受点火开关 D（四挡第三位）、灯光开关 E1（四挡第三位）和停车灯开关 E19 控制。

（1）作停车灯用　当汽车停驶时，点火开关断开（位于位置 1）30 号线电源通过点火开关的第三挡加到停车灯开关上。当 E19 处于位置 2（空位）时，小灯与尾灯电源切断。E19 在转向灯组合手柄开关内，当 E19 处于位置 1（手柄向下拨动时），前左小灯 M1 和左尾灯

M2 电路接通；当 E19 处于位置 3（手柄向上拨动）时，前右小灯 M3 和右尾灯 M2 电路接通，此时小灯与尾灯均用作停车灯。

（2）作小灯与尾灯用　当汽车行驶时，点火开关处于位置 2，停车灯电源被切断，此时小灯和尾灯受 E1 控制。灯光开关的 1 位为空位，小灯和尾灯均不亮。当灯光开关处于位置 2 或位置 3 时，30 号线电源通过 E1 的第二挡经熔丝 FU7 加到前左小灯 M1 和左尾灯 M4，通过 E1 的第三挡经熔丝 FU8 加到前右小灯 M3 和右尾灯 M2，此时两只小灯和两只尾灯分别起小灯和尾灯的作用。

小灯安装在前照灯灯罩内，又称为边灯。尾灯与转向灯、制动灯等组装在一起，统称为组合后灯。

4. 车内灯（顶灯）

顶灯安装在车内顶部略靠前方位置。顶灯 W 由 30 号线电源经熔丝 FU3 供电，并分别受到顶灯开关和 4 个并联的门控开关 F2、F3、F10、F11 控制。

顶灯总成带有一个一挡三位开关，开关处在位置 1 时顶灯发亮，开关处于位置 2 时顶灯熄灭，开关处于位置 3 时顶灯受门控开关控制。门控开关 F2、F3、F10、F11 分别安装在左前、右前、左后及右后门上，当任何一扇门打开时，相应的门控开关就会闭合，顶灯就会发亮，只有在四扇门都处于关闭状态时，顶灯才会熄灭。

5. 行李箱灯

行李箱照明灯 W3 由 30 号线电源经熔丝 FU3 供电，且受行李箱照明灯开关 F5 控制。当行李箱打开时，安装在行李箱盖与行李箱结合处的 F5 接通，行李箱照明灯 W3 发亮；当行李箱盖关闭时，照明灯开关断开，行李箱照明灯 W3 熄灭。

6. 牌照灯

牌照灯有两个，受灯光开关 E1 控制。当 E1 处于位置 1 时，牌照灯 X 熄灭；当 E1 处于位置 2 或位置 3 时，30 号线电源经车灯开关第四挡、熔丝 FU20、线束插头 T1V 加到牌照灯 X 上，两只牌照灯 X 发亮。

7. 倒车灯与制动灯

倒车灯和制动灯分别有左、右两个，与后转向信号灯、尾灯等组合在一起。倒车灯的功率为 21W。当变速杆拨到倒车挡时，倒车灯开关 F4 接通，15 号线电源经熔丝 FU15、F4 加到倒车灯开关（M16、M17）上，倒车灯发亮。当变速器杆移出倒挡时，倒车灯开关断开，倒车灯熄灭。

制动灯的功率为 21W。当驾驶员踩下制动踏板时，位于踏板支架上部的制动灯开关 F 接通，30 号线电源经熔丝 FU2、制动灯开关 F 加到制动灯（M9、M10）上，制动灯发亮当驾驶员放松制动踏板时，制动灯开关断开，制动灯熄灭。

8. 其他照明灯

仪表板照明灯 L10（2 个）、时钟照明灯 L8、点烟器照明灯 L28、烟灰缸照明灯 L41、除霜器开关照明灯 L39、雾灯开关照明灯 L40 和空调开关照明灯 L21 等 7 种照明灯均受灯光开关控制。当灯光开关 E1 处于位置 1 时，7 种照明灯熄灭；当车灯开关 E1 处于位置 2 或位置 3 时，30 号线电源经灯光开关第四挡、仪表板照明灯调光电阻 E20 接通 7 种照明灯电路，照明灯均发亮。

9. 转向灯与报警灯

转向灯与报警灯信号系统由转向灯、闪光继电器、转向组合手柄开关、危险报警闪光灯开关等组成。如图 9-19 所示，4 个转向灯 5、6、7、8（左前转向信号灯 M5、左后转向信号灯 M6、右前转向信号灯 M7、右后转向信号灯 M8）兼作报警灯使用，功率均为 21W，后转

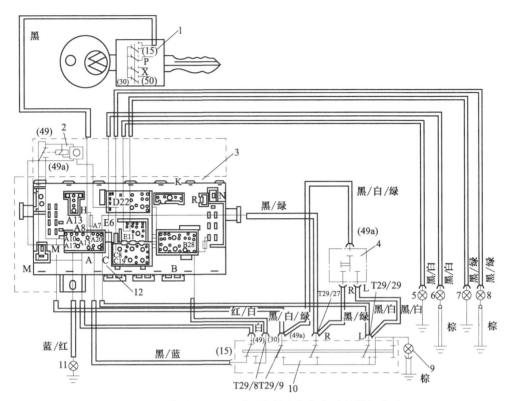

图 9-19 桑塔纳 2000GSi 乘用车转向灯与危险报警灯电路

1—点火开关；2—转向/报警继电器；3—中央接线图线路板；4—转向灯开关（E2）；5—前左转向灯（M5）；6—后左转向灯（M6）；7—前右转向灯（M7）；8—后右转向灯（M8）；9—危险报警闪光指示灯（K9）；10—危险报警闪光开关；11—仪表板处转向指示灯；12—中央线路板 E6、C19、A20 接通，E11、C8 与 A7 接通

向信号灯与尾灯、制动灯和倒车灯等组合在一起。转向灯与危险报警闪光灯共作一只含有电子元件与继电器的复合继电器，位于中央线路板 12 号位置。转向灯系统使用 FU19 熔丝，危险报警闪光灯使用 FU4 熔丝。

转向时，点火开关 D 接通，电源从点火开关端子"15"经黑色线进入中央线路板 3 背面接点 A8，经内部线路到接点 FU19，再从接点 A13 出来用黑/蓝线与危险报警闪光灯开关 10（E3）的接线柱 15 相接。转向时，接线柱 15 与接线柱 49 接通，再用白色线与中央线路板 3 的 A18 相接，再经内部线路与继电器 2 的接线柱 49 相连。继电器接通后由接线柱 49a 经内部线路从 A10 出来，用黑/绿/白线与仪表板上的插座 T29/25 相接，再由黑/绿/白线与转向灯开关 4（E2）的接线柱 49a 相接。

当右转向时，接线柱 R 用黑/绿线经仪表板插座 T29/27 与中央线路板 3 的接点 A7 相通，再经内部线路与接点 C8、E11 相通，然后用黑/绿线与右后转向灯 8（M8）、右前转向灯 7（M7）相通。

当左转向时，转向灯开关 4（E2）的接线柱 L 用黑/白线与仪表板插座 T29/29 相连，再用黑/白线与中央线路板 3 的接点 A20 相通，经内部线路与接点 E6、C19 相通，再用黑/白线 16、17 与左前转向灯 5（M5）、左后转向灯 6（M6）接通。

在转向的同时，继电器 2 的接线柱 49a 由内部线路通向 A17，用蓝/红线通向转向指示灯 11（K5）。

当报警时，30 号线电源经熔丝 FU4 从中央线路板 3 的接点 B28 用红/白色线与仪表板插座 T29/9 相接，再与危险报警闪光灯开关 10（E3）的接线柱 30 相接，此时 E3 同时接通各接线柱 49、R、L，使所有转向灯闪亮，并使危险报警闪光指示灯 9（K6）闪亮。

10. 电喇叭

上海桑塔纳 2000GSi 乘用车采用盆形电喇叭，高音喇叭、低音喇叭各一个，并同步工作，它们合用一个继电器和电喇叭按钮。设置喇叭继电器的目的，是避免使用两个喇叭时导致电流过大而烧坏喇叭按钮。如图 9-20 所示，按下转向盘上的电喇叭按钮 H 时，继电器 K4 励磁电流经熔丝 FU18 提供，流经继电器触点的电流则经熔丝 FU16 提供，电喇叭发音。

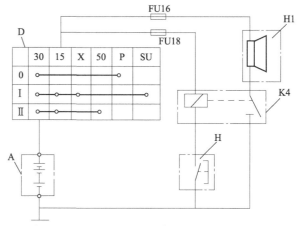

图 9-20　桑塔纳 2000GSi 乘用车电喇叭电路图
A—蓄电池；D—点火开关；FU16，FU18—熔丝；
H—喇叭按钮；H1—双声喇叭；K4—喇叭继电器

（四）仪表装置电路分析

桑塔纳 2000GSi 乘用车仪表板上主要有电子车速里程表、电子转速表、冷却液温度表、燃油表和 ABS 故障报警灯、制动装置报警灯、润滑油压力报警灯、冷却液液面报警灯及充电指示灯、远光指示灯、后窗加热器开关指示灯，另外还有雾灯开关、后窗加热器开关、危险报警闪光灯开关、空调开关，以及收放机、点烟器、杂物箱、电子钟、空调出风口等。仪表板夜间显示采用导光装置、透过式标度盘和导光指针，使照明清晰美观富有立体感。该仪表板的主要特点是采用了薄膜印制电路板，容易检查和发现故障，维修方便。

桑塔纳 2000GSi 乘用车组合仪表板的组成，如图 9-21 所示，电路图如图 9-22 所示。其组合仪表的技术参数如下所述。

（1）标称电压：12V DC。

（2）电子车速里程表：传动比为 1∶975，指示速度范围为 20～220km/h，里程累计为 0～99999km，单程累计为 0～999.9km。

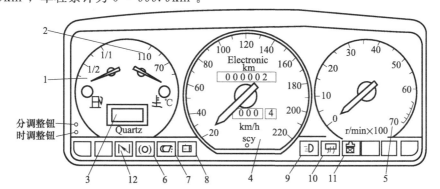

图 9-21　桑塔纳 2000GSi 乘用车组合仪表板的组成
1—燃油表；2—冷却液温度表；3—液晶电子钟；4—电子车速里程表；5—电子转速表；
6—制动装置报警灯；7—机油压力灯；8—充电指示灯；9—远光指示灯；10—后窗
加热器开关指示灯；11—冷却液液面报警灯；12—阻风门指示灯

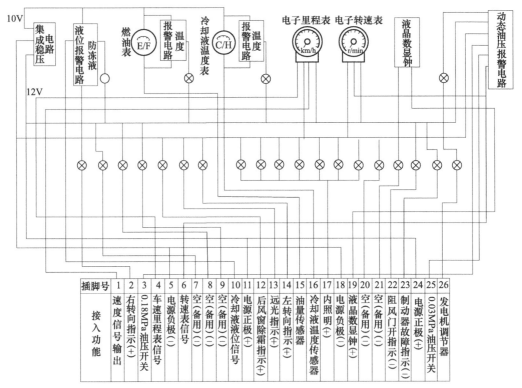

图 9-22 桑塔纳 2000GSi 乘用车组合仪表板电路图

（3）电子转速表：满刻度频率为 233.3Hz，指示转速范围为 0~7000r/min。

（4）冷却液温度表：指示温度范围为 70~130℃，高温报警为 124℃（红色报警灯闪亮）。

（5）燃油表：指示油箱燃油的量，指示的刻度为 0~1（或 2~1）（油箱容积）。当油箱内剩油量只有 9L 左右时，橙色报警灯发亮。

（6）低油压报警开关：常闭式，压力报警值为 0.03MPa；常开式，压力报警值为 0.18MPa。

（7）电子液晶数显钟：4 位 7 段，显示时、分，中间两点不闪动。具有 12 小时和 24 小时两种时制，可任意选择。

（8）组合仪表的质量：为 1.23kg。

（9）传感器的主要技术参数：电子车速里程表转速传感器的方榫轴每转输出 6 个脉冲。电子转速表用的传感器，是利用发动机点火系统中插头输出脉冲信号而工作的，其波形为尖脉冲，幅度为 (165±15)V。

1. 电子转速表

桑塔纳 2000GSi 乘用车采用电子式发动机转速表，转速信号取自点火线圈"-"端子，如图 9-23 所示。当点火线圈一次电流接通或切断时，产生的脉冲信号经中央线路板、仪表盘印制电路、仪表盘白色 14 孔插座进入转速表控制电路。控制电路为数字集成电路，脉冲信号经集成电路处理后，由电子转速表指针指示出发动机转速值。在电子转速表的背面，有一个黑色三孔插座，该插座与印制电路连接。

2. 燃油表

桑塔纳 2000GSi 乘用车采用电热式燃油表，燃油表传感器为滑动电阻式，其电路如图 9-24 所示。燃油表与冷却液温度表及其指示灯共用一个稳压电源，仪表工作电压为

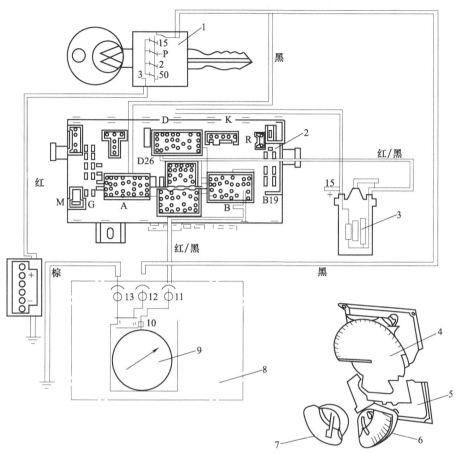

图 9-23　桑塔纳 2000GSi 乘用车转速表接线图

1—点火开关；2—中央线路板；3—点火线圈；4,9—转速表；5—支架；6—燃油表；7—冷却液温度表；
8—仪表板；10—黑色三孔插座；11,13—14 孔白色插座；12—14 孔黑色插座

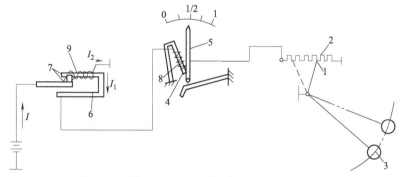

图 9-24　桑塔纳 2000GSi 乘用车电热式燃油表电路

1—滑动接触片；2—可变电阻；3—浮子；4—双金属片；5—燃油表指针；
6—稳压器双金属片；7—触点；8—燃油表电阻丝；9—稳压器电阻丝

9.5～10.5V。

电流自蓄电池经稳压器双金属片 6、燃油表电阻丝 8、燃油表传感器的可变电阻 2 和滑动接触片 1，最后回到蓄电池。当燃油箱中的油面高度和浮子 3 处于最低位置时，滑动接触片 1 位于可变电阻 2 的右端，此时电阻最大（560Ω）而电流最小，燃油表电阻丝 8 散发的热量

也最少，使得双金属片 4 产生较小的变形，指针 5 处于"0"位置；反之，当燃油箱中的油加满时，电阻最小（50Ω）而电流最大，指针移至燃油表最右端的"1"位置。

如图 9-25 所示，燃油表传感器上有一根棕色导线接地，变阻信号经紫/黑色导线进入中央线路板 E5 接点，通过中央线路板内部结构与 B3 接点相导通，经紫/黑色导线经过仪表板白色 14 孔插座进入仪表板印制电路板与燃油表连接，燃油表电源由稳压器输出端 A 供给。

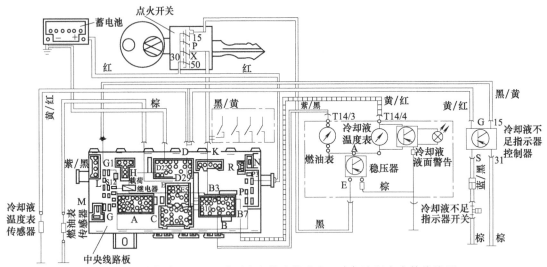

图 9-25　桑塔纳 2000GSi 乘用车电热式燃油表、冷却液温度表等接线图

3. 冷却液温度表

桑塔纳 2000GSi 乘用车冷却液温度表（俗称水温表）属于电热式，与燃油表共用一个稳压器。冷却液温度表的工作电压在 9.5～10.5V 范围之内。如图 9-26 所示，冷却液温度传感器为负温度系数热敏电阻，当发动机冷却液温度达到 115℃ 左右时，冷却液温度传感器阻值为 620Ω，此时冷却液温度表指示满刻度，同时冷却液液面报警灯应闪光报警。当发动机冷机时，电阻值在 500Ω 左右，冷却液温度指针指向低位刻度。双金属片 2 因热变形而带动指针 3 转动，而变形量取决于流经双金属片上电阻丝电流的大小。

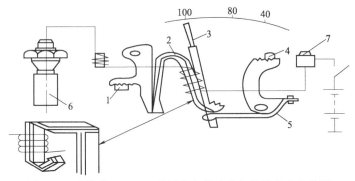

图 9-26　桑塔纳 2000GSi 乘用车电热式冷却液温度表电路图
1,4—调整齿扇；2—双金属片；3—冷却液温度表指针；5—弹簧片；6—冷却液温度传感器；7—稳压器

如图 9-25 所示，冷却液温度传感器外壳直接搭铁，其上有一条黄/红色导线进入中央线路板接点 D29，在中央线路板内部与接点 B7 相导通。而经与接点 B7 相连接的黄/红色导线通过仪表板处白色 14 孔插座送入仪表板印制电路板与冷却液温度表连接。还经与接点 B7 相连接的黄/红色导线与冷却液不足指示器控制器 G 相连接。冷却液不足指示器控制器 15

接受开关控制的电源，它可从位于中央线路板 8 号位的减荷继电器（又称中间继电器）上获得。经中央线路板接点 G1，由黑/黄色导线与控制器的 15 端子相连接，而控制器 S 端子经蓝/黄色导线串接冷却液不足指示器开关后搭铁，控制器 31 端子由棕色导线搭铁。

4. 润滑油压力指示系统

桑塔纳 2000GSi 乘用车的润滑油（机油）压力指示系统，由低压油压开关、高压油压开关、油压检查控制器、润滑油压力报警灯等组成。当发动机工作时，用于指示润滑系统主油道中机油压力的大小。润滑油压力指示系统的接线图如图 9-27 所示。

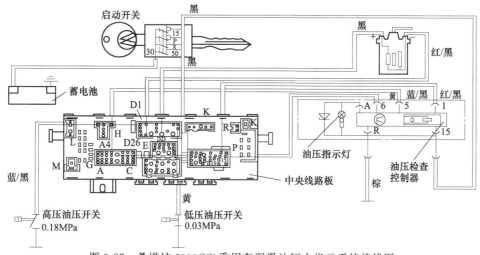

图 9-27　桑塔纳 2000GSi 乘用车润滑油压力指示系统接线图

低压油压开关为常闭型开关，安装在发动机缸盖上。当油压低于 0.03MPa 时，开关闭合；当油压高于 0.03MPa 时，开关打开。高压油压开关为常开型开关，安装在机油滤清器支架上；当油压高于 0.18MPa 时，开关闭合；当油压低于 0.18MPa 时，开关打开。油压检查控制器安装在电子车速里程表框架上，润滑油压力报警灯安装在仪表板上。当点火开关接通后，该报警灯即闪亮，发动机启动后，该灯应熄灭。如车辆在行驶时该灯仍然发亮或闪烁，表明发动机润滑系统发生故障。高压油压开关上蓝/黑色导线进入中央线路板 D1 接点，通过中央线路板内部结构，与接点 A4 相接通。蓝/黑色导线从接点 A4 出发，通过仪表板 14 孔黑色插座进入印制电路板，继而进入油压控制器端子 5，送入高压油压信号。低压油开关上黄色导线进入中央线路板接点 D21，通过中央线路板内部结构，与接点 B15 相接通。黄色导线从接点 B15 出发，通过仪表板 14 孔黑色插座进入印制电路板，继而进入油压控制器端子 6，送入低压油压信号。

点火线圈"—"接线柱上红/黑色导线进入中央线路板接点 D26，通过中央线路板内部结构，与接点 B19 相接通。红/黑色导线从接点 B19 出发，通过仪表板 14 孔白色插座进入印制电路板，继而进入油压检查控制器端子 1，送入转速信号。

（五）点火装置电路分析（上海桑塔纳 2000GLi 乘用车）

上海桑塔纳 2000GLi 乘用车采用的是带分电器的电子控制点火系统，它是 Motrniel.5.4 电子控制燃油喷射系统的一个子单位。其突出特点是将点火系统与燃油喷射系统复合在一起，由一个电控单元（ECU）来控制，不另设点火控制器，大功率晶体管设在 ECU 内部，由 ECU 直接控制点火线圈低压电流的通断，使火花塞跳火。其接线图，如图 9-28、图 9-29 所示。

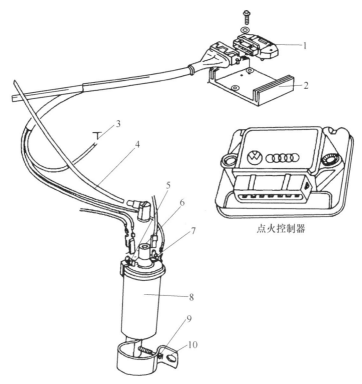

图 9-28　桑塔纳 2000GLi 乘用车点火线圈与点火器的接线图
1—点火控制器；2—散热板；3—搭铁线；4—高压导线；5—接线柱"—"(1)；
6—中央电极插座；7—接线柱"+"(15)；8—点火线圈；9—加紧螺栓；10—加箍

ECU 控制的点火系统，主要由点火线圈、分电器、火花塞、带抗干扰元件的连接插座、爆燃传感器、点火导线等组成。分电器用压板装在发动机缸盖上，分电器转子直接装在凸轮轴端头上，由凸轮轴驱动。点火线圈放在蓄电池正极处点火开关的上方，当低压电流流通时，点火线圈的一次绕组经 ECU 中的点火晶体管搭铁，分电器将点火线圈的高压电分配到各个火花塞上。点火系统根据发动机温度、进气温度、转速、节气门开度、蓄电池电压、爆燃信号并利用 ECU 中的综合特性图，控制点火提前角（点火时刻）、通电时间（闭合角）及爆燃，使之处于最佳状态。

1. 点火提前角（点火时刻）的控制

点火提前角的大小对发动机功率、油耗、排放、爆燃、行驶特性等都会产生较大的影响，而影响点火提前角的因素有很多，因而为满足各种工况下的最佳点火提前角，使点火提前角适应发动机所有工况，需经大量试验获得最佳数据，并将此数据存在 ECU 的存储器中，以便发动机工作时供 ECU 采用。ECU 综合各种传感器输入的信息，从存储器中选出最佳的点火提前角，再根据曲轴位置传感器判别曲轴位置，然后控制大功率晶体管的导通和截止，即控制点火线圈低压电流的通断。

（1）原始点火提前角　为了确定点火正时，ECU 须根据上止点位置确定点火的时刻，上海桑塔纳 2000GLi 型乘用车点火系统的正时记号位于压缩行程上止点前 12°，ECU 计算点火正时时，就把这一点作为参考点。这个角度就称为原始点火提前角。

（2）点火提前角的计算　发动机工作时，ECU 根据进气歧管压力和发动机转速，从存储器存储的数据中找到相应的基本点火提前角，再根据其他参数如发动机冷却液温度、进气

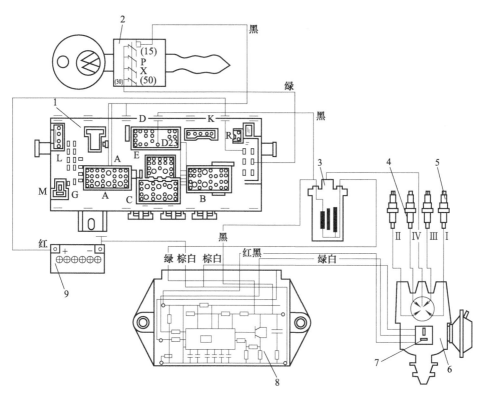

图 9-29 桑塔纳 2000GLi 乘用车点火系统的接线图
1—中央线路板；2—点火开关；3—点火线圈；4—高压导线；5—火花塞；
6—分电器；7—霍尔传感器；8—点火控制器；9—蓄电池

温度、节气门开度、爆燃等加以修正，计算出最佳点火提前角。

最佳点火提前角=（原始+基本+修正）点火提前角。

（3）点火提前角控制　点火提前角控制有 2 种工作情况：一是启动期间的点火时间控制；二是启动后发动机正常运转期间的点火时间控制。

① 启动期间的点火提前角控制。在启动期间，发动机转速较低，由于进气歧管压力信号不稳定，点火提前角固定在原始点火提前角 12°，与发动机工况无关，此时控制信号主要是发动机转速信号和启动开关信号。

② 启动后点火提前角控制。启动后点火提前角控制分为怠速点火提前角控制和正常行驶点火提前角控制。

发动机在怠速工况运行时，节气门传感器怠速触点（IDL）闭合，此时 ECU 根据发动机转速和空调开关是否接通确定点火提前角。在此工况的控制信号有：节气门位置信号，发动机转速信号、空调开关信号等。

发动机在正常运行工况下行驶时，节气门位置传感器的怠速触点（IDL）断开，ECU 根据转速信号和进气歧管压力信号，在存储器中找到此工况相应的点火提前角，然后再根据有关的传感器信号确定修正点火提前角。在此工况下的控制信号有：进气歧管压力信号、发动机转速信号、节气门位置信号以及爆燃信号、进气温度信号、冷却液温度信号等。

（4）点火提前角优化控制　点火提前角优化控制的基本准则是使发动机在任何工况下功率、燃油消耗和废气排放特性达到最佳。但有时，也有适当的侧重，例如在怠速工况下，点火提前角应首先使有害气体排放量最低，然后考虑怠速稳定与怠速油耗，在部分负荷工况下，点火提前角应突出行驶性和节油性；而在全负载运行时，点火提前角的重点是提高最大转矩和避免产生爆燃。

2. 通电时间（或闭合角）的控制

通电时间是指大功率晶体管的导通时间，即点火线圈一次绕组的通电时间。它直接影响点火线圈产生的二次电压和火花能量。当通电时间短时，一次绕组电流未到饱和即断开，二次线圈产生的电压和火花能量就达不到额定值；当通电时间过长时，一次绕组电流达到饱和后仍长时间通电，会使点火线圈发热并使电能消耗过大。因此要控制一个最佳的通电时间，兼顾上述两方面的要求。此外，蓄电池的电压也会影响一次绕组的电流值。为此，需要一个根据发动机转速和蓄电池电压进行通电时间的控制装置，以保证点火能量不变。当蓄电池电压不变时，大功率管的导通时间也不变的，在 ECU 内的存储器内储存有大功率晶体管的通电时间；当蓄电池电压变化时，应对通电时间作适当修正，其修正曲线如图 9-30 所示。在实际的控制中，ECU 是将导通时间转换成曲轴转角进行控制的，因此通电时间控制又常称闭合角控制。

3. 爆燃控制

爆燃是汽油发动机运行中最有害的一种不正常燃烧现象，它会使发动机的机械部分遭受很大的损坏，爆燃的产生与点火时刻、使用汽油的辛烷值、发动机的负荷等有着密切的关系。为了防止爆燃的产生，上海桑塔纳 2000GLi 乘用车点火系统采用了闭环控制的防爆燃控制系统。该系统在发动机缸体上安装一个爆燃传感器，随时检测发动机的工作情况。当发动机产生爆燃时，ECU 将爆燃传感器输出的信号进行滤波处理并判定有无爆燃及爆燃的强弱，从而控制点火提前角。爆燃强，推迟的点火提前角大；爆燃弱，推迟的点火提前角小。当爆燃现象消失时，在一段时间内维持当前的点火提前角。在此期间，若有爆燃产生，同样减少点火提前角；若无爆燃产生，则逐渐增大点火提前角，当再次出现爆燃时，又恢复前述的反馈控制，以实现对点火提前角的最佳控制。爆燃反馈控制过程，如图 9-31 所示。

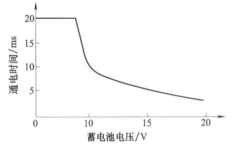

图 9-30 蓄电池电压与通电时间修正曲线

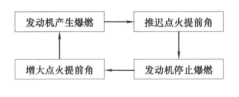

图 9-31 爆燃反馈控制过程

（六）刮水器及洗涤器电路分析

刮水器主要由刮水器电动机总成、连杆机构及 3 个方向球头活节和摆杆与刮片组成。刮水器电动机是一个永磁直流小电动机和一个蜗轮蜗杆组成的减速器。为了保证刮水器摆杆与刮片能在工作结束后停止在前风窗玻璃下边沿并与之平行，在减速器蜗轮输出轴的背面装有自动停位导电片，并在减速器后盖板上设有与导电片相接触的 3 个导电触点，再通过刮水器开关 0 位置的触点，共同完成刮水器的自动停位功能。

洗涤器主要由洗涤器电动机、洗涤器水泵、水管和喷嘴等组成。洗涤器电动机为永磁式微型电动机，洗涤器水泵的叶片转子固定在水泵轴上，水泵轴用联轴器与洗涤器电动机轴连接，出水软管用胶管分别与发动机盖上的 4 个喷嘴连接。当洗涤器电动机电枢接通电流时，电枢绕组便在永久磁铁产生的磁场中受力旋转。电枢轴转动时,通过联轴器驱动水泵轴和转子一同旋转,转子便将储液罐内的洗涤剂泵入出水软管,并经风窗玻璃前端的喷嘴喷向挡风玻璃。与此同时,刮水器同步工作,刮水片同时摆动,从而将风窗玻璃上的脏污刮洗干净。

前风窗刮水器及洗涤器接线图,如图 9-32 所示。控制电路如图 9-33 所示,在中央线路板内部,接点 D9 与接点 A5 接通,接点 D20 与端子 B9 接通,接点 D17 与接点 A6 接通,接点 C9 与接点 A19 接通,接点 D22 为搭铁端子,卸荷继电器 2 安装在中央线路板 8 号位置;刮水器继电器安装在中央线路板 10 号位置。

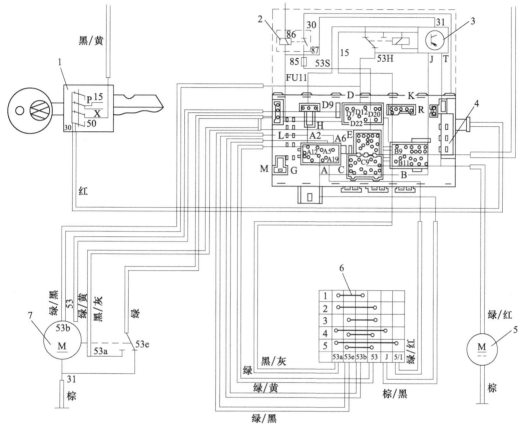

图 9-32 桑塔纳 2000GSi 乘用车刮水器及洗涤器接线图
1—点火开关;2—减荷继电器;3—刮水器继电器;4—中央线路板;
5—洗涤器电动机;6—刮水器及洗涤器开关;7—刮水器电动机

刮水器及洗涤器的工作过程如下所述。

(1) 高速刮水 刮水器高速工作时,电动机电路直接受刮水器及洗涤器开关 6 控制,不受刮水器继电器控制。刮水器及洗涤器开关拨到 1 挡,其电路为:电源正极→中央线路板单孔插座→红色导线→点火开关端子 30→点火开关端子 X→黑/黄色导线→熔丝 FU11→中央线路板接点 B9→黑/灰色导线→刮水器及洗涤器开关端子 53a→刮水器及洗涤器开关 1 挡→刮水器及洗涤器开关端子 53b→绿/黄色导线→中央线路板接点 A5→接点 D9→绿/黄色导线→刮水器电动机端子 53b→刮水器电动机→电动机端子 31→棕色导线搭铁→电源负极。此时电动机电刷偏置,电枢轴以 62~80r/min 的转速运转,风窗玻璃上的刮水片快速摆刮。

(2) 低速刮水 当刮水器及洗涤器开关拨到 2 挡时,其电路为:电源正极→中央线路板单孔插座→红色导线→点火开关端子 30→点火开关端子 X→黑/黄色导线→熔丝 FU11→中

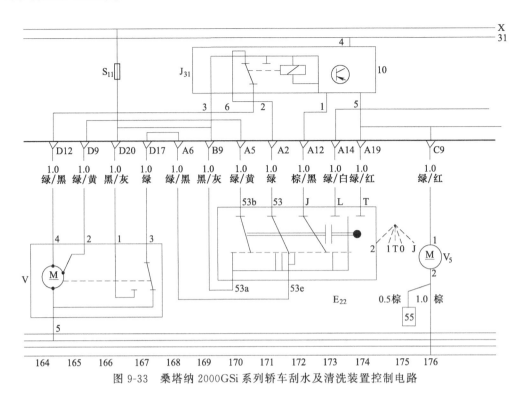

图 9-33 桑塔纳 2000GSi 系列轿车刮水及清洗装置控制电路

央线路板接点 B9→黑/灰色导线→刮水器及洗涤器开关端子 53a→刮水器及洗涤器开关 2 挡→刮水器及洗涤器开关端子 53→绿色导线→中央线路板接点 A2→刮水器继电器端子 53s→刮水器继电器触点→刮水器继电器端子 53H→中央线路板接点 D12→绿/黑色导线→刮水器电动机→电动机端子 31→棕色导线搭铁→电源负极。电动机电刷相隔 180°，电枢轴以 42～52r/min 的转速运转，风窗玻璃上的刮水片慢速摆刮。

(3) 点动刮水 刮水器及洗涤器开关 3 挡为空挡刮水器处于停止工作状态。当驾驶员按下手柄开关时，刮水系统工作情况与手柄开关接通 2 挡时相同，当放松手柄时，开关将自动回到空挡，实现点动刮水。

(4) 间歇刮水 当刮水器及洗涤器开关拨到 4 挡（最下挡）时，刮水器处于间歇工作状态。在继电器的控制下，刮水器每 6s 工作一次。刮水器继电器电路为：电源正极→中央线路板单孔插座→红色导线→点火开关端子 30→点火开关端 X→黑/黄色导线→熔丝 FU11→中央线路板接点 B9→黑/灰色导线→刮水器及洗涤器开关端子 53a→刮水器及洗涤器开关 4 挡→刮水器及洗涤器开关端子 J→绿/黑色导线→中央线路板接点 A12→刮水器继电器端子 K→继电器内部电路→继电器端子 31 搭铁→电源负极。

刮水器继电器电源接通后，内部电路工作，其触点每 6s 将端子 53H 接通电源一次，使刮水器电动机电源接通工作。此时电动机电路为：电源正极→中央线路板单孔插座→红色导线→点火开关端子 30→点火开关端子 X→黑/黄色导线→熔丝 FU11→中央线路板接点 B9→继电器端子 15→继电器触点→继电器端子 53H→绿/黑色导线→刮水器电动机→电动机端子 31→棕色导线搭铁→电源负极。

(5) 清洗玻璃 当驾驶员将刮水器及洗涤器开关向转向盘方向拨动时，洗涤器电动机电路接通，位于发动机盖上的 4 个喷嘴同时向风窗玻璃上喷洒洗涤液，与此同时，刮水器继电器电路接通并控制刮水器的刮水片摆刮 3～4 次后停止摆刮。洗涤器电动机电路为：电源正极→中央线路板单孔插座→红色导线→点火开关端子 30→点火开关端子 X→黑/黄色导线→熔丝 FU11→中央线路板接点 B9→黑/灰色导线→刮水器及洗涤器开关端子 53a→刮水器与洗涤器开关 5 挡→刮水器及洗涤器开关端 5→绿/红色导线→中央线路板接点 A19→中央线路板接头 C9→绿/红色导线→清洗器电动机→棕色导线搭铁→电源负极。如刮水器及洗涤器开关停留在该位置，水泵将继续喷洒洗涤液，刮水器也将继续工作；如放松开关，水泵将停止喷水，继电器和刮水器也将停止工作。

（6）停机复位 在刮水器电动机上设有一个由凸轮驱动的一掷二位停机自动复位开关，用以保证刮水器停机（刮水器与洗涤器开关拨回到 3 挡）时，刮水片处在风窗玻璃下沿位置，只有在刮水片摆到风窗玻璃下沿时，刮水器电动机电路才能切断，否则停机自动复位开关的触点 53e 和 53a 接通，电动机将继续转动，直到刮水片摆到风窗玻璃下沿时为止。当点火开关接通时，卸荷继电器 2 线圈电流接通，其电路为：电源正极→中央线路板单孔插座→红色导线→点火开关端子 30→点火开关端子 X→黑/黄色导线→减荷继电器的端子 86、线圈、端子 85→中央线路板接点 D22 搭铁→电源负极。

卸荷继电器线圈通电产生电磁吸力，将其触点吸闭，刮水器电动机停机复位时的电路接通，其电路为：电源正极→中央线路板单孔插座→减荷继电器端子 30、触点、端子 87→中央线路板接点 D20→黑/灰色导线→刮水器电动机触点 53a、53e→绿色导线→中央线路板接点 D17→中央线路板 A6 接点→绿/黑色导线→刮水器与洗涤器开关端子 53e、53→绿色导线→中央线路板接点 A2→刮水器继电器端子 53S→继电器触点、端子 53H→中央线路板接点 D12→绿/黑色导线→刮水器电动机→端子 31 搭铁→电源负极。刮水器电动机转动到复位开关的触点 53e 与搭铁触点 31 接通时，电动机电路切断停止转动，此时刮水片正好摆到风窗玻璃下沿位置。

（七）电动摇窗机、中央集控门锁、电动后视镜电路分析

1. 电动摇窗机

上海桑塔纳 2000GSi 乘用车采用可使车门玻璃自动升降的电动摇窗机。直流永磁电动机接通额定电压后，转轴输出转矩，经蜗轮蜗杆减速后，再由缓冲联轴器传递到卷丝筒，带动卷丝筒旋转，使钢丝强拉动安装在玻璃托架上的滑动支架在导轨中上下运动，达到使车门玻璃升降的目的。电动摇窗机的电路图，如图 9-34 所示。

电动摇窗机的组合控制开关，位于仪表板下方，前排左、右座椅之间的中央通道面板上。将点火开关钥匙置于"ON"位置，通过它可方便地控制 4 扇车门窗的升降，后排座位的乘客还可使用左、右后门上的按键开关进行操作。组合开关的 4 个白色按键开关分别控制各自相应的车门窗玻璃升降，中间黄色开关为锁定开关，按下此开关，后门的玻璃升降开关就失去作用。驾驶员门的操作与其他门有所不同，只需点一下下降键，车门窗玻璃即可下降到底；如需中途停下，点一下上升键即可。由于延时继电器的作用，点火开关钥匙处于"OFF"后 50s 内，各车门窗玻璃开关仍可起作用。

2. 中央集控门锁

中央集控门锁是一种由钥匙控制 4 门门锁锁闭与开启装置，如图 9-35 所示。门锁的锁闭与开启有 2 种方式可供选择：一种方式是独立地按下或提起右前车门、右后车门和左后车门上的门锁提钮可分别锁闭或开启这 3 个车门的门锁；另一种方式是通过设在左前车门上的门锁提钮或门锁钥匙对 4 个车门门锁的锁闭和开启进行集中控制。为此右前车门、左后车门和右后车门各自采用手动和电动机驱动同步联动的门锁闭锁器，左前车门的门锁只有通过点火开关钥匙（车外钥匙）和提钮（车内锁门）手动进行锁闭和开启操作。但门锁操纵机构通过一个

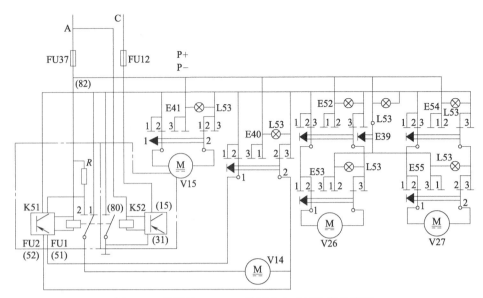

图 9-34 桑塔纳 2000GSi 乘用车电动摇窗机接线图

FU1，FU2，FU12，FU37—熔丝；E40，E41—右前、左前电动摇窗机开关；E52，E53—左后电动摇窗机开关；E54，E55—右后电动摇窗机开关；L53—电动摇窗机开关照明灯；K51—电动摇窗机自动继电器；K52—电动摇窗机延时继电器；V14—左前电动摇窗机电动机；V26—左后电动摇窗机电动机；V27—右后电动摇窗机电动机

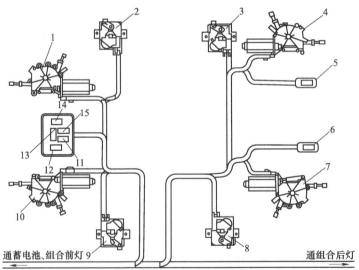

图 9-35 桑塔纳 2000GSi 乘用车电动摇窗机和集控门锁的布置图

1—右前摇窗机电动机；2—右前集控闭锁器；3—右后集控闭锁器；4—右后摇窗机电动机；5—右后摇窗机开关；6—左后摇窗机开关；7—左后摇窗机电动机；8—左后集控闭锁器；9—左前集控门锁控制器；10—左前摇窗机电动机；11—左前摇窗机电动机；12—右前摇窗机电动机；13—安全开关（按下后可锁定后车门窗玻璃升降）；14—右前摇窗机开关；15—右后摇窗机开关

联动的连杆同步带动一个集控开关，通过该开关可以同时控制其他车门的锁闭与开启机构，对各自的车门门锁进行集中的操纵。

如图 9-36 所示，将左前车门门锁提钮按下，集控开关第 2 位触点被接通。由于提钮按下过程中，集控开关附带的控制触点 K 已被短暂闭合过，故左前集控门锁控制器（K53）已使其触点闭合。这时 A 路电源经熔丝，并通过 K53 的闭合触点及集控开关第 2 挡第 2 位加至集控门锁内部电源线 P2；与此同时电源的负极经集控开关第 1 挡第 2 位加至集控门锁内部电源线 P1。电动机 V30、V31 和 V32 反转，带动各自门锁锁闭。1～2s 后，K53 控制其已闭合的触点断开，从而切断了为电动机供电的 A 路电源，电动机停转，并一直保持此状态。

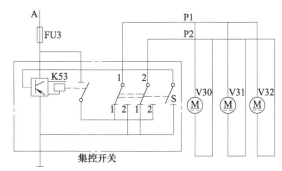

图 9-36　桑塔纳 2000GSi 乘用车中央集控门锁电路图
FU3—熔丝；P1，P2—内部电源线；K53—左前集控门锁控制器；
V30，V31，V32—右前、右后、左后集控门锁电动机

若将左前车门门锁操纵提钮拨起，集控开关第 2 位触点被断开，第 1 位触点闭合。在这一过程中，集控开关附带的控制触点 K 又被短暂闭合，从而使 K53 的触点再次闭合 1～2s 这时 A 路电源经 K53 的闭合触点和集控开关第 1 挡第 1 位加至内部电源线 P1；而电源的负极经集控开关第二挡第 1 位加至内部电源线 P2。内部电源的供电电压极性改变，电动机 V30、V31 和 V32 正转，带动各自的门锁开启。1～2s 后，K53 控制其已闭合的触点断开，电动机停转。

由于 A 路电源为车内常火线，与蓄电池直接相连，所以中央集控门锁对门锁的控制功能与点火开关的钥匙位置无关。在中央集控门锁失灵时，应该先观察是全部门锁失灵还是某个车门锁失灵。如果全部门锁失灵一般是由电源断路、集控开关损坏等原因造成的；如果只是某个车门锁失灵，一般是该门锁机械方面的故障，只要拆检故障所在车门即可查出。

3. 电动后视镜

电动后视镜主要由镜面玻璃、双电动机、连接件、传递机构及其壳体等组成，如图 9-37 所示。控制开关由旋转开关、摇动开关和线束等组成，安装在左前车门内饰板上。电动后视镜电路图，如图 9-38 所示。左、右外侧电动后视镜由设置在左前车门内把手上端的调整开关控制。当点火开关处于"ON"位置，将此开关旋转，可选择需调整的后视镜（L 为左侧、R 为右侧，中间为停止操作）摇动开关可调整后视镜反射面的空间角度。

两侧电动后视镜各有 2 个永磁电动机，通过控制 2 个电动机的开关可获得二顺二反 4 种电流，即可进行 4 种运动，使镜面产生 4 种不同方位的位置调整。电动后视镜如有故障，直接表现是后视镜不能被操纵，此时可以进行如下检查：

（1）首先检查熔丝和断电器（过载保护），然后用万用表测试开关总成；
（2）如果开关总成完好，应用 12V 电源的跨接线检查电动机的工作情况，接线换向时，

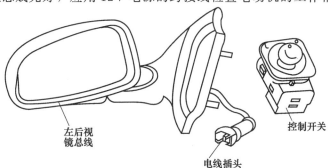

图 9-37　桑塔纳 2000GSi 乘用车电动后视镜的组成

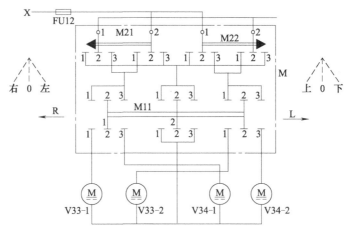

图 9-38 桑塔纳 2000GSi 乘用车电动后视镜电路图
FU12—熔丝；M—电动后视镜开关；M11,M21,M22—电动后视镜分开关；V33-1,
V33-2—右镜左右、上下电动机；V34-1,V34-2—左镜左右、上下电动机

电动机也应反向转动；

（3）如果电动机工作正常，而后视镜仍不运动，应检查连接后视镜控制开关和车门或仪表板金属件的搭铁情况。

二、广州本田雅阁乘用车各系统电路分析

（一）电源系统电路分析

广州本田雅阁乘用车充电系统主要由蓄电池、交流发电机及其调节器和充电指示灯等组成。交流发电机由曲轴通过 V 形传动带驱动（同时被驱动的还有空调压缩机）。交流发电机整流器由 8 只二极管组成，其调节器为集成电路（IC）式。整流器与调节器均安装在发电机内。蓄电池为免维护铅酸蓄电池。该车交流发电机由发动机 ECM 控制。为了减轻发动机负荷和提高燃油经济性，ECM 根据车辆的行驶状况和用电设备的电流负载控制交流发电机的发电电压，实现经济且充足的充电状况。交流发电机供给电气系统直流电，并对蓄电池充电；交流发电机的输出电压由内置的电压调节器控制。电负载检测仪测量充电系统总的电负载后，向发动机 ECM 发送信号，然后由发动机 ECM 控制电压调节器，当电负载较低时，交流发电机的磁场绕组断开，以减少发动机的负载，并提高燃油经济性。

广州本田雅阁乘用车充电系统电路如图 9-39 所示。

（二）启动系统电路分析

广州本田雅阁乘用车的启动系统主要包括蓄电池、启动机和点火开关等。启动机为永磁式直流电动机，主要由电枢、永久磁铁和电刷等组成。直流电动机中没有励磁线圈，而是用永久磁铁作磁极。因而该启动机又有内部功耗少，使用寿命长等优点。此外，该直流电动机还具有负荷增加时，转速低、转矩大；负荷减小时，转矩减小、转速提高的性能特点。因而满足于发动机短时间要求大转矩（大负荷）的要求。当点火开关置于 START 位置，且挡位开关置空挡时，蓄电池电压加至启动机开关电磁线圈上，此时启动电动机驱动小齿轮与飞轮（或变速器驱动盘）齿圈啮合，带动发动机曲轴转动。

广州本田雅阁乘用车启动系统的电路，如图 9-40 所示。

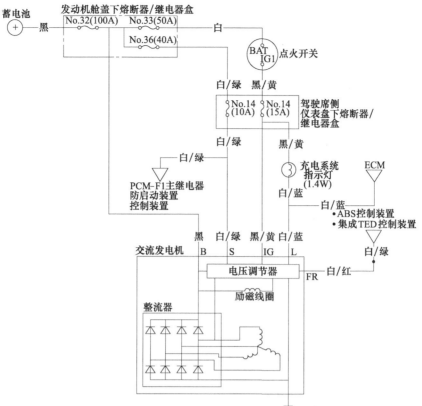

图 9-39 广州本田雅阁乘用车充电系统电路图（L4 发动机）

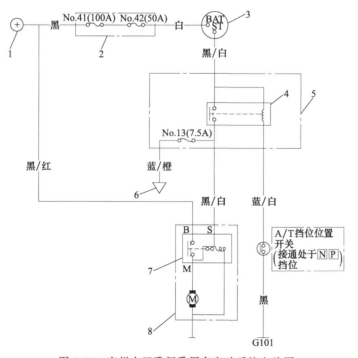

图 9-40 广州本田雅阁乘用车启动系统电路图

1—蓄电池；2—发动机舱盖下熔断器/继电器盒；3—点火开关；4—启动机继电器；
5—仪表盘下熔断器/继电器盒；6—ECM/PCMPGM-F1；7—电磁开关；8—启动机

（三）点火系统电路分析

广州本田雅阁乘用车采用电子控制点火系统，主要由蓄电池、分电器、点火线圈、高压线、火花塞和点火模块（ICM）等组成。但它们的组合特点与传统的点火系统有很大的区别。例如 L4 发动机的分电器采用整体式结构，即将点火线圈、点火模块、CYP 传感器等都装在分电器上（见图 9-41）；V6 发动机点火系统则只有点火模块装在分电器内。

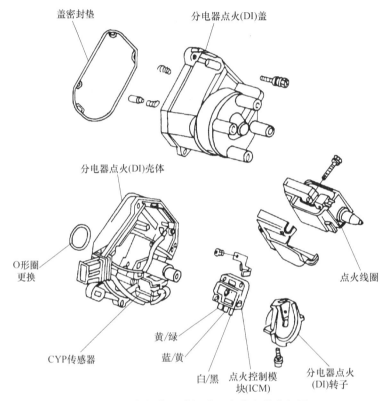

图 9-41　广州本田雅阁乘用车分电器分解图

（1）点火线圈　点火线圈将蓄电池的低电压转变成点火所需的高电压，并以高压脉冲的形式传输给二次点火元件。流过一次绕组的电流以磁场的形式来储存能量，当一次电流切断（切断电路）时磁场消失，从而在二次绕组中感应出高脉冲电压。点火线圈位于分电器外壳内。

（2）分电器　分电器的作用相当于旋转开关，利用分电器转子和分电器盖预先设定的点火顺序来分配点火电压。分电器由凸轮轴驱动，位于发动机的右侧。分电器盖用来连接转子和相应的火花塞高压线。高压电流按预先设定的点火顺序依次通过配电转子转动分配到分电器盖的分火头，然后引至火花塞高压线，再传至火花塞进行点火。

（3）火花塞　高压电流通过火花塞中心电极的间隙放电产生火花，以点燃汽缸中的可燃混合气。中心电极的热值：车速 16km/h 时为 200℃；车速 129km/h 时为 800℃。

（4）火花塞高压线　火花塞高压线将分电器盖内的端子与火花塞相连，将高压电引至火花塞，火花塞高压线有内电阻，以抑制无线电静电干扰。广州本田雅阁乘用车发动机采用程控点火（PGM-IG）方式。点火模块是 ECM 对点火系统进行控制的执行元件。即发动机 ECM/PCM 根据来自上止点、曲轴位置、汽缸位置传感器及节气门位置传感器、冷却液温度传感器和进气歧管绝对压力传感器的输入信号,以确定不同工况下最佳的点火正时,并向点火模块输出控制脉冲信号。点火模块在 ECM 控制信号的触发下、适时地接通或切断点火线圈初级绕组电路,使点火系统在最佳的时刻点燃可燃混合气。广州本田雅阁乘用车点火系统电路,如图 9-42 所示。

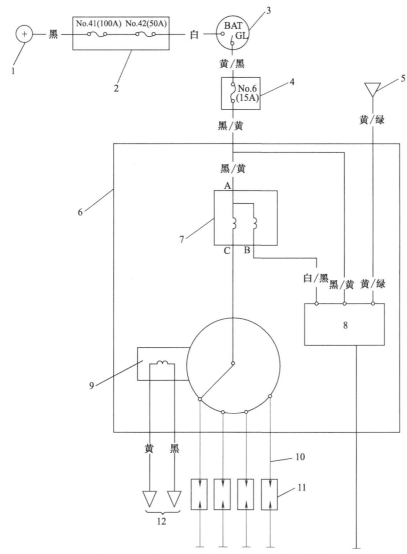

图 9-42 广州本田雅阁乘用车点火系统电路图

1—蓄电池;2—发动机舱盖下熔断器/继电器盒;3—点火开关;4—仪表盘下熔断器/继电器盒;
5,12—ECM/PCM;6—分电器;7—点火线圈;8—点火控制模块(ICM);
9—汽缸位置(CYP)传感器;10—分缸高压线;11—火花塞

(四)多路控制系统电路分析

广州本田雅阁乘用车多路控制系统的电路、传输、电源等,如图 9-43 所示。电器多路控制装置采用多路信息传输系统,由多个 CPU 协调控制,简化了汽车电气系统的线路,提高了电气系统的工作可靠性,多路控制装置是旧款本田雅阁乘用车所没有的汽车电子新技术。多路控制系统的功能具有多路传输功能、唤醒与休眠功能、失效保护功能、故障自诊断功能。

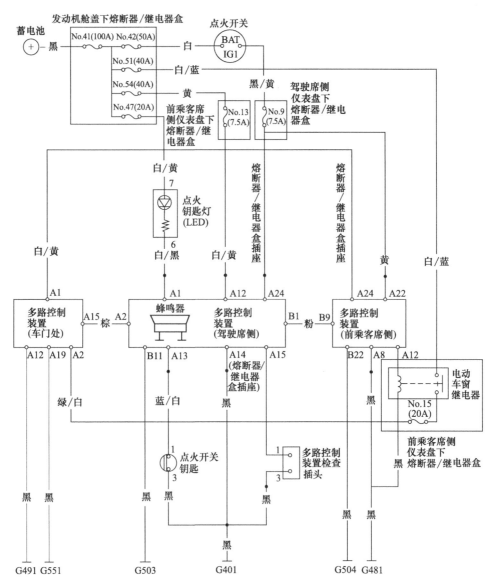

图 9-43　广州本田雅阁乘用车多路控制系统电路图

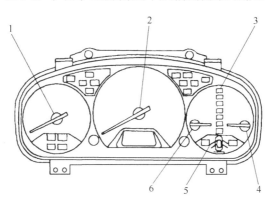

图 9-44　广州本田雅阁乘用车组合仪表组成
1—发动机转速表；2—车速表；3—挡位指示灯；
4—发动机冷却液温度表；5—安全指示灯；6—燃油表

(1) 多路传输功能　采用多路共用线路传输信号，减少了线束的数量。信号传输的方式为，CPU将由各个开关发送的信号转换为数字信号，通过共用的多路传输线路以串行的传输方式将数字信号输送到接收装置，接收装置将数字信号再转换为开关信号，由开关信号对有关的部件进行控制。各个多路控制装置之间有专用的传输线路，如车门处的多路控制装置至驾驶席侧的多路控制装置之间用棕色的传输导线，驾驶席侧的多路控制装置与副驾驶席侧的多路控制装置之间则用粉色的传输导线。多路控制装置连接的电路系统有：机油压力指示器自动断续开关电路；座椅安全带提示电路；灯亮提示电路；钥匙插入提示电路；仪表板灯亮度控制；车门灯控制系统；前照灯自动关灯系统；电动车门系统；电动车窗（具有点火开关钥匙拔出定时器操作功能）；刮水器/洗涤器（装有速度变换间歇式刮水器）；遥控开启车门偷盗报警系统联锁系统。

(2) 唤醒与休眠功能　当不需要系统工作时，多路控制装置停止各项操作功能（传输和CPU控制X系统进入"休眠"状态，以减少在关闭点火开关时蓄电池的额外电能消耗）。当进行某一项操作，比如一扇车门开锁，处于"休眠"状态的有关控制装置就被唤醒，并立即开始工作。此控制装置还将唤醒信号通过传输线路发送给其他的控制装置。当关闭点火开关，打开车门（驾驶席侧或副驾驶席侧）时，控制装置从唤醒模式转入休眠模式大约需要10s的延迟时间。在"休眠"状态中，一旦打开了任何一扇车门，休眠模式将被终止。

(3) 失效保护功能　当系统的任何部位出现了故障时，系统进入失效保护模式，以保持系统的正常工作。每个多路控制装置都有硬件失效保护功能和软件失效保护功能。硬件保护功能是当硬件（如CPU）出现了故障时，保护功能会使系统输出的信号固定，软件失效保护功能则使系统不受来自有故障的控制装置的信号影响，以保证系统正常工作。

(4) 故障自诊断功能，有两种自诊断模式：模式Ⅰ，以点火开关钥匙灯闪亮和蜂鸣器发声的形式输出故障码，进行多路控制系统的自诊断；模式Ⅱ，以点火开关钥匙灯闪亮和蜂鸣器发声的形式，诊断各输入电路的故障。

(五) 组合仪表系统电路分析

组合仪表包括发动机转速表、车速表、燃油表、发动机冷却液温度表及各种指示灯等。广州本田雅阁乘用车组合仪表组成如图9-44所示，其组合仪表电路如图9-45(a)、(b)所示。

燃油表和发动机冷却液温度表分别由缠绕在永磁转子上的两个线圈控制，当电流通过熔断器加在线圈上时，就会产生磁场，其磁场强弱由传感器控制。当传感器的电阻发生变化时，通过仪表线圈的电流也发生变化，表针根据磁场的变化而移动。燃油表传感器的电阻从油箱装满时的$3\sim5\Omega$变化到油箱无油时的$105\sim110\Omega$。发动机冷却液温度传感器（ECT电阻从发动机冷机56℃）时的142Ω变化到发动机暖机（$85\sim100$℃）时的$32\sim49\Omega$。发动机运转时，其转速表通过点火控制模块从分电器接收点火脉冲信号。转速表根据这些脉冲变化来显示发动机转速，传感器放大电路据此分别驱动单程表和车速表。

(六) 照明系统电路分析

照明系统主要包括前照灯（多点反射整体式卤素前照灯）、前侧转向灯、前侧标志灯、尾灯、倒车灯、制动灯、高位制动灯、牌照灯、车内灯、转向灯、转向信号危险报警闪光灯、仪表盘灯（设有亮度控制装置）以及门控灯等。广州本田雅阁乘用车照明系统控制部件的位置，如图9-46所示。

广州本田雅阁乘用车照明系统电路，如图9-47所示。

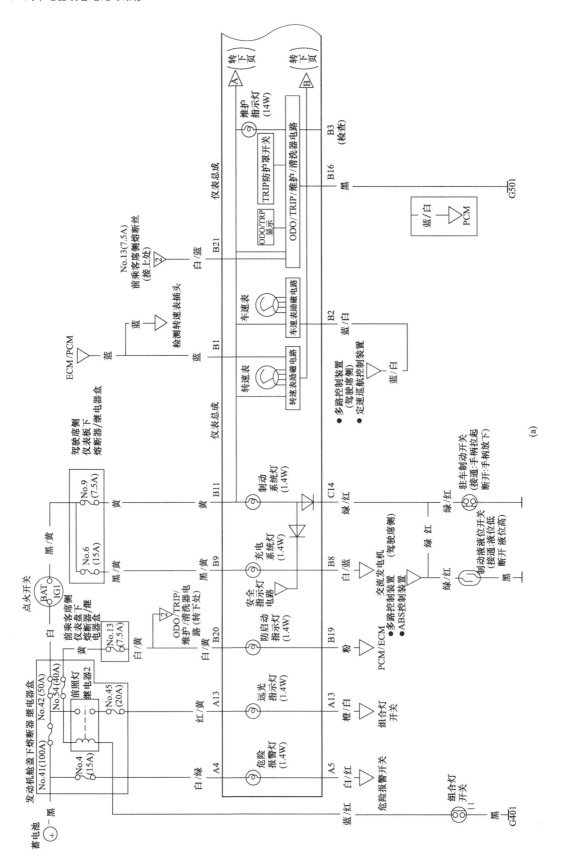

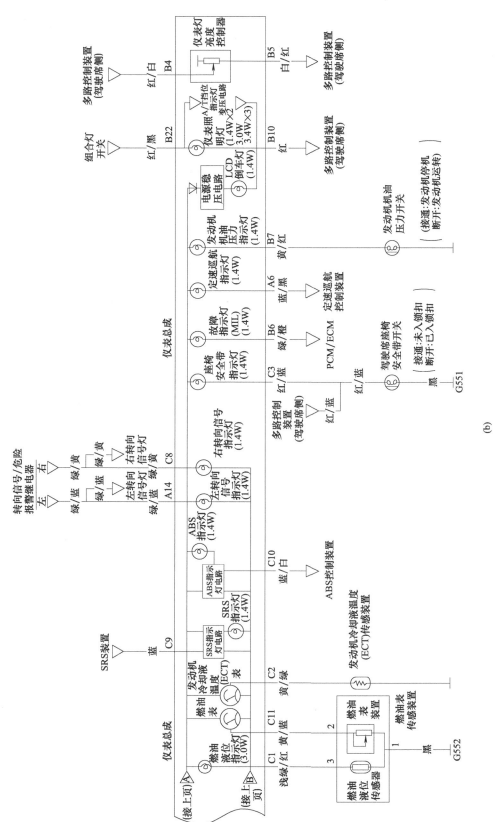

图 9-45 广州本田雅阁乘用车组合仪表电路图 (b)

图 9-46 广州本田雅阁乘用车照明系统组成
1—远光指示；2—仪表盘灯亮度控制器；3—组合开关；4—尾灯继电器

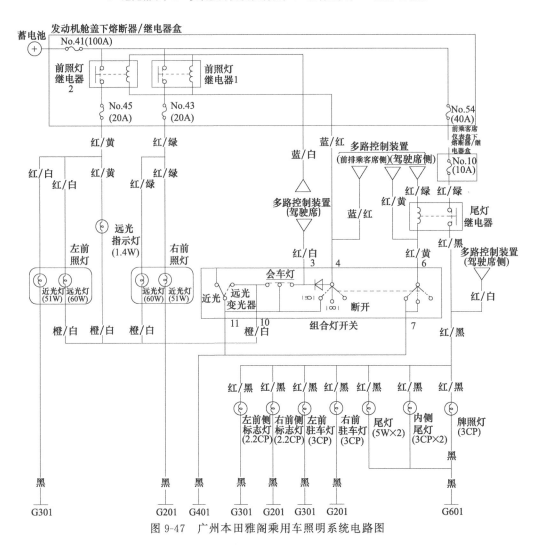

图 9-47 广州本田雅阁乘用车照明系统电路图

(七) 定速巡航系统电路分析

广州本田雅阁乘用车设有定速巡航控制系统，该系统实际上是一个 PCM 控制的具有速度自动调节的控制系统。它主要包括蓄电池、定速巡航主开关、设置/复位清除开关、PCM 定速巡航控制单元、定速巡航控制启动器、定速巡航指示灯以及为了安全所采用的各种定速巡航解除开关（制动开关、复位清除开关、空挡开关和驻车制动开关）等。广州本田雅阁乘用车定速巡航控制系统部件的布置，如图 9-48 所示。

在高速公路上行车时，驾驶员打开定速巡航控制开关，定速控制系统将根据汽车行驶阻力的变化自动地增减节气门的开度，并根据情况通过电控自动变速器自动地升挡降挡，使汽车行驶速度基本保持恒定。因而，该系统的采用不仅可以减轻驾驶员的疲劳，而且还可以达到节省燃油的目的。广州本田雅阁乘用车定速巡航控制系统电路，如图 9-49 所示。

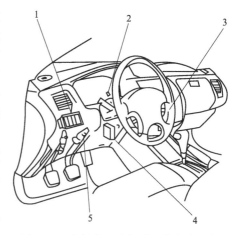

图 9-48　广州本田雅阁乘用车定速巡航
控制系统组成

1—主开关；2—定速巡航指示灯；3—设置/复位清除开关；4—定速巡航控制单元；5—制动开关

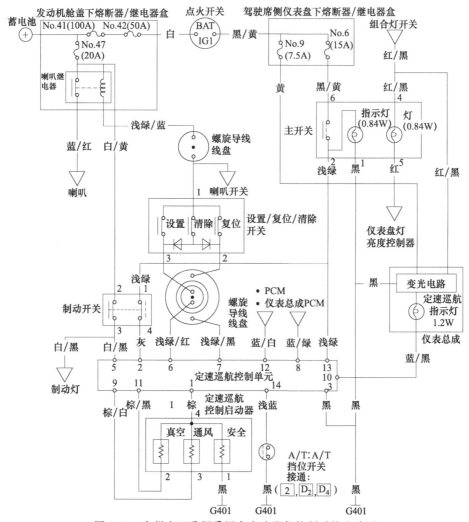

图 9-49　广州本田雅阁乘用车定速巡航控制系统电路图

(八) 音响系统电路分析

广州本田雅阁乘用车的音响系统由音响装置、驾驶席侧车门扬声器、前乘客席侧车门扬声器及两个前高频扬声器和两个后扬声器组成。音响系统的天线布置在后车窗上。音响系统电路如图 9-50 所示。

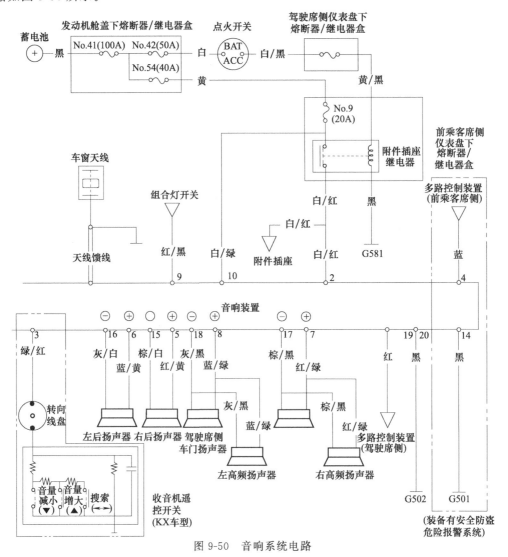

图 9-50 音响系统电路

(九) 防启动控制系统电路分析

防启动系统的电路如图 9-51 所示。部分广州本田雅阁轿车选装了防启动系统,其组成、功用及有关的使用说明如下所述。

(1) 防启动系统的组成及功用。防启动系统由应答器(在点火钥匙中)、防启动装置(位于点火开关处)、指示灯(在仪表板上)及 ECM 组成。该系统可以使不正常的启动操作(不使用点火开关钥匙或使用不是本车的点火开关钥匙启动发动机)不能启动发动机,起到了防盗安全的作用。

(2) 防启动系统的工作方式。当点火开关钥匙插入点火开关并在点火挡(ON 挡)时,

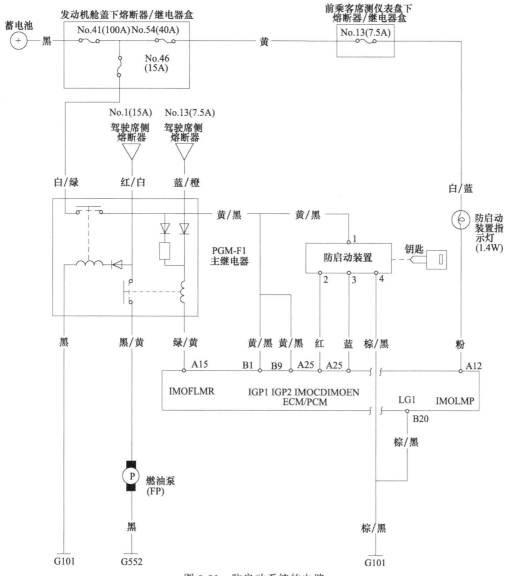

图 9-51 防启动系统的电路

防启动装置就向点火开关钥匙中的应答器发送电流信号，读出应答器中的密码并输送给 ECM。如果使用的点火开关钥匙正确（密码符合），ECM 则触发燃油供给系统，启动系统就可以启动发动机；如果使用的点火开关钥匙不正确（密码不符或无密码）、ECM 则不触发燃油供给系统，因此，发动机就不能启动。

(3) 防启动指示灯的显示方式。有 2 种情况：使用点火开关钥匙将点火开关转至点火挡（Ⅱ挡）时，仪表板上的防启动指示灯亮约 2s 后熄灭，这表示防启动系统已经完成了对点火钥匙中的应答器密码的识别，可以启动发动机。当关闭点火开关时，指示灯将闪烁约 5s 左右后熄灭；使用点火钥匙将点火开关转至点火挡（Ⅱ挡）时，仪表板上的防启动指示灯亮约 2s 后，接着是连续的闪烁，这表示 ECM 没有接收到密码或识别不出密码（密码不符），发动机将无法启动。防启动指示灯的这种闪烁在点火开关被关闭时才熄灭。

(4) 防启动系统配备的点火开关钥匙有 2 种：主钥匙，黑色，用于开启点火开关、车门锁、行李箱；备用钥匙，灰色，用于开启点火开关和车门锁。

实训项目部分

实训项目一 横坐标式全车线路图的识读

横坐标式电路图是在最下端通过编号坐标标注图中各线路的位置,各线路平行排列,每条线路对准下框线上的一个编号。

图中一般不允许横向交叉跨度较大的走线,横向连接的走线采用断口标注的方式表示,

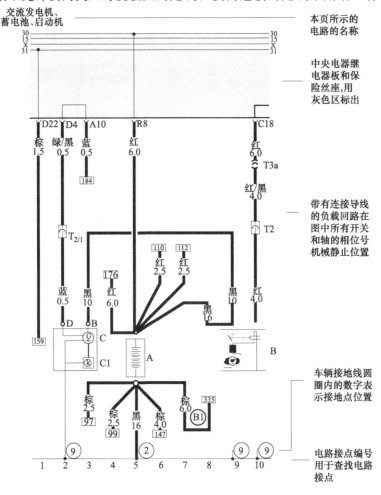

图 9-52 上海大众 POLO 横坐标式电路原理图实例

即线路断口处标注为与之相连的另一段线路所在图中的位置编号,以德国大众车系为主,目前主要国产品牌轿车如桑塔纳、捷达、宝来、波罗、帕萨特、奇瑞、奥迪、红旗等均采用该方式的电路图。下面以上海大众 POLO 轿车为例进行详细说明,如图 9-52、图 9-53 所示。电路原理图(见图 9-53)说明如下:

1——三角箭头,表示下接下一页电路图。

2——保险丝代号,图中 S5 表示该保险丝位于保险丝座第 5 号位 10 安培。

3——继电器板上插头连接代号,表示多针或单针插头连接和导线的位置,例如 D13 表示多针插头连接,D 位置触点 13 。

4——接线端子代号,表示电器元件上接线端子数/多针插头连接触点号码。

5——元件代号,在电路图下方可以查到元件的名称。

6——元件的符号,可参见电路图符号说明。

7——内部接线(细实线),该接线并不是作为导线设置的,而是表示元件或导线束内部的电路。

8——指示内部接线的去向,字母表示内部接线在下一页电路图中与标有相同字母的内部接线相连。

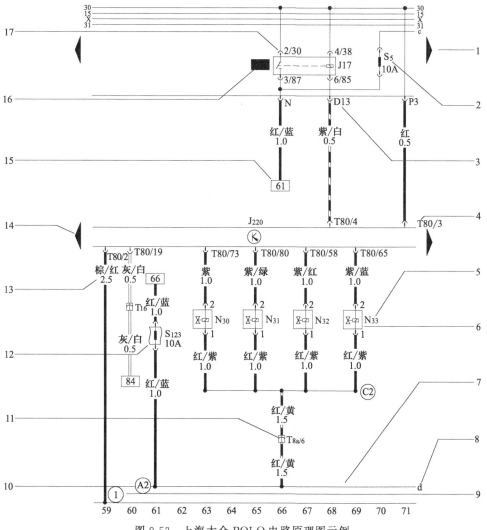

图 9-53 上海大众 POLO 电路原理图示例

9——接地点的代号,在电路图下方可查到该代号接地点在汽车上的位置。

10——线束内连接线的代号,在电路图下方可查到该不可拆式连接位于哪个导线束内。

11——插头连接,例如 T8a/6 表示 8 针 a 插头触点 6。

12——附加保险丝符号,例如 S_{123} 表示在中央电器附加继电器板上第 23 号位保险丝 10 安培。

13——导线的颜色和截面积(单位:mm^2)。

14——三角箭头,指示元件接续上一页电路图。

15——指示导线的去向,框内的数字指示导线连接到哪个接点编号。

16——继电器位置编号,表示继电器板上的继电器位置编号。

17——继电器板上的继电器或控制器接线代号,该代号表示继电器多针插头的各个触点。例如 2/30:2=继电器板上 2 号位插口的触点 2,30=继电器或控制器上的触点。

实训项目二 全车线路的故障诊断与排除

一、汽车电器设备线路常见故障

汽车电路常见的故障有开路(断路)、短路、搭铁、接触不良。

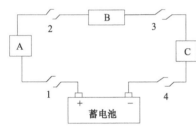

图 9-54 汽车电路开路故障

1. 开路(断路)故障

线路中本该相连的两点之间断开,电流无法形成回路,使得电器设备无法工作即为开路故障,如图 9-54 所示。

2. 短路(短接)故障

线路不该相连的两点之间发生接触,电流绕过部分电器元件[见图 9-55(a)]或电流被导入到其他电路[见图 9-55(b)]使得电器设备不能正常工作。搭铁故障也是一种短路故障[见图 9-55(c)]。

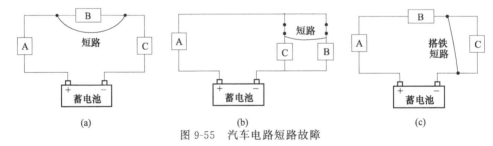

图 9-55 汽车电路短路故障

3. 接触不良(接触电阻过大)故障

由于磨损、脏污等原因,造成线路中的两点接触电阻超过了允许范围,使得电器设备工作不可靠或性能下降即为接触不良故障。

二、汽车电路故障常用诊断与检修的一般流程

在对汽车电路故障进行检修时,通常可以按以下六个步骤进行,其流程如图 9-56 所示。

第一步,听取客户陈述故障情况。详细了解发生故障的情况和环境,主要包括下列信息:车型、时间、气候条件、路况、海拔、交通状况、系统症状、操作条件、维修经历及购车后是否装了其他附件等。

第二步,确认故障症状。运转系统,必要时进行路试:确认故障参数,查看车主(用户)所反映的情况是否属实,同时注意观察通电运行后的种种现象。在动手拆卸或测试之

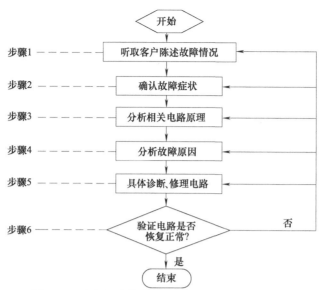

图 9-56　汽车电路故障常用诊断与检修的一般流程

前，应尽量缩小故障产生的范围。如果不能再现故障，可进行故障模拟试验。

第三步，分析相关电路原理。在电路图上画出有问题的线路，分析一下电流的通路，弄清电路的工作原理，如果对电路原理还不太清楚，应仔细分析电路说明及相关资料，直至弄清为止。并检查相关线路。如果相关线路工作正常，说明共用部分没问题，故障原因仅限于有问题的这一线路中。如果几条线路同时出故障，原因多半出在保险、电源线或搭铁线等共用线路部分。

第四步，分析故障原因。汽车电气与电子系统故障检修的快慢以及成功与否，关键在于故障诊断与检修的程序是否合理，分析是否正确，判断是否准确，方法是否得当。用穷举法对所有可能故障点一一排查是一种最基本的方法，因此，在维修人员头脑中建立起系统分析的维修方法很有必要。一般是按先易后难的次序对有问题的线路或部件进行逐个排查。对于故障范围较大，可能原因较多的复杂故障，可以先列出所有可能故障原因，然后根据理论分析和工作经验将故障可能原因进行归类，如表 9-2 所示，然后按 A、B、C、D 顺序分别进行诊断与检修，可有效提高维修效率。

表 9-2　故障归类表

A. 概率高易排查	B. 概率低易排查
C. 概率高难排查	D. 概率低难排查

第五步，进一步具体诊断、修理电路。综合前三步的分析结果，选择合适的诊断与检修方法进行故障点的排查。检查系统有无机械咬合、插接件松动或线缆损坏，确定涉及哪些线路和元件。修理或更换有故障的线路和元件。

第六步，验证电路是否恢复正常。在对电路进行一次系统检查后，在所有模式下运转系统，确认系统在所有工况下运转正常，确认没有在诊断或修理过程中造成新的故障。

以上所述为汽车线路故障诊断与检修的一般流程，对初学者按部就班，培养良好的故障诊断与检修思路大有裨益。对于具备相当的理论知识和工作经验的维修人员，实际工作中不必过分拘泥于流程步骤，可以视实际情况或凭经验省略一些步骤，直达故障点进行检修，可有效提高工作效率。

另外，现代汽车上微型计算机控制系统越来越多，利用故障诊断仪读取故障码和数据流进行故障诊断，能有效地缩小故障范围，甚至能直接完成故障定位。因此对于微型计算机控制系统故障或相关故障，注意故障诊断仪的优先采用。

三、汽车线路故障常用诊断与检修的方法

汽车线路故障常用诊断与检修的方法很多，比较常用的有直观法、检查保险法、刮火法、试灯法、短路法、替换法、模拟法等。

1. 直观法

直观法是直接观察方法的简称，它不使用任何仪器、仪表，凭检修者的直观感觉来检查和排除故障。当汽车电系的某个部分发生故障时，会出现冒烟、火花、异响、焦臭、高温等异常现象。通过人体的感觉器官，听、摸、闻、看等对汽车电器进行直观检查，进而判断出故障的部位所在。这对于有一定经验的维修人员来说，不仅可以通过直观检查来发现一些明显的故障，而且还可以发现一些较为复杂的故障，从而大大地提高检修速度。例如，汽车在行驶中，突然发现转向灯与转向指示灯均不亮的故障，用手一摸发现闪光继电器发烫，说明闪光器电路已经烧毁短路。

2. 检查保险法

保险或保险丝是熔断器或熔丝的俗称。当汽车电系出现故障时，首先应查看保险是否完好，有些故障简单地就是保险烧断或处于保护状态，此时，通过检查保险，即能判断故障部位。如汽车在行驶中，若某个电器突然停止工作，同时该支路上的熔断器熔断，说明该支路有搭铁故障存在。某个系统的保险反复烧断，则表明系统一定有类似搭铁的故障存在，不应只是更换熔断器了事。

汽车上常用的电路保护装置有两种：一种是双金属片继电器（简称"断路器"）；另一种则是普遍应用的熔断器。但是，现在很多车上还装有易熔线，要注意易熔线断路器的检查。

3. 试灯检查法

用试灯将已经出现或怀疑有问题的电路连接起来，通过观察试灯的亮与不亮或亮的程度，来确诊某段电路的故障情况。如用试灯的一端接交流发电机的"电枢"接线柱，另一端搭铁，灯不亮，蓄电池搭铁螺钉至交流发电机"电枢"接线柱之间有断路故障；若灯亮，为电路正常。

4. 短路试验法

当低压电路断路时，用导线和旋具等，将某一线路或总成短路，查看仪表指针，以此判断被短接的电路是否有断路故障，以便确定故障部位。如制动灯不亮，可在踩下制动踏板后用旋具将制动灯开关两接线柱连接，以检验制动灯开关是否良好。但对于现代汽车的电子设备来说，应慎用短路法来诊断故障，以避免在短路时，因瞬间电流过大而损坏电子设备。

5. 机件更换对比法

对于难以诊断且涉及面大的故障，可利用更换机件对比的方法，通过新旧对比、安装方向对比、磨损的成色对比等，来判定故障的原因及部位，以确定或缩小故障范围。如高压火花弱，若怀疑是电容器故障时，可换用合格的电容器进行试火，若火花变强，说明原电容器损坏；否则应继续检查。

6. 高压试火

用察看高压电火花的方法来判断点火系统工作状况。当发动机工作不良或少数汽缸不工作时，可将高压分缸线从火花塞端取下，距离火花塞 5~7mm 试火。若发动机工况不变，表明该缸工作失常。在试火过程中，还可以通过观察高压火花的强、弱、无火等现象来判断点火系统的工作是否正常。用点火系统的高压电检验某些电气零件是否损坏，称为高压电检验法。例如，检查分火头时，可将其平放在汽缸盖上，用高压总火线头对准分火头孔底约

3mm，然后接通点火开关，拨动断电触点，查看分火头孔内是否跳火，若不跳火，表明分火头绝缘良好，否则为击穿损坏漏电。

7. 仪器仪表检测法

利用仪器仪表检测汽车电器和电路，尽可能不拆卸其元件而检测技术状况，从而进行科学的判断。仪表检测法有省时、省力和诊断准确的优点，但要求操作者必须具备熟练的操作技能，以及对汽车电器元件的原理、标准数据的准确把握。

四、常见电路故障产生的种类与原因

电路故障按发生时间的长短可以分为渐发性故障和突发性故障。渐发性故障所发生的周期较长，故障现象有从轻到重、从弱到强的过程，它们多是由于零件运行中摩擦和磨损引起，如分电器凸轮磨损引起某缸缺火、启动机扫膛等。突发性故障多由电路的短路或断路引起，如前照灯突然不亮，发动机突然熄火。电路故障按其对机器功能影响的程度，可分为破坏性故障与功能性故障。破坏性故障是电器总成或部件因故障而完全丧失工作能力，不更换或大修不能继续工作，如灯泡灯丝烧断、集成电路调节器击穿、发电机定子线圈烧焦等。功能性故障是指电器总成功能降低但未完全丧失工作能力，属于非破坏性故障，经过调整或局部检修可恢复其功能，如分电器触点烧蚀、间隙过大或过小等。

（1）机械性故障 指机械在正常运转中的摩擦、磨损或疲劳。如启动机转子轴与轴套采用润滑脂润滑，常因磨损使驱动小齿轮与飞轮齿圈不能正确啮合而出现顶齿、打齿现象。

（2）电器故障 电路产生短路或断路、接触不良或漏电。如发电机过载引起整流二极管短路；过电压引起电压调解器开关管击穿断路，触点烧蚀而不导电，电容器击穿而不能储存电荷等。

（3）机电综合故障 电路中的电器元件是依托在机械结构上的，由于机械磨损、松旷或弹簧弹力不足而导致接触不良。

（4）环境因素 汽车在不同地区、气候、地形条件下使用，常会发生各种不同故障。如低温下润滑油黏度增加，启动阻力加大，会引起蓄电池早期损坏，汽车电器会因高温而出现塑料件和绝缘材料老化；酸雨会使汽车零部件腐蚀。

（5）人为因素 违章驾驶操作，不按要求维护、清洁和调整而造成机件磨损。正确规范地驾驶运行，及时而合格地维护、清洁和调整，能够显著地延缓机件磨损，减少渐发性故障。渐发性故障的减少，也会大大减少突发性故障的产生。

（6）设计制造 机件设计不合理、制造低劣、装配不良都会导致电路元件的故障。电路元器件因设计的合理程度、构思的精巧、严谨及制造工艺、材料性能、加工装配质量的高低，直接影响到电路元器件的故障率。

1. 线路故障

线路故障的种类和现象是多种多样的，但按其实质可以分为机械性故障、电器性故障、机电综合性故障。这三类故障互有区别又互相联系，不能孤立地去看。常因装配不当和磨损引起松动、冲击或卡止。如轴承磨损引起发电机、启动机扫膛；开关不能定位，弹簧失效，引起触点接触不良；轴类弯曲，引起跳动量过大等。机械性故障持续到一定时间便会引起电器故障，如扫膛引起电动机电枢线圈短路，触点间隙过大而使点火初级电路不能接通等。机电综合故障解决的根本办法是恢复机械结构的完整性。在判断电路故障时，人们有时只着眼于电路或电路图是不够的，单纯重视电路而忽视机械结构处理故障时，对机械结构处理不彻底，都会重新发生机械性和电器性综合故障。

2. 线路故障诊断原则

当电路发生故障时，其实是电路的工作原理的正常运行受到断路或短路的障碍，判断分析故障的过程，也就是运用电路原理图，结合汽车电路的实际（最好是线束图），推断故障部位的思维过程。由于汽车电路越来越复杂，单凭经验或习惯已远不够用。准确、迅速的办法是先把电路搞清楚，最好能有该车的电路原理图，以电路图为参考依据，以线路实体为根本。同一故障，可以有许多不同的分析判断方案，有不同的方法和手段，但无论如何都是其工作原理在不同角度上的应用。判断故障首先应考虑到的几个大的方面有：电源是否有电，线路是否畅通，即电线、开关、继电器触点、电线插接器接触是否良好，用电器是否正常等。围绕这几个方面判断就能较快地缩小范围、节省时间。

五、汽车电器、电子设备的检修

1. 汽车电器设备检修工艺原则

汽车电器系统与其他总成、部件一样处在复杂多变的条件下工作，加之设计制造方面的原因，在经过一定的行驶里程之后，必然会出现这样或那样的毛病，即电路故障导致其局部或整体丧失工作能力。

在汽车电器设备修理工艺中，决定电器设备是否可以再次应用，以及决定选择哪一种故障排除方法，应以电器设备损坏的性能和损坏程度的大小为基础。按电器设备修理的工艺路线进行修复，修理方法的选择以及修理工序的确定，起巨大影响的是形成修理路线的各种故障的总体。因此，不仅应研究电器设备损坏的分布情况，而且要分清楚形成各种故障实际组合的统计规律，按照一定原则来编制电器设备的修理工艺路线。

（1）确定带有一定故障组合的电器设备出现的概率　从一个电器设备的全部可能状态中，首先应该以规定的准确性搞清楚故障的稳定组合。其中最大可能发生的组合是修复工艺路线的基础，所以其排除方法可按统一的工艺规程进行。因此，这种或那种故障组合的出现概率是各种故障划归到各类修复路线的基本特征。

（2）确定各电器设备的功能关系　电器设备功能关系的特征要求：单个设备故障排除不能保证某系统的故障排除；排除一个电器设备的故障就可自行消除另一个的故障，这种情况必须编入同一修理工艺路线内。

① 要求仔细研究各系统内部设备之间的相互关系。

② 要从电器设备电路结构上加以互相联系，以便排除一个设备系统故障时能同时修复另一个设备系统的故障。

③ 建立定性形式的功能关系特征，再依据一定的原则将一些故障归并到一条修复路线上，就能够将一些故障及其组合明确地划分成不同的等级。

（3）确定不同技术状况的电器设备修复的经济合理性　电器设备修复的主要任务是利用电器设备的剩余耐用性，保证达到经济有效地修复汽车电器及恢复其使用的可靠性。电器设备技术状况相差悬殊，所以电器修复开支也是不同的，可能出现修复个别故障组合时在经济上不合算。所以电器修复的经济合理性是电器状况集合划分到各修理工艺路线的主要特征。

（4）确定各种故障及其组合的工艺相似性　待修零件分类的目的是形成不论在工艺问题，还是在其解决方法上有共同特点的电器修复路线。因此，与描述电器状况的特征一起，还要引用能把全部故障及其组合区分到工艺相似类别里的特征。这种区分既要按照修理的主要工序的共同性，又要按照所用电器设备的共同性。

（5）修复路线的区分　鉴定零件时，要考虑其修复的合理性，就会使检验分类的工作趋于复杂化。因为检验人员不但必须记住全部故障组合，而且不能忘掉电器设备报废的价格标准。显然，判断电器技术状况中的错误如果增加，修理生产的经济效益就会下降。有鉴于此，在按修复路线划分故障组合类别时，应引用各种故障间最明显区分的特征。

从工艺规程组织电器设备修复的观点出发，有助于将各种故障组合归并到为数不多的典型工艺路线的类别里，这就极大地简化了最佳工艺路线方案的挑选、路线的内容，只对有限数量的、预先划分好类别的典型路线的各种方案给予评估就足够了。

在直接进入制订修复路线之前，应当依据一定的原则，将故障组合的全体划分为合理的类别，选用最佳方案，才能获得电器设备诊断、修复的最大效益。

2. 检修要点

① 分析电路原理、弄清总体电路及联系，进口汽车电子电路的维修难点是资料缺乏、备件困难。一旦碰到不熟悉的车型和线路，常常要自己动手，分析电路原理，甚至测绘必要的电路图，以弄清总体电路及联系，再作故障电路的分析。因此，汽车电子电路维修将涉及电路的分析方法问题。

② 先外后内逐一排除，最后确定其技术状况。汽车上的许多电子电路，出于性能要求和技术保护等多种原因，往往采用不可拆卸封装，如厚膜封装电压调节器、固封点火模块电路等。如若某一故障可能涉及电路内部时，则往往难以判断，需要先从外围逐一排除，最后确定它们是否损坏。

③ 注意元件替代的可行性，如一些进口汽车上的电子电路，虽然可以拆卸，但往往缺少同型号分立元件代换，故往往需要设法以国产或其他进口元件替代。这涉及元件替换的可行性问题。

④ 不允许采用"试火"法判断故障部位与原因。在检修方法上，传统汽车电器故障，往往可用"试火"的办法逐一判明故障部位与原因。尽管这种方法并不十分的安全可靠，且对蓄电池有一定的危害，但在传统检修方法中还是可行的。在装有电子线路的汽车上，则不允许使用这种方法。因为"试火"产生过电流，会给某些电路或元件带来意想不到的损害。因此维修汽车电器时，必须借助仪表和工具，按一定的方法进行。

⑤ 防止电流过载不允许使用欧姆表及万用表的 $R \times 100$ 以下低阻欧姆挡检测小功率晶体管，汽车电脑以免因电流过载而损坏。

⑥ 为防止静电击穿半导体器件更换三极管时，应首先接入基极；拆卸时，则应最后拆卸基极。对于场效应管，焊接时，应从电源上拔下烙铁插头。

⑦ 保证良好接触：修理以后，应保证有散热片的元件与散热片之间的良好接触，确保传热良好。

思考题

1. 了解汽车电路图有哪些种类。
2. 国内外汽车电路常用图形符号有哪些？
3. 汽车电路中电源及接线方法有何特征？
4. 汽车电子控制系统有何总体特征？
5. 画出汽车电路原理框图。
6. 分析解放 CA1091 汽车电路原理图。
7. 分析桑塔纳乘用车电路原理图。
8. 分析上海桑塔纳 2000GSi 乘用车电源系统、启动系统电路。
9. 分析广州本田雅阁乘用车组合仪表系统。
10. 汽车电气系统故障常用诊断方法有哪些？
11. 检修汽车电路要注意哪些事项？
12. 怎样诊断上海桑塔纳汽车电源系统不充电故障？
13. 怎样诊断转向信号电路故障？

参 考 文 献

[1] 李春明. 汽车电器与电路. 北京：高等教育出版社，2003.
[2] 李东江. 现代汽车电气设备. 北京：机械工业出版社，1998.
[3] 李春明. 汽车电气设备与维修. 西安：西安电子科技大学出版社，2006.
[4] 赵福堂. 汽车电器与电子设备. 北京：北京理工大学出版社，2001.
[5] 王勇. 汽车电气设备构造与维修. 北京：机械工业出版社，2007.
[6] 娄云. 汽车电路分析. 北京：机械工业出版社，2005.
[7] 于万海. 汽车电气设备原理与维修. 北京：电子工业出版社，2005.
[8] 尹万建. 汽车电气设备原理与维修. 北京：高等教育出版社，2008.
[9] 杨清德. 轿车电子电器维修. 北京：电子工业出版社，2005.